상담자
자기돌봄

상담자
자기돌봄

Gerald Corey · Michelle Muratori
Jude T. Austin II · Julius A. Austin 공저

정여주 · 선혜연 · 신윤정 · 장한소리 공역

Counselor Self-Care

학지사

역자 서문

　　오랜 시간 상담을 진행하고 수련을 받고 상담 전문가로 성장
해 왔지만, 나 자신을 돌보는 것에 대해서는 많이 생각하지 못했던 것 같다.
상담을 잘하고 싶고, 좋은 상담자가 되고 싶고, 상담의 대가로 성장하고 싶다
는 욕심으로 인해 어느 순간부터 나 자신을 채찍질하고, 더 열심히 살아야 한
다고 나를 재촉하고 있지는 않았는지 되돌아보게 된다. 대학 교수가 되고 나
서도 나는 이런 생각으로 계속해서 상담 사례를 많이 유지하면서 열심히 살
아왔다. 그렇게 지내던 어느 날, 1년 넘게 진행했던 내담자와의 상담을 종결
하고 운전하며 집에 오는 길에 그저 그런 유행하는 가요를 듣다가 자동차 핸
들을 잡고 눈물을 흘렸다. 그 순간 절실하게 깨달았던 것 같다. 상담자인 나
부터 돌봄이 정말로 필요하다는 것을.

　교수가 되고 처음으로 맞게 된 연구년에 미국에서 열린 ACA(American
Counseling Association) 연차 학술대회에 참여해서 Gerald Corey 박사님을 만
났다. 예전에 한국에 방문하셨을 때 먼발치에서 뵌 적은 있지만, 직접 대화를
나누어 본 것은 처음이었다. 한국에서 상담을 공부하는 사람이라면 Corey 박
사님의 책 한두 권쯤은 당연히 봤을 정도로 우리에게는 유명한 분이었으니,
가슴 설레며 대화를 나누었던 것 같다. 한국상담학회 임원진에게 ACA에서

증정해 준『Counselor Self-Care』를 들고 Corey 박사님께 사인을 받았는데, 그때 박사님은 너무나 따뜻하게 말씀해 주셨다. 상담자로서, 교수로서, 나 자신을 돌보며 행복한 삶을 삶기를 바란다고. 자신이 한국 상담자들을 굉장히 아끼고 관심이 많다고. 별 이야기가 아니었을 수도 있지만, 그 말을 듣는 내 마음이 따뜻해지는 것을 느꼈다.

한국에 돌아와서 바로 이 책의 번역 작업에 들어갔다. 마음에 맞는 교수님들께 연락드려 번역 작업을 위한 첫 만남을 가졌는데, 우리는 그 만남에서부터 서로 자기돌봄이 시작되었다는 것을 느낄 수 있었다. (실제로 이 책에서는 상담자들이 서로 네트워킹하고 지지해 줄 사람들을 주변에 두는 것이 얼마나 중요한지 계속 강조하고 있다.) 우리 번역진은 SNS에서 이야기를 나누며, 이 책을 번역하는 것 자체가 굉장히 힐링이 된다는 이야기를 했다. Corey 박사님과 동료분들이 상담자로서의 삶을 살아오면서 자기돌봄을 위해 해 온 일들을 아주 구체적인 사례들을 통해 제시해 주고 계신데, 그 글들을 읽으며 '아, 이분들도 이렇게 힘든 일을 겪었구나.' '이분들은 이때 이렇게 이겨 내려고 노력하셨구나.' '아직도 힘든 점들이 있구나.' 등을 느낄 수 있었다.

이 책이 우리나라의 지친 많은 상담자에게 힘이 되어 주기를 바란다. 상담자들은 늘 내담자를 진솔하게 만나고, 그들의 복지와 안녕을 최우선으로 신경 쓰고, 그들의 마음에 다가가기 위해 자신을 내어놓는다. 그러나 상담을 종결할 때는 너무나 기쁜 마음으로, 그들이 다시 나를 만나러 오지 않기를 바라면서, 뒷모습을 바라보며 보내 주어야 한다. 우리의 진솔한 만남에 아쉬움을 남기지 않으면서 말이다. 그렇기에 우리 상담자들은 자기돌봄을 꼭 해야 한다. 우리도 한 명의 인간이고, 우리도 지치고 힘들고 슬퍼질 수 있는 사람들이기 때문이다. 이 책 안에 수많은 전문가가 남긴 자기돌봄 메시지와 방법들을 읽는 것만으로도 상담자들의 마음속에 힘이 생길 것이라고 믿는다.

이 책의 번역을 기쁜 마음으로 함께 해 주신 한국교원대학교 교육학과 상담심리전공 선혜연 교수님, 늘 같은 공간에서 마음으로 지지해 주시고 함께 해 주셔서 감사드린다. 서울대학교 교육학과 교육상담전공 신윤정 교수님,

나의 상담자이자 교수로서의 삶뿐만 아니라 인간적 삶의 위로가 되어 주셔서 감사드린다. 톨레도 대학교 상담자교육전공 장한소리 교수님, 에너지 넘치는 열정으로 항상 힘을 불어넣어 주심에 감사드린다. 세 분의 공동 역자께 감사드림에 더해, 이 번역서의 출간을 망설임 없이 빨리 진행해 주신 학지사 김진환 대표님, 한승희 부장님, 편집에 애써 주신 황미나 선생님께 진심으로 감사드린다.

2020년 9월
세종시 우리 집 식탁에 앉아,
아이들이 자는 소리를 들으며
대표 역자 정여주

우리는 이 책이 전 세계의 사람들에게 전달되는 것을 기쁘게 생각합니다. 이 책 『상담자 자기돌봄』 안에 있는 메시지들이 여러분의 개인적 그리고 전문적인 삶 가운데 적용될 수 있기를 바랍니다. 우리 모두 다른 사람들을 돌보기 위해서 우리 스스로를 돌보는 일이 얼마나 중요한지 기억할 필요가 있습니다. 이 책을 통해 스스로 자기돌봄을 계속 해 나갈 수 있는 방법들을 성찰해 보기를 희망합니다. 자기돌봄은 사치스러운 것이 아니며, 윤리적으로 반드시 해 나가야 하는 것입니다.

– Gerald Corey –

우리는 『상담자 자기돌봄』이 한국어로 번역되는 것에 대해 매우 기쁘게 생각합니다! 그리고 여러분이 우리의 책에 관심을 가지고 있다는 점에 대해 영광스럽게 생각합니다. 그리고 조력 전문가들에게 중요한 주제인 자기돌봄에 관심이 있다는 점을 기쁘게 생각합니다. 스스로의 자기돌봄 욕구에 귀를 기울인다면, 여러분의 내담자들이 자신의 치유의 여행을 해 나가는 데 도움을 줄 수 있을 것입니다. 이 책을 읽고 나서도 늘 완벽하게 자기돌봄을 해 나가지는 못하겠지만, 자기돌봄에 우선순위를 두는 일을 멈추지 않는 것이 중요합니다.

- Michelle Muratori -

우리가 『상담자 자기돌봄』을 쓸 때 느낀 즐거움을, 여러분도 이 책을 읽으면서 느끼기 바랍니다. 이 책이 한국어로 번역된다는 것을 알고 매우 겸허해집니다. 만약 웰니스를 찾기 위한 시간을 들이지 못하고 있다면, 여러분은 점점 병들어 갈 것입니다. 한국에서도 건강한 조력자들에게 도움을 받을 수 있는 내담자들이 있다는 점이 매우 기쁩니다.

- Jude T. Austin II -

『상담자 자기돌봄』은 열정적으로, 진솔하고, 정직하게 써 나간 책입니다. 이 책이 한국어로 번역된다고 생각하니 매우 기쁘고 고무됩니다. 이 책에 있는 것과 같은 정직함과 진솔함이 여러분의 삶과 여러분이 돕는 사람들의 삶 가운데에도 잘 흘러가기를 희망합니다.

- Julius A. Austin -

저자 서문

　　정신건강 전문가들 사이에서 자기돌봄(self-care)에 대한 관심이 점차 증가하고 있다. 전문가 콘퍼런스에 참여했을 때 자기돌봄에 관한 회기에서 청중이 서 있을 자리조차 없었다. 우리 중 네 명은 상담자 자기돌봄에 관심이 많아서 공동 연구를 시작하기로 결심했다. 우리는 학생들과 상담자들에게 이러한 아이디어를 전달해야겠다는 확고한 동기를 가지고 상담자가 어떻게 자신을 스스로 돌보면서 내담자를 돌보는지에 대해 솔직하게 이야기해 보고자 한다. 상담자와 상담 수련생들이 현재 자기돌봄의 수준을 평가하고 건강한 개인 생활에 필요한 변화를 이룰 수 있도록 격려하는 다양하고 객관적인 자기돌봄의 관점을 제시할 것이다. 우리 모두는 각자 전문가로서의 발달 단계를 거치며 다양한 직업 장면에서 종사하고 있다. 개인적으로든 집단적으로든 우리는 자기돌봄을 통해 개인적 삶과 전문적 삶을 살아가면서 도전과 지지의 균형을 찾고자 애쓰고 있다.

　　상담자의 자기돌봄에 대한 전문서적이나 경험적 연구물의 참고문헌을 지칠 때까지 보여 주기보다는 우리의 개인적인 자기돌봄의 여정을 당신과 함께하기를 원한다. 우리 네 명은 개인적인 이야기를 책 속에 공유하며 각자 자기돌봄의 여정을 말하듯이 글을 쓰기로 했다. 또한 대학원생이나 전문가 자격을 갓 취득한 상담자부터 경험 있는 전문가들까지 총 52명의 상담자를 초대하여 다양한 관점에서 자기돌봄에 대한 그들의 경험과 생각 그리고 무엇이 그들에게 가장 큰 도전이었는지를 공유하였다. 우리는 깊이 숙고할 수 있는 자기돌봄에 관한 주제에 초점을 두고 실제적이고 유용한 생각을 논의하고자 한다. 생애 전반에 걸쳐 효과적인 자기돌봄의 방법을 연습하고 보유하며, 이미 여러분이 가지고 있는 자원을 기반으로 긍정적인 행동을 취할 수 있도록 격려할 수 있는 방법에 대해 지속적으로 질문하고 대화하면서 아이디어를 제안하고자 하였다. 누구도 자기돌봄에 대한 최적의 이상적인 공식을 가지고 있지 않다. 우리 모두는 다양한 삶의 경험을 가진 독특한 개인이다. 이런 생각을 기초로 우리와 우리가 초대한 상담자들이 겪었던 어려움과 자기돌봄을 이루어 내는 과정을 보여 주면서 여러분이 간접적으로 경험해 보는 기회를 제공하려고 한다. 몇몇 이야기나 아이디어가 여러분의 심금을 울릴 수도 있고, 새로운 통찰을 주고 변화에 대한 결심이나 성장의 원동력이 될 수 있을 것이다. 여기 수록된 개인적인 이야기를 통해 여러분은 슬픔과 분노, 웃음과 놀람, 공감과 같은 다양한 정서를 경험할 수 있다. 이 모든 감정은 삶의 여정에서 우리 모두가 경험하는 것이다. 우리가 『상담자 자기돌봄(Counselor Self-Care)』을 저술하면서 즐겼던 것처럼 여러분도 이 책을 읽는 것을 즐길 수 있기를 바란다.

이 책은 상담 분야나 조력 전문가들(helping professions)과 관련된 다양한 교육과정의 참고문헌으로 활용될 수 있다. 『상담자 자기돌봄』은 상담전공 석·박사과정생 모두에게 유용한 보충교재이다. 이 책은 대학원생뿐만 아니라 다양한 발달상에 있는 전문가들도 실용적으로 활용할 수 있도록 집필하였다. 초심 상담자나 경력 있는 상담자 모두 전문가로서의 역할을 효과적으로 수행하기 위해 필요한 자기돌봄의 방법을 개발해야만 한다.

이 책의 개관

제1장 '자기 스스로를 돌보기'에서는 유능한 상담자가 되기 위해 훈련을 받을 때 자기돌봄 활동이 왜 필요조건이 되는지에 대한 근거를 제시하였다. 자기돌봄은 삶의 웰니스(wellness)를 획득하고 유지하는 적극적인 노력일 뿐만 아니라 윤리적 의무로서도 중요하다. 개인적으로나 전문적으로 중요한 의미가 있는 평생의 여정으로서 웰니스의 개념을 제시하였고, 웰니스의 치유적 효과에 대해 논의하였다. 이 장의 핵심은 자신을 돌보는 것이 타인을 돌보기 위해 필수요건이라는 점이다. 공감 피로와 상담자 소진, 공감 피로 관리하기, 소진 예방하기, 자기돌봄의 기초와 행복. 우리는 이 모든 것에 관심을 가지고 있다.

제2장 '진로의 계절'에서는 자기돌봄이 대학원 과정, 경력 초기, 중기, 후기에 걸친 우리의 경력에서 어떻게 그리고 왜 중요한지를 제시하였다. 이 장에서는 다양한 경력 단계별로 우리의 경험을 기술하였다.

제3장 '대학원에서의 자기돌봄'은 대체로 Julius Austin과 Jude Austin의 관점에서 기술되었다. 그들은 석사 및 박사 과정에서의 경험, 자기돌봄의 여정에서 배운 점과 상담 전문가가 되는 것에 대해 논의하였다. 자기돌봄에 헌신하기, 경계 설정하기, 불안 다루기, 상담자가 되고 자기가치를 유지하면서 학위과정 중 자기돌봄 실천 동기에 대해 성찰하기와 같은 주제를 다룬다.

제4장 '개인적 · 전문적 스트레스'에서는 상담자나 상담교육자들이 개인적 · 전문적 스트레스원에 어떤 영향을 받고 어떻게 헤쳐 나가는지에 대해 살펴볼 것이다.

제5장 '스트레스 가득한 세상에서 스트레스 관리하기'에서는 명상, 마음챙김, 휴식, 요가, 필라테스, 자연을 느끼기, 건강한 섭식, 운동, 레크리에이션, 봉사하기 등과 같은 다양한 스트레스 관리 방법에 대해 광범위하게 제시할 것이다. 이 장에서는 자기돌봄에 대한 많은 아이디어를 총체적으로 접근할 것이다. 자기돌봄을 수행하기 위한 하나의 정답은 없다. 스트레스를 효과

적으로 다루고 건강하게 살기 위해 다양한 전략이 활용될 수 있다.

제6장 '개인적 · 전문적 경계 구축하기'에서는 가정과 직장에서 경계를 수립하는 데 성공 경험과 실패 경험에 초점을 두었다. 건강한 일-삶 경계를 탐색하고 상담자들이 개인적으로나 전문적으로도 좋은 경계를 수립하는 방법에 대해 아이디어를 공유하였다.

제7장 '자기와의 관계와 다른 사람과의 관계'에서는 자기자비, 자기를 포용하기, 고독 속에서도 그리고 타인과의 관계 속에서도 풍요로울 수 있는 방법 찾기, 자신과 타인을 용서하는 법을 개발하기, 의미 있는 관계와 멘토링을 위한 시간 갖기에 초점을 맞춘다.

제8장 '삶의 의미 찾기'에서는 삶의 의미와 자기돌봄의 관계를 강조한다. 삶의 의미를 찾는 방법으로 실존적 접근에 주의를 기울인다. 몇몇 상담자의 이야기를 통해 혼자 힘으로 의미를 찾아가는 방법에 대해 기술하고 이것이 어떻게 자기돌봄과 연결되는지 설명한다.

제9장 '현실적인 자기돌봄 계획 만들기'에서는 자기돌봄 연습을 향상시키기 위한 현실적인 행동 계획을 짜는 것의 중요성을 강조한다. 자기돌봄에 대한 솔직한 자기평가와 어떻게 삶에서 핵심적인 변화를 만들어 나갈지를 결정하는 것을 강조한다. 몇몇 상담자가 자기돌봄 행동전략을 만들고 수행하는 개인적인 전략을 기술하였다.

감사의 글

『상담자 자기돌봄』은 집필진 모두가 노력한 결과이다. 네 명의 공동 저자와 도움을 주신 분들, 교정을 봐 주신 분들이 이 책을 쓰는 데 많은 영향을 주었다. 우리는 Marianne Schneider Corey의 글에 감사한다. 그녀는 이 책을 쓰는 내내 조언을 해 주고 교정을 봐 주었다. 또한 초고를 읽으면서 가치 있는 피드백을 준 Mike Aldrich, Ruth Burton, Jamie Bludworth, Craig Bray, Omar De La Vega, Riley Harper, Robert Haynes, Amanda Johnson, Kim Kabar, Nicholas Lazzareschi, Jeff Markow, Naomi Tapia, 그리고 Alyssa Theis에게 큰 감사를 보낸다. 특히 미국상담학회(American Counseling Association)의 부편집장인 Carolyn Baker에게 감사를 전한다. Carolyn은 우리가 계속 책을 쓸 수 있도록 격려하고, 전체 초고를 전문 편집자로서 읽어 주고, 통찰력 있는 논평과 제안을 해 주었으며, 이 프로젝트가 진행되는 내내 지지와 조언을 해 주었다. 원고 편집자인 Kay Mikel은 책이 깔끔하고 실용적이며 개인적이고 효과적으로 보일 수 있게 해 주었다. 그리고 자기돌봄에 대한 영감을 주는 개인적 경험을 솔직하게 이야기해 준 52명의 도움을 주신 분들에게 큰 감사의 마음을 보낸다.

차례

자기 스스로를 돌보기

1

너 자신을 사랑하는 것은 이기적인 것이 아니다.
너 자신을 돌보아 주라.
그리고 너의 행복을 최우선으로 두라.
이는 꼭 필요한 것이다.

- Mandy Hale -

다른 사람을 도와주는 전문가가 되기 위해 수련하는 학생이
나 숙련된 정신건강 전문가 모두에게 자기 스스로를 돌보는 일은 전문적으
로 성장하기 위해 매우 중요하다. 우리의 삶에 자기돌봄을 통합시키는 것은
유능한 정신건강 전문가가 되는 데 있어서 꼭 필요한 전제조건이다. 전문가
수련과정 초기에 이런 조언을 많이 듣기는 했지만, 우리 중 많은 사람이 단순
하게 자기 스스로를 돌볼 시간을 갖지 못한다. 따라서 '우리 자신을 돌볼 여
유를 가질 수 없는가?'라는 질문을 해 보게 된다. 점점 더 스트레스가 많아지
는 세상에서 상담 전문가로서 성공적으로 일을 해 나가기 위해서, 우리는 스
스로의 신체적, 심리적, 지식적, 사회적, 영적 욕구를 반드시 돌보아야 한다.
이상적으로 생각할 때 자기돌봄은 우리가 다른 사람들에게 제공하는 돌봄과
같은 것이어야 한다. 자기돌봄에 대해 아는 것은 중요하다. 그러나 이렇게
알고 있는 것을 실행하기는 쉽지 않을 수 있다.

상담 전문가들은 다른 사람들을 돌보는 일에 익숙한, 정이 많은 사람들이
다. 그러나 다른 사람들을 아끼는 수준으로 자기 자신을 돌보지는 못하는 경

우가 많다. 스스로를 채워 주지 못한다면 다른 사람들을 채워 줄 수 없다는 점을 기억해야 한다. 비행기를 타면 나오는 안내방송을 생각해 보자. 사고 시 다른 사람들을 도와주기 전에 우선 자기 먼저 산소호흡기를 착용해야 하며, 그렇게 하지 않으면 '산소'가 떨어져서 다른 사람도 도울 수 없다고 나온다. 상담자 자기돌봄이 필요한 이유도 이와 마찬가지이다.

나(Michelle)는 몇 년 전 상담 과정 입문을 가르칠 때, 상담 수련의 초기부터 자기를 잘 돌보는 연습을 하는 것이 중요하다고 강조하고 자기돌봄 프로젝트를 과제로 내 주었다. 나는 학생들이 스스로 실행해 나가고 학기가 끝난 후에도 계속해서 해 나갈 수 있는 개인적인 자기돌봄 목표를 세우기를 바랐다. 이를 통해 첫 학기 대학원생들에게 매우 가치 있는 것을 가르쳐 주고 있다고 믿었지만, 학생들은 나에게 생각지도 못한 놀라운 이야기를 해 주었다. 바로 이 '자기돌봄 프로젝트'가 다른 어떤 과제보다 더 큰 스트레스를 주는 과제였다는 점이었다! 많은 학생이 달성할 수 있는 자기돌봄 목표를 찾아내거나 만들고 생각의 범위를 넓히느라 고생했다. 어떤 계획은 너무 야망에 차 보였다. 예를 들어, 한 학생은 그 학기 동안 지속적으로 등산을 하는 데 도전하였다. 또 어떤 계획들은 너무나 야심이 없어 보였다. 예를 들어, 한 학생은 하루에 1분 운동을 하기 원했다! 이 과제에 대해 회상하면, 즐겁게 만들어 주려고 의도한 과제가 많은 학생에게 짐이 되었다는 점이 먼저 떠오른다. 이러한 경험을 통해 자기돌봄의 어떤 형태에 대한 저항감이 들면서, '왜 우리는 다른 사람들을 잘 돌보아 주려고 하는 데 그렇게 열정적이면서도, 자기 스스로를 돌보는 것은 그렇게 힘들지?'라는 의문이 생겼다. 『상담자 자기돌봄』이라는 이 책을 작업하면서 우리 저자 네 명은 이러한 질문을 성찰하는 데 많은 시간을 보냈다. 우리는 당신이 이 책을 읽으면서 스스로가 겪고 있는 성공적인 자기돌봄과 자기돌봄을 하려 애쓰는 모습을 성찰해 보기 바란다.

관련 문헌들이 책에 나와 있지만, 보통의 교과서에서 다루는 것처럼 이러한 문헌들이 특별히 비중 있게 인용된 것들은 아니다. 서론에서 언급한 것처럼, 자기돌봄과 관련된 학문 서적들이나 논문들을 전체적으로 훑어보고자 했다기보다는 이 책을 읽고 있는 독자들의 자기돌봄 여행에서 그들을 도와줄 수 있는 내용들을 담으려고 했다. 어떤 한 가지 모형이 모든 상담자에게 도움을 주지는 않는다. 따라서 이 책에서는 당신에게 가장 잘 맞는 자기돌봄의 모형과 계획을 세워 나갈 수 있도록 도와줄 경험들과 중요 문헌들을 제시하였다. 이러한 많은 대안을 보면서 조력 전문가를 위한 자기돌봄에 대해 논의하고 당신이 자기돌봄에 관심을 쏟고 자기돌봄을 연습해 나갈 수 있기를 희망한다. 각각의 장에서 상담자와 상담 수련생들이 성공적으로 스스로를 돌본(그리고 가끔은 성공적으로 돌보지 못했던) 방법들을 제시하고 있다.

상담자 또는 상담전공 대학원생으로서 자신의 웰니스(wellness)와 효율성을 저해하는 삶의 요소가 무엇인지 지금 바로 몇 분 동안 한번 생각해 보자. 개인적으로 그리고 전문적으로 자신을 건강하게 느끼기 위해 스스로 필요로 하는 것이 무엇인지 확인해 보자. 앞에서 읽은 것처럼, 각 장에서 나온 이야기들이 스스로의 자기돌봄과 관련된 감정, 생각, 행동에 어떻게 영향을 미치는지 주의를 기울여 보자.

이 장에서는 웰니스에 대한 관점을 수용하는 것의 중요성과 이것이 치료적 존재를 유지하는 데 미치는 영향, 공감 피로에 대한 완충제로서의 웰니스와 자기돌봄, 자기돌봄에 기초하여 행복을 추구하는 것과 같은 상담자 자기돌봄의 핵심적인 몇 가지 주제에 대해 이야기하고 있다. 이러한 논의는 다음 장에서도 계속 진행될 것이다.

그러나 먼저 자기돌봄이 경솔하게 자기가 하고 싶은 대로 하는 것이 아니라는 기초적인 원칙에 주의를 기울일 필요가 있다. 사실 스스로를 잘 돌보는 것은 우리의 도움을 필요로 하고 우리에게 그들의 삶을 의지하고 있는 내담자와 학생들에게 산소호흡기를 달아 주기 위한 윤리적 의무이다.

윤리적 의무로서의 자기돌봄

　　자기돌봄(self-care)은 웰니스와 효과적인 대처능력을 향상시키는 긍정적인 행동들이다. 전반적으로 "자기돌봄은 개인적인 그리고 전문적인 삶의 맥락에서 일상적인 긍정적 행동들과 신체적, 정서적, 이성적, 영적 자기에 유념하며 주의를 기울이는 것"을 포함한다(Wise & Barnett, 2016, p. 210).

　　자기돌봄은 사치스러운 것이 아니라 윤리적 의무이다. 만약 정기적으로 스스로를 돌보는 것을 무시한다면 전문적인 일의 영역에서 고통을 겪을 것이다. 그래서 자기돌봄은 윤리적인 실습의 기본적 원리이다(Barnett, Baker, Elman, & Schoener, 2007). 만약 우리가 진이 빠지고 삶이 고갈된다면, 우리의 시간과 존재를 필요로 하는 사람들에게 충분하게 이것들을 주지 못할 것이다. Wise와 Barnett(2016)은 내담자들에게 충분한 서비스를 제공하기를 바란다면 스스로의 효율적인 기능을 지키기 위해 무엇인가를 할 의지를 지녀야만 한다고 강조한다. Wise, Hersch와 Gibson(2011, 2012)은 심리학자들을 위한 윤리와 자기돌봄의 발달적 관점을 소개하고 스트레스와 고통의 연속을 살펴보았다.

　　상담 인턴 Amanda Connell은 윤리적 권한으로서 자기돌봄을 바라보는 것에 대해 대학원 시절에 받았던 충고를 마음에 새겼다. Amanda는 자신의 개인적인 그리고 전문적인 삶에서 다양한 일들을 해야 했지만, 자신을 돌보는 시간을 가지는 방법을 찾아 나갔다.

자기돌봄을 향한 평생의 노력

> **Amanda Connell**

　　자기돌봄의 중요성에 대해 명확히 알고 있음에도, 이 부분에서 목표를 성취하기 위해서는 평생의 노력이 필요하다. 내 삶의 환경과 스케줄은 내가 경험하고 싶은 수준의 자기돌봄을 하는 것과 상충될 때가 많다. 나는 심각한 장애가 있는 내 딸의 양육자로서 내 시간의 대부분을 보낸다. 또한 나는 두 상담실에서 일하고 이제 막 상담 자격증(MFT, LPC)을 따기 위한 법과 윤리 시험을 통과했다. 가장 최근에 생긴 일은 대학교에서 사회복지 실습과 관련된 파트타임 강의를 하게 된 것인데, 나는 이 일에 대해 굉장한 도전의식과 매우 큰 기쁨을 느낀다.

비록 충분한 시간을 할애하는 것은 어렵지만 내 삶에서 자기돌봄을 해 나가고 있다. 나의 자기돌봄 중 절대적으로 중요한 것은 휴가를 가는 것이다. 나는 일반적으로 매년 두 번 휴가를 가고, 특별히 필요하다고 느낄 때는 가끔 세 번째 휴가를 가기도 한다. 오래전에 나는 내 진짜 본성이 내향적이라는 것을 알게 되었다. 이는 내가 혼자서 '배터리를 충전할' 시간을 필요로 한다는 점을 의미한다. 나는 삶의 많은 부분을 다른 사람들을 도와주는 데 사용했다. 그래서 여행을 갈 때 혼자서 간다. 내가 하고 싶을 때 하고 싶은 것을 하는 일주일을 보내는 것이 최고로 자유로운 시간이다. 여행에서 돌아오면 나는 더 효율적인 엄마, 상담자, 강사가 된다. 이러한 여행이 없다면 나는 아마 소진되어 버릴 것이다.

내가 최근에 시도한 자기돌봄 전략은 더 자주 '아니요'라고 말하는 것이다. 또 새로운 약속이 지속 가능할지 나 자신에게 물어본다. 나는 삶 가운데 놀라운 전문적인 기회를 잡을 수 있는 축복을 받았다. 나는 이런 기회를 정말 원하고 정말 즐기기 때문에, 기회를 거절하는 것은 나에게 매우 어려운 일이다. 문제는 하루에는 오직 몇 시간만이 있고, 이 시간 안에 내가 할 일을 늘리게 되면 나의 건강과 전반적인 웰빙은 고통받게 된다는 것이다. 삶에 열정적으로 임하고 일을 찾아 나가다 보니 내 스케줄은 부담이 되는 경우가 많다. 내가 하는 모든 일은 나에게 의미가 있고 충만하다. 만성적인 과잉성취자로서 '아니요'라고 말하는 것은 어려운 일이다. 나는 힘이 넘치는 아침에 약속을 자주 해 버린다는 것을 깨달았다. 요즈음 내 전략은 약속(아주 작은 약속조차도)을 가장 지치는 저녁까지 미루는 것이다. 하루 중 에너지가 가장 떨어지는 시간대에 '아니요'라고 말하는 것은 좀 더 쉽다.

자기돌봄에 매우 도움이 된 또 다른 전략은 스스로를 상담하고 자기실현에 적극적으로 다가가도록 작업하는 것이다. 내가 좋아하는 문구는 "단지 내가 어떤 것을 할 수 있다는 것이 그것을 해야만 한다는 것을 의미하지는 않는다."라는 것이다. 나는 정서적으로 나 자신에게 접촉하려고 해 왔고, 일치성과 자기인식을 가지기 위해 사는 동안 노력해 왔다. 긍정적인 확언으로 부정적인 자기대화를 수정하기, 정기적으로 명상과 이완 훈련을 하기, 필요할 때 자기돌봄 계획에 관심을 갖기, 자기비판이 떠오를 때 경계하기 등 내담자에게 제안하는 많은 방법은 내 삶과 통합되어 있다. 삶에서 경험해 나가는 웃음, 기쁨, 칭찬, 깊은 신뢰는 나의 자기돌봄 계획의 중요한 요소이다.

아이를 키우게 되면 굉장히 잠이 부족해지고 잠을 방해받을 때가 많다. 따라서 나의 자기돌봄의 주요한 영역은 정기적으로 낮잠을 잘 수 있는 스케줄을 짜는 것이었고, 이는 엄청나게 큰 도움이 되었다. 내가 즐겼던 자기돌봄의 또 다른 영역은 가족, 친구, 동료, 멘토를 포함하는 멋진 지지 그룹을 만드는 것이었다. 이 그룹에 있는 사람들은 수많은 방식으로 내 삶과 영혼을 가득 채워 주었고, 나는 그들에게 매우 감사하고 있다.

정기적인 자기돌봄을 하는 것이 나에게는 개인적으로 매우 유익했으며, 상담자와 강사로서 굉장히 효율적으로 일할 수 있도록 만들어 주었다. 휴가, 명상, 낮잠은 내가 정신적으로 예리해지고, 지금 여기에서 내담자와 연결되고, 인내심을 가지게 되고, 통찰력을 갖게 되는 데 도움을 주었다. 지지 그룹은 내가 더 균형 잡힌 전문가가 되도록 도와주었다. 동료나 멘토와 자주 이야기를 나누면서 새로운 아이디어와 새로운 개입을 시도하게 되기도 했고, 치료자가 개인적 수련의 과정에서 자주 느낄 수 있는 고립감으로부터 벗어나게 되었다. '아니요'라고 말하고 헌신을 줄이는 것을 통해 내담자와 학생들에게 온전히 에너지를 쏟을 수 있었다. 게다가 개인적 치료를 통해 역전이 문제를 줄이고 동시에 공감, 자기인식, 진솔성과 같은 치료적 특성을 키우면서 전문가로서의 효율성을 높일 수 있었다. 온전한 자기돌봄 계획을 세우고 유지해 나가는 것에는 무수히 많은 장점이 있다. 나는 효율적으로 도움을 주는 사람이 되는 모든 과정에서 자기돌봄이 통합적인 역할을 한다고 믿는다.

이러한 다양하고 독특한 사람들의 자기돌봄 예시들이 이 책에서 제시될 것이다. 다른 전문가들의 자기돌봄 경험을 들여다볼 기회를 가지기 바란다. Amanda의 이야기는 이 책에서 자신의 이야기를 제시한 사람들이 자신의 경험과 주요 메시지들을 제공해 주는 방식의 예이다. 이 책에 제시한 사람들의 경험을 읽으면서 사고와 정서를 넓히는 경험을 하기를 바란다. 만약 당신이 상담자를 교육하는 사람이라면, 이 책의 어떤 학생들의 이야기를 읽을 때 불편감을 느낄 수 있다. 어떤 학생들의 이야기를 읽으면 학생들의 자기돌봄이 부족한 것에 대해 무엇을 해 줄 수 있을지 의문을 가질 수도 있다. 만약 당신이 임상가라면, 다른 임상가들이 어떻게 노력해 왔는지를 보면서 자기 자신을 바라볼 수 있고, 당신의 삶에 그들의 자기돌봄의 어떤 부분을 포함시키려고 할 수도 있다. 만약 당신이 학생, 임상가, 또는 유색인종 교수진이고 미묘한 인종차별을 겪고 있거나 노골적인 억압을 받고 있다면, 어떤 이야기는 당신의 경험을 공명해 주고 당신이 스스로를 옹호하도록 대담하게 만들어 줄 수도 있다. 개인적으로 모든 사례에 연결되어 있다고 느낄 수는 없겠지만, 마음과 정신을 열고 공감하는 마음으로 읽어 나가기를 희망한다.

웰니스와 자기돌봄

웰니스는 전 생애 주기에 걸쳐 한 개인의 건강에 대해 전체적으로 접근하는 것이다. 자기돌봄은 효율적인 상담자가 되고 자신의 효율성을 매 순간 유지해 나가는 데 있어서 마주치는 많은 도전을 더 잘 다룰 수 있도록 건강을 향상시키고자 하는 구체적인 시도이다. 만약 자기돌봄을 제대로 하지 않는다면, 내담자와 마주할 때 필요한 에너지와 인내심을 가지지 못할 것이다. 힘을 가지고 유지하기 위해 매일의 삶에서 웰니스적 관점을 가질 필요가 있다.

보상이 있기는 하지만, 이 길을 따라가는 데는 자주 어려움이 생긴다. 웰니스는 병이 생기지 않도록 하는 것 이상의 개념이다. 이는 모든 인간의 차원에서 스스로를 돌보고자 의식적으로 노력한 결과이다. 웰니스는 한 번의 결정이 아니라, 전인적인 존재로서 열정, 평화, 생기, 행복을 가지도록 이끄는 연속적인 결정의 과정이다. Hales(2017)는 다음과 같이 말했다.

> 웰니스는 목적이 있고 즐기면서 사는 삶, 더 구체적으로 신체적, 정신적, 영적 건강에 대해 개인적인 책임을 가지며, 이를 최적의 상태로 향상시키기 위한 라이프스타일을 의도적으로 선택하는 것으로 정의할 수 있다. (p. 2)

웰니스를 받아들인다는 것은 자신에게 의미 있는 개인적 목표를 확인하고, 이 목표를 달성하는 데 생길 수 있는 장애물을 발견하며, 행동 계획을 세우고, 매일매일 이 계획을 실행하기 위해 헌신하는 것을 포함한다. 웰니스를 얻으려면 노력을 기울여야 하며, 결과는 때로 매우 느리게 나타나기도 한다.

상담 전문가의 매우 중요한 목표는 사람들이 웰니스의 상태를 획득하고 유지하도록 돕는 것이다. 이러한 목표를 달성하려면 병을 피하고 더 균형 잡히고 충만한 삶을 만들어 가도록 행동해야 한다. 자기돌봄과 웰니스가 통합적으로 연결되어 있다는 점은 놀라운 일이 아닐 것이다. 이제 73세가 된 Pat Thomas는 뉴올리언스에 있는 홀리크로스 대학교에서 상담을 가르치고 있다. 상담자와 상담교육자로서 지낸 42년간 자기돌봄 영역에서 웰니스와 전체론적인 개념을 수용했고, 학생들에게 자기돌봄 계획을 세우도록 격려하는 것을 가장 중요하게 여겼다. 이 이야기에서 강조하는 것은 삶을 만찬으로 여기고 있는 점이다.

Pat의 웰니스에 대한 성찰

Patricia A. Thomas

삶은 만찬과 같다. 어리석은 사람들 대부분은
굶주린 상태로 죽어 가고 있다.

- Auntie Mame -

나는 웰니스에 대해 이야기할 때 중요한 모토로 Auntie Mame의 이 말을 자주 인용한다. 나 자신과 다른 사람들에게 묻는다. 우리는 단지 (신체적으로, 정서적으로 등) 배고프지 않기 위해서, 아픔을 느끼지 않기 위해서 '자리를 잡으려' 하는가? 아니면 삶이 제공하는 만찬을 즐기기 원하는가?

1980년대 초에 학교상담자로 일하던 나는 박사과정에 진학하기로 결심했고, 박사학위 논문을 쓰기 위해 관심 영역을 찾는 것이 이 과정의 일부였다. (워크숍, 책, 저널 논문 등의) 다양한 방향에서 오늘날 '웰니스'라고 불리는 개념을 찾을 수 있었다. 그렇게 웰니스를 향한 나의 여정이 시작되었다. 그리고 지금 2017년에 나는 예전에 그랬던 것처럼 여전히 이 분야를 자랑스럽게 여기며 여기에 몰두하고 있다. 1975년에 조력 전문가 분야에 들어왔고, 25년간 큰 공립학교 시스템에서 상담자로 일했다. 그동안 경제적 위기를 겪는 저소득층 가족을 상담했고, 허리케인 카트리나가 지나간 후에 학생, 교수, 부모를 상담하기도 했으며, 몇 개의 대학교에 있는 상담 프로그램에서 강의도 했다. 이런 모든 상황 가운데에서 나 스스로를 돌보기 위해 노력하는 것은 매우 어려운 일이었다. 많은 노력과 시간이 드는 일을 위해 우리 삶의 일부가 되기도 하고, 때때로 새로운 경험을 주기도 하며, 우리의 몸과 에너지 수준을 바꿔 주기도 하는 그런 것들을 찾을 필요가 있다고 생각한다. 나는 여기서 내가 최근에 해 온 노력뿐만 아니라 지난 몇 년간 유지하려고 노력해 온 자기돌봄 전략을 공유하고자 한다.

사람들과 음악은 항상 내 주위에 있었고, 내가 어떤 일을 넓은 시야로 보도록 도와주었다. 25년 이상 나의 웰니스를 도와줄 몇 가지 일상적인 활동을 해 왔다. 그중 한 가지는 내 인생에 중요한 친구들과 매주 커피나 식사를 함께하는 것이었다. 그 주에 일어난 일들을 함께 나누고 서로를 지지해 주는 시간들은 매우 값진 순간들이었다. 그리고 적어도 일주일에 한 번은 케이즌(Cajun) 댄스파티에 가서 친한 친구들과 사랑하는 음악을 함께 들었다. 페도도(fais do-do)라고 불리는 이러한 프랑스의 전통 댄스파티에서 라이브 밴드가 연주하는 댄스 음악을 듣고, 지금은 친구가 된 많은 사람과 함께 춤을 추고 한 주간의 생활을 이야기할 수 있었다. 또, 아주 최근에는 못하고 있지만, 몇 년간 기타와 우쿨렐레를 연주하고 인근 커피숍에서 노래를 불렀다. 이 경험을 통해 나에게 있는 창조적인 부분을 표현할 수 있었다. 최근에는 매주 요가와 필라테스 수업에 참여하면서 근육과 유연성을 키우고 있다.

최근 15년간 전문가로서의 삶에서 웰니스에 도움을 준 중요한 부분은 해외여행이었다. 몇 개의 국제기관에서 교수가 될 수 있었고, 학생들과 상담 수련생들을 데리고 이탈리아와 아일랜드에 가서 정신건강 서비스가 그 나라들에서는 어떻게 이루어져 있고, 미국의 정신건강 서비스와 비교해서 어떻게 다른지 연구할 기회를 가졌다. 새로운 사람들을 만나고 다른 문화를 매일 경험할 수 있었고, 세계적인 시각을 넓힐 수 있었을 뿐만 아니라 다른 차원의 삶을 내가 어떻게 바라보는지를 알아볼 수 있었다.

상담자와 상담교육자로서의 긴 여정 동안 웰니스와 전체주의라는 개념을 나의 자기돌봄에서 수용할 수 있었고, 학생들에게도 이 개념을 강조했다. 웰니스 접근은 내가 삶의 어떤 영역에서 고군분투하고 있을 때, 이러한 노력이 나를 정의해 주지는 않는다는 점을 확신하게 해 주었다. 내 강점에 좀 더 집중하고, 내 강점을 스스로에게 상기시켜 주며, 이러한 강점을 내가 노력하는 일에서 잘 활용할 수 있었다. 나는 종종 스스로에게 나를 더 잘 인식하고 더 큰 웰니스를 향해 나아가도록 하는 '숙제'를 내 주곤 한다.

Pat Thomas는 우리가 '아프지 않은' 상태로 있으려 하기보다는 웰니스를 얻기 위해 노력하기를 권한다. 결국 우리가 스스로를 돌보지 않고 잘 살아가지 않는다면, 다른 사람들과의 작업에서 치료적으로 존재하기 어려울 것이다. 삶의 강점인 영역을 찾고 이러한 긍정적인 자원 가운데 할 수 있는 일을 하는 것이 잘 살아가도록 돕는 일이다. 스스로의 웰니스 상태에 대해 성찰해 보면 몇 점을 줄 수 있는가?

성찰을 위한 질문

1. 당신의 가장 큰 강점에는 어떤 것들이 있는가?
2. 삶에서 노력하는 영역을 강화하기 위해 이러한 강점들을 얼마나 사용하는가?
3. 스스로 어떤 한계나 도전적인 영역에 부딪혔을 때, 자신의 강점을 어떤 방식과 계획으로 끌어내면서 자기돌봄을 하는가?

치료적 존재와 웰니스

정신과 의사인 Tom Jackson은 매일매일 우울하고 불안한 환자들을 많이 만난다. 그는 환자들과 생생하게 존재하면서 만나기를 추구하고 있다. 하루가 끝나면 자신이 살고 있는 지역의 산과 자연 속에서 산책하며 활기를 되찾는다. 이러한 자연과의 교감을 통해 한숨을 돌리고 다시 매일 환자를 만나는 10시간 동안 존재한다. 또한 Tom은 매일 요가를 하고 마음챙김 명상에 참여한다. 그리고 건강한 음식과 저탄수화물 음식을 섭취하려고 노력하면서 웰니스 상태를 유지한다. 이러한 노력을 통해 일을 즐길 수 있게 되고, 다른 사람들을 돕는 데 만족감을 느낄 수 있게 된다.

정신과 의사의 일에서 치료적 존재

Thomas Jackson

나는 40년간 정신과 의사로 일해 왔고, 여전히 내 일을 사랑한다. 이것이 어떻게 가능한가? 이 직업에서 사람들이 겪는 소진 비율은 27~57% 정도 되며, 자살률 또한 다른 일반적인 직업보다 두세 배 높다. 내가 어떻게 열정을 유지해 왔는지에 대한 성찰을 여기서 공유하려고 한다.

졸업 이래로 내 전문성은 크게 바뀌어 왔다. 초기에는 약을 처방하는 것과 함께 개인과 다양한 집단에게 '약간의 치료'를 할 수 있었다. 정신과 의사가 된 후에 얼마나 많은 변화가 있었는가! 초기 진단 평가와 함께 15분간의 약 복용 체크는 규칙이었다. 사실 나는 하루에 일반적으로 30명 이상의 환자를 진료했고, 이런 스케줄을 따르며 보험 배상을 받아 왔다. 불안장애, 우울증, 정신증, 성격장애 환자들을 지속적으로 만나면서 치료를 관리하는 귀찮은 상황들과 의료기록을 전산관리하는 힘든 일들을 하는 것은 직업적으로 겪는 힘든 일들이었다. 많은 정신과 의사가 정서적으로 고갈되고, 사람들과 소통하지 못하며, 다시 말해 일에 압도되는 것은 놀라운 일이 아니다. 이와 같은 도전적인 현실에도 불구하고 나는 내 일을 정말로 즐겼고 아주 성공적으로 일을 해 왔다고 말할 수 있다. 어떻게 그렇게 할 수 있었을까?

당연히 약 처방에 관한 많은 경험과 깊은 지식이 필요하다. 그러나 이것만으로 환자를 치료하는 데 충분하다고 볼 수는 없다. 내가 환자를 치료할 때 성공할 수 있었던 데는 '어떤 다른 것'이 함께했기 때문이라고 보는데, 나는 이것이 '존재'하는 것이었다고 믿는다. 치료적 관계에 문을 열어 주는 것이 바로 존재하기이다. 치료에서 완전하게 존재할 수 있고, 환자들에게 온전한 주의를 기울일 수 있고, 자세히 경청하고, 큰 관심을 가지고 반응해 줄 수 있다면, 환자와 치료자 모두에게 깊고 잠재적으로 치유하는 수준까지 서로 연결될 수 있는 기회를 가지게 된다. 이렇게 되면 치료적 '마법'을 일으킬 수 있는 공간을 갖게 된다. 이러한 매우 짧은 진실된 만남 속에서, 환자들은 내 상담실을 수용되고 돌봄받고 미래에 대해 다소 더 희망적으로 느낄 수 있는 공간으로 느끼게 된다. 이런 일이 일어날 때, 나는 하루에 일어날 많은 어려운 일을 이겨 낼 수 있는 힘을 가지게 되고 고무적이 된다. 그러나 내가 많은 환자들이 필요로 하는 심리치료의 모든 것을 제공할 수 있다는 환상을 가지고 있지는 않다. 그래서 나는 환자 치료에 매우 중요한 구성원이 되는 심리치료팀에게 매우 감사하고 있다.

환자를 만나는 10시간 동안 함께 존재하는 것은 다음에 이야기할 내용보다는 쉬울지도 모른다. 나는 일주일에 5일 내내 일하지 않는다. 이는 내 정신건강을 위해 매우 중요한 부분이다. 도시로 여행을 가서 3일 동안 환자에게 모든 에너지를 집중시킨다. 그리고 나서 자기돌봄을 위한 4일을 보낸다. 산 속에 있는 내 집으로 돌아와서 일에서 얻은 무거운 짐을 자연을 통해 씻어 내고 '내 삶에 대한 사랑'을 느낀다. 정기적으로 여행을 함께 가고 나를 챙겨 주는 아내와 매우 좋은 관계를 가질 수 있었던 것도 정말로 행운이라고 생각한다.

전반적 신체건강은 환자 앞에서 있는 그대로 존재하기 위해 중요한 요소이다. 따라서 나는 최적의 건강을 유지하기 위해 최근의 연구 결과들을 따르려고 최선을 다한다. 운동의 중요성을 알고 있으며, 자연 속에서 오래 걸으며 활기를 되찾는다. 매일 요가를 하면서 나이 들면서 생길 수 있는 병과 아픔을 줄일 수 있었다. 만약 요가를 하지 않는다면 집중을 굉장히 못할 수도 있었을 것이다. 건강한 저탄수화물 식단을 유지하면서 충분한 에너지를 얻고 웰니스를 추구했다. 마음챙김 명상을 통해 평화로운 느낌을 가질 수 있었고, 환자들을 만나는 사이사이 적어도 30초간 숨쉬기에 집중하면서 머리를 맑게 하고 더 균형 잡힌 느낌을 가지게 되었다.

환자와 함께 존재하도록 해 주는 마지막 열쇠는 내 개인적인 삶과 일 모두에 목적의식을 가지는 것이었다. 종교를 가지고 있지는 않지만 나는 스스로 영적인 존재라고 생각한다. 영적인 힘에 대한 과학적 증거가 부족하기는 하지만, 나는 영적인 힘을 믿기로 선택했다. 이것이 기분을 더 좋게 해 주고 나에게 목적의식을 줄 수 있기 때문이다. 매일 환자를 만나러 가기 전에 다음과 같은 내용을 포함해 기도하면서 정신을 가다듬는다.

> 내가 하는 결정과 내가 하는 말들을 인도해 주소서. 모든 환자에게 적
> 절한 약을 처방하게 하시고 환자들이 더 성장하고 행복해지도록 하는 가
> 장 조화로운 길을 안내할 수 있게 하소서. 그리고 내가 신성한 사랑으로
> 채워지도록 하소서. 그 사랑이 나를 통해 흘러 나가고 내가 돕는 모든 이
> 들의 마음에 닿을 수 있도록 하소서.

Tom Jackson은 종교를 가지고 있지 않지만, 영적인 믿음을 가지고 환자와
작업하는 데 있어서 이를 실행에 옮겼다. 스스로를 돌보는 것은 환자를 위해
치료적으로 존재할 수 있는 중요한 열쇠가 되었다. Tom은 단순히 약을 처방
하는 것 이상의 치료를 하기 원했고, 환자들과 매우 제한된 시간 동안 만났음
에도 불구하고 작업동맹을 맺으려고 애썼다. 그는 치료적으로 존재하는 것
이 환자들로 하여금 더 안정되고 향상되도록 하는 데 도움을 줄 수 있다고 믿
었다.

나(Jude)의 연구에서 치료적 존재에 대해 살펴본 적이 있다. 학생들과 초
기 전문가들을 위해 치료적 존재를 어떻게 정의할 수 있는지, 상담 수련에서
슈퍼비전을 할 때 치료적 존재를 어떻게 확인할 수 있는지, 상담교육자들이
학생들이 치료적으로 존재하도록 어떻게 도울 수 있을지를 연구했다(Austin,
2016). 『A Practical Guide for Cultivating Therapeutic Presence』에서 Shari
Geller(2017)는 상담자가 치료적으로 존재할 때 치료의 마법이 나타난다는 개
념을 제시하였다. 이는 내담자에게 신체적, 정서적, 인지적, 영적으로 조율
하는 것을 의미한다. 여러 서적을 읽으면서, 치료자가 의도적인 행동을 하면
서 치료적으로 존재할 수 있고 치료적 존재를 표현할 수 있다는 것을 발견했
다. 이는 학생들이 상담 프로그램에 들어와서 경력을 쌓기 시작할 때 시작되
는 발달 과정이다. 또한 나는 상담교육자로서 여러 일화를 관찰하면서 다음
과 같은 연구 결과를 얻을 수 있었다. 그것은 회기 안에서 너무 과하게 상담

의 기법적 측면에 초점을 두는 것이 아니라 치료적으로 존재하는 것에 초점을 두면서 수련을 해 나가면, 상담자 발달 초기에 내담자와 어떻게 작업해 나가야 할지를 배우는 데 있어서 덜 불안해질 수 있다는 점이다. 내담자와 만나는 초기에 이러한 스트레스를 잘 관리하면, 상담자 수련과정에서 자기효능감과 자기돌봄을 향상시킬 수 있다. 내담자와 치료적으로 존재하는 것에 대해 더 많이 읽어 보려면, Geller의 2017년 책과 함께 『Therapeutic Presence: A Mindful Approach to Effective Therapy』(Geller & Greenberg, 2012)를 읽어 보기 바란다.

자기와 타인을 돌보기

어떤 사람들은 자기사랑과 자기돌봄이 이기적인 것이라고 생각한다. 우리에게 있어서 자기돌봄과 타인돌봄은 대립하는 문제가 아니다. 우리는 두 가지 모두를 위해 애쓸 수 있다. 다른 사람이 좀 더 좋은 삶을 살고 지역사회에서 좀 더 좋은 조건에서 살도록 돕는 것을 중요하게 여길 수 있다. 그러나 순수하게 사회운동을 하고 더 나은 사회로 나아가게 하기 위해서 우리는 스스로를 돌보기 시작할 필요가 있다. 자기돌봄을 하게 되면 다른 사람에 대한 관심을 더 가지게 되고 내담자를 더 잘 돌볼 기회를 가질 수 있다(Barnett, 2017). 웰니스 수준은 다른 사람들을 돌볼 수 있도록 하는 아주 중요한 변인이다. 삶의 질을 성찰하는 시간을 갖는 것은 웰니스를 높여 주는 방향으로 행동을 변화시키는 좋은 시작점이다.

Skovholt와 Trotter-Mathison(2016)은 **공감 균형**(empathy balance)이라는 개념을 제시했는데, 내담자의 세계 속에서 길을 잃지 않으면서 그 세계에 들어갈 수 있는 것을 의미한다. 우리가 너무 적게 공감한다면 내담자는 돌봄을 받는 경험을 부족하게 느낄 것이다. 그러나 만약 너무 많이 공감한다면 내담자의 이야기에서 길을 잃어버리게 될 수도 있다. 자기돌봄과 타인돌봄 사이의 균형을 가지는 것은 중요한 목표이다(이 주제는 제7장에서 다시 다루게 될 것이다).

자기돌봄 훈련 향상시키기

Marja Humphrey는 존스홉킨스 대학교의 상담과 인간발달 프로그램에서 강의를 한다. Humphrey는 상담자들이 웰니스를 얻고 자기돌봄 훈련을 향상시키는 데 필요한 몇 가지 아이디어를 제시하고 있다. 그녀는 스케줄을 스스로 관리하고 명확한 경계를 세우면서 이 시간을 지키는 것이 매우 중요하다는 점을 강조하면서 상담자가 자기돌봄 훈련을 향상시키기 위한 다섯 가지 제안을 했다. 이 중 어떤 것이 당신에게 잘 맞는가?

상담자 자기돌봄을 위한 원칙

Marja Humphrey

수업이나 토론의 주제와 관계없이 상담교육자로서 내가 매 학기 묻는 질문 중 하나는 스스로 자기돌봄을 어떻게 관리하는가이다. 다른 사람들을 위해 일하는 많은 사람이 자기돌봄을 어려워한다. 우리는 자기돌봄을 가르치지만, 모두가 이러한 내용을 스스로 실행하지는 않는다. 그러나 자기돌봄을 무시하면 직접적으로 학생과 내담자와의 작업에 영향을 미치기 때문에 윤리적 문제가 생길 수 있다는 것을 알고 있다. 내 경험을 통해서 상담자가 자기돌봄을 잘하기 위한 다섯 가지 훈련을 위한 제안을 하고자 한다.

1. **건강한 경계를 만들라.** 자기사랑은 건강한 경계를 만들고 유지하는 데서 시작되곤 한다. 많은 자기성장, 사업, 인생 코치 전문가들은 자신의 이유(why)를

알아야 한다고 말한다. '예'라고 말할 때 왜 '예'라고 말하는가? '아니요'라고 말할 때 왜 '아니요'라고 말하는가? 어떤 일에 '예'라고 말하는 것이 때로는 자연스럽게 그 밖의 다른 어떤 것에는 '아니요'라고 말하는 것을 의미하기도 한다. 어떤 것에 대해 '아니요'라고 말하는 것이 그 밖의 다른 어떤 것에 '예'라고 말하도록 허용하는 경우도 있다. 결정을 내리는 데 사용할 기준을 만들라. 그리고 흔들리지 말라. 당신이 내린 결정에 대해 기뻐하게 될 것이다. 건강한 경계는 우선순위를 따르고, 스스로를 존중하며, 나 자신과 다른 사람의 시간을 가치 있게 여기고, 다른 사람과 완전히 연결되는 기회를 수용하면서 생길 수 있다.

2. **스스로와 약속을 하라.** 다른 사람들을 돌보는 일을 하는 사람들은 종종 오직 자신을 돌보려고 할 때 이기적이라고 느낀다. 그러나 이 작업은 필요하다. 나는 특히 다양한 역할을 감당해야 하는 순간, 항상 자기돌봄에 최선을 다하지 못했다. 전문가 여성, 아내, 엄마, 딸로서 자기돌봄의 시간이 없었다고 말하기 쉽다. 다른 모든 약속처럼 나 자신과도 시간을 계획했을 때 성공이 나에게 왔다. 사실상 이는 무엇과 같은가? 나는 적어도 매달 몇 시간씩 시간을 빼 둔다. 이 스케줄은 내 가족의 구글 캘린더에 올라가 있다. 핸드폰은 꺼 둔다(또는 스파 보관함에 진동으로 놔둔다). 이 시간에 항상 스파에 있지는 않는다. 집에서 아침에 일찍 일어나 조용한 시간에 커피나 차를 한잔하기도 한다. 독서를 하거나 기도를 하기도 하고, 저널을 쓰거나 요가를 하면서 몸과 친밀한 시간을 가지기도 한다. 이러한 모든 활동은 나로 하여금 에너지를 충전하고 하루의 삶을 위해 스스로 준비하게 한다. 그 결과, 삶의 모든 영역에서 더 생산적이 될 수 있다.

3. **마음의 짐을 내려놓으라.** 전문가로서의 자기돌봄은 건강하게 스스로를 일로부터 거리를 두도록 하는 방법을 배우는 것을 의미하기도 한다. 몇 년 전 석사학위를 얻은 후 몇 달간 정신병원에서 일한 적이 있다. 매일 자살이나 살인 충동을 느끼는 내담자들의 이야기를 들으면서, 8개월 후 나는 더 이상 슬픔을 수용할 수 없게 되었다. 무기력감은 참을 수 없을 정도로 커졌다. 일을 약

간 일찍 마치고 집에 가서 그냥 울었다. 몇 달 동안 매일 이런 이야기를 들은 것이 내가 지고 가는 마음의 짐으로 바뀌어 들어오고 있는 것을 깨닫지 못했었다. 그날 밤 내 감정을 처리하는 데 약간의 시간을 가졌다. 다음 날 아침 일어나 일하러 갔고, 내가 지고 온 모든 짐을 내려놓았다. 당신은 이러한 균형을 유지하는 스스로의 방법을 가지고 있을 것이다. 그러나 중요한 것은 이 방법을 실제로 실행하는 것이다. 자기돌봄은 스스로 모든 감정을 느끼고 판단 없이 이 감정들 뒤에 있는 의미를 생각해 보는 것이다. 어떤 감정을 밀어내고 단순히 다음에 오는 것으로 옮겨 가 버리는 대신에, 스스로 잠시 멈춰서 하고 있는 일의 영향을 느끼기를 요구한다. 또한 스스로 느끼는 무게감을 제거하고 효과적으로 일을 계속해 나갈 수 있게 되는 것을 의미한다.

4. **소생시키라.** 자기돌봄은 소진을 피하는 것이다. 스스로를 소생시키기 위해 당신이 이 일을 선택하고 이어 나가고 있는 이유를 기억하는 시간을 가지라. 가장 도전적인 순간들, 가장 영광스러운 순간들, 그 일들을 통해 배운 것들을 성찰하라. 이런 작업이 큰 그림을 돌아보게 해 주어서 매일매일 일어나는 세세한 힘든 일들에 교착상태로 남아 있지 않게 해 주기를 바란다. 그러나 현실적으로 자기돌봄이 깨졌을 때 문제들이 일어난다. 만약 자신이 삶의 일상에 갇혀 있다고 느낀다면, 다른 새로운 것, 위험을 감수하는 어떤 것을 하거나 몰두하면서 스스로를 소생시키라.

5. **피드백을 받으라.** 자기돌봄은 최선의 것을 얻는 과정에 다른 사람들을 초대하는 것이다. 나는 동료들에게 내 성과에 대해 솔직한 피드백을 해 달라고 전문적으로 요청하면서 스스로를 돌보았다. 수업에서 어떤 것이 잘 풀리지 않거나 내담자와의 상담에서 막혀 있다는 느낌을 받을 때, 동료에게 내 일을 좀 더 향상시킬 수 있기 위한 제안과 전략을 상담받았다. 상담과 슈퍼비전을 통해 직접적으로 피드백을 받을 수 있다. 전문적인 기관에서 지속적으로 교육을 받고 실력을 향상시키는 것 또한 간접적인 의미의 피드백이 될 수 있다. 피드백은 성장을 위해 꼭 필요한 것이다.

나의 개인적·실용적·전문적 제안들이 당신의 자기돌봄 여행에 긍정적 영향을 주기 바란다. 스스로에게 친절해지라.

다른 약속들처럼 스스로를 위한 시간을 스케줄에 넣어 볼 수 있다. 이런 작업은 우리를 소생시키고 소진을 피하게 해 준다. 플래너나 캘린더를 사용한다면 다음 몇 주 동안 스스로를 위한 시간을 빼서 입력해 두라. 스스로의 라이프스타일과 현실적인 제한(일, 가족으로서의 의무, 학교 등)을 고려해서 매주 스스로를 위한 짧거나 긴 시간을 입력해 두라. 30분, 2시간, 또는 하루 종일 스스로를 위해 편안하게 헌신할 시간을 정해 두고, 이 시간을 어떻게 보내고 싶은지 생각해 보라. 특별한 활동을 하지 않고 이 시간을 하고 싶은 대로 사용할지라도 스스로와의 약속을 꼭 지키도록 하라.

공감 피로와 상담자 직업병

Mark Stebnicki(2008)는 공감 피로(empathy fatigue)에 대해서 언급했는데, 내담자가 상담에 가져오는 수많은 트라우마 이야기를 경청하면서 자연스럽게 스트레스가 발생하는 것이라고 하였다. 내담자가 가져오는 이야기는 슬픔, 상실, 불안, 우울, 외상 후 스트레스에 푹 젖어 있다. 이러한 이야기들이 상담자의 개인적 고통을 너무 가깝게 비출 때, 공감 피로를 일으킨다. 열정 피로와 같은 피로 증후군과 유사하게 공감 피로는 이차적 트라우마 스트레스, 심각한 충격, 소진을 일으킨다. Stebnicki는 스스로의 공감 피로 버튼을 염두에 두고 있는 것이 신체적, 정서적, 영적 웰빙을 유지하는 데 중요한 요소라고 생각한다. 상담 전문가로서 소진을 처리하거나 스트레스를 다루는 방향으로 변화를 일으키는 단계를 밟을 수 없다면 결국 상담자 직업병에 걸릴 수 있다.

상담자가 겪는 직업병은 만성적인 신체 질병이나 심각한 심리적 고갈로 나타나며, 효과적인 전문 상담 서비스를 하지 못하도록 만들 수 있다. 이런 병이 생긴 상담자는 효과적으로 스트레스 사건에 대처할 수 없고 전문가로서의 의무를 적절하게 수행할 수 없다. 이들은 스스로뿐만 아니라 실제로 다른 사람을 상처 입히는 문제를 가지기도 한다. 이러한 병은 개인적이고 전문적인 삶의 다양한 모습으로 나타난다(Kottler, 2017). 자신이 이러한 직업병으로 가고 있다는 것을 깨닫기 위해서는 높은 수준의 진솔함이 필요하다. 자신의 세부적 단서들을 모니터하고 불가피하게 소진으로 이르게 하는 상황을 줄이기 위해 기꺼이 행동하는 것을 배우는 것이 중요하다. 내적 갈등이 있는 상담자는 지속적으로 내담자의 이야기를 들으면서 스스로를 마비시키고 거리를 두는 방식으로 반응하게 되고, 내담자는 이를 개인적 거절로 해석하게 될 수 있다.

Mark Stebnicki는 이스트 캐롤라이나 대학교의 중독 및 재활학과 교수이며 공감 피로에 대해 매우 세부적으로 연구해 왔다. 그는 여기서 만약 상담자들이 일로 인해 어떻게 영향을 받는지 모니터하지 않는다면, 내담자들과 똑같은 만성적이거나 끈질기거나 일시적인 신체적 · 정서적 · 심리적 증상에 영향을 받을 위험에 처하게 된다고 지적한다.

공감 피로 관리하기

Mark A. Stebnicki

전통적인 미국 원주민 철학에서 다른 사람을 치유한 시간은 스스로의 조각을 나누어 주는 것이라고 믿는다. 누군가에게 도움을 주는 존재가 되어 가는 여행에서는 어떤 시점에 상처 입은 치유자가 될 수 있다. 이러한 경험은 자연스럽게 내담자의 신성한 공간에 들어갈 때 일어난다. 나는 이런 현상을 '공감 피로'라고 이야기한다. 이는 상담자 자신의 상처가 계속해서 내담자의 만성적인 아픔, 장애, 트라우마, 슬픔, 상실에 의해 건드려지는 심리적, 정서적, 정신적, 신체적, 영적, 직업적 고갈 상태라고 볼 수 있다(Stebnicki, 2008, 2016). 전문적인 상담자가 자기 자신 안에서 이러한 부정적인 변화를 인식하고, 상담교육자나 임상 슈퍼바이저가 전문적인 상담자의 정신, 신체, 영혼 안에서 일어나는 부정적인 변화를 인식하도록 훈련시키는 것은 무엇보다 가장 중요한 일이다.

나는 아칸소주 존즈버러에 있는 웨스트사이드 중학교의 총격사건 위기 대응팀에서 근무한 후에 처음 공감 피로를 접하고 이에 관한 많은 책을 썼다. 1998년 3월 24일, 11세와 13세 청소년이 총을 쏴서 네 명의 학생과 한 명의 선생님을 죽였고, 15명 이상의 사람들을 다치게 했다. 학교의 화재 알람을 울린 학생이 누구인지는 여전히 밝혀지지 않았지만, 그 두 범인이 나무에 불을 붙이기 시작한 놀이터에서 이 알람을 듣고 수많은 중학생이 밖으로 도망갈 수 있었다. 이 사건은 상상할 수 없는 극악무도한 대량 살인 사건이었고, 영원한 아픔과 고통을 남겼다. 이와 같은 상황에서 학생들을 위로해 주어야 하는 상담자는 종종 공감 피로를 경험한다.

많은 상담자가 열정적이고 공감적인 방법으로 트라우마, 중독, 만성적으로 삶을 위협하는 병, 장애, 그 외 주요한 생활 스트레스 요인들에 잃어버린 내담자의 정신, 신체, 영혼의 의미를 찾으려고 엄청나게 많은 시간을 보냈다. 그 결과, 전문적인 상담자들은 내담자들이 겪은 것과 똑같은 만성적이거나 영구적이거나 일시적인 신체적, 정서적, 심리적 증상들에 영향을 받는 위기에 놓이게 되었다.

정서적, 신체적, 영적 웰빙을 위해서는 공감 피로 버튼이 눌릴 때 마음챙김을 할 수 있어야 한다. 우리는 상담과 심리학 전문성에 있어서 패러다임 전환의 시기 중간에 있기 때문에 상담자에게 이러한 마음챙김은 더욱 중요하다고 볼 수 있다. 2001년 9월 11일에 미국에서 공포스러운 테러리스트의 공격을 받으면서 이러한 패러다임 전환이 시작되었다. 인재와 자연재해에 노출된 사람들에게 상담 서비스를 제공하게 되는 경우가 점점 많아졌다. 상담 서비스를 제공하는 전문가들은 전투작전, 미국 내의 사회불안, 전쟁국가에서 온 난민, 이민자, 망명신청자들과 지속적으로 심각하게 삶을 위협하는 병과 장애를 가진 사람들이 겪는 일반적인 외상에 노출되었다. 정말 21세기는 재난 준비, 재난에 대한 정신건강 대응, 너무나 스트레스가 심한 트라우마 상황 후에 오는 복합 트라우마 다루기의 시대였다(Stebnicki, 2016, 2017).

다음에 올 재난을 준비해 나갈 때쯤, 2004년 12월 26일, 북 수마트라 서해안에서 쓰나미와 진도 9.0의 지진이 일어나면서 수많은 사람이 다치고 죽었다. 이전의 사건은 곧 잊히고 이 사건으로 대체되었다. 스리랑카, 인도, 인도네시아, 말레이시아, 태국과 같이 쓰나미의 영향을 받은 나라들에서 오늘날까지 수천 명이 실종되었고 실제로 죽은 것으로 추정된다. 이러한 많은 심각한 사건 후에 남겨진 황량함은 세계 문화 가운데 역사적 트라우마를 만들어 냈고, 이 트라우마에 주의를 기울일 필요가 있다.

상담자가 되어 가는 길에서 개인적이고 전문적인 웰니스를 유지하고 공감 피로를 관리하는 것은 콘퍼런스와 워크숍에서 지속적인 교육 점수를 얻는 것 이상의 문제이다. 어떤 상담자들은 자신이 선택한 전문 분야를 지속해 나가기 위해 변화시키는 개인적 경험을 필요로 할 것이다. 수많은 저자, 상담자, 전문적인 상담학회들은 이러한 상담자 직업병과 공감 피로 증후군이 매우 심각하며 우리 모두에게 가장 중요한 문제라고 생각하고 있다.

공감 피로를 관리하기 위해 개인적 책임을 받아들이는 것이 상담 전문성 안에서 회복탄력성을 키우는 열쇠이다. 나는 개인적으로 기 치료 전문가가 되고 초급과 중급 수준의 샤먼 훈련을 하면서 스스로 다른 문화를 수용하는 활동을 하는 등 다양한 개인적인 성장 경험을 통해 스스로에게 도전했다. 또한 우리 주의 산과 바다에서 아웃도어 활동을 한다. 친구, 동료, 가족과 가까운 관계를 맺는 데 가치를 둔다. 어쿠스틱 기타를 쭉 치기도 했는데, 이는 나에게 창조적인 배출구가 되었다. 공감 피로 버튼을 인식해 나가는 것이 최적의 자기돌봄을 하도록 이끌어 준다는 것을 계속 배워 나가고 있다.

의심할 여지 없이, 공감 피로를 일으키는 것이 무엇인지를 확인하는 것은 이러한 상태를 관리하는 데 매우 중요한 역할을 한다. 스스로를 소생하게 하고 웰니스를 향상시켜 줄 일종의 창조적 배출구를 발견하는 것 또한 매우 유용할 수 있다. 스스로를 창조적인 사람으로 생각하든 그렇지 않든 간에, 스스로를 표현하고 개인적인 욕구를 충족시킬 수 있는 의미 있는 배출구를 찾는 일은 아주 중요하다. 그렇게 하지 않으면, 박사과정생 Sonia Ramrakhiani와 같이 상담실에서 내담자가 말한 문제, 즉 이야기들에서 스스로를 분리해 내지 못할 수 있다. 큰 부담을 가지고 일하고 적절하게 스스로의 욕구를 충족시켜 나가지 못한 상태로 강도 높은 임상 작업을 하게 되면서, 그녀의 웰빙에 큰 피해를 주게 되었고, 전문적인 역할을 효율적으로 해 나가야 하는 능력에 악영향을 끼치게 되었다. 자신의 일이 삶에 어떤 영향을 미치고 있는지 깨닫는 일이 그녀의 공감 피로를 극복하기 위한 첫 번째 단계였다.

공감 피로 극복하기

Sonia H. Ramrakhiani

나는 자해행동을 하는 여자 청소년들이 있는 쉼터에서 일할 때 공감 피로를 경험했다. 내담자 중 대부분이 경계선 성격장애를 갖고 있었다. 몇몇은 트라우마, 중독, 아동 방임 등의 문제를 겪기도 했다. 처음에는 내담자들의 이야기를 들으면서 함께 공감하며 상담을 할 수 있었다. 그러나 시간이 가면서 더 심각한 이야기들이 나왔고, 나는 이 이야기들을 회피하기 위해 노력하기 시작했다.

나는 유기된 채 자랐고 자해행동을 하는 15세 내담자와 작업하면서 공감 피로의 신호를 알아차렸다. 회기 내 작업은 역동적이었다. 지속적으로 밀어내고 끌어당기는 것을 느꼈다. 회기 내에서 순간순간 그 아이가 나를 사랑하기도 했고 저주하기도 했다. 회기가 끝날 때 나는 마치 탈수기에 들어가서 탈탈 털린 것처럼 느꼈다. 이 내담자와 작업하면서 느낀 내 감정과 경험은 이 쉼터의 다른 내담자와의 작업에도 영향을 미쳤다. 한바탕 좌절과 혼란감이 지나갔다. 상담에서 한 발짝 앞으로 나아갔지만 다시 두 발짝 뒤로 오는 것 같은 좌절감은 나를 마모시켜 버렸다. 또 이 내담자와 고군분투하면서 내담자의 정서 변화에 무뎌지게 되었고, 모든 내담자가 나를 혼란스럽게 했다.

　이 특별한 내담자와 함께 작업을 하면서 스스로 완전히 공감능력을 잃어버린 것을 발견했다. 나는 로봇 같았고, 기계적으로 한 회기에서 다음 회기로 넘어가고 있었으며, 진정한 감정을 교류하면서 앉아 있는 시간이 없었다. 심지어 모든 내담자에게 똑같이 공감하지 못하고 기계적인 응답만을 하고 있다는 점을 깨닫기 시작했다. 하루 동안 거의 점심을 먹지 못했고, 주말에도 일을 했다. 친구나 가족과 함께 있는 시간을 피했다. 그러다 집단상담 회기에 정시에 도착하려고 서두르다가 차 사고가 났는데, 이 일로 인해 완전히 문제를 자각하게 되었다. 사고가 난 바로 직후 '누가 이 집단을 운영하지? 누가 오늘 내 내담자를 만나지?'라는 생각이 먼저 지나갔다. 그 순간 내가 얼마나 나 자신보다 내담자의 안전과 웰빙에 더 가치를 두고 있었는지를 깨달았고, 내가 겪고 있는 피로를 인식하게 되었다.

　그 후, 직장에서의 삶과 개인적 삶의 건강한 균형을 유지하면서 일을 할 필요가 있다고 생각하게 되었다. 우선 나는 수용하는 것에서부터 시작했다. '괜찮은' 척하는 것을 그만두고 임상 작업이 나에게 미치는 문제를 수용하기 시작했다. 또한 내가 가진 제한점을 받아들였다. 이런 것들을 수용할 수 있게 되었을 때 다른 사람에게 도움을 구할 수 있었다. 나는 상담자를 찾아갔고, 개인적인 고통과 전문가로서의 고민들을 작업하기 시작했다. 대인관계를 살펴보았고, 개인적인 관계와 전문적인 관계 사이의 병렬과정을 인식하게 되었다. 나는 일 밖에서 튼튼하고 정서적으로 지지해 주는 관계를 만들어 가기 시작했다. 그렇게 하면서 치료적 관계가 즉각적으로 달라지는 것을 깨달았다.

　공감 피로를 극복하는 것은 내 진로 발달 과정에서 직면한 가장 어려운 경험 중 하나였다. 상담자로서 내 건강에 해를 끼치는 생각, 감정, 행동을 받아들이면서 스스로를 돌볼 수 있었다. 그리고 스스로 할 수 없는 일들을 인정하고 도움을 구했다. 상담을 통해 스스로 작업하면서 인생의 전문적인 영역과 개인적인 영역에서 좀 더 풍부해지는 변화를 일으키도록 스스로를 격려했다. 스스로를 돌보기 위한 이런 단계가 없이는 소진되어 버리고 훌륭한 전문가가 되기 힘들 것이다.

성찰을 위한 질문

1. 만약 내담자와 만나야 할 스케줄이 가득 차 있다면, 각각의 내담자와 함께 존재할 수 있는가? 상담할 때 내담자들과 좀 더 함께 존재할 수 있으려면 내담자들을 만나는 사이사이 또는 쉬는 시간이 좀 날 때 스스로를 소생시키기 위해 무엇을 할 수 있는가?

2. 공감 피로나 열정 피로와 같은 피로 증후군을 경험한 적이 있는가? 만약 그렇다면 어떤 경험이었는가? 그때 당신의 상태는 어땠는가?

3. 심각한 환경에서 일하고 심각한 문제를 가진 내담자들을 만나거나 재난과 관련된 정신건강 문제를 가진 내담자와 작업하는 일은 정말 스트레스를 많이 일으킬 수 있다. 만약 그런 환경에서 일하게 된다면 소진과 공감 피로를 피하기 위해 어떤 방법을 취할 수 있을까?

행복: 자기돌봄의 기초

공감 피로는 죽을병이 아니다! 스스로 얼마나 자기감을 잃어 왔는지를 깨닫게 되면 살아가는 방식에 어떤 기본적인 변화를 일으킬 경종을 울릴 수 있다. 개인적인 행복 수준을 높이기 위해 매일 우리가 할 수 있는 것이 무엇인지 생각하는 것이 공감 피로를 관리하고 웰니스를 얻을 수 있는 중요한 열쇠이다. 매일 행복을 추구하며 살아가고 우리가 가진 것에 감사함을 표현하는 것은 스트레스가 많은 삶을 살아가는 데 있어서 해독제가 될 수 있다. 행복은 물질적 부를 얻는 것이 아니라 목적을 가진 삶을 살아가는 것으로 측정할 수 있다. 행복은 한번 완전하게 선택한 상태가 아니라 매일 우리가 하는 선택의 부산물이다. 다른 사람들에게 기쁨, 행복, 평화를 전하고자 한다면 스스로 내적 기쁨과 내적 평화를 찾아낼 필요가 있다. 다른 사람들이 더 행복한 존재로 살아가도록 돕고자 한다면, 먼저 스스로 살아 있고 생생해져야 한다. 다른 사람들에게 희망을 심어 주기 원한다면 스스로의 삶에서 우리가 먼저 희망을 가지고 낙천적인 생각을 가져야 한다. 우리가 만약 만성적으로 불행하다면 상담하는 내담자들의 삶에 행복을 심어 줄 수 없을 것이다. 만약 우리가 주고 또 주기만 하고 도움을 구하는 데 열려 있지 않으며 다른 사람들이 도와주려고 해도 받아들이지 못한다면 삶의 에너지와 창조력을 얻지 못할 것이다.

Killen과 Macaskill(2015)에 따르면, 행복과 동등하게 사용되곤 하는 개념인 주관적 웰빙은 긍정적 정서가 많고, 부정적 정서가 적으며, 삶의 만족도가 높은 것으로 구성된다. 그들은 **감사**(gratitude)가 "가장 유익한 성격 강점이며, 삶의 만족 그리고 웰빙과 가장 지속적으로 단단하게 연결되어 있는 것" (p. 949)이라고 했다. 감사는 스트레스를 낮춰 주고 회복탄력성과 같은 개인적 자원을 발달시켜 주곤 한다. 자기돌봄 전략으로서 감사의 힘을 깨닫는 것은 중요하다. 예를 들어, 웰빙을 향상시키는 한 가지 방법은 삶에서 즐거움을 느끼도록 축복하는 말들을 하고 아주 작은 것조차도 감사하는 이유를 적어 보는 감사 일기를 계속 쓰는 것이다. 감사는 부정적인 기억을 재구성하고 부정적인 영향을 줄여 주도록 도와준다(Watkins, Grimm, & Kolts, 2004). 감사와 같은 긍정적 정서를 경험하게 되면 유연하게 어려움에 대응해 나갈 수 있고 스트레스를 덜 받으면서 사회적 관계를 유지해서 대응 자원을 강화시켜 줄 수 있다(Killen & Macaskill, 2015). 감사 일기에 있는 감사하는 내용들을 읽어 보면서 감사한 사람들에게 편지를 쓰거나 다른 사람들에게 감사를 표현할 다른 방법을 찾아볼 수 있다. 감사 일기를 통해 스스로의 웰빙을 확인하고 삶의 질을 향상시켜 나갈 수 있다.

감사에 대해 성찰해 나가면 스스로를 사랑하게 될 수 있고, 다른 사람들을 돌보고 사랑할 수 있는 중요한 힘을 가지게 된다. 스스로에게 친절해지

는 패턴을 계속해 나간다면 다른 사람들에게 친절할 수 있는 기회를 늘려 나
갈 수 있다. Schueller와 Parks(2014)는 행복을 경험하는 열쇠가 다른 사람
들에게 친절해지는 것이라고 이야기한다. 또 "사람들과 자주 만나고 대인관
계의 질을 높이면 행복을 증가시킬 수 있다."고 말한다(p. 149). Passmore와
Oades(2015)는 친절을 베푸는 행동이 정신적으로 그리고 신체적으로 모두
베푸는 사람에게 유익함을 준다는 점을 지지하는 심리학 연구를 진행했다.
친절함은 웰니스에 기초가 되는 덕목이다.

107세가 된 Joe Binder는 〈CBS 저녁 뉴스(CBS Evening News)〉(2017. 4.
19.)에서 자신의 행복한 삶과 장수 비결에 대해 이야기했다. 그는 사람들에
게 친절을 베풀었고, 원한을 가지지 않았으며, 자신에게 상처 준 사람들을 용
서한다고 말했다. 그는 친절함과 용서를 베푸는 것에 더해 거의 매일 운동
을 하며, 그에게 있어 재미는 인생의 일부이다. 그는 자기 나이의 반 정도 나
이인 여자친구 Annette와 춤을 추고 악기를 연주하면서 행복을 발견하기도
한다.

Kottler(2014)는 행복이 생활 환경의 결과이기도 하지만, 마음상태의 결과
이기도 하다고 이야기한다. 긍정적이고 낙천적인 태도를 가지면 재산을 모
으고 큰 부를 쫓으며 높은 지위를 얻으려고 애쓰는 삶이 제공하지 못하는 다
양한 혜택을 경험하게 된다. "충분히 편안함을 느끼며 살게 되면, 더 많은 것
을 가지거나 더 많은 부를 축적하는 것은 이미 모은 것을 유지해야 한다는 스
트레스만 커지게 할 뿐이고, 자신을 향상시켜 나가는 데 어떤 중요한 역할도
하지 않는다."라는 그의 의견에 동의한다(p. 41). Kottler는 행복한 삶을 살기
를 원한다면 다음의 내용을 따를 것을 제안한다.

- 삶의 긍정적인 부분에 집중하라.
- 낙천적인 관점을 유지하라.
- 현재에 머물러 살아가라.
- 사랑하는 사람들과 의미 있는 시간을 보내라.

- 상처 준 사람들을 용서하라.
- 정말 좋아하는 것이 무엇인지 알고, 가능한 한 자주 그것을 하라.

　　노력 없이 행복을 얻을 수는 없다. 행복은 우리가 한 선택과 행동의 결과이다. 티베트 사람들의 영적 지도자 Dalai Lama는 삶의 목적은 행복해지는 것이고 행복은 우리가 의도하고 행동함으로써 성취할 수 있는 것이라고 말했다. 부부 및 가족 치료자이자 개인과 기업 전문 코치로 일하는 Petra Schoning은 살아 있는 행복과 기쁨에 대한 글을 썼다. 그녀는 행복의 개인적 수준이 향상될 수 있다는 개념에 대해 확신을 가지고 있다(행복에 대해서는 제5장과 제8장에서 더 이야기할 것이다).

행복: 살아 있는 기쁨

Petra Schoning

　　나는 내담자와 상담을 시작할 때 항상 무엇을 성취하기 원하는지를 물어본다. 가장 많이 들은 대답은 "더 행복해지기를 원해요."라는 것이었다. 내담자들이 말한 목표가 더 구체적일 때도 결국 개인적 성취와 행복 수준이 향상되는 것을 원하곤 한다. 긍정심리학에서는 개인의 행복 수준이 향상될 수 있다고 한다.
　　나는 심리치료사와 코치의 역할에 매우 진지하게 임하며 개인적 성장과 돌봄의 맥락에서 '내가 말한 대로 하기 위해' 최선을 다한다. 내담자가 반복적으로 더 큰 행복의 목표를 이야기하는 것을 들으면서 스스로의 행복 수준을 자세히 들여다보고 행복을 향상시키기 위해 내가 무엇을 하고 있는지를 살펴볼 필요가 있다는 것을 깨닫게 되었다. 사람들은 종종 행복이 '그냥 일어난 것이고' 미래에 자신이 삶에서 어떤 특정한 목표를 이루거나 삶에서 특별한 성취를 이루었을 때 얻을 수 있는 것이라고 생각한다. 그러나 이것은 사실이 아니다. 그렇다면 무엇이 결정적 요소인가? 개인적인 상태와 삶의 환경이 행복을 결정하는 데 가장 많은 부분을 차지하고 있기는 하지만, 행복의 중요한 부분은 우리가 행동하고 생각하는 것에 의해서 뒤바뀔 수 있다(Lyubomirsky, 2013). 처음 나의 행복을 향상시키려고 작업하기 시작했을 때, 내가 표준화 행복 검사에서 약 70퍼센타일에 속한다는 것을 알고 약간 실망했다. 심리치료사/코치로서 그렇게 오랜 시간 일해 오면서 이미 많은 성장을 했기 때문에 나는 더 높은 점수를 받을 것이라고 기대했었다. 놀랍게도 더 큰 행복을 얻는 것에 대해 많이 배워야 한다는 것을 발견했고, 스스로 '행복 프로젝트'를 시행하기로 결정했다. 행복을 계속 향상시켜 가는 여행을 시작한 것이다!

요즘 나는 자랑스럽게 행복 검사에서 93퍼센타일에 속한다고 이야기할 수 있다! 수년간 많은 행복 목표를 세웠다. 잘 먹기, 자유롭게 시간 관리하기, 정기적으로 운동하기, 취미를 위한 시간을 계획하기, 가능한 한 자연 속으로 여행 가기, 잘 자는 습관을 기르기 등이 이러한 목표에 속했다. 행복 목표를 이루기 위해서는 인내를 가지고 많은 힘든 작업을 해야 했지만, 행복이 상승되면서 너무나 감사한 마음이 들었다. 행복을 얻는다는 것은 매일의 삶에서 (구체적 목표, 점수표, 이 주제에 대한 지속적인 교육, 매일 상기시키기와 같이) 현재 나와 연결된 어떤 것이다. 그리고 지금 건강, 관계, 재정문제와 같은 문제로 고민하게 되는 가장 나쁜 날조차도 나는 여전히 상대적으로 행복하다.

완전히 주의를 기울여야 하는 개인적인 고민이 생겼을 때 기쁨을 느끼기 힘들 것 같았다. 때때로 고군분투하기는 했지만 단순하게 살아 있다는 데 감동을 느끼는 순간을 유지할 수 있었다. 나는 어떤 어려운 도전이든 다룰 수 있을 뿐만 아니라 이러한 도전을 더 오래도록 성장하고 더 큰 행복을 느끼는 기회로 사용할 수 있다.

나의 관점에서 행복은 자기돌봄 훈련의 가장 중요한 부분이다. 나는 모든 사람이 삶에서 더 큰 기쁨을 찾고 행복을 얻는 데 계속적으로 방해가 되는 사람이나 상황을 피할 권리가 있다고 생각한다. 기본적으로 더 큰 행복을 얻기 위해서는 나 자신에게 옳은 선택을 지속적으로 해 나갈 책임이 있다고 확신한다. 내가 세웠던 어떤 행복 목표는 지속적이고 의식적인 결정을 요구한다. 뉴스에 노출되는 것을 크게 제한하고, 내향적인 내 성격을 존중하며, '내가 아닌' 일에 헌신하지 않고, 필요할 때는 남편과의 관계에서 생기는 문제를 직면할 용기를 가지는 것 등이 그러했다.

행복을 증진시키기 위해 시간을 투자하고 노력하기로 결정할 때, 나에게 이익이 될 뿐 아니라 내가 만나는 사람들에게도 이익이 된다는 것을 발견했다. 행복은 전염되는 것이고, 내 주변 모든 사람, 내담자, 친구, 사랑하는 사람들에게 너그럽게 퍼져 나가는 것이라고 확신한다. 내 삶에서 만난 사람들에게 더 친절하고 더 인내심을 가지고 다가갈 때, 나 자신에게도 더 친절하고 더 인내심을 가지게 된다. 나는 시간을 더 현명하게 사용하고 정말 좋아하는 일을 할 시간을 더 많이 찾는다. 하이킹, 캠핑, 적어도 한 달에 한 번 새로운 것을 하기, 토스트 마스터 클럽에 참가하기 등이 그런 일들이다. 나의 지속적인 '행복 프로젝트'는 내가 결코 후회하지 않는 투자이다!

스스로에게 친절해지라

이제 당신이 스스로에게 얼마나 친절한지, 스스로에게 더 친절해지기 위해 무엇을 했는지를 평가할 좋은 시간이 되었다. 스스로의 웰빙과 행복을 향상시킬 수 있는 생각을 가지고 성찰하는 데 시간을 가지라. 친절함과 연민을 가지고 스스로를 다루라. 그리고 스트레스를 만들고 스스로를 궁지에 몰아 각성시키도록 하는 선택을 한 적이 없는지 생각해 보라. 스스로에게 친절해지고 내담자뿐만 아니라 당신이 하루 동안 만나는 모든 이들에게 행복한 순간을 가져다주려고 최선을 다함으로 인해 우리는 행복을 얻을 수 있다. 친절함과 자기자비는 제7장에서 구체적으로 다룰 것이다.

성찰을 위한 질문

1. 무작위적인 친절한 행동은 정신적으로 그리고 신체적으로 친절함을 베푸는 이에게 이득을 준다고 한다. 당신이 했던 친절한 행동을 생각해 보고, 이것이 당신에게 어떤 영향을 미쳤는지 생각해 보자.

2. 스스로의 행복을 어떻게 평가하는가? 행복에 영향을 미치는 요인과 행복으로 인해 영향을 받는 요인은 무엇인가? 만약 현재의 행복 수준에 만족하지 않는다면 이를 높이기 위해 무엇을 할 것인가?

3. 행복은 노력을 요구하며, 당신이 한 선택과 행동의 결과라는 생각에 대해 당신은 어떻게 생각하는가?

이 장을 마치는 글

자기돌봄의 주제로 시작하고 자기돌봄 계획을 세우고 실행하기를 권하면서, 우리는 당신의 웰니스와 행복을 증가시킬 긍정적인 변화를 불러일으키기를 희망한다. 우리가 강조한 주제들에 대해 성찰해 볼 때, 웰니스는 병을 없애는 것 이상을 포함한다는 점을 기억하라. 웰니스 관점에 기반한 삶의 철학은 개인적인 목표를 세우고 그것을 성취해 나갈 계획을 세우는 것과 연관된다. 웰니스를 얻으려면 삶에서 지속적인 작업을 해야 한다. 이는 가장 보상을 받는 길이다. 이 장에서 강조한 것처럼 자기돌봄은 상담 전문가로서 우리에게 윤리적 의무이다. 왜냐하면 자기돌봄은 우리가 소진되고, 공감 피로를 느끼며, 직업병을 겪고, 다른 사람을 돕는 일의 효과를 떨어뜨릴 수 있는 상태가 되는 일을 막아 줄 수 있기 때문이다. 유난히 바쁜 때는 자기돌봄을 위한 시간을 내기가 어렵기는 하지만, 효과적으로 살아가고 일할 수 있도록 스스로 자기돌봄을 위한 시간을 마련할 필요가 있다.

진로의 계절

2

경력개발의 각 발달 단계마다 자기돌봄은 고유한 과제이다. 대학원 시절에 이러한 자기돌봄 과제들을 경험한 방식들은, 이후의 경력개발 과정에서 이러한 자기돌봄을 어떤 식으로 수행해 나갈 수 있을 것인지에 대한 함의를 가지고 있다. Wise와 Barnett(1996)은 대학원, 초기, 중기, 후기 진로 등 다양한 전문성 발달 단계 동안 긍정적인 자기돌봄 방식에 대한 구체적인 권장사항을 제안한 바 있다. 이 책의 네 명의 저자는 모두 다른 진로 발달 단계에 있고, 현재 각자가 처한 진로 단계에서 직면하고 있는 도전들을 기술하며 동시에 어떻게 개인적으로 그리고 전문적으로 잘 대처하기 위해서 최선을 다하였는지를 이 장에서 기술해 보고자 한다. 저자들 외에 경력개발의 다양한 단계에 있는 지인들도 자신들이 경험하고 있는 도전들을 이 장에서 기꺼이 같이 공유해 주었다.

대학원

상담 관련 분야의 대다수의 대학원생들이 실습과정을 통해서 종종 듣는 자기돌봄이라는 주제는 절대적으로 중요한 문제이다. 사실 자기돌봄에서 가장 기본적인 사항은 부모가 자녀에게 "채소를 먹어라." 혹은 "길을 건널 때 양방향을 살펴라." 등의 건전한 조언을 하는 것과 유사하다. 부모가 자신의 자녀들이 건강한 습관을 형성하여 성인이 되어서도 계속 유지했으면 하는 마음과 같이, 상담교육자들도 도움을 제공하는 상담자로서 효율성과 활력을 유지하기 위해 자기돌봄이 매우 중요하다는 점을 자신들의 상담 수련생들에게 전달할 윤리적 의무를 지고 있다. 만약 대학원생 때의 실습 훈련 시기가 아동기와 유사하다면, 현재의 경력 궤적을 자율적이고 유능하며 윤리적인 전문가로 발전하기 위해 대학원 시절 동안 기초를 닦고 만드는 발달 과정이라고 생각해 볼 수 있을 것이다. 물론 일단 상담 전문가의 세계로 들어온 이후, 여러 교수나 슈퍼바이저들(우리의 전문 영역에서의 '부모')은 더 이상 우리에게 자기돌봄의 중요성을 상기시켜 줄 만큼 가까이 있지 않다. 이제는 스스로 자기돌봄을 해야 하나, 대다수의 경우 '야채를 먹어야 한다'는 사실을 무시하며, 도움을 제공하는 자로서 우리의 경력을 발달시켜 나가는 진로의 계절 동안 좋은 자기돌봄을 종종 유지하지 못하곤 한다.

만약 현재 대학원 과정에 있다면, 당신이 속한 대학원 과정이 자기돌봄의 가치를 강조하고 개인적으로 그리고 전문적으로 학습하고 경험하는 것들을 강화할 자기돌봄 실천 계획의 발달을 촉진해 주고 있길 바란다. 설사 본인이 속한 대학원 과정이 자기돌봄을 독려하지 않는다 하더라도, 대학원생으로서 어떻게 자기돌봄의 원칙과 실습을 스스로의 삶에서 실천해 보고 있는지를 돌아보고 적극적으로 실행해 볼 수 있다. 자기돌봄에 대해 적극적이고 예방적인 접근을 받아들이고 수용하는 것은 대학원 과정에서 요구되는 여러 과제들을 적절히 대처할 수 있는 체력을 유지할 수 있게 도와줄 것이다. 심리학 대학원 과정생들의 자기돌봄 실습과 스트레스 수준에 대한 연구 결과에 따르면(Myers, Sweeney, Popick, Wesley, Bordfeld, & Fingerhut, 2012), 대학원생들은 수업, 임상훈련, 연구, 경제적인 문제 등을 포함하여 대학원 과정 중 나타나는 다양한 요구 때문에 스트레스를 경험하고 있다. 스트레스는 제도적 요구(매년 실시되는 평가기준이나 졸업요건 등), 경쟁, 수행 불안, 경험 부족 등과 연관되어 있다. 대학원생들은 이러한 스트레스들을 잘 다루고 새로운 역할들을 수행하면서 동시에 효과적인 상담 서비스를 제공하기 위해 요구되는 지식과 기술을 발달시켜야 한다는 기대를 받는다. 대학원 시절 및 초기 경력

개발 단계에서 경험하는 불안은 모든 국가 및 문화권을 아울러 공통적이다 (Orlinsky & Ronnestad, 2005). Myers와 그의 동료들(2012)은 스트레스와 불안에 대한 대처와 관련된 논의를 하는 것이 대학원생들이 자기돌봄능력을 향상시키는 중요한 첫 단계라고 주장한다. 이들의 연구는 "학문적·임상적 훈련 모두에서 경험되는 스트레스의 부정적인 효과를 감소시키기 위한 실습유능감(training competency)으로서 자기돌봄"(p. 63)을 포함시킬 필요성을 지지하고 있다.

저자들의 학생들은 종종 저자들에게 그들이 '극심한 스트레스를 받고 있다.'고 이야기하고, 수업시간의 과제들에 압도되어서 학기가 지남에 따라 불안을 경험하고 있다고 호소한다. 다음과 같은 이야기들은 매우 흔한 대학원생들의 경험들이다.

- "저는 대학원생으로서 제 수행에 대해서 걱정돼요. 전 모든 수업에서 모두 우수한 성적(A)을 받아야 하고 제가 매우 훌륭한 임상 능력이 있음을 증명해야 한다는 부담감을 느껴요. 이런 마음은 저를 매우 불안하게 해요. 게다가 저는 수업료며 생활비 등을 내기 위해 전일제 직장에서 일해야 해서 뭔가를 즐길 수 있는 시간이 전혀 없어요. 저는 빨리 대학원 시절이 끝나서 제 삶을 돌려받고 싶어요."
- "제가 다음 학기에 인턴십을 갈 수 있을지 모른다는 게 정말 미치게 만들어요. 전 계속 다양한 기관에 제 이력서를 보내고 있는데 아직 어디에서도 답을 받지 못했어요. 저는 인턴십 자리가 매우 한정적이라는 걸 알고 있고, 같은 대학원에 다니는 학생들뿐 아니라 이 지역의 다른 대학원에 다니는 학생들과도 함께 경쟁해야 한다는 걸 알아요. 때때로 내가 맞는 길을 택한 건지 의구심도 들고, 다른 사람들을 돕고 싶기는 하지만, 전 이렇게까지 인턴십을 가는 게 어렵고 제 훈련을 위해서 경쟁을 해야 한다고 생각해 보지 못했어요!"
- "전 제 친구들이 저에게 주말에 같이 놀러 가자고 전화할 때마다 마

음속에서 갈등을 경험해요. 보고서며 페이퍼들을 써야 하고, 발표 준비도 해야 하고, 읽어야 할 것들도 많아서 같이 놀러 갈 시간이 없어요. 대부분의 친구들은 대학원에 다니고 있지 않아서 제가 느끼는 압박감을 잘 이해하지 못하고, 그래서 전 더 외롭다고 느끼고 친구들과 멀어지면서 서로 공유하는 게 매우 작다고 느껴요. 이상하게도 그러면서 저 자신에게 미안하고 그러면서 그냥 주말 밤 내내 TV만 보는데, 사실 제가 시간을 좀 더 효율적으로 활용했다면 아마도 전 친구들이랑 나가 놀 수 있었을 것 같기도 해요."

- "전 제 아이들이 초등학교에 들어간 이후에 대학원 생활을 시작했어요. 전 마침내 '제 시간'을 가지게 되고, 상담자가 되고자 하는 제 꿈을 이룰 수 있다는 데 설레었죠. 하지만 학교를 다니기 시작한 이후, 전 가끔씩 젊은 대학원생들보다 제가 나이가 많다는 것 때문에 따로 노는 기분을 느껴요. 그리고 엄마로서, 대학원생으로서, 아내로서 등 모든 제 역할을 다 수행하면서 해내야 하는 많은 과제의 양에 압도돼요. 아이들 중 한 명이 아프거나, 숙제할 때 좀 더 봐 줘야 하면 제 일은 맨 뒷전이 되어 버리죠. 당연히 애들이 먼저니까요. 최대한 쥐어짜 보려고 하지만 여전히 내가 학업에서 최선을 다한 결과물들을 내지 못한다는 점에 대해서 스트레스를 받아요."

- "그 어떤 것보다도 저를 제일 스트레스 받게 하는 건 제가 상담실습을 시작하고 내담자들로 인해서 자극된 제 역전이에 대한 생각이에요. 수업시간에 역전이에 대해서 배우고 나서, 상담 장면에서 만약 내담자가 저의 역기능적인 부모님들을 생각나게 만드는 특정 행동들을 보이면, 저의 미완결 과제가 쉽게 수면 위로 떠오른다는 사실을 인지하기 시작했어요. 전 저의 역전이 반응 때문에 내담자들에게 어떠한 피해를 야기하게 되는 게 아닐까 싶어서 겁이 나요. 그래서 이러한 문제들을 해결할 수 있도록 제가 상담을 받아 볼까 생각하고 있어요."

• "전 매우 경제적으로 어려운 환경에서 성장했고, 우리 가정에서 대학원에 간 첫 번째 사람이에요. 전 엄마가 제가 제 스스로를 믿을 수 있게 도와주시고 무엇보다도 뭔가 세상에 기여할 수 있을 거라고 믿어주신 점에 대해서 큰 마음의 빚을 가지고 있어요. 2016년 대통령 선거 이후 저는 이 세상에 좀 더 긍정적이고 정의로운 영향을 끼칠 수 있도록 노력하겠다고 결심했죠. 대학원의 다문화 및 사회정의 수업은 제 내담자들을 위해 사회정의 수호자가 되어야겠다는 저의 결심을 더 강화시켜 주었어요. 저의 현재 어려움은 부조리와 불평등과 싸우기 위해서 해야 하는 많은 양의 일에 때때로 압도되고 있다는 거예요. 하루는 고작 24시간인데 아무리 제가 일에 많은 시간을 투자해도 먼지만큼만 뭔가 해내는 기분이 들어요. 제가 일을 하고 있지 않을 때는 내가 할 수 있는 모든 일에 대해서 죄책감을 느껴서 쉬기가 힘들어요."

만약 이 모든 이야기에 공감이 되고, 다른 이유들로 현재 스트레스를 경험하고 있다면, 현재 당신에게는 스스로를 돌보는 일을 맨 나중으로 미루지 않는 것이 무엇보다 중요하다. 만약 당신이 그렇다면, 지금 현재 학생으로서 소진을 경험하고 있을 가능성이 높다.

대학원 생활 경험: 나의 내면의 비판 길들이기

Michelle Muratori

나(Michelle)는 근처 전문대학 내에서 심리학을 가르치는 동시에 사회복지센터에서 가정방문 가족상담사로 일하면서 석사과정과 박사과정을 밟았던 기억을 떠올리고 있다. 그때 나는 사랑하는 사람과 깊은 관계를 맺고 있었고, 동시에 여러 방향으로 사지가 당겨지는 것처럼 많은 일을 수행해야 했다. 여러 역할 사이에서 균형을 잡아야 하는 다른 많은 여성처럼, 나는 모든 역할을 '완벽하게' 수행해야 한다는 압박감을 느꼈다. 하지만 그러기 위해서 대가를 치러야 했다. 내가 아이오와 대학교의 상담과 인간발달 전공(지금은 상담자교육전공)의 박사과정에 입학허가서를 받았을 때, 나의 소진 상태가 내 발목을 잡았다. 나는 나만의 독특한 도전 상황에 처해 있었는데, 오랫동안 희망해 오던 훌륭한 교육 기회를 얻게 된 것에 대해서 정말 감사한 마음이 들었지만 동시에 내가 휴식이 필요하다 느낄 때 그것이 삶의 어느 순간이어도 자기돌봄이 필요하다는 사실 또한 잘 알고 있었다. 내가 이 새로운 도전을 받아들인다면, 나는 나중을 기약하고 기다리기보다 박사과정을 밟는 동안 내 에너지를 다시 채우는 방법을 찾아야 한다는 것을 알고 있었다. 4~5년간의 박사과정 동안 끊임없이 일하면서 그 긴 기간 동안 자기돌봄을 뒷전으로 놔둘 수는 없었다. 동시에 나는 박사과정 진학을 연기하고 싶지도 않았다. 나는 나의 삶의 다른 영역들을 잘 관리하고 균형을 이루면서(최소한의 노력을 하면서) 나의 교육적 목표를 추구해 나갈 수 있는 전략을 고안해야 했다.

내가 이 도전 과제를 어떻게 접근했을까? 지금까지 나는 항상 치열한 완벽주의적 성향을 지니고 살아왔는데, 이 성향으로 인해 소진되거나 주저앉지 않으려면, 나의 이러한 완벽주의 성향에 약간의 경계를 둘 필요가 있음을 깨달았다. 나는 나에게 실수를 해도 괜찮고, 더 중요하게는 내가 내 기준에 어쩔 수 없이 좀 부족하더라도 나에게 지나치게 가혹하지 않으려고 의도적으로 지속적인 노력을 기울였다. 나는 수치심에 나를 숨기려고 하기보다, 모임/회의 주선자들에게 사과를 하고, 내 실수에 대해서 끊임없이 반추하는 방식으로 나를 벌하지 않기로 결정했다(나는 내 잘못을 끊임없이 되씹는 매우 뛰어난 반추능력을 가지고 있다!). 비록 내 박사과정이 과도하게 많은 시간을 요구할지라도, 나는 나에게 에너지를 줄 수 있는 새로운 친구들과 우정을 만들어 나가고 다른 사람들과 교류하는 시간을 만들었다. 인정하건대, 박사과정 동안 '균형을 잡는다'는 것이 불가능에 가까울 정도로 힘든 기간들도 있었지만, 나는 나의 완벽주의를 조절할 수 있었다는 점에 기쁘게 생각한다. 이러한 노력들은 학교에서 공포와 불안 등으로 온몸과 마음이 굳어진 것 같은 느낌에서부터 나를 보호하고 견딜 수 있게 해 주었다. 나는 나의 오랜 견고한 생각들에 대한 도전을 해야 했고, 이는 나로 하여금 부적응적인 완벽주의자에서 적응적인 완벽주의자로 변화할 수 있게 했다. 그러면서 나는 내 학업에 대한 에너지와 흥미를 다시 얻었고, 소진으로 쓰러지는 것을 피할 수 있었다는 점에 안도한다.

완벽주의: 축복인가 저주인가

만약 당신이 앞선 Michelle의 이야기에 공감하고, 내 이야기 같다는 생각이 들고, 완벽주의자이거나 완벽주의 성향을 가지고 있다면, 그러한 성향이 당신의 삶을 파괴하거나 당신의 개인적인 혹은 전문적인 목표들을 이루는 데 방해가 되지 않도록 당신 내면의 비평을 잘 조절할 수 있는 방식을 생각해 볼 필요가 있다. 학생들과 상담자들은 종종 항상 100% 수준으로 일을 해내지 못하고 낮은 수행을 보일까 봐 걱정을 하곤 한다. 100% 수준으로 수행하기를 기대하고 요구하는 것은 장기간 직업적인 소모과 돌봄 소진을 야기함과 동시에 창의력 상실을 야기한다(Skovholt & Trotter-Mathison, 2016). 완벽주의는 결점이 없는 것에 대한 갈망, 과도하게 높은 수행기준들 세우기, 고통스럽고 비판적인 자기평가하기, 실패에 대한 불안 경험하기 등의 일련의 행동들과 연관되어 있다(Johnson & Smith, 2016). 완벽주의자들의 자기 스스로에 대한 요구들은 계속 행동을 수행하게끔 이끄는 원동력이 될 수도 있지만, 이러한 과도한 요구들은 오히려 바라는 성공을 막고 좌절시킬 수 있다. Moate, Gnilka, West와 Bruns(2016)는 완벽주의가 상담교육자들의 스트레스 및 소진과 연관이 있다는 사실을 발견했다. 상담자로서 혹은 상담교육자로서의 진로를 희망하는 대학원생들은 이러한 완벽주의가 단순히 석·박사 과정이 끝나면 사라지는 것이라고 생각하면 안 된다. 타인에게 심리 서비스를 제공하는 전문가로서, 우리는 어떻게 완벽주의자들의 갈망이 진로 발달 과정을 거치며(진로의 계절들을 경험하면서) 전문적인 업무를 수행할 때 긍정적 · 부정적 영향을 미치는지에 대해서 평가를 해야 하는 과제를 가지고 있다. Moate와 그의 동료들은 적응적인 완벽주의와 부적응적인 완벽주의를 구분하였다. **적응적인 완벽주의자들**(adaptive perfectionists)은 자기 자신에 대한 높은 기준을 가지고 있지만, 동시에 자신들이 이 기준을 도달하는 데 좀 부족할 때 과하게 자기비판을 하지 않으려고 한다. **부적응적인 완벽주의자들**(maladaptive perfectionists) 또한 높은 기준을 가지고 있지만, 자기가 스스로의 기준을 맞추지 못할 때 강한 수준의 자기비판을 한다. 이들의 연구에서 Moate와 동료들은 "부적응적인 완벽주의 성향을 가지고 있는 상담교육자들은 여러 요구와 부담이 많은 직업 내에서 높은 수준의 스트레스와 소진을 경험할 수 있으며, 이는 삶의 질과 안녕감을 유지시키지 못하는 결과로 이어질 수 있다."(p. 169)라고 하였다.

완벽주의자적인 노력들은 교육 및 전문적 직업 수행 과정에서 지속될 수 있고, 대학원에 들어오기 이전부터 이미 시작된다. 이러한 완벽주의적 성향을 제거하려고 하는 노력들은 아마도 비현실적일 가능성이 높으나, 이러한 완벽주의적 성향이 나와 내 삶을 통제하게 놔두기보다 우리가 스스로 이러한 성향을 조절할 수 있다고 생각하는 것이 더 현실적이다. 부적응적인 완벽주의와 자기비판 세례에 의해서 압도되는 대신에, 우리는 우리의 목표를 성취하기 위해서 최선을 다해 보고, 동시에 덜 완벽한 수행을 받아들이는 노력을 할 수 있다. 이 책 전반에 걸친 다양한 사람들의 이야기를 접하면서, 그 속에서 자신의 내적인 완벽주의적 성향을 현실적으로 평가하고 관리할 수 있는 지혜들을 찾아 삶에 반영해 보기 바란다. 핵심은 자신의 일을 진정으로 느끼고 즐기는 것인데, 이는 당신이 과하게 자기비판적이라면 어려울 것이다.

대학원 생활 경험

Gerald Corey

나(Jerry)는 1960년대 초에 고등학교 선생님으로 일을 시작하면서 동시에 상담전공 박사과정을 시작했다. 나는 박사과정 동안 상담 수업을 듣는 것을 즐겼지만 통계는 혐오했고, 내가 필수과정 수업들을 통과하지 못할지도 모른다는 두려움을 가지고 있었다. 나의 지도교수님은 내가 가진 공포들을 다른 관점으로 볼 수 있도록 도움을 주셨다. 나의 수학 불안 때문에 프로그램에서 쫓겨날지도 모른다고 느낄 때마다, 지도교수님은 내가 열심히 지속적으로 공부를 하려고 한다면 내 목표들을 이룰 수 있을 거라고 나를 안심시켜 주셨다. 공포에 질려서 그만두는 것은 너무 쉬웠다. 공포가 성공으로 가는 주춧돌 역할을 해서 도전으로 바뀔 수 있다는 점을 기억하는 것이 중요하다. 나는 내 공포가 조절 가능하다는 것을 받아들이고, 도움을 청하는 것이 정말 중요하며, 자기훈련은 효과가 있다는 것을 배웠다. 내 지도교수님은 내게 멘토이기도 했는데, 그녀의 지지는 내가 박사과정을 통해 나의 동기 수준을 유지시키는 데 중요한 역할을 했다. 튜터의 도움을 받아 궁극적으로 나는 통계 수업을 간신히이기는 하지만 잘 통과할 수 있었다. 이러한 극심한 스트레스 경험으로부터 나는 어려운 과제들을 배우는 데 적용시킬 일련의 규칙을 습득할 필요가 있음을 배웠다. 타인들의 모든 격려도 내가 배운 것을 활용하도록 시간과 노력을 투자하지 않는다면 다 무의미할 수 있다. 이 경험과 배움은 내 마음에 깊이 새겨져 있다. 단순히 대학원 때뿐 아니라 당신의 평생의 전문가로서의 여정을 통해서, 필요시 항상 당신이 필요한 도움들을 요청하는 데 주저함이 없기를 소망한다.

성찰을 위한 질문

1. 대학원생으로서 마주한 자기돌봄을 하고자 할 때 놓인 주요 어려움

들은 무엇이 있었는가? 어떻게 이러한 어려움들에 접근했는가? 만약 당신의 삶에서 이런 어려움을 제거할 수 없다면, 어떤 방식으로 이 문제에 대처하고 최소화함으로써 자기돌봄 욕구를 충족시킬 수 있는가?

2. 다른 시간소모적인 과제들(파트타임이나 풀타임으로 일을 하거나, 아이를 양육하는 일 등)을 하는 동시에 석·박사과정을 지내면서 균형을 잡고자 하는 것은 불가능한 목표처럼 보인다. 대학원생으로서 삶에서 균형을 어느 정도 이루고 있는지 스스로의 성공 정도에 대해서 평가해 보자.

3. 당신은 완벽주의자인가? 만약 그렇다면 완벽주의가 대학원생으로서의 당신의 경험에 어떻게 영향을 미치고 있는가?

4. 만약 당신의 완벽주의적인 성향에 도전하고 바꿔 보고자 한다면, 다른 관점에서 이 완벽주의를 바라보고 접근하기 위해 어떤 구체적인 단계를 밟을 수 있을까?

5. 대학원생으로서 당신은 좌절에 어떻게 대처하는가? 공포와 자기의심이 성공을 하기 위해 더 노력하게끔 돕는가, 아니면 노력을 포기하게끔 하는가?

경력 초기 단계

삶의 한 단계에서 다른 단계로의 전환은, 설사 그것이 긍정적인 변화를 가져오는 것이라 해도 스트레스 받는 일이다. 이러한 전환 중 하나는 대학원 과정이라는 안전망을 떠나서 상담 서비스를 제공하는 전문가로서의 진로로 새로이 나갈 때이다. 많은 대학원생은 자신의 상담실습이 끝나고 학교를 다니면서 경험한 스트레스가 좀 덜어지기를 고대한다. 자신의 삶과 진로에서 다음 단계에 들어가는 것은 매우 흥분되는 일이다. 그러나 많은 변화가 일어나고, 인생의 중요한 결정을 내려야 하기도 한다. Wise와 Barnett(2016)은 학생들이 우정을 형성하고 유지하기, 가족 만들기, 집 구매와 새로운 진로 확립하기 등의 초기 진로 발달 단계에서 발생하는 전형적인 발달 과제들을 인식한다고 주장하는데, 이 모든 발달 과제가 전문가로서의 도전들을 가중시키는 스트레스의 원인들이다. Wise와 Barnett은 이러한 전환 시기의 스트레스를 잘 헤쳐 나가기 위해서 같은 시기에 공부한 대학원생들과 계속 연락을 유지하고, 전문가 집단이나 단체에 가입하고 네트워크를 유지하는 것의 중요성을 강조하였다. 이 시기 동안 최소한 한 명의 멘토를 찾는 것은 아주 중요하다. 멘토들은 대학원 과정에 있는 사람들뿐 아니라, 그들의 진로 발달의 시작단계에 있는 사람들에게 많은 도움을 줄 수 있다. 경력 초기 단계의 심리학자들에 대한 연구에 따르면 멘토십은 개인의 전문적 유능감을 강화시키는 강력한 수단이다(Mullenbach & Skovholt, 2016; Silva, Newman, Guiney, Valley-Gray, & Barrett, 2016; Skovholt & Trotter-Mathison, 2016; Troisi, Leder, Steigler-Balfour, Fleck, & Good, 2015). 동료들과 동기집단들과 지지적인 관계를 지속적으로 유지하고, 전문가 네트워크를 지지와 자문의 자원으로서 활용하는 것은 좋은 생각이다(멘토링에 대해 더 많은 내용은 제7장 참고). 자기돌봄에 대한 구체적인 계획을 가지고 해 나가는 것은 진로를 설계하는 것과 관계가 있는 개인적이고 전문적인 과제들을 성공적으로 수행하는 데 핵심적이다. Nancy Chae의 학교상담자로서의 첫해는 매우 기대되고 흥미로웠으나, 보람됨과 동시에 도전적인 시간이었다. 자신의 직업에 완전히 몸을 던져서 일을 했기 때문에, Nancy는 지쳐 가기 시작했다. 그녀가 소진의 징후를 알아차리고 자기돌봄의 필요성을 깨닫기까지는 시간이 걸렸다.

경력 초기에 경험하는 도전:
학교상담자로서의 소진 극복하기

> Nancy Chae

흥미와 열의로 반짝이는 정신으로, 나는 볼티모어 시의 차터 스쿨(공적 자금을 받아 교사, 부모, 지역단체 등이 설립한 학교—역자 주)에서 초등/중등 학교상담자로서 첫날을 시작했다. 나는 최근에 대학원을 졸업하고 300여 명 넘는 학생들을 담당하는 단 한 명의 학교상담자였다. 나는 대학원 수업들과 실습들을 모두 일에 녹여 냈다. 선생님들과 직원들의 요구 평가를 하고, 선생님들, 학생들, 가족들에게 나를 소개했다. 그리고 교실 생활지도 수업들의 일정표를 계획하기 시작했다.

그러고 나서 뭔가 압박감이 들기 시작했다. 나는 내가 온라인상에서 발견한 자료들 외에 학교의 요구에 대해서 별로 아는 바가 없었고, 늦게 채용된 만큼 새로운 학교와 새로운 직업에 대해 익숙해지거나 준비할 수 있는 물리적 시간도 매우 제한적이었다. 나는 처음엔 약간 압도되었지만, 내 직업에 대해서 배우고, 여기서 내 자리를 찾고자 하는 의욕이 있었다. 학교상담자로서 기대되는 역할들과 의무들에 더해, 나는 다른 업무들도 여럿 맡게 되었는데, 그 때문에 학교 건물에 밤 10시까지 남아 있곤 했다. 나는 항상 일을 최우선으로 두고 일주일에 60시간 혹은 그 이상을 학교에서 보냈다. 관리자들이 나의 열정과 나의 '안 돼요'라고 말하지 못하는 능력을 알아차린 것인지, 나는 점점 더 많은 일을 넘겨받았다.

나의 물리적, 정서적, 영적인 에너지들은 고갈되기 시작했고, 자기돌봄이 필요하다는 사실을 깨닫는 데 1년 넘게 걸렸다는 사실에 부끄러웠다. 이 경험은 나로 하여금 내 소진을 솔직하게 인정하도록 만들었다. 자기돌봄은 내 마음속에서 제일 마지막에 자리 잡고 있었고, 심지어 내가 더 이상 효과적인 학교상담자가 아니라고 스스로 확신했다. 나는 나의 초점, 열정, 확신을 모두 잃었다.

자기성찰을 많이 하고 나서, 나는 자기돌봄이 계획적이고 목적성이 있는 행위임을 깨달았다. 학교상담자로서 두 번째 해가 시작되기 전 여름 동안 나는 나의 개인적·전문적 강점 및 약점을 분석했다. 나는 상담 프로그램에 대한 동료들의 시각을 알기 위해서 설문조사를 계획했고, 왜 내가 이 직업을 선택하려 했는지에 대해 상기하기 위하여 나의 멘토들과 동료들과 지속적으로 연락하고 만나고자 노력했다. 이러한 피드백을 함으로써 나는 2년차 때 더 구체적인 계획을 세우고 앞으로 나아갈 수 있었다.

지속적으로 무언가를 제공하는 상담 전문 분야의 특성 때문에 우리는 우리 자신에게 주는 것을 잊는다. 우리는 스스로를 먼저 챙기지 않고서는 효과적으로 타인을 돌볼 수가 없다. 나의 신체적, 정서적, 영적 웰빙을 보호하기 위해서, 나는 발레 수업을 다시 듣고, 교회 봉사를 다시 시작하고, 핀터레스트(핀터레스트는 미국 내 소셜네트워크 사이트의 이름임. 저자는 핀터레스트라는 표현을 동사로 사용함—역자 주)를 통해 새로운 레시피를 모으고 공유하고, 영감을 주는 책들을 읽고, 나의 가족과 친구들과 시간을 보내는 등 일과 상관없는 편안하고 즐거운 활동들을 하며 마음을 달랬다. 게다가 상담자로서 나는 항상 타인의 말을 귀 기울여 들었으나, 나 자신의 감정을 표현하는 데는 서투르고 닫혀 있었다. 나는 나의 이러한 취약점을 인지하고 노출해야 했으며, 나의 가까운 지지 네트워크 내에서 내 감정을 솔직하게 털어놓았다. 곧 내 취약점들에 대해 정서적·영적 위안을 찾으면서 있는 그대로의 나에 대한 감각을 되찾기 시작했다.

학교상담자 2년차가 되자, 나는 학교상담 프로그램에 대해서 좀 더 명확한 비전을 가지게 되었다. 나는 나의 지지자들을 인지하고, 이러한 관계들을 학교 공동체에 이익을 줄 수 있는 파트너십으로 구축하였다. 게다가 상담자로서의 임무로서 부적절한 업무들은 다른 사람에게 위임하거나 거절하였고(이전에 내가 어려워했던 기술들), 그로 인해 더 생산성 있는 프로그램을 만드는 데 내 에너지를 집중할 수 있었다. 하루의 마지막에는 일을 집으로부터 분리하기 위한 경계를 짓고자 노력하였다. 나는 일을 거의 집에 가져가지 않았고, 요리하는 것을 즐기고, 내가 좋아하는 TV 프로그램을 보려고 노력했다. 여전히 다른 도전과제들이 있기는 하지만, 나의 두 번째 해는 첫해보다 더 활력 있고 더 집중할 수 있었고, 나의 전반적인 학교상담 프로그램의 목표를 세우고 추진해 온 일들에 대해서 성공적이라고 느꼈다. 2년차 말에는 내가 지난 4년 동안 있었던 고등학교의 상담자로서의 일을 하기 위해서 마음 아프지만 필요한 진로상의 결정을 하였다.

초기의 여러 도전 없이, 나는 지금의 상담자가 될 수 없었을 것이다. 나는 나 자신을 힘들지만 솔직하게 들여다보고, 나의 선택의 방향과 그것이 나의 안녕감과 삶의 질에 미치는 영향을 재평가하였다. 자기돌봄은 모든 상담자에게 필수적이나, 꼭 우리의 건강을 위해 잘 계획되고 목표가 뚜렷하며 습관적이 되어야 하고, 상담 전문가로서의 온전함을 지키는 방향이어야 한다. 우리의 학생들과 내담자들은 우리를 필요로 하고, 그러기 위해서는 스스로 잘 지내고 자기확신이 있어야 한다.

경력 초기 경험: '어떤 일이 있어도'

$$\boxed{\text{Jude Austin}}$$

나(Jude)에게 끔찍했던 박사과정 동안 나의 자기돌봄은 방치되다시피 했다. 난 내 안녕감을 기꺼이 희생했는데, 그것은 내가 상담교육자로서의 내 진로를 안정적으로 가질 수 있도록 논문을 쓰거나, 책을 쓰거나, 학회에서 발표를 하거나, 교과서 수정 작업을 하거나, 동영상 촬영을 하거나, 회의에서 기조연설을 하거나, 세미나에 참여할 수 있다는 것을 의미했다. 박사과정생으로서 나의 자기돌봄의 부족은 개인적인 방치라기보다는 일종의 살아남기 위한 전략이었다. 여기서 초심 전문가로서의 나의 경험을 공유하고자 하는데, 나의 자기돌봄에 대한 여러 위협과 내가 이러한 위협들을 탐색했던 방법, 그리고 다른 초심 전문가들에게 주는 내 제안들이 이 글을 읽는 사람들에게 도움이 되기를 바란다.

우선, 박사과정 동안의 나의 자기돌봄이 부족했다는 점에서 나는 판단의 잣대를 들이대지 않으려고 했다는 점을 강조하고 싶다. 나는 내가 '어떤 일이 있더라도' 졸업을 할 것임을 알았다. 나는 대학원생으로서의 삶이라는 이 인생의 페이지를 '투쟁'이라고 지칭하기로 결정했고, 이러한 도전들과 엄청나게 싸워 나갔다(더 자세한 이야기는 제3장 참조). 박사과정의 마지막 학기가 나에게는 그나마 나의 프로그램과 나 자신 사이에 약간의 공간을 좀 가질 수 있는 시간이었다. 그 틈은 나로 하여금 나의 경험을 되돌아보고 어떤 상담자 교육과정과 환경이 나에게 전문가로서 더 잘 맞았을 것인가를 생각해 보는 시간을 주었다.

나는 앞으로도 계속 자기돌봄을 포기하고 싶지 않았다. 나는 이 '투쟁'의 인생의 장을 넘기고 싶었고, 이에 나의 배우자과 함께 살 수 있는 지역 내의 직업들에 의도적으로 지원하기 시작했다. 나는 치밀하게 프로그램들을 찾았고 그들의 교육환경과 더불어 각 프로그램의 교수진, 직원들, 그리고 학생들의 인종문화적인 비율과 특성, 대학, 주변 동네 환경에 대한 자료를 수집하기 시작했다. 나는 그 지역에 사는 사람들 중 내가 아는 모든 사람에게 전화를 걸었고, 내가 지원하고자 계획한 거의 모든 대학에 전화를 걸었으며, 셀 수 없을 만큼 모든 가능성 있는 기회에 대해서 찬반을 가늠하며 고민하였다. 나는 성공적일 뿐 아니라 건강하게 나를 지키고 싶었다.

직장 인터뷰 과정 동안 나는 교수진의 관계, 그들의 프로그램에 대한 학생들의 의견, 그들의 교수진과의 관계에 대해서 주의 깊게 관찰하였다. 대부분의 장소에서 나는 각 동네 환경을 느낄 수 있도록 걸어 다니거나 혹은 운전을 하고 돌아다닐 만한 시간을 가졌다. 나는 각 과 내에서 삶의 질을 증진시켜 주는 여러 활동에 대해 질문하였다. 또한 교수진에게 어떻게 스스로를 돌보는지에 대해서도 물어보았다. 나는 그러한 인터뷰의 결과 탈락하기도 하고 몇몇은 최종 임용이 되기도 하였다. 최종적으로 나는 내게 성장할 수 있는 기회를 제공해 줌과 동시에 쉽지 않은 프로그램을 선택했다.

박사과정생으로서 그리고 지금은 초심 연구자로서, 나의 자기돌봄의 핵심 요소는 나 자신의 능력에 대한 믿음인 나의 자기효능감이다. 이러한 자기효능감은 자기돌봄을 위한 시간을 확보하고 가질 수 있도록 나 스스로를 허락했다. 내 자기효능감이 높았을 때, 나는 달리거나 운동 계획을 짜고, 작은 정원에 식물을 심고 가꾸며, 친구들과 가족들과 시간을 보내고, 영화와 TV 프로그램들을 보고 즐기며, 골프나 요리, 불어 등 새로운 것들을 배울 수 있었다. 나는 좀 더 창의적이되고 희망적이라고 느꼈다. 논문이나 보고서들을 쓰고 연구 주제들을 생각하는 것이 더 쉽게 느껴지고, 상담하는 도중에 그리고 수업시간 내에 좀 더 치료적으로 참여할 수 있다고 느꼈다.

내가 자기효능감이 낮았을 때, 시간은 평소보다 더 빨리 가는 것처럼 느껴졌다. 나는 해야 할 일 목록을 만드는 것이 하루를 보내면서 나를 쫓아다니며 괴롭히기만 한다는 걸 깨달았다. 내가 해야 할 일 목록에서 하나씩 지워 나가기 위해 노력하는 게 점점 내가 스스로의 부적절함에 대해서 지속적으로 상기시키는 과정이 되었다. 가족들과 즐거운 시간을 보내야 할 때에도 난 내가 해야 하는 여러 과제에 대해서 과도하게 걱정하고 있었다. 난 창의적으로 생각하기에는 생각하는 것이 굳어지고, 하루 종일 뭔가를 썼지만 1~2쪽밖에 쓰지 못했다. 그리고 나의 다른 대학원생들과 내 내담자들과 상호작용하면서 내 인내력이 바닥이 나고 있음도 깨달았다.

교수로서의 첫해는 내 자기효능감에 위협이 되는 시기였다. 박사과정생에서 교수가 되는 전환 과정 경험은 뒤죽박죽이었다. 나는 이것을 대학 축구에서 프로 축구로의 전환에 비유해 보고자 한다. 모든 것은 다른 속도로 움직인다. 교수진과 학과 회의는 겁이 났다. 중요한 결정들이 빛의 속도로 이루어졌다. 예산, 입학, 학생 문제와 모집문제 등과 같은 사안들이 내가 도착하기도 전에 제안되고 표결에 부쳐졌다.

나의 자기효능감과 자기돌봄에 예상치 못한 위협은 내가 여기 속해 있지 않다는 기분이었다. 나의 동료 교수진은 나를 진심으로 환영하고 내가 그 집단의 핵심 멤버인 것처럼 느끼게 도와주었다. 하지만 시간이 지남에 따라 나는 내가 흑인이어서 고용된 것이 아님을 스스로 증명하고자 노력했다. 이러한 낮은 자기효능감을 느끼는 순간들에 '나는 모든 사람에게 내가 여기 있을 만한 사람이라는 걸 보여 줘야 해.'라고 생각했다. 나는 내가 나를 증명하기 위해서 스스로 내가 해야 하는 것 이상으로 나를 갈아 넣고, 논문을 쓰고 연구를 하고 있음을 깨달았다. 나의 자기효능감을 향상시키기 위해서 난 다른 아프리카계 미국인 남성 교수들에게 연락해서 그들의 경험에 대해서 물었다. 대다수는 나와 같은 경험을 했고, 나에게 이러한 기분들을 어떻게 다루어야 하는지에 대한 조언을 해 주었다. 이러한 조언들 중 일부는 나의 동료 교수진과 나의 이러한 감정을 솔직하게 논의하는 것이었다. 이러한 다른 아프리카계 미국인 남성 교수진과의 상호작용은 지금 나의 자기돌봄 노력의 중요한 일부분이 되었다. 나의 경험을 공유하고 그들의 경험을 듣는 것은 나로 하여금 여기 속할 만한 사람이라는 것을 증명할 필요에 대한 압박감을 덜 느끼게 도와주었다.

나의 자기돌봄에 아주 유의미하게 그리고 어떤 측면에서는 예상이 된 위협은 연구를 지속적으로 해 나가는 것이었다. 현재 내 위치에서 가장 감사하는 일 중 하나는 내가 가치 있게 여기는 것에 대해서 연구를 할 수 있는 자유가 있다는 점이다. 그러나 그러한 자유는 불안으로 다가왔다. 나는 때때로 연구를 수행하기 위해 나의 박사논문 지도교수에게 허락을 맡아야 할 것 같은 느낌을 여전히 느꼈다. 교수로서 첫 학기 동안, 나는 박사졸업논문을 끝낸 것에 대한 만족감과 성취감의 잔재를 여전히 느꼈다. 하지만 두 번째 달부터 이러한 감정들은 다 사그라들고, 정년보장 교수직을 받을 수 있는 탄탄한 연구 업적을 만들어야 한다는 책임감에 시달리기 시작했다. 나는 여러 과제를 시작하기 위해 달리기 시작했다. 나는 컴퓨터에 시작한 과제 폴더, 종료된 과제 폴더, 출판을 위해 학회지에 보낸 원고용 폴더, 학회지에 실린 원고용 폴더를 만들었다. 학기가 진행되면서 나는 벽에 부딪쳤다. 나는 텅 빈 '종료된 과제' 폴더를 열어 보고, '시작한 과제' 폴더 안에 넘쳐 나는 파일들을 확인하면서 내 자기효능감이 바닥에 곤두박질치는 걸 느꼈다. 나는 내가 부족하고 부적당하다는 느낌을 받았다. 어떤 진전도 없이 몇 시간을 일하면서 소모하고, 내가 일하고 있지 않을 때도 이런 과제들을 계속 반추하면서 지쳐 갔다. 성취를 위해서 나의 안녕감을 희생했던 '투쟁'이라는 인생의 장을 다시 열어야 하나 고민도 하였다.

자기효능감과 자기돌봄을 증진시키기 위해서, 나는 불안, 압박감, 압도된 감정들이 나를 다 쓸고 지나가도록 시간을 좀 가지기로 했다. 나는 그 어떤 것도 변화시키거나 더 나아지려고 노력하지 않았다. 나는 내 연구실에 앉아서 정년을 받는 것과 나의 관계에 대해서 재평가를 하였다. 그때 나는 만약 내가 내 삶의 질을 희생하지 않고 정년을 받을 수 없다면, 나는 지금 학교에서 정년을 원하지 않는다고 마음먹었다. 나는 지금의 나의 투쟁에 대해 온전히 책임을 지고, 다른 진로를 선택할 수 있는 옵션이 있는 특권을 가지고 있으며, '어떤 일이 있더라도' 건강히 잘 지내기로 의도적인 결정을 내렸다.

직업인으로서 초기 발달 단계에 있는 사람들에 대한 나의 조언은 ① 자기돌봄에 대해서 자기 결정을 가지고, ② 자기돌봄 과정을 통해 스스로 판단적이 되지 말고, 어떤 인생의 장은 다른 장들보다 더 힘들 수 있음을 인정하고, ③ 스스로에게 맞는 이유로(그것이 무엇이든지 간에) 현재 일들을 하고 있는지를 명확히 하기 위해 당신의 목표들을 재평가해 보라는 것이다.

제4장에서는 신혼이고, 새로운 지역으로 이주하고, 연구 주제를 개발하며, 개인적인 삶과 전문적인 삶 간의 균형을 찾는 등 내가 경력 초기 단계에서 경험한 개인적 스트레스와 전문적 스트레스들에 대해서 논의하고자 한다.

경력 초기 경험: 도전적인 전환

Julius Austin

나(Julius)의 박사과정 마지막 해인 2015년은 고양되고, 초조하고, 흥분되며, 스트레스가 가득한 채로 맞이했다. 나는 2015년 8월에 박사논문 자료를 모으기 시작했고, 나의 배우자와 그해 10월에 결혼을 하고, 11월에 니컬스 주립대학교에 임용되었으며, 성공적으로 박사논문 최종 심사를 받고, 첫아이 임신 소식을 2016년 4월에 들었으며, 2016년 5월에 졸업을 하면서 인생 첫 집을 장만하였다. 이때까지 나는 긍정적인 삶의 변화가 어느 정도 스트레스를 동반한다는 사실을 충분히 깨닫지 못하고 있었다. 이러한 일련의 주요 삶의 변화들을 경험하면서 나는 자기돌봄을 할 시간을 찾지 못했고, 정신적·신체적 건강을 포기했다.

나는 일어나서 컴퓨터 자판 앞에 앉아서, 휴식을 취했다는 사실에 수치심을 느꼈던 것을 기억한다. 나는 웨딩플래너, 대학원 조교 시절 슈퍼바이저, 부동산 업자, 지도교수에게서 동시에 이메일을 받았던 때를 기억한다. 나는 나의 자기돌봄이 위험한 상태임을 알려 주는 여러 신호를 받았다. ① 내 박사논문을 수정하는 것을 계속 미루었고, ② 회의나 이메일 혹은 전화에 반응하는 데 늦었고, ③ 슈퍼비전 시간에 몰래 하품했으며, ④ 내게 가장 가까운 사람들에게 짜증을 내는 빈도가 증가했다. 내가 신혼여행에서 오전 8시에 호텔 오피스에 앉아 화상회의를 하는 것을 발견한 아내 얼굴에 비친 불만과 좌절을 보고, 내가 자기돌봄을 완전히 무시하고 바닥을 쳤다는 것을 깨달았다. 나는 우선순위를 다시 정해야 한다는 사실을 깨달았다.

니컬스 주립대학교 상담센터의 임상교수로서 일하게 된 전환은 새로운 도전을 가져다주었다. 대학에서의 첫날, 나는 전체 HR 부서를 마주한 느낌을 받았는데, 보험, 급여, 강의 스케줄, 상담 과정, 상담행정체계 실습, 기록 관리, 교수/직원 주차장, 교직원 신분증 발급, 학교 지도와 은퇴 관련 내용들에 대한 온갖 질문들과 설명들이 무차별적으로 나에게 쏟아졌다. 나는 정보가 너무 과도해서, 그날 밤 집에서 천천히 읽어 볼 수 있도록 최대한 많은 설명서와 서류들을 챙겨 가야겠다고 결정했던 기억이 난다.

학교에 도착한 다음 날, 나는 자격증을 따기 위한 상담시간을 쌓기 시작했다. 내가 새로운 역할에 자신감을 점차 가지게 되어, 20~40명의 상담사례를 다루면서 내 박사학위논문의 최종 버전을 수정하고 마무리했다. 학교 내에서 편안하게 느끼기 위해서 내가 택한 가장 중요한 행동은 그 대학의 50명의 교수/직원에게 연락하고 만나기로 한 것이다. 나는 학내 각 학과별로 2~3명의 교수에게 이메일을 보내어, 내가 새로 들어온 교수이고, 학내에서 그들의 경험에 대해서 듣고 싶다고 설명하였다. 나는 그들이 편안하게 느끼는 그들의 사무실에서 모임을 갖는 것이 좀 더 솔직한 대화를 가능하게 함을 알게 되었다. 내 환경에 대해 좀 익숙해지면서 나는 스스로에 대해서 좀 더 잘 돌보는 일을 하기 시작했다.

자기돌봄을 유지하기 위해서 나는 자기돌봄의 세 가지 중요한 영역인 운동, 가족, 즐거움을 위한 독서에 나의 시간을 우선적으로 할애하였다. 건강하게 지내기 위해서 나는 비싸지 않은 러닝머신을 구입하고, 거기에 노트북 거치대를 설치하여, 몇 킬로미터씩 걸으면서 동시에 내 박사학위논문을 수정하고 상담 노트를 작성하였다. 이러한 러닝머신 책상은 일에서 나를 체계적으로 분리함과 동시에 생산성을 증가시키고, 작업 중단에 대해서 좀 덜 수치심을 느끼게 했다. 일에 대한 나의 헌신은 80분 동안의 출퇴근 시간에도 이루어졌다. 집으로 오갈 때 나는 핸즈프리를 사용하여 나의 가족들 한 명 한 명에게 전화를 했다. 이는 나로 하여금 상담 일에서 나를 좀 분리시키고, 가족들과의 끈끈한 유대감을 지속시킬 수 있는 시간이었다. 남동생 Jude는 버지니아에 살고, 여동생(Jasmine Austin)은 오클라호마 대학교의 박사과정생이다. 나는 그들의 일상에 대해서 알게 되는 이 시간들을 소중히 생각한다. 나의 직계가족들과의 연락 후에 나는 가까운 친구들, 확대가족들, 내 상담 분야의 친구들과 연락을 했다. 오전 출근길에는 오디오북을 들었다. 내 남동생과 나는 한 개의 오디오북을 같이 읽고 정하고, 각자의 속도로 읽어 나갔다. 이런 오디오북을 듣는 것은 나로 하여금 잠시 현실을 벗어나서 모험과 미스테리의 세상을 경험할 수 있게 도왔다.

　　교수/직원으로서의 내 역할로의 전환 과정을 되돌아보았을 때, 나의 고향 주(state)에서 자리를 잡은 것은 나와 내 배우자가 주말마다 우리 부모님을 볼 수 있고, 나의 아들이 나처럼 조부모와 가까운 관계를 유지하는 것을 가능하게 했다. 고향에서 지낸다는 것은 루이지애나식 가정식을 즐기고, 나의 조부모님과 다시 교류하며, 루이지애나 상담 커뮤니티와 협업관계를 형성함을 의미한다. 무엇보다 고향에서의 직장생활은 나의 교육으로 인한 다른 주로의 여행을 통해 내가 잊고 지냈던 나의 정체성의 일부와 재연결되게 했다. 이러한 재연결과 통합의 과정은 나의 자기돌봄의 강력한 요소이다.

미래 진로에 대한 숙고: '연장자들로부터의 배움'

우리(Jude와 Julius)는 쌍둥이이고, 갓 30세가 되었다. Jerry와 우리는 50년의 차이가 있다. 우리가 우리의 공저자들과 대화를 하면서 배운 것은 은퇴가 그냥 주어지는 것이 아니라 얻어지는 거라는 것이다. 자기돌봄에 대해 Michelle과 Jerry와 한 여러 대화 그리고 이 책에서 이루어진 다른 참여자들과의 대화 안에서, 우리는 자기돌봄이 우리의 진로 발달 과정 동안에 갈고닦아 가는 것이라는 시각을 가지게 되었다. 여러 도전을 경험할 때 해 본 정신없이 서두르면서 의도 없이 이루어지는 자기돌봄 시도들은 가장 효과적인 자기돌봄 전략이 아니었다. 자기돌봄에 대한 이러한 접근은 우리가 진로 발달 과정 중에서 어려운 시기를 겪을 때 회복탄력성을 갖도록 돕는 전략들과 사고방식의 기초를 다질 수 있었다.

우리의 경력개발 과정을 통해서 건강하게 지낼 수 있는 방법들에 대해 학회에 참석하고 동료들로부터 조언을 구하면서, 우리는 진로 발달의 어느 장도 그냥 얻어지는 것은 없다는 공통점을 발견했다. 경험이 더 많은 동료들의 대부분은 현재의 인생의 장을 진정으로 인식하고 감사해하지 않고 인생의 다음 장으로 넘어갈 수 없다고 조언을 해 주었다. 우리는 빨리 논문을 만들어 내고, 자격증을 따고, 정년을 받기 위해 내달리는 진로 발달의 초기 단계에서 빨리 해내야 한다는 압력을 느끼고 있었다. 하지만 그만큼 우리는 우리가 지금까지 이루어 놓은 성취들에 대해서 충분히 인정하고 감사해하는 시간을 가지지 않았다는 점을 깨달았다. 연장자인 동료들의 조언에 따르면 의미 있는 진로 발달 과정이었다고 돌아볼 수 있으려면, 각 진로의 발달 단계를 충분히 경험하고 감사해하는 것이 중요하며, 이렇게 함으로써 은퇴를 진정으로 기쁘게 받아들일 수 있다.

경력 초기 경험

Gerald Corey

나(Jerry)의 20대 후반과 30대의 대부분은 나에게 개인적으로 그리고 직업적으로도 극단적으로 도전적인 시기였다. 내 삶에서 가장 중요한 전환은 내가 24세 때 Marianne Schneider라는 독일에서 온 교환학생을 만난 것이다. 우리는 3년 후 독일에서 결혼을 했다. 내 개인사에서 또 다른 중요한 인생의 터닝 포인트는 30세에 70세의 아버지를 여읜 것이다. 나는 아버지를 매우 좋아했고, 지금까지도 그에 대해 생각한다. 아버지의 사망 몇 달 전에 나는 내 딸 Heidi의 아버지가 되었다. 몇 년 후 나는 둘째 딸 Cindy를 얻어 다시금 아버지가 되었다.

결혼한 지 몇 년 되지 않은 상태에서 두 아이의 아빠가 된 것은 내가 준비하지 못한 개인적인 도전들이었다. 나는 남편이자 아버지로서 어떻게 행동해야 하는지에 대해서 학습하는 과정 동안 많은 어려움을 경험하였다. 일에 몰두하면서, 때때로 나의 가족들을 좀 방치하였기 때문에, 이러한 역할들은 배우기 매우 힘든 역할들이었다. 나는 초기 직업인으로서 나의 진로를 만들어 나가는 데 과하게 걱정을 하였으며, 나에게 매우 보람을 느끼게 한 교육에 많은 시간을 보내고 헌신하였다. 나는 결혼 생활 초기에 일과 가정 간의 균형을 잘 유지하지 못했다. 일에 몰두하였음에도 불구하고 우리는 매해 여름마다 몇 주간 독일을 간다든가, 해변가나 산에 종종 간다든가, 친구들이나 다른 가족들과 만나 논다든가 하는 가족 여행을 할 수 있었다. 또한 주말마다 어머니댁에 방문했는데, 이는 우리가 아이를 어머니께 맡기고 부부만의 시간을 보낼 수 있게 했다. 가족으로서 그리고 부부로서 시간을 가지는 것은 우리의 자기돌봄의 핵심적인 부분이며, 우리의 직업인으로서의 삶에서 생산성을 유지시키도록 한다.

나는 운동에 대한 흥미를 가지게 되었는데, 이것이 나의 개인적·전문적 여러 요구를 다루는 데 큰 도움이 되었다. 하지만 이러한 자기돌봄 행위들을 일상 속에서 매일 하는 것에 대한 가치를 알게 되기까지는 시간이 걸렸다. 20대 후반이 되어서야 나는 운동을 할 시간을 만들고 다른 방식들로 나를 돌보아야겠다고 결심하였다. 딱히 어떤 건강상의 위기가 나로 하여금 운동을 시작하게끔 한 것은 아니었지만, 운동은 나의 에너지 수준을 증가시켰다. 1961년에 고등학교 선생님으로서의 일을 시작했을 때, 나는 매일 아파트에서 학교까지 자전거를 타고 다니기로 했다. 나는 자전거를 타고 다니는 것을 즐겼고, 더 활력을 느꼈다. 나의 경력 초기에 시작한 자전거 타기는 지금까지도 나의 자기돌봄 프로그램의 핵심 부분 중 하나이다.

진로만족의 관점에서 볼 때, 나는 6년간 고등학교와 전문대학에서 가르치는 것을 매우 즐겼다. 하지만 나는 새로운 전문적인 역할을 맡아서 해 보고 싶었고, 새로운 기회들을 찾고 잡고자 했다. 30세에 박사학위를 받고 바로 나는 퍼모나에 있는 캘리포니아 폴리텍 주립대학교(칼텍) 내 대학상담센터의 상담자이자 교사교육학부 조교수로서 일을 시작했다. 나의 상담자로서의 업무는 학내에서 개인 및 집단 상담을 제공하고 아웃리치 프로그램을 운영하는 것이었다. 상담자로서의 업무에 더해서, 나는 상담과 교육영역 내 강의들을 가르치기 시작했다. 이때 나는 나의 첫 번째 책을 썼는데, 이게 나의 경력 후기까지 계속적으로 내가 수행할 주요 전문적인 업무일 거라고는 생각하지 못했다. 첫 책을 완성하고자 하는 나의 목표에 집중하는 것은 내가 좀 낙담하고 있을 때 계속 일을 지속하게끔 하는 동기가 되었다. 나는 수업시간에 학습을 개인화시킬 수 있는 창의적인 방법들에 대해서 나의 생각들을 공유하고 싶었다. 내가 글을 쓰는 데 동기부여가 많이 된 상태에서 생각을 하면서 쓸 시간을 일부러 쪼개 놓기까지 했지만, 글을 쓴다는 것은 쉬운 과정은 아니었다. 나는 종이에다가 단어들을 적기까지 종종 많은 사투를 벌였고, 내가 뭔가 말할 만한 가치 있는 것을 가지고 있나 싶은 회의감도 들었다.

책을 쓰고, 가르치고, 교사인 학생들에게 슈퍼비전을 제공하고, 개인상담을 하고, 자조 그룹을 운영하면서, 나는 심리학자(한국으로 따지면 한국상담학회나 상담심리학회 1급 자격증+슈퍼바이저 자격증에 해당—역자 주) 자격증을 취득하기 위해서 준비를 했다. 내가 대학상담센터에서 상담자로서 일을 할 때 나는 개인상담에서 많은 학생을 만났고, 대학생들을 위한 많은 집단상담을 이끌었다. 상담자로서 나의 효율성을 느낀다는 것은 내게는 어려운 일이었다. 나의 자기확신감은 사그라들었고, 내가 유능한 상담자인가 하는 의구심이 들었다. 점점 더 안 좋았던 것은, 상담자로서 일하면서 나의 슈퍼바이저들 중 몇 명에게서 어떤 격려나 인정을 받지 못했다는 것이었다. 나의 동료들 중 한 명은 내가 선생님으로 지내고, 상담심리학자가 되고자 하는 열망을 포기하는 것이 나을 것이라고 제안해 주기도 했다. 이러한 피드백을 듣는 것은 나를 매우 좌절시켰지만, 나는 상담자로서의 이 새로운 경험을 계속 유지하면서 내가 현재 이런 어려움들을 잘 다룰 수 있는지 나 자신에게 시간을 좀 줘 보기로 했다. 내가 이 상담자로서의 전문적 역할을 잘 해낼 수 있는 능력을 가지고 있는지 스스로 의심이 들기도 했음에도 불구하고, 초보 상담자로서 불안감을 계속 유지하면서 지내기로 결정한 것은 결국 잘한 결정이었다.

대학상담센터에서 상담자로 일하면서 내가 배운 교훈은 외부에서 격려나 인정 등의 직접적인 확인이 없다 하더라도 꾸준히 해 나가는 것이 중요하다는 점이었다. 내가 처음에 상담자로서 일을 시작할 때 내가 나 자신에게 기대했던 만큼 내가 그렇게 효율적이지는 않을 수 있다고 스스로에게 말하는 것은 많은 도움이 되었다. 주변의 주요 지인들로부터의 강화가 없음에도 불구하고 계속 상담을 한다는 것이 쉽지는 않았지만, 나는 점차 내가 타인으로부터 얻고자 했던 인정을 나로부터 찾는 방법을 학습하기 시작했다.

나는 스스로에 대한 의심이 들 때 포기하지 말고, 대신 스스로를 가로막고 좌절시키는 것이 무엇이든 간에 한 번 맞서 보라고 이야기해 주고 싶다. 때때로 상담 전문가로서의 미래를 꿈꾸며 기대에 부풀어 있기도 할 것이고, 어떨 때는 이것이 다 노력의 가치가 있는지에 대해서 의구심을 가지고 낙담하는 순간들도 있을 것이다. 만약 계속 스스로의 삶을 탐색해 나가고자 한다면, 다른 사람들이 각자의 삶의 고민들을 해결하기 위해 애쓸 때 그들을 도울 수 있도록 더 잘 준비될 수 있을 것이다.

성찰을 위한 질문

1. 만약 당신이 지금 경력 초기 단계에 있다면, 이 시기와 연관되어 있는 여러 발달 과제(친구관계를 형성하고 유지하기, 가족 만들기, 새로운 직업 내에서 자리 잡기)를 얼마나 잘 다루고 있는가? 만약 이러한 과제들 중 어느 것 하나에서라도 어려움을 경험하고 있다면, 그 어려움들은 무엇인가? 이 발달 과제들을 잘 다루기 위해서는 무엇이 도움이 될 것 같은가?

2. 한번에 당신이 다루어야 하는 일들이 너무 많을 때, 무엇이 먼저 이루어져야 한다고 우선순위를 정하는가? 자기돌봄은 이러한 당신이 해야 하는 과제 목록에서 어디쯤 위치하고 있는가? 만약 당신이 희망하는 만큼 자기돌봄이 우선순위 목록 위에 위치하고 있지 않다면, 이것을 바꾸기 위한 당신의 노력은 어디까지 가능한가?

3. 당신의 시간이 매우 한정적일 때, 자기돌봄을 현재 일정 내에 잘 통합시킬 수 있는 창의적인 방법들을 생각해 볼 수 있는가?

4. 만약 현재 경력 초기 단계라면, 일을 해 나가는 과정에서 유능감과 적합도에 대해서 의문을 가져 본 적이 있는가? 자기의심을 벗어나기 위해서 어떻게 했는가? (혹은 무엇을 할 수 있는가?)

5. 만약 당신 직업의 초기 단계에 있다면, 앞으로 미래의 직업인으로서의 나의 삶은 어떨 것 같은가?

경력 중기 단계

시간이 흐름에 따라 임상가들과 상담교육자들은 전문가로서의 역할에서 더 많은 경험을 쌓고 경력을 쌓아 가는데, 그러면서 내적으로 더 스트레스로

작용할 수 있는 전문가로서의 책임감을 좀 더 맡도록 기대된다. 예를 들어, 임상가들은 다른 사람들을 슈퍼비전하고, 예산을 관리하는 위치로 올라가면서 동시에 고등교육 내에서 이러한 위치들은 정년보장과 연계된 많은 도전을 대처해 나가야 한다. 동시에, 나이 든 부모님을 돌보거나 대학 진학이나 취업을 통해 집을 떠나는 자녀들과 새로운 관계를 맺는 등 개인의 삶 내에서 경험되는 스트레스들을 다루어야 할 수 있다. 정신건강 전문가로서 경력 중기를 경험하는 사람들을 위해서, Wise와 Barnett(2016)은 이러한 인생 발달 단계와 관련된 스트레스들을 인식하고, 유능감을 유지하며, 전 생애 학습과정에 임하는 적극적인 역할들을 수행해 나갈 수 있는 방법을 찾는 것이 중요함을 강조하였다. 이때는 상담 전문가들에게 소진과 같은 공통의 흔한 위험들을 인지하고 개인적 스트레스와 전문적인 직업 내 경험되는 스트레스들을 어떻게 잘 다루고 있는지를 잘 관찰해 나가야 하는 시간이다. 동료들이랑 협업을 하며 동시에 전문가 집단에서 고립되지 않도록 하는 적극적인 역할에 적응해 나가는 것이 중요하다. 동료들과의 네트워크를 유지하는 것은 우리의 활력을 유지하고 유능감을 증진시키도록 돕는다(Johnson, Barnett, Elman, Forrest, & Kaslow, 2012).

경력 중기 경험

Michelle Muratori

때때로 나(Michelle)는 얼마나 시간이 빨리 지나가는지 그리고 내가 내 경력 중기에 있다는 사실을 인정해야 한다는 사실이 믿어지지 않는다. 여러 해 전에 내가 상담자교육 박사학위를 땄을 때, 대부분의 나의 에너지는 전문가로서 자리를 잘 잡는 것에 쏠려 있었다. 나는 (좋은 상담자의 지지와 함께) 내 스스로의 방식으로 충분히 나의 완벽주의를 길들이고, 생산성을 증진시킬 수 있었다. 나의 가장 큰 약점은 내가 감당할 수 있는 양 이상의 일들 사이에서 경계를 정하는 데 어려움을 겪는다는 점이었다. 존스홉킨스 대학교 영재교육센터(CTY)에서 상담자로서 그리고 연구자로서의 나의 새로운 전문적인 일을 시작하면서 동시에 나는 겸임으로 존스홉킨스 대학교의 상담 프로그램 석사과정에서 강의를 맡았다. 게다가 시간이 허락할 때 프리랜서 글쓰기 프로젝트도 시작했는데, 솔직히 말하면, 시간이 없을 때에도 했다! 나는 때때로 내 스케줄 내에서 (심지어 주말에도) 시간을 쥐어짜서 이러한 프로젝트를 했고, 이는 나를 위한 자기돌봄 시간이 극심하게 줄어듦을 의미했다. 나는 내가 하는 모든 일을 사랑했고, 이러한 기회들을 가지게 됨에 대해서 정말 내가 운이 좋다고 느꼈으며, 이는 나로 하여금 내가 한다고 한 프로젝트들의 수를 한정하기 어렵게 했다. 나는 내가 거절을 하면, 이런 기회들이 다시는 내게 오지 않을 것 같아 두려웠다. 자기돌봄이라는 과제를 생각하면, 난 전혀 잘 해내지 못했다.

이 대학에 온 지 몇 년이 지나고, 나는 처음부터 여기서 맡은 여러 전문적인 활동을 여전히 하면서 고군분투하고 있다. 아마 내가 정체되어 있는(혹은 이것은 내가 그렇게 보이나 싶은 나의 공포일 수도 있다) 상태로 보일 수도 있지만, 나는 나의 풀타임 일(상담자이자 연구자)과 파트타임 일(강의)과 관련된 여러 업무를 즐겁게 해 나가고 있다. 학생과 그들의 부모에게 서비스를 제공하고, 가르치고, 연구하고, 글을 쓰는 일련의 전문가로서의 활동들의 조합은 나로 하여금 내 일에 흥미를 유지하고 활력을 가지게끔 하였다. 내가 지속적으로 수행하는 일련의 프로젝트와 과제들은 나의 삶에 의미를 가져다주었다. 비록 이제는 어떤 프로젝트나 기회들은 어떻게 거절해야 하는지 방법을 학습했다고 이야기할 수 있지만, 나는 여전히 배우고 있는 과정에 있다. 하지만 그래도 배워 나간 나에 대해서 좀 칭찬을 하고 싶다. 나는 책을 같이 쓴다든가 학회 발표제안서를 낸다든가 하는 기회들을 거절하곤 하는데, 그것은 정말로 나에게는 많은 변화이다!

내가 하는 일을 많이 즐기는 만큼, 이러한 빡빡한 일정들을 유지하는 것은 삶에 위기가 찾아왔을 경우 특히 어려운 일이었다. 2016년에 플로리다의 올랜도에서 콘퍼런스에 참석하고 있을 때, 아버지가 심장마비를 겪었다는 소식을 접했다. 나는 바로 병원에 입원하신 아버지를 보기 위해 캘리포니아로 갔다. 비록 아버지께서 심장마비에서 살아남으셨지만, 의사는 아버지가 말기암이라고 이야기했다. 아버지는 퇴원 후 집에서 호스피스 서비스를 받으셨고, 몇 주 후 돌아가셨다. 아버지가 고통받는 것을 지켜보는 것은 매우 고통스러웠고, 나는 그 시기에 아버지와 다른 가족들을 위해서 같이 있어 줄 수 있었다는 점에 대해서 감사했다. 센터의 슈퍼바이저와 학과장들도 내가 가족들과 시간을 보내기 위해 잠시 일을 쉬는 것에 대해서 매우 지지적이었다. 비록 이러한 비극은 인생과 진로 발달 과정의 어느 단계에서든 올 수 있지만, 나이 든 부모님과 관련된 일과 같이 생애 발달 과정 내에서 경험하는 특정한 사건들은 경력 중기 단계에 발생할 가능성이 높다.

나이가 들면서, 특히 아버지를 보내고 난 후, 나는 자기돌봄에 좀 더 우선순위를 두는 것이 얼마나 중요한지에 대해서 깨달았다. 장미향을 맡기 위한 시간을 더 가져야 한다는 것을 말이다. 나는 콘서트나 (워싱턴 DC의 여성들의 행진과 같은) 이벤트에 친구들과 참석하고, 친구들과 같이 점심식사나 저녁식사를 하고, 지역 내 사회적/정치적 활동들에 더 참여하고, 자연을 즐기고 산책하며, 벼룩시장에서 쇼핑(그냥 지나칠 수 없다!)을 하고, 영화를 보거나 TV 프로그램을 보는 것과 같은 일과 관계없는 활동들에 더 많은 시간을 보내고 있다.

경력 중기 경험

Gerald Corey

1972년에 나(Jerry)는 35세의 나이로 풀러턴에 있는 캘리포니아 주립대학교의 인간서비스 전공을 개발하는 업무와 더불어 강의를 하게 되었고, 이후 나는 46년 동안 활발하게 계속해 나가고 있다. 나는 집단상담, 상담 이론 및 실제, 상담윤리, 실험적 자기탐색 집단과 같은 다양한 수업을 했다. 이 과목들은 인간의 기능들 중 인지 정서적 영역을 통합하고 실험적인 학습이 강조되는 과목들이었고, 이러한 특성들은 내게 매력적이었다. 인간서비스를 전공하는 학생들은 이 수업들이 학문적으로 깊이 있는 학습을 요구하지만 동시에 개인적으로 매우 의미 있다고 하였고, 다양한 배경의 내담자들을 상담할 때 필요한 기술들을 익히고, 개인적인 문제들을 탐색할 수 있는 기회들을 가짐에 감사해했다. 즉, 그 수업들의 대부분은 통합적으로 도움을 제공하는 개인으로서의 발달에 강조를 두었고, 학생들은 그 점을 높이 평가했다. 그들의 프로그램에 대한 열정은 나로 하여금 이러한 개인적인 학습을 해 나가는 학생들을 돕는 노력들을 지속시키는 동기가 되었다.

학부과정에서 강의를 하면서 교과서를 쓰는 데 깊이 관여하며, 40대 중반에 나는 미국 및 유럽에서 나의 아내 Marianne Schneider Corey와 여러 동료와 함께 워크숍을 열었다. 우리는 이때 팀으로 워크숍을 제공하였는데, 이는 전문가로서의 의미 있는 노력이었고 이것을 지속해 나갔다. 나는 아내와 함께 일하면서 많은 것을 배웠는데, 내가 배우고 계속 강화해 나간 것은 내담자와 청중들과 관계를 맺는 아내의 방식이었다. 그녀는 현재에 있는 그대로 충분히 존재하고 자기 자신으로서 존재하는 것의 중요성을 스스로 보여 주었다. 이때 아내는 개인적인 자신과 전문가로서의 자신 사이를 잘 수렴하는 것을 보여 주는 훌륭한 본보기였고, 이러한 점에서 나에게 많은 영향을 미쳤다. 일련의 워크숍은 매우 흥미롭고, 일이 많았지만, 매우 즐거웠다. 이러한 기회들은 내가 혼자 쓰거나 같이 쓰거나 한 책들 때문에 찾아왔고, 이는 학생들과 정신건강 전문가들 모두를 가르치는 다른 방법이 되었다. 이러한 전문가로서의 역할이 주는 보상들은 내가 의미 있는 길을 계속 추구해 나가면서 받는 인센티브였다.

나의 전문가 발달 단계에서 중기 단계는 내가 아무런 목소리가 없다고 느낀 학교에서의 초기 몇 년의 삶과는 매우 극명히 대조적이었다. 나는 마침내 내 목소리를 가지고 그것으로 변화를 만들 수 있음을 믿을 수 있게 되었다. 그 이후로 나는 학생들로 하여금 각자의 목소리를 찾고 그것을 사용할 수 있으며, 그들의 개인적이고 전문적인 직업 내의 여정 동안 계속할 수 있도록 여러 가지로 돕는 것이 나의 목표가 되었다.

40대에는 전문가로서의 도전들이 많이 있었는데, 많은 업무의 양은 나로 하여금 열의를 갖도록 고무하고 힘을 더 내게 했다. 나는 인간서비스에서 풀타임으로 가르치는 일뿐 아니라 프로그램 진행자(학과장과 동일)로서의 업무를 9년 동안 수행했다. 학기 중과 방학 중에 나는 상담 이론, 집단상담, 개인 성장, 윤리에 관한 책을 쓰고 고치느라 바빴다. 나는 여러 주를 돌면서 워크숍을 진행했고, 치료적 집단들을 꾸리고, 집단상담 내에서 학생들과 전문가들을 훈련시켰다. 이에 나는 전문가로서의 다양한 역할과 장기 및 단기 목표들을 세우고, 시간 관리 기술을 익히고, 이러한 모든 나의 전문적인 삶 속에서 개인적인 생활을 가질 수 있을지에 대해서 배우면서 균형을 잡는 것이 필요했다. 경력 중기 단계에서 나는 자기돌봄의 가장 중요한 부분이 가족들과 휴가를 보내면서, 친구들과 동료들과 시간을 보내고, 등산도 하고, 자전거를 타는 시간을 만드는 것임을 깨달았다. 나는 많은 치료 집단에 일원으로 참가했는데, 이것은 나에게 개인적으로 그리고 전문적으로 모두 가치 있는 일이었다. 인간서비스 프로그램의 진행자이면서 동시에 풀타임으로 강의를 하는 것은 의미 있었지만 매우 스트레스가 컸다. 많은 역할과 과제들을 곡예하듯이 해 나가려고 하는 스트레스는 나로 하여금 대가를 치르게 했다. 나는 과제들을 다른 교수들에게 위임하는 것을 잘하지 못했고, 내가 프로젝트에 대해서 도움을 요청하면 계속 진행 상황을 체크했다. 나는 때때로 다른 사람에게 위임해 놓은 과제를 그냥 다 끝내 버렸는데, 그 과제가 나에게 충분할 만큼 빨리 진행되지 않았기 때문이었다! 나는 한 번에 하나의 일을 한 적은 거의 없었고, 동시다발적으로 여러 일을 하는 것이 나의 일반적인 일의 패턴이었다. 이러한 태도는 나의 스트레스 수준을 계속 높였다. 나는 내가 프로그램에 대해서 모든 책임을 맡을 수 없다는 것을 느리게 배웠고, 결국 도움을 요청하고 타인에게 도움을 제공할 수 있는 기회를 주는 데 익숙해졌다. 내가 모든 것을 다 할 수는 없음을 배우는 것은 나를 돌보는 데 매우 중요한 부분 중 하나이다.

결국 나는 스트레스에서 자유로운 환경에서 살 수는 없지만, 스트레스가 나를 통제하거나 내가 스트레스를 통제하는 상황에서 살 수도 없다는 것을 배웠다. 나는 우리 프로그램이 원활하게 기능하기 위해서 내가 완벽하게 책임을 맡아야 한다는 의식을 놓는 것을 배우는 데 많은 어려움을 겪었다. 나는 대체로 짧은 시간 안에 너무 많은 것을 하려고 했다. 계속 두통과 통증, 그리고 어깨와 목의 근육 긴장을 경험하면서 내 몸은 내가 좀 속도를 늦추어야 한다고 이야기하고 있었다. 심리적으로 나는 전체 과가 내 어깨에 올라앉은 것과 같은 부담을 느끼고 있었다. 내 동료 중 하나는 내게 학기 내내 내가 엄청 스트레스를 많이 받고 있는 것처럼 보인다고 이야기하며, 근육 긴장을 풀어 주는 데 전문화된 롤프식 마사지 전문가를 찾아가 보라고 제안했다. 구조적 통합이라고 알려진 롤프식 마사지는 몸을 가지런히 정렬할 수 있게끔 도와주는 것이 목적이다. 내가 이 물리치료수업을 받기 시작하면서, 나는 스트레스가 최상의 나를 앗아 가고 있으며, 내 두통과 고통들이 내가 스스로를 잘 돌보고 있지 못하다는 신호임을 깨달았다. 스트레스가 많은 현재를 살고 있는 것은 내 삶의 방식이 되었고, 나는 내 몸이 나에게 이야기하는 것에 주의를 기울이지 않았다. 종종 나는 고속도로 정체 기간 동안 서두르며 시간 내에 물리치료수업에 가고자 했는데, 그것이 내 스트레스 수준을 더 증가시켰다. 나는 이 롤프식 마사지 수업 시간들을 나의 자기 돌봄 프로그램으로 통합시키기 시작했고, 현재도 여전히 정기적으로 이러한 물리치료의 다양한 형태 프로그램에 참여하고 있다. 내가 배운 중요한 교훈은 나의 건강과 웰니스를 유지하는 것은 자동차가 잘 굴러가고 오래 탈 수 있도록 정기적으로 점검을 받는 것과 매우 유사하다는 것이다. 즉, 둘 다 정기적인 유지관리에 따라 달라진다. 나의 몸을 잘 돌보고 어떻게 스트레스의 효과를 감소시킬 수 있는지에 대해서 배움으로써 나는 스스로의 수행을 증가시키는 데 필요한 유지관리를 하고 있다.

50대 초반에 나는 나의 일과 개인의 삶의 균형을 위한 주요 결정을 내렸다. 나는 계속 내가 매주 일하는 시간들을 기록하기 시작했고, 나의 개인적인 삶에서 부담을 감소시키기 위해서 일에 좀 변화를 주기 시작했다. 나의 결혼 생활 동안 아내와 나는 휴가를 갈 시간을 만들었지만 종종 그것은 매우 짧았고, 대체로 우리의 일과 관련된 여행이 함께 연결되어 있었다. 우리는 신체적으로 그리고 심리적으로 건강하게 지내기 위해서 정기적으로 일을 하면서도 우리의 자기돌봄을 가치 있게 여겼다. 예를 들어, 2주 동안 아일랜드에서 상담자들과 집단상담을 하는 5일간의 훈련 워크숍들을 운영했다. 우리는 스케줄을 조정해서 워크숍 전후에 함께 관광을 하고, 나라를 즐기고, 다른 나라에서 온 친구들과 시간을 보냈다. 우리는 독일과 노르웨이에서 휴가를 보낼 기회를 얻기도 했다. 다른 주(state)로 여행을 해서 학회 등에 참석하거나 발표를 할 때, 우리는 자기돌봄의 일환으로서 일 시작 전에 각 주의 자연을 감상하고 관광을 하면서 며칠을 보냈다. 결국 우리는 일하는 상황에서 휴가를 끼워 넣기보다는 개인적인 여행을 위해서 별도로 시간을 할애하는 것을 좀 더 잘할 수 있게 되었다.

50대의 시기에 나는 내가 전문적으로 할 수 있는 모든 것을 하고 있다. 하지만 나는 지속적으로 나의 개인적인 삶과 전문가로서의 삶 사이의 균형을 추구하면서 나의 한계를 배우는 것을 계속하고 있다. 나는 여전히 한번에 많은 일을 하려고 시도한다. 나의 많은 개인적인 요구는 많은 프로젝트에 참여함으로써 충족되지만, 나는 내가 좋아하는 모든 것을 다 할 수 없다는 것도 깨닫고 있다. 내가 배운 가장 어려운 교훈 중 하나는 다른 워크숍으로의 초대나 연설을 하는 것 혹은 새로운 책 작업을 하는 것을 빨리 수락하기 전에 한 번 멈추는 것이다. 나는 너무 복잡하고 일이 넘치는 스케줄에서 살고 있고 너무 많은 요청을 다 승인하고 있기 때문에, 그 제안이 내게 너무 끌리고 매력적이라 하더라도 이러한 제안이 왔을 때 받아들이는 것의 장단점에 대해서 다시 한번 곰곰이 생각해 보는 것이 중요함을 배워야 한다. 나는 어떤 재미있는 프로젝트에 대해서 '안 된다'고 말하는 것을 배우는 것이 너무나도 어렵다. 나는 한정된 시간을 가진 한 명의 개인일 뿐이고, 내가 원하는 모든 것을 할 수 없음을 나에게 종종 상기시킨다. 나의 50대 후반 시절 중 한 해 동안 나는 우리가 집에 머무는 시간만큼 집에서 떨어져 있는 시간이 많음을 깨달았다(우리는 152일 동안 다른 지역에 가 있었고, 그중 대부분은 다 일을 하기 위함이었다). 우리는 우리가 이렇게 자주 여행을 다니고 싶은지를 평가하고 많은 지역에서 많은 워크숍을 하는 것에 대한 이익-비용 비율을 들여다보기 시작했다. 이러한 평가는 자기돌봄의 필수적인 부분이고 우리가 어떤 변화들을 하고 싶은지 결정하는 것을 돕는다. 나는 많은 내 학생과 동료들이 프로젝트에 참여하는 것의 손익 균형을 잡는 데 어려움을 겪는 것을 발견했다. 내가 학생들에게 멘토링을 할 때, 종종 우선순위를 정하고, 시간관리 등의 실제적인 전략들을 배우는 것에 대해서 이야기한다. 또한 어떻게 그들의 전문가로서 혹은 학자로서의 삶이 그들의 관계들, 가족들, 개인적 자기돌봄 우선순위에 영향을 미칠 것인가에 대해서 생각해 보도록 독려한다.

지난 여러 해 동안, 나는 목적, 동기, 자기훈련의 필수적인 명확화가 생산적으로 일을 하는 데 필요한지에 대해서 배웠다. 프로젝트에 몰두하기를 결정하는 사람이 다름 아닌 나라는 것을 깨닫는 것은 나로 하여금 더 집중하고 활기를 가지게 한다. 만약 내가 다른 누군가가 나에게 기대하는 무언가를 하고 있다면, 나는 오래전에 이러한 프로젝트에 대한 열정을 잃었을 것이다.

성찰을 위한 질문

1. 만약 당신이 경력 중기 단계라면, 현재 가장 큰 도전 과제는 무엇인가? 어떻게 이러한 도전 과제들에 접근하고 있고, 이러한 도전들이 당신의 웰빙에 어떤 영향을 미치고 있는가?

2. 만약 당신이 경력 중기 단계에 있다면, 어떻게 개인적인 삶과 함께 일과 관련된 책임들 사이에서 균형을 이루고 있는가? 현재 잡고 있는 균형 정도에 얼마나 만족하고 있는가? 만약 그렇지 않다면, 일과 삶 간의 균형을 증진시키기 위해 현실적으로 어떤 변화를 해야 한다고 생각하는가?

3. 만약 현재 대학원생이거나 경력 초기 단계에 있다면, 당신이 중기 전문가 발달 단계에 도달했을 때 어떻게 일과 삶 간 균형을 잡고 있을 것이라 예상하는가? 이 단계에 도달했을 때, 자기돌봄 계획의 일환으로서 어떤 책략이나 활동들을 포함시키고 싶은가? 이러한 활동들이 지금 당신의 자기돌봄 계획에 포함된 것과 유사한가 혹은 다른가?

경력 후기 단계

'은퇴'라는 단어는 경력 후기 단계로 다가가는 전문가들 사이에 다양한 수준의 반응을 불러일으킬 것이다. 몇몇은 매일 뒤로 미뤄 둔 즐거운 활동들을 하기 위한 더 많은 시간을 기대하고 있을 수 있고, 또 다른 사람들은 정체성을 잃을 두려움과 은퇴가 다가옴에 따라 삶의 의미를 찾고 자신들의 목적을 재정의를 해야 하는 것에 대한 고민을 할 것이다. 누군가는 그들의 재정 상태와 더 이상 안정적인 소득이 들어오지 않는 상황에서 자신과 가족들을 부양할 수 있는지를 고민하는 반면, 다른 누군가는 경제적으로는 좀 더 나은 상황에 놓여 있을 수 있다. 많은 연장자가 나이가 들어 감에 따라 건강이 약화되는 것에 대해서 걱정하며 은퇴를 맞이하고 있으며, 상담자들과 다른 도움을 제공하는 서비스 분야의 전문가들도 이러한 걱정에서 예외는 아니다. 우리는 모두 노화가 진행됨에 따라서 이러한 변화들을 다 맞이해야 하며, 이는 우리의 전문가로서의 역할, 경제적 상태, 건강, 매일 이루어지는 활동들에서의 변화를 모두 포함한다. Kottler와 Carslon(2016)은 노화가 대부분 마음의 상태라고 이야기하였다. 노화에 대한 우리의 믿음은 대체로 얼마나 우리가 인생 후기의 도전들에 대해서 반응하느냐에 따라 달려 있다. 노화에 대해 낙관적인 전망을 가지면 가질수록, 우리는 이러한 도전들에 대해서 더 잘 준비하고 적응할 수 있다. 심리치료사의 삶 내에서 노화를 대처하는 것의 요구들에 대한 논의에 대해 더 알아보고 싶다면, 우리는 『Psychotherapy and the Therapist's Life』에 수록되어 있는 「Therapy over 50: Aging Issues」(Kottler & Carlson, 2016)를 읽어 보기를 추천한다.

은퇴란 당신의 삶을 다시 그리고 사용해 보지 않은 잠재력들을 두드려 볼 수 있는 기회이지, 모든 일의 끝이 아니다. 은퇴로 가는 길을 준비하기 시작하면서 많은 선택지가 우리를 기다리고 있다. 우리는 우리의 일 때문에 미루어 두었을 여러 프로젝트를 해 볼 수도 있다. 은퇴가 끝이 아니고 새로운 시작임을 발견할 수 있다. 은퇴는 삶의 주요 전환점 중 하나이며, 다양한 선택과 전환들을 야기한다. 은퇴를 하면서 우리가 직면하는 주요 발달 과제는 우리가 삶에서 계속 의미를 찾아가는 경로를 결정하는 것이다. 어떤 노인들은 일을 하는 것을 즐기고 의미 있는 존재로서 의미를 만들기 때문에 계속 일을 한다. 전통적인 은퇴 나이 이후에도 개인적인 혹은 대인관계적인 이유들로 일을 계속하는 사람들에게는 "일을 지속적으로 해 나가는 것이 신체적·심리적 웰빙을 유지시켜 준다."(Kampfe, 2015, p. 230). 후기 진로 발달 단계에 있는 전문가들에게, Wise와 Barnett(2016)은 현재에 집중하고 유능감을 유지하며, 은퇴로의 전환을 위한 계획들을 세우는 데 특별히 주의를 기울이고 있다. 그들은 멘토링, 교육, 서비스 제공 등을 통해서 자신의 전문성 영역에 다시 되돌려 주고 이를 통해 가치와 의미를 찾고 유지하는 방법을 추천한다.

　　Randy Alle-Corliss는 경력 후기 단계에 있고 최근 은퇴를 한 임상사회복지사이다. 그는 정신건강시설을 운영하며, 노년기임에도 전문적으로 활발히 활동하고 있다. 많은 상담 관련 전문 영역에 종사하는 사람들과 같이, Randy도 여러 해 동안 행정가로서 그리고 슈퍼바이저로서의 역할을 비롯하여, 임상 직업을 포함해서 다양한 역할을 해 오고 있었다. 일하고 있는 시설에서의 은퇴 이후, 그는 대학에서 매 학기마다 상담 이론 과목을 가르치며 개인상담을 제공하고 있다.

은퇴에서 살아남기 및 성공하기

Randall Alle-Corliss

　　캘리포니아의 폰타나 지역의 가장 큰 카이저 퍼머넌트의 행동건강 클리닉 관리자로서 10여 년간 일해 오면서, 나는 다른 많은 프로그램과 더불어, 청소년과 성인들을 위해 특성화된 통원환자 프로그램들을 통해 복잡한 위기 상황의 사례들을 다루는 매우 큰 다문화 클리닉을 관리·운영했다. 나의 하루 일정은 환자, 치료사, 정신과 의사, 정신과 간호사, 사회복지사, 심리학자, 사례관리자 및 서무 직원들과 관련된 여러 다양한 문제들과 과제들을 처리하는 것부터 시작했다. 나는 이와 더불어 예산과 운영 보고서를 준비하고, 환자들의 불만을 처리하고, 수많은 이메일에 답을 하고, 전자 기록들을 관리하며, HR 관련 문제들을 다루고, 매년 직원 평가를 하고, 직원회의를 주관하는 책임들도 같이 맡았다. 여기에는 우선순위를 반드시 정하고, 결정을 내리면서 스트레스의 다양한 원천을 조절하는 일들도 포함되었다.

이에 행정적인 추가 지원들이 정말 필요했고, 나는 그것을 지속적으로 요구했다. 나의 요구에도 불구하고, 대체로는 항상 그런 지원들이 제공되지 않았다. 나는 행정적인 도움을 제공하는 직원 한 명을 제외하고 50~60여 명의 직원을 책임져야 하는 단 한 명의 관리자였다. 이러한 절대적인 지원 부족에도 불구하고, 나는 10년 넘게 이를 잘 유지·운영하기 위해 최선의 노력을 기울였다. 나는 직원들을 위한 가장 강력한 대변인이었고, 우리의 한계점들에도 불구하고 강력한 팀워크를 이루어 내기 위해 부지런히 일했다. 나는 지속적으로 필요한 여러 문제를 개선하고 향상시키기 위해서 우리의 강점과 한계를 구별해 내면서 나 자신의 수행에 대해서 지속적으로 평가했다. 나의 가장 큰 강점 중 하나는 직원들이 열심히 일하는 것에 대해서 적극적으로 지지하고 인정해 주며, 환자들을 돌보는 것에 긍정적인 영향을 미쳤다는 점이다.

그 위치가 정말 스트레스가 많았다고 이야기하는 것만으로는 그 스트레스의 정도와 요구되는 과도한 노동시간은 설명하기 충분하지 않을 정도이다. 나는 내 경력 후기 단계에 있고 오랜 기간 다양한 전문적 경험을 했음에도 불구하고 때때로 일에 압도되었는데, 특히 계획하지 않거나 예상하지 못한 사건들이 일어난 날들에는 더욱 그랬다. 나는 일련의 자기돌봄 전략들이 나로 하여금 나의 정신건강을 지키고 스트레스의 영향을 최소화하는 데 효과적임을 깨달았다.

- 매일 같이 일하는 사람들에게 집중하고, 그들과 항상 소통하고 지지하기
- 마음챙김 연습들과 기술들을 매일 활용하기. 나는 마음챙김 테이프를 출

근할 때 듣고 그 기술들을 연습했는데, 특히 지금 여기에 있도록 최대한 노력했다.

- 하루가 시작하기 전에 매일 아침마다 명상하기. 지금 여기에 머무르기, 한 번에 한 단계씩 하기, 나 자신에게 감사하기, 자연스럽게 호흡하기, 삶과 모든 것 사이의 연결됨 사이에서 아름다운 것들을 보고 감사해하기와 같은 단계들에 집중한 명상들을 하기
- 짧은 휴가를 가지고 매달 한 번 주말 동안 아내와 함께 여행 가기, 자연으로 나가기, 성인 자녀들과 형제들 방문하기
- 선인장, 식물들, 나무들, 벌새 모이공급장치, 야외 화덕, 나를 둘러싼 자연이 존재하는 뒷마당을 만끽하기
- 나의 코커스패니얼 반려견 Sunny와 매일 휴식 취하기. 서로 주고받는 깊은 애정과 위로는 내 영혼과 정신을 회복시킨다.
- 나와 35년을 함께한 아름다운 아내에게 주기적으로 자문을 구하기. Lupe Alle-Corliss는 임상사회복지사로서 나와 같이 카이저 퍼머넌트에서 관리자로 일하고 있다. 이는 이 스트레스가 많은 위치를 견딜 수 있게 도와준다. 내가 스트레스에 압도되었을 때, 나는 항상 아내에게 다 털어놓을 수 있고, 아내는 나로 하여금 내 관점에 대해서 다양하게 생각할 수 있도록 돕는다.
- 적절한 유머 사용하기. 나는 매번 회의 때마다 최소 한 번은 직원들이 웃게 만드는 목표를 가지고 있다. 나는 웃음이 영혼을 가볍게 도와주고, 적절한 관점을 가지게끔 도와준다는 믿음이 있다.
- 매일 각자 사무실에서 근무하는 직원들을 보기 위해서 우리 시설의 시설들을 다 돌면서 잘 있는지 확인하기
- 직원들에 대한 나의 애정을 유지하는 것과 필요한 수준의 확고한 기대를 계속 가지는 것 간의 균형을 유지하는 방법 찾기

관리자로서 내 위치에서 요구되는 업무 및 책임들은 내가 개인으로서 그

리고 전문가로서 정신을 맑게 잘 유지하도록 돕는 자기돌봄 전략을 만들어 내는 것이 절대적으로 필요하게 만들었다. 자신을 돌보는 것은 내가 타인을 돌보아야 한다면 반드시 필요한 것이다. 나는 자기돌봄이 윤리적으로 필수적이라고 생각하며, 이는 나로 하여금 일 관련 스트레스를 성공적으로 대처하고, 나의 일에 대한 열정이 사그라지지 않음을 확신하게 했다. 나는 최근 카이저 퍼머넌트의 풀타임 일에서 은퇴하고, 현재 임상사회복지사로서 개인 센터를 만들고 있다. 나는 같이 일했던 사람들이 그립지만, 내가 그 일을 하면서 경험한 스트레스들은 전혀 그립지 않다.

경력 후기 단계 경험

$\boxed{\text{Gerald Corey}}$

나(Jerry)는 만약 내가 자기돌봄 연습을 무시했다면, 현재 누리고 있는 체력을 갖지 못하고, 경력 후기 단계로 나를 이끈 여러 생산적인 일을 지속적으로 해 나가지 못했을 것이라 확신한다. 나는 나의 건강과 현재 나의 삶의 질이 대체로 다 자기돌봄 연습 때문이라고 생각한다. 여러 해 동안 나는 비가 오든 날이 맑든 매일같이 걷거나, 등산하거나, 자전거를 타는 운동을 하는 시간을 가져왔다. 나는 내 일들과 운동들을 모두 기록한다. 지난 3년간 내가 일주일 동안 일한 시간은 평균 대략 34시간이었고, 운동 시간은 16시간이었다. 내 일과 자기돌봄 활동을 나의 스케줄러에 계속 기록하는 것은 내 삶의 여러 영역에서 얼마만큼 균형을 이루고 있는지 확인하기 좋은 방법이다. 모든 영역에서 적절한 건강성을 유지하는 것은 나에게 가장 우선순위가 되었다. 내 친구들 중 일부는 내가 운동 스케줄을 강박적으로 관리한다며 나에게 운동 중독자라고 이야기하기도 하지만, 신체 활동은 나로 하여금 신체적으로 그리고 심리적으로 건강하게 만들고, 내 삶을 즐겁고 생기 넘치게 만들어 준다. 나는 대부분의 아침 시간을 신체적인 활동들을 하는 데 보내는데, 대체로 점심 때까지 이어진다.

나의 자기돌봄 계획의 가장 핵심적인 부분은 예방책으로서 침을 맞는 것이다. 내가 침을 맞는다고 하면 그들은 내가 어떤 문제를 가지고 있는지 물어보며, 침을 맞는 것이 신체적·심리적 웰니스를 위한 방법임을 인정하지 않는다. 나의 자기돌봄 방침에는 필라테스도 포함되는데, 나는 이를 75세에 시작했다. 나의 필라테스 선생님은 매주 회기마다 신체적으로 어려운 동작을 하게끔 하는데, 내가 신음소리를 내고 불평하는 것에 별로 주의를 기울이지 않는다. 나는 필라테스 개인 회기 시간 동안 "나는 이걸 하기엔 너무 나이 들었어."라고 주장한다. 그들은 마치 내가 젊은 사람인 양 대하고, 많은 측면에서 내가 젊음을 유지할 수 있도록 돕는다. 비록 필라테스와 스트레칭이 쉽지는 않지만, 나는 이러한 활동들이 장기적으로 내게 도움이 되리라 믿는다.

　　자기돌봄의 또 다른 중요 요소 중 하나는 일상에 즐거움을 불어넣는 것이다. 나는 나의 대부분의 업무들이 재미있다고 생각하는데, 특히 가르치는 것이 그렇다. 하지만 즐거움을 주는 다른 요소들에도 나는 항상 열려 있다. 아내와 나는 운이 좋게도 콘서트와 음악 페스티벌이 항상 있는 지역에서 살고 있는데, 그래서 우리는 종종 친구들과 함께 이것을 충분히 누리고 있다. 또한 포드 1951년 모델을 구입했는데, 이 차를 손주들과 친구들과 함께 타는 것은 언제나 즐겁다.

　　비록 공식적으로 2000년에 캘리포니아 주립대학교 시스템에서 전임교수로서 63세에 은퇴했지만, 나는 풀러턴에 있는 캘리포니아 주립대학교의 외래교수로서 집단상담과 상담윤리 수업을 매 가을학기마다 가르치고 있다. 60대와 70대에 나는 파트타임으로만 수업을 했고, 이러한 삶이 가져다주는 자유를 즐겼다. 가르치는 것 외에, 학회 등에서 워크숍이나 발표들을 지속적으로 수행했다. 매해 글을 쓰고 가르치면서 나는 여전히 의미 있는 일들을 해 나가고 있다. 현재 나는 나의 일정을 스스로 관리하고 만들 수 있는 기회를 가지고 있다. 나의 글을 쓰는 일정들은 현재 내 전문가로서의 시간 대부분을 차지하고 있으며, 내 동료와 나는 매해 한 권 혹은 그 이상을 개정하고 있다. 80세인 지금 나는 여전히 내 전문가로서의 삶의 모든 측면을 충분히 즐기고 있고, 완전히 은퇴한다는 그림을 그린 적이 없다. 흥미로운 프로젝트들을 할 때 동료들과 상호작용을 하

는 것은 의미 있는 일이며, '노년'에도 지속적으로 나를 젊게 만들어 주는 열정
많고 감사함을 표현하는 학생들과 일하는 데서 의미와 즐거움을 얻고 있다.

성찰을 위한 질문

1. 만약 당신의 다가오는 미래가 경력 후기라면, 은퇴를 위해서 어떤 준
   비를 하고 있는가? 어떻게 이러한 전환기와 함께 오는 변화들에 적
   응을 할 것이라 예상하는가? 삶의 이 시기에 당신의 가장 큰 고민은
   무엇이고, 무엇을 하기를 가장 기대하고 있는가?

2. 만약 당신이 경력 초기 단계에 있다면, 경력 후기에 대한 Jerry와
   Randy의 경험에 대해 어떤 생각들이 드는가? 당신의 삶에도 적용될
   그들의 이야기들에서 어떤 교훈들을 얻었는가? 그리고 현재의 당신
   의 라이프스타일과 앞으로 다가올 나날들에 어떤 자기돌봄 전략들을
   적용시켜 보고자 하는가?

3. 스트레스는 삶에서 피할 수 없는 일부이고, 전문가로서의 여러 지위
   는 많은 스트레스를 야기한다! Randy는 그의 스트레스를 조절하는
   데 사용한 여러 자기조절 전략을 소개한 바 있다. Jerry 또한 그의 자
   기조절 방침을 설명한 바 있다. 자기 자신만의 자기돌봄 전략 목록을
   작성해 보자. 여기에 지금 바로 적용해 볼 수 있는 자기돌봄 전략과
   자신의 삶과 직업 후반기에 적용시킬 필요가 있다고 생각되는 자기
   돌봄 전략들을 구분해서 작성해 보자.

4. 어떤 사람들은 지금 풀타임 일과 여러 역할의 균형을 잡아 가면서 흥
   미로운 무언가를 할 시간 혹은 자원이 없다고 믿으면서 새로운 취미
   생활을 하는 것을 은퇴할 때까지 미루고 기다린다. 이러한 사고방식
   을 가진 자기돌봄이 가지고 올 잠재적인 문제점들이 무엇이라고 생
   각하는가? 당신의 삶에 의미와 즐거움을 가져다줄 활동들과 취미들
   을 은퇴한 시기에 하기 위해서 지금 무엇을 할 수 있을까?

이 장을 마치는 글

　도움을 주는 전문가로서의 우리의 경력 단계를 거치며, 우리는 자기돌봄 전략을 실행하는 것에 대해서 깨어 있고 분명히 필요성을 의식하지 않는 한, 우리를 지치게 하고 효율적으로 일하는 능력을 떨어뜨릴 잠재력을 가진 많은 요구에 직면할 가능성이 높다. 이 장의 초반에 언급한 바와 같이 대학원 시절 동안 직면하는 많은 도전 과제에 대처하는 태도는 우리가 우리의 직업을 수행하면서 만나게 될 여러 과제를 어떻게 대처하고 다룰 가능성이 높을지를 반영한다. 만약 당신이 전문가로서 발달 과정의 초기 단계에 자기돌봄 프로그램을 세우고 실천해 나간다면, 나이가 들어 감에 따라서 자기돌봄을 삶에 잘 조화롭게 통합시키고, 은퇴를 준비하는 것이 더 쉬워질 것이다. 어떤 사람들은 완전한 은퇴를 즐기기도 하지만, 많은 경우 다른 목표들을 추구하면서 전문적이고 창의적인 일을 하는 데 더 많은 자유로운 시간을 사용하기도 한다.

대학원에서의
자기돌봄

3

이 장은 현재 대학원에 재학 중이거나 최근에 졸업한 사람들의 경험을 주목하고자 한다. 우리는 Julius Austin과 Jude Austin의 석사과정 및 박사과정 중에 그들이 어떠한 방법으로 자기돌봄을 하고, 또한 상담 전문가가 되는 과정에서 무엇을 배웠는지 알아보고자 한다. 따라서 이 장에서 다루는 주제들은 자기돌봄에 대한 노력, 경계 설정, 불안감 조절, 상담자가 되기 위한 동기, 자존감, 논문 기간 동안의 자기돌봄, 대학원에서 최대한 활용해야 할 것들 등의 다양한 내용을 포함한다. 또한 Julius와 Jude는 자신들의 대학원 경험을 개개인으로서, 쌍둥이로서, 소수 그룹에 속하는 학생으로서 공유하였다. 당신은 또한 시간과 자원이 제한되었을 때, 대학원에서 어떤 방법으로 자기돌봄을 실천해야 하는지에 대해 고민했던 대학원생들의 이야기를 읽게 될 것이다. 이 장을 읽는 당신이 현재 석사과정생 또는 박사과정생인 경우, 대학원에서 자신만의 독특한 경험을 되돌아보고 나 자신을 돌보기 위해 자기만의 개별화된 방법을 개발할 필요성을 인식하기를 바란다.

대학원에서의 경험

Julius Austin

　　내(Julius)가 메리 하딘-베일러 대학교에서 석사과정 마지막 학기를 공부할 때, 나는 스스로를 돌보지 않는 것에서 비롯된 결과를 경험했다. 그 당시 나는 학교상담센터와 지역 입원병동, 두 곳에서 인턴십 수료 시간을 채웠다. 지역 입원병동의 경우, 나와 Jude를 포함해서 총 네 명의 상담자가 일을 하였는데, 우리는 약 70여 명의 내담자들을 맡아야만 했다. 참고로 Jude와 나는 대학원생이었기 때문에 초반에는 한 명당 10~12명 정도의 내담자를 맡았었다. 그러던 도중에 다른 두 명의 상담자가 그만두고 보충이 안 되는 바람에 우리는 각자 35명씩 맡게 되었다. 처음에는 '우리는 졸업하는 데 필요한 인턴십 시간을 어렵지 않게 채우게 됐으니 오히려 잘된 것 같네.'라고 생각했지만 늘어난 상담사례들을 감당하는 것은 곧 지나친 부담이 되었다.

거의 매일 빠지지 않고 입원병동 혹은 학교상담센터에서 일하고 나서 수업을 수강하였는데, 때로는 오후 4시부터 밤 10시까지 수업이 있는 날도 있었다. 내가 이수해야 하는 과목들, 학교상담센터에서 만난 내담자들의 사례연구, 박사 프로그램에 지원하는 과정, 너무나도 많은 입원병동의 내담자들, 이 모든 일이 쌓여 결국 나는 좋지 않은 행동들을 하게 되었다. 가족과의 소통은 줄어들었고, 교수들과 다른 슈퍼바이저들을 기쁘게 해야 한다는 압박감은 '침묵의 고통(suffer in silence)'을 느끼게끔 하였다. 또한 너무 피곤한 나머지, 슈퍼비전을 받거나 회의를 하는 동안 거의 수면상태로 참석했으며, 때로는 샤워를 하거나 면도를 하는 것조차 귀찮을 정도로 나 자신에게 무관심해졌다. 스스로를 돌보는 것보다 학위를 취득하는 것이 더 중요했기 때문에 나 자신을 무시한 것이다.

한번은 슈퍼비전을 받는 동안, 내가 상담 장면에서 활용한 기술에 대해서 슈퍼바이저가 언급하고 있는데 그만 잠이 들고 말았다. 나의 슈퍼바이저는 매우 큰소리로 내 이름을 불렀고, 내 주의를 끌자마자 물었다. "좋아, 무슨 일이야?" 참고로 슈퍼바이저는 내가 대학교 1학년 때 들었던 심리학 과목 중에 하나를 가르쳤었고, 그 후로 우리는 7년간을 서로 알고 지냈으며, 그녀가 나에게 "무슨 일이야?"라고 물어본 것은 나를 타박하기보다는 배려하고 걱정스러운 마음에서 비롯된 것이라는 것을 알고 있었다. 그럼에도 불구하고 그 순간 지적을 받았다는 생각에 창피하고 수치스러운 감정이 들었다. 나는 슈퍼바이저에게 너무 적은 인원으로 많은 내담자를 만나야 하는 지역 입원병동의 상황을 설명했고,

그녀는 바로 이 문제에 대해 조치를 취했다. 그 후로 나의 슈퍼바이저는 지역 입원병동의 슈퍼바이저에게 사례 수를 줄여 줄 것을 부탁하였고, 또한 내가 휴식을 취할 수 있는 구체적인 방법들을 알려 주었다.

돌이켜 보면, 나는 인턴십 덫(internship trap)이라고 말할 수 있는 함정에 빠져들었던 것 같다. 학위를 마치기 위해서는 내담자들과 직접 만나서 상담해야 하는 필수시간을 채워야 했고, 이 시간은 결국 내담자들이 상담에 참석하느냐에 달려 있기 때문에 예측불허인 것처럼 보였다. 나뿐만 아니라 많은 대학원생이 이 덫에 마주친다. 그리고 이 덫은 '대학원을 졸업하기 위해서 필요한 자격요건을 얻을 수만 있다면 당신의 자기돌봄을 희생하려는가?'와 같은 질문을 포함한다.

대학원생이 된다는 것은 대학원 교육에서 발생하는 스트레스 혹은 압박 그리고 다양한 요구에 마주쳐야 하는 것에 동의하는 것이다. 이러한 요구들 중에는 감정적 소진, 동료들과 교수와의 관계, 공감 피로, 대리외상이 포함되어 있으며, 이로 인해 대학원생들에게 있어서 자기돌봄은 마치 사치스러운 것처럼 보인다. Myers와 동료들(2012)은 자기돌봄을 구성하는 요소로 "수면, 운동, 사회적 지지, 감정조절 전략, 마음챙김 훈련"(p. 57)을 포함하고 있다. 이러한 대학원생들의 자기돌봄을 구성하는 요소들을 방해하는 것은 바로 '시간'이다(El-Ghoroury, Galper, Sawaqdeh, & Bufka, 2012). 빽빽한 스케줄을 소화해야 하는 대학원생들에게 있어서 자기돌봄을 위한 시간을 만들라는 것은 매우 어려운 것이다.

교수와 학생 간의 경계선은 교수들이 어떻게 자신들을 돌보는지에 대해 학생들의 이해를 흐리게 할 수 있지만, 교수들의 자기돌봄 의식을 모델링하는 것은 중요하다. 관계가 좋든 좋지 않든 간에, 대학원생과 교수와의 관계는 우리의 상담자 정체성 발달뿐만 아니라 자기돌봄에 대한 우리의 관점에도 영향을 끼친다. 교수들과 긍정적인 관계를 맺는 것은 동료들과의 관계만큼 매우 중요하다. 석사과정 동안, 나는 가족보다 동료들과 더 많은 시간을 보냈다. 이러한 사실 때문에 대학원 동료들 사이에서 자기돌봄 문화를 발전시키는 것은 매우 중요하다.

나의 석사 및 박사 과정 동료들은 서로 다른 문화적 배경을 가지고 있었는데, 이러한 다른 문화는 우리의 집단적 자기돌봄을 형성하는 데 도움이 되었다. 석사과정의 동료들과 박사과정의 동료들과의 관계를 토대로, 상담전공 프로그램에서 자기돌봄 문화를 확립하기 위해서는 다음과 같은 구성요소들이 필요하다는 결론을 내렸다.

1. **교수와의 건강한 관계:** 건강하지 않은 교수와의 관계는 다른 동료와의 관계를 포함하여 전반에 걸쳐 나타나는 경향이 있다. 박사과정의 대학원생은 논문 위원회를 선택할 때 내가 어떤 교수와 건강한 관계를 맺고 있는지 염두에 두어야 한다. 이는 졸업을 위해 논문을 쓰는 석사과정생들에게도 해당된다.

2. **통제력:** 대학원 공부를 하다 보면, 많은 기대와 압박, 그리고 스트레스로 인해 학생들은 그들의 삶이 압도적으로 통제불능이라는 것을 알 수 있다. 따라서 대학원 동료들은 대학원 생활을 하면서 느끼는 여러 감정을 함께 공유할 수 있고 과제들을 체크해 주는 등 서로에게 지지자 역할을 해야 한다.

3. **유머감각:** 상담, 연구, 그리고 교육 모두 대학원의 중요한 측면이지만, 우리의 경험에서 유머를 찾는 것 또한 매우 중요하다. 언제 진지해야 하고 언제 웃어야 할지를 아는 것이 중요하다. 특히 대학원 동료들과 '함께' 웃어야 하지, 특정 대학원 동료를 '향해' 웃는 것은 안 된다.

4. **여가생활:** 나의 박사 프로그램에서는 매년 할로윈과 크리스마스를 기념하는 모임을 주최하였다. 우리는 각자 음식을 준비했고 보드게임을 하거나 영화를 함께 시청하였다. 이러한 모임은 학교 바깥에서 보낼 수 있는 시간을 만들 수 있게 해 주고, 또한 대학원 과정을 지속할 수 있는 원동력이 되었다. 만약 프로그램 차원에서 이러한 행사를 제공하지 않는다면, 학생들이 동지애를 가지기 위한 목적으로 스스로 모임을 만들고 활동하기를 권한다.

5. **동료관계**: 박사 프로그램에 있는 모든 사람과 가까운 친구가 되기를 기대하는 것은 비현실적이다. 이 점을 명시함과 더불어 특히 나의 자기돌봄을 위태롭게 하는 동료가 있다면 확실히 경계를 해야 할 것이다.

돌이켜 보면, 나는 석사과정과 박사과정 동료들 사이에서 다른 유형의 자기돌봄에 대한 필요가 있었다. 박사과정 중에는 나의 정체성을 파악하기 위해 스스로에게 집중했다면, 석사과정 중에는 많은 동료와의 관계를 유지하는 데 힘썼다.

상담을 전공한 대학원생 Nicholas Lazzareschi는 시간의 개념을 강조하고 분명한 목적의식을 가지고 일과 삶의 건강한 균형을 찾을 것을 강조한다. 이는 자기돌봄을 수행하는 것은 곧 나를 돌보는 데 방해물은 무엇인지를 인식하는 것을 의미한다.

자기돌봄 수양에 전념하기

Nicholas Lazzareschi

나는 학부생으로서 로스앤젤레스에 소재한 비영리단체에서 상담 수련생으로 일하고 있을 때, 자기돌봄이라는 개념을 처음 알게 되었다. 집단 슈퍼비전을 받는 동안 나의 슈퍼바이저와 다른 모든 상담 선생님은 내담자들을 돌보는 것만큼 우리 자신을 돌보는 것 또한 매우 중요하다고 강조하였다. 그들은 만약 우리 스스로 돌보지 않는다면 내담자들과의 만남에 있어서도 전념할 수 없을 것이라고 말하였다. 그들의 주장은 일리 있어 보이지만 나는 자기돌봄이 그들처럼 기말고사 시험을 준비할 필요가 없거나 과제가 없는 사람들에게나 필요한 것이라고 생각했다. 그 당시에 나는 학부생이었고, 학교에서 연구 보조자로 일을 했으며, 청소년지원센터에서도 일하고 있었고, 아이를 혼자 키우는 아빠였다. 다시 말해, 자기돌봄은 상대적으로 일정에 여유가 있는 상담자들에게나 주어지는 사치품 같은 것이라고 믿었다.

풀러턴에 소재한 캘리포니아 주립대학교 대학원의 상담 프로그램에 재학 중일 때, 교수들은 모든 과목에서 자기돌봄을 중요한 주제로 다루었다. '법과 윤리'라는 수업에서 나는 자기돌봄이 상담자의 윤리적 의무라는 것을 배웠는데, 이는 나의 자기돌봄 체계는 어떠한지 다시 한번 참고하는 계기가 되었다. 과거의 내 삶을 잠시 설명하자면 나는 약물 중독으로 인해 매우 고통스러운 삶을 살았다. 헤로인과 필로폰은 2011년 5월 13일까지 내 삶에서 없어서는 안 될 존재들이었다. 약물에서 벗어나고자 나는 많은 운동을 열심히 했고, 그것은 나의 중독, 분노, 전반적인 삶에 긍정적인 도움이 되었다. 그러나 딸이 태어나고 몇 달 후, 아내가 다시 마약을 사용하기 시작했고, 나는 학업은 물론 딸을 양육해야 하는 새로운 책임감 때문에 운동할 시간이 단축되었다.

최근 들어서 나는 몇 가지 자기돌봄을 다시 시작했다. 우선, 올바른 식습관과 규칙적인 운동을 시작했다. 초기에는 단순히 모든 패스트푸드를 끊고 물, 아이스티, 원두커피만 마셨다. 일주일에 세 번은 러닝머신으로 유산소 운동을 한 다음, 웨이트 운동을 하였다. 첫 주에 약 3.5kg을 감량함과 동시에 활력이 증가하는 것을 느꼈고 매우 긍정적인 신호로 다가왔다. 이는 아주 긍정적인 의미의 '중독'인 것이다! 나는 매주 일요일이 되면 한 주 동안 섭취할 식단을 짜서 준비하였고 운동 횟수를 일주일에 4일에서 6일로 늘렸다. 또한 과제 마감일이 월요일이 아닌 이상, 주말 동안은 학교 과제를 하지 않았고 대신에 주중에 과제의 99% 정도를 마치도록 노력하였다. 이로 인해 주말에는 오로지 딸, 가족, 나에게 집중하게끔 하였다. 심지어 나는 학기 중간에 단순히 나의 즐거움을 위해 책을 읽기도 하였다. 이런 말을 들으면 우습게 들릴 수도 있지만, 나는 그동안 학기 중에 여유롭지 못한 나의 삶의 패턴 때문에 단 한 번도 전공서적 이외에 다른 책들을 읽어 본 적이 없다.

14주 후, 나는 약 13kg을 감량했고, 이는 나의 전반적인 삶에 긍정적인 영향을 끼쳤다. 첫째, 체중 감량과 근육 증가는 나의 자존감을 한껏 추켜세웠다. 나는 체력적으로 훨씬 나아짐을 느꼈고, 대학원 첫 번째 학기의 엄청난 과제량을 소화해 낼 수 있었고, 읽고 쓰고 제출하는 과정 내내 최고의 컨디션을 유지할 수 있었다. 나는 학창시절 전체를 통틀어 처음으로 모든 과제를 수행할 에너지를 가지고 있었다. 또한 향상된 나의 에너지는 딸과의 관계에도 긍정적인 영향을 미쳤다. 오늘날 나는 엄청나게 활동적인 다섯 살짜리 아이에게도 맞춰 줄 수 있다.

나는 운동을 통해서 많은 혜택을 경험했기 때문에 운동뿐만 아니라 또 다른 방법의 자기돌봄도 받아들였다. 나는 어린 시절부터 나를 힘들게 했던 문제를 해결하기 위해서 개인상담을 받았고, 글을 쓰기 시작하고, 그리고 내가 정말 좋아했지만 학업과 부모 역할의 책임감 때문에 접어 두어야 했던 활동들을 찾아보았다. 또한 모든 수업 및 과제를 통해서 나 자신을 있는 그대로 보고 솔직해지려고 노력하였다. 이러한 자기돌봄이 없었다면 나는 절대로 대학원 과정을 버텨 낼 수 없었을 것이다. 다양한 형태의 자기돌봄을 통해 나는 많은 혜택을 받았고 이는 더 많은 자기돌봄을 할 수 있게끔 하는 동기부여가 되었다. 예를 들어, 내 미래의 계획 중에는 딸과 함께 등산을 하고, 공원에서 술래잡기를 하고, 나와 딸 모두에게 도움이 될 더 많은 야외 신체활동들에 참여하는 것이 포함되어 있다. 개인적으로, 나만의 자기돌봄 체계를 만드는 것은 모든 대학원생의 삶의 일부가 되어야 한다고 믿는다.

Nicholas의 대학원 프로그램은 모든 수업에서 자기돌봄을 강조하였다. 이렇게 상담전공 과정에서 자기돌봄에 집중하게 되면 자기돌봄 의식의 문화가 형성된다.

대학원생들은 그들의 동료, 교수진, 그리고 내담자와의 관계에서 건강한 경계를 필요로 한다. 또 다른 상담전공 대학원생인 Aaron Hatcher는 자기돌봄을 실천하는 데 있어서 내담자들과 적절한 경계를 유지하는 것의 중요성을 언급하였다.

수련생으로서의 자기돌봄

Aaron Hatcher

　　마약재활시설에서 부부 및 가족치료 수련생으로서 일하는 나에게 자기돌봄은 가장 주된 관심사 중 하나였다. 매일 나는 오로지 이것에만 집중을 필요로 하는 높은 스트레스와 감정적으로 과중한 상황들에 직면한다. 당면한 과제에 완전히 집중하기 위해서는 내담자와의 적절한 경계를 유지함과 동시에 나의 활력을 되찾게 해 주고 내면의 웰빙을 증진시켜 줄 수 있는 활동에 투자하는 것이 매우 중요하다. 하이킹, 독서, 명상, 음악적 표현과 같은 활동에 참여함으로써, 나는 그날 발생한 스트레스 요인들을 더 쉽게 배제할 수 있다. 결국 가장 중요한 것은 내담자들과 적절한 경계를 만들고 유지하는 능력인데, 이를 유지해야만 내가 자기돌봄의 다른 측면에도 완전히 참여할 수 있는 기회를 가질 수 있다.

　　심리치료사로서의 책임에 대한 명확한 경계를 정의 내리는 것은 내 자기돌봄에 있어 매우 중요하다. 내담자들이 겪은 고난을 견디는 것은 내가 짊어져야 할 책임이 아니다. 나의 내담자들은 종종 나에게 개인적으로 영향을 줄 만큼 가슴 아픈 어려움을 겪고 있다. 하지만 나 자신의 정신적·정서적 안정을 위해서, 내담자들의 문제는 그들의 문제로 남아야 하며, 내 문제가 되어서는 안 된다. 만약 나의 내담자들이 직면하는 문제들에 내가 짓눌리게 된다면 나는 변화의 통로 역할을 수행할 수 없게 될뿐더러 내가 충분히 회복할 수 있는 활동을 못하게 해서 나의 자기돌봄 체계에도 영향을 끼치게 된다. 경계를 유지하는 것은 어렵지만 매우 중요하다. 왜냐하면 이것이 무너지게 되면 상담자로서의 나의 효율성은 퇴색할 수 있고 내 삶의 다른 측면들을 구성하는 또 다른 능력들 또한 떨어지기 때문이다.

　　상담 바깥에서 개인적인 경계를 설정하는 것뿐만 아니라 상담 안에서도 경계를 설정하는 것이 필요하다. 내담자들과 상호작용하는 것의 즐거움은 내 일의 결과에 지나치게 애착을 느끼고 관여하려는 촉매제가 될 수 있다. 나의 내담자들 중 많은 수가 사전 경고 없이 재활을 다시 시작하거나 떠난다. 이는 중독 영역에서 일하게 되면 아주 자연스럽게 볼 수 있는 장면들이다. 흔히 볼 수 있는 일들이라 할지라도 이런 것들은 나의 심리적 웰빙을 해칠 수 있다. 따라서 전문적인 경계를 설정하고 상담자로서의 나의 역할을 내담자에게 알리는 것이 내담자의 재발에 미치는 개인적 영향을 줄이는 데 도움이 되었다. 나는 자기개방을 어느 정도까지 할 것인지 제한점을 두기도 하고, 나의 치료적 역할을 스스로 상기시키고, 치료의 전반적인 과정에 대해 내담자에게 설명하는 심리교육을 제공하기도 한다. 나는 이러한 접근들이 내담자들에게 있어서 상담자-내담자의 경계와 한계에 대한 적절한 기대를 형성하는 데 도움이 된다고 믿는다.

적절한 치료법을 제시하고 상담자 수련생으로서 효과적으로 일을 하려면, 경계의 중요성을 기억할 필요가 있다. 이 분야에 끌린 많은 사람처럼, 나는 다른 사람들을 돕고 싶은 강한 욕망을 가지고 있다. 이것을 잘하려면, 나의 내담자들뿐만 아니라 나에게도 강력한 경계를 가지는 것은 매우 중요하다. 이러한 자기돌봄의 양상은 다른 모든 사람과 서로 얽혀 있으며, 그것은 나에게 보다 전통적인 형태의 자기돌봄과 관련된 경험을 하고 관여하는 길을 열어 준다.

대학원에서 자신을 돌보는 것은 전문적 요구와 개인적 요구 사이의 건강한 경계를 설정하는 것을 포함한다(Bamonti et al., 2014). 그러나 엄격한 학문과 임상 수련에서 발생하는 다양한 요구는 그 경계선을 모호하게 만든다. 상담전공 석사과정생인 Clara Adkins와 Rhea Cooper는 불안과 취약성에 관하여 전문적·개인적 경계 사이에서 고군분투하는 대학원생들에게 중요한 몇 가지 핵심 메시지를 전달하고자 한다.

대학원에서 성과에 대한 불안감 조절하기

Clara Adkins

대학원 생활을 하면서 나는 늘 불안한 상태로 거의 매일 끝이 보이지 않는 과제들을 처리해야만 했다. 이론적으로, 자기돌봄이 대학원생으로서 성공적인 삶을 사는 데 아주 중요한 요소라는 것을 알고 있지만, 나는 나에게 주어진 모든 일을 끝마쳤을 때에만 나 자신을 가장 보살펴 주는 것 같은 느낌이 들면서 불안감도 줄어든다.

나는 매 학기에 많은 에너지를 가지고 시작한다. 그리고 학기가 시작되어 내가 해야 할 일이 증가할수록, 가족과 친구들과의 만남은 줄어든다. 불안감과 더불어 나는 외로움을 느끼기 시작하고, 그다음에는 사랑하는 사람들과 충분히 관계하지 못할 만큼 시간을 잘 관리하지 못한 것에 대해 죄책감을 가지게 되고, 그러고 나서야 결국 균형을 찾으려고 노력한다. 균형을 찾는 것은 앞서 말한 부정적인 감정들을 다루는 데 매우 중요한 역할을 한다. 많은 일을 해야 하는 대학원 생활에서 나의 자기돌봄을 유지하기 위해서는 학교에서 모든 시간을 쏟을 것이 아니라 사랑하는 사람들과의 시간을 따로 만들어서 보내는 것 또한 중요하다.

운동하는 것 또한 내가 대학원 생활을 잘해야만 한다는 불안감에 대처하는 데 도움이 된다. 운동을 할 때, 특히 일주일에 세 번 운동하기로 계획을 세운 것을 지키기가 힘들 때, 나는 나 자신에 대해 비판하지 않으려고 노력한다. 교수나 동료들과 함께 협력하는 것도 내가 대학원에서 성공하는 것에 대한 불안감에 대처하는 데 도움이 된다. 나는 대학원 프로그램에 제공하는 기회를 이용하여 해외 유학을 가고, 학회에 참석하고, 연구를 진행하고, 나의 열정과 관련된 프로젝트에 협력한다.

대학원 생활을 하다 보면 잘하고 싶은 마음에 점차 불균형해지고 나의 건강을 희생하는 쪽으로 기울게 된다. 저울추가 기울어지는 것을 느낄 때, 나는 스트레스와 압도적인 불안감을 직면하게 된다. 대학원에서 균형 있는 삶을 사는 법과 나를 돌보는 법을 배우게 되면 이 대학원 프로그램을 마칠 수 있게 되고, 계속 이 일을 해 나가는 데 있어서 성공해 나갈 수 있는 동기를 부여하게 된다. 나는 이러한 균형을 잡는 과정 또한 끊임없는 학습과정이라는 것을 알고 있다. 내 경력 내내, 나는 균형 있는 삶을 살기 위해 노력하는 것처럼 나 자신에게 인내심을 가지려고 노력할 것이다.

상담자가 되기 위한 동기

Rhea Cooper

나는 2015년 가을학기에 상담 석사전공 프로그램에 입학하였다. 나는 교통사고로 친구를 잃었고 할머니 또한 뇌종양으로 돌아가시는 등 소중한 사람들의 죽음에 대한 슬픔이 오랫동안 해결되지 않은 상태에서 프로그램에 들어갔다. 사춘기 시절에 경험한 이별로 인한 슬픔을 겪으면서 나는 감정에서 멀어지게 되었다. 그 후로 나는 정서적 혼란을 감추는 데 익숙해졌고 약한 모습을 보여 주는 것 자체가 단점이라는 인지적 왜곡을 내면화하였다. 나는 다른 사람들이 나로부터 지지와 조언을 듣기 위해 의지하는 존재였다. 이 역할을 하는 것은 내가 다른 사람들의 도움을 받는 것을 불편하게 만들었다.

이러한 배경과 나의 신념 때문에, 나는 자기돌봄이 필요하거나 그럴 자격이 있다고 믿지 않았다. 나는 세상의 무게를 떠맡을 수 있어야 하고, 내가 아무것도 남지 않을 때까지 베풀어야 한다고 느꼈다. 그리고 나는 빈 컵에서는 나올 수 있는 것이 없다는 것을 천천히 그리고 고통스럽게 이해하기 시작했다. 나의 석사과정 프로그램에서 나는 상실감과 슬픔에 직면하게 되었고, 이 과정은 불안을 생기게 했다. 그리고 대학원에서 매일 하는 업무를 더 많이 걱정하고 불안해할수록 나의 성공적인 삶을 살기 위해서 자기돌봄이 필요하다는 것 또한 더욱 인지하게 되었다. 나를 돌보기 위해서, 나는 동료들과 교수들에게 기대었다. 특히 사랑하는 사람들의 죽음에 대한 나의 감정을 공개적으로 말하기 시작했다. 나의 경험들을 말하는 것은 '나는 괜찮아.' '다른 사람들은 필요 없어.'와 같은 생각들을 떨쳐 버리는 데 도움이 되었다. 이런 생각들을 떨쳐 내는 것은 나의 진실성을 증가시켰고, 상실감이라는 감정을 만나게끔 해 주었고, 결국 내담자들과의 관계까지 개선시켜 주었다.

상실의 경험을 되돌아보면서, 나는 내가 참아 왔던 시련에서 어떤 목적의식을 찾고 싶었기 때문에 상담자가 되고자 하는 의욕을 가지게 되었다는 것을 알게 되었다. 그리고 나와 비슷한 경험을 가진 사람들을 도움으로써 내가 사랑하는 사람들의 기억을 기리고 있다고 느낀다.

나의 슬픔과 상실과의 관계 때문에 내담자들이 직면한 문제들에 관해 역전이를 경험할 때, 나는 스스로에게 자기돌봄의 중요성을 상기시킨다. 상실에 관한 주제를 다룰 때마다 나는 나 자신이 가지고 있는 슬픔과도 직면하게 된다. 비록 상담 중간에는 내담자들의 안전을 위하여 이런 감정들을 묶어 두지만, 내가 혼자 있는 시간에 그러한 감정들을 다시 꺼내어 보는 것의 중요성을 깨닫게 되었다.

내담자들을 공감하는 작업이 지쳐서 맥이 빠지고 좌절감에 빠질 때마다 나는 슈퍼바이저와 동료들에게 도움을 청한다. 그리고 이 시기에 나는 비록 내가 내담자들의 삶의 변화에 뚜렷한 차이를 만들어 내지 못한다 할지라도 나의 노력들이 효과적이라는 것을 스스로에게 상기시킨다. 또한 하루에 단 몇 분만의 시간이 허락된다고 할지라도 나의 생각과 감정을 정리하기 위해서 혼자 있는 순간을 가진다.

상실과 슬픔에 빠졌던 나의 경험들은 상담자가 되고자 했던 동기부여와 상담자로서의 자기돌봄에 대한 욕구와 얽혀 있다. 그리고 나는 자기돌봄 과정에서 균형을 이루기 위해 노력하는 나 자신을 발견한다. 자기돌봄을 하는 것은 어쩌면 내가 결코 완전하지 않을지도 모를 고된 원정이지만, 나는 나의 감정들을 알아차림으로써 나 자신을 돌보는 것을 향상시키기 위해 노력한다. 그리고 나는 자기돌봄이 상담자로서의 삶을 이어 가게 해 주면서 건강하고 균형 잡히고 생산적인 삶을 살기 위해 필수적이라는 것을 이해하게 되었다.

잘하는 것에 대한 불안감

나(Julius Austin) 또한 Clara Adkins가 언급한 두 가지 중요한 문제(잘하는 것에 대한 불안과 스스로에게 조급함을 가지는 것)를 대학원 신입생 시절에 경험하였다. 불안감과 조급함은 대학원 생활을 계속하다 보면 점차 줄어들고 자연스럽게 지나갈 것이라고 생각했지만, 나는 첫 내담자를 만나기 직전의 한 학기 동안 이들의 역할에 대해 알게 되었다. 실습 수업에서 대화법(내담자가 또 다른 자기 모습에게 스스로 말하고 듣는 게슈탈트 기법)을 배울 때, 나의 지도교수는 나 자신의 두 부분을 구별할 수 있도록 하였다. 일반인으로서의 Austin은 자발적이고 결정적인 행동을 요구하는 상황에서 불안해하고 회피하려고 한다. 반면에 전문가로서의 Dr. Austin은 자신감 있고, 압박으로부터 차분하며, 이론적으로 설명을 할 수 있고 독립적인 태도를 가지는 등 내가 원하는 상담자 유형이다.

뚜렷하게 다른 이 두 가지의 모습은 나의 대학원생 정체성에 독특한 방식으로 중요한 역할을 하였다. 일반인 Austin으로서의 나는 내가 가짜나 사기꾼이라는 생각을 지속적으로 하게 하였고, 나는 대학원생으로서 대부분의 시간 동안 이러한 생각들이 나의 정체성의 일부분이라고 보았다. 일반인 Austin으로서 보낸 시간 중에는 내 동료들과의 모의 상담 장면에서 잘할 수 없을 것이라는 두려움에 사로잡혀 진정한 나눔을 피하는 사례들로 가득했고, 나의 내담자들에게는 감정을 드러내기를 기대하면서 정작 나는 나의 치료사와 이야기하는 것을 상상할 수조차 없었다. 반면에, 나의 내면에 존재하는 전문가 Austin은 세 가지 뚜렷한 감정, 즉 ① 상담기법을 파악하지 못했을 때 나 자신에 대한 수치심, ② 내담자가 더 이상 상담을 받지 않겠다는 결정에 의한 불만족, ③ 전문가 Austin의 기대에 부응하지 못하기 때문에 나는 열등한 사람이라는 믿음을 표면으로 가져왔다.

일반인 Austin과 전문가 Austin의 연결고리를 찾기 위해, 나는 이러한 두 가지 모습이 내 안에 있다는 것을 언제 처음 인지했는지를 살펴보았다. 일반인 Austin과 전문가 Austin은 내가 대학원을 다닐 때부터 시작되었고, 마치 '자기고문 게임'을 하는 것처럼 나에게 마음과 행동이 완전히 불균형하다는 것을 알리고 있었다. 나(일반인 Austin)의 행동은 상담 중에 늘 경직된 모습을 보였고, 아주 최소한의 비언어적 표현을 사용했고, 무표정으로 일관하며, 숨 쉬는 것조차 어려워했다. 반면에, 나(전문가 Austin)의 마음은 미래지향적이고, 전문가 Austin의 기대에 부응하기 위하여 나의 결정과 행동을 끊임없이 비교하였다.

나의 실습 수업 교수 Ty Leonard로부터 수업을 들으면서 나에게 가장 큰 영향을 준 말은 "내면을 밖으로 꺼내라."였다. 이 주문은 내가 계속 상담자를 꿈꿀 수 있게 해 주었고 내 행동과 마음을 회기의 도구로 사용할 수 있게 해 주었다. 예를 들어, 나는 상담 장면에서 내담자가 나에게 그들을 위해 뭔가 결정해 주기를 요구할 때 숨 쉬기를 어려워한다는 것을 알았다. 내면을 밖으로 꺼내는 과정은 나의 정신생리학적 증상이 무엇을 의미하는지 깨닫고 지금 이곳에서 내담자들과 그 의미를 탐색하는 절차를 말한다. 수업시간에 내가 개념이나 기술을 제대로 파악하지 못할 때, 전문가 Austin으로부터 발생한 불안감과 압박감이 나타난다. 그럴 때면 내면을 밖으로 꺼내라는 주문과 함께 나의 감정들을 교수와 동료들에게 표현한다. 그들은 내 경험들이 지극히 당연한 것들이라고 지지해 주었고, 이는 나의 불안한 감정을 재정립했다.

석사과정에서 박사과정으로의 전환

Clara Atkins와 Rhea Cooper는 석사과정에서 전문적이고 개인적인 문제 사이에서 어려움을 겪는 대학원생들을 위한 몇 가지 핵심 메시지를 확인하였다. 석사과정에서 박사과정으로 전환할 때, 이러한 어려움은 박사과정에 들어가기 전에 관련 질문을 함으로써 줄어들 수 있다. 나(Julius)는 석사과정과 박사과정 사이에서 매우 극명한 차이를 경험했다. 나의 석사과정 교수들은 학생들뿐만 아니라 교수진끼리 지지해 주는 분위기를 가지도록 노력했고, 학생들과는 적절한 경계를 유지했으며, 교수진 내의 다양성에 대한 강한 의지를 보였으며, 각자의 전문 영역에서 적극적으로 연구하였고, 다양한 학생을 교육한 경험들을 가지고 있었다.

반면에, 박사과정 교수들과는 상대적으로 거리감을 느꼈고, 이는 나의 자아에도 영향을 미쳤다. 나는 때때로 문화적으로 고립되고 내가 잘할 수 있을 거라는 기대에 대해 확신을 가지지 못했다. 돌이켜 보면, 박사 프로그램을 선택할 때에 다음과 같은 질문들을 교수들에게 했다면 박사과정 내내 나를 돌볼 수 있는 더 나은 준비를 했을 것이다.

1. 이 박사 프로그램에서 성공적으로 졸업한 흑인 남자 학생은 몇 명인가? 그들이 성공한 이유와 반대로 실패한 이유는 무엇인가?
2. 소수자 학생들과 교수들에 대한 채용 및 보유 정책은 무엇인가?
3. 석사과정생들을 훈련하는 데 있어서 당신의 프로그램은 어떠한 철학을 가지고 있는가?
4. 연령, 국적, 성별, 상담 기법 등과 같은 것들을 포함하여 현재 공부하고 있는 다른 박사과정생들에 대한 정보를 알려 줄 수 있는가?
5. 게이트키핑에 관련된 정책은 무엇인가? 학생으로서 내가 가질 권리와 책임은 무엇인가? 당신의 프로그램은 이러한 정보들을 담고 있는 지침서를 가지고 있는가?
6. 교수와 박사과정생들의 관계, 교수와 석사과정생들의 관계, 박사과정생과 석사과정생들의 관계에 대해서 알려 줄 수 있는가?
7. 주로 어떤 내담자들을 만나게 될 것인가?
8. 석사과정생들 중에 얼마나 다양한 국적을 가진 학생들이 공부하고 있는가? 유색인종 학생들이 관심을 가지고 계속 공부를 하도록 지원해 주는 방법을 가지고 있는가?

9. 나는 다른 학교에서도 합격 통보를 받았는데, 이 프로그램에 반드시 들어가야 할 이유가 있는가?

내 동생과 나는 우리가 박사과정 내내 박사과정을 지원했을 때 미리 알았으면 좋았을 정보들을 바탕으로 이와 같은 질문들을 목록으로 만들었다. 또한 이 질문들은 박사과정 내내 우리의 경험들을 바탕으로 만들어졌다.

Jude와 나는 우리 학교 역사상 상담자교육 및 슈퍼비전 박사 프로그램을 졸업한 최초의 아프리카계 미국 남학생들이다. 특히 2016년까지 나는 최초의 타이틀을 가지게 될 줄을 몰랐지만, 몇몇 교수는 나와 관계를 맺을 줄 모른다는 것을 깨달았다. 그 교수들과 나는 서로 불편해했고, 심지어 그들이 나에게 "네가 얼마나 남성중심적인지 알아라." 혹은 "우리는 네가 무슨 생각을 하는지 알고 싶으니 침묵하지 마라."라고 말할 때면 나는 보이지 않는 차별감을 경험했다. 나는 아마도 '당신은 흑인 남성으로서 남성성을 어떻게 정의하는가?' 혹은 '당신과 당신이 속한 문화에서 침묵은 무엇을 의미하는가?'라는 질문을 받고 싶었을 것이다. 나의 논문 지도교수의 경우, 그녀가 나의 문화적 가치관을 이해하려고 노력했기 때문에 나는 편안함을 느꼈다. 다른 학교에서 커뮤니케이션전공으로 박사과정 중인 나의 여동생 Jasmine도 내가 느꼈던 불편함들을 본인도 경험했다고 나에게 공유한 적이 있다. 박사과정생으로서 그녀가 경험한 자존감과 자기돌봄의 관계에 대한 이야기를 들어보자.

자존감과 자기돌봄

Jasmine T. Austin

나의 첫 박사과정 수업에 들어가기 전에 나는 완벽한 전문직 복장을 고르고, 모든 전공서적을 모으고, 그리고 첫 번째 읽기 과제에 대해서 세부사항들을 작성하였다. 또한 수업시간에 사용할 인용구들과 매우 통찰력 있어 보이는 질문들을 노트에 써서 준비하였다. 나는 학술적으로 유명한 저자들이 논문에서 말한 중요한 개념들이나 단어들을 강조하기 위해 붙일 형형색색의 스티커 메모들도 준비했다. 게다가 이름, 태어난 도시, 연구 관심, 세상을 구할 계획 등을 포함한 30초짜리 소개도 준비하고 리허설도 하였다. 나는 내 길에 던져질 수 있는 어떤 것이라도 각오하고 있었다. 동료들과 교수들 가운데에서 내 목소리가 보잘것없어지는 수업 환경을 경험하게 될 가능성을 제외한 모든 것에 준비되어 있었다.

박사 프로그램을 시작한 지 얼마 지나지 않아, 나는 대학원 과정이 당신이 아는 지식에 대한 것보다는 당신이 아는 사람에 대한 것에 더 영향을 받는다는 점을 인식하게 되었다. 한 학생은 가차 없이 떨어졌고, 다른 학생은 교수에게 끊임없이 아부를 하고, 그리고 한 교수는 학생들이 열심히 한 일에 대해 폭언하였다. 나는 한 교수에게서 "그건 내가 오늘 들은 이야기 중에 가장 멍청한 일이야."라는 말을 들었고, 또한 내가 관여한 부분은 동료들에 의해 끊임없이 최소화되거나 완전히 무시되었다. 나는 서서히 침묵하는 껍데기 속으로 들어갔다. 한 수업을 듣는 동안 나는 어떠한 인정이나 응답을 받지 못한 이 수업에서 내가 그동안 얼마나 많은 기여를 했는지에 대한 통계를 작성했고, 그 후 나는 최소한으로 기여하기 시작했다. 나의 자존감은 상할 대로 상했고 동기부여도 줄어들었다. 꼼꼼하게 작성했던 내 노트는 빈칸이 늘어났고, 스티커 메모도 더 이상 사용하지 않았다. 나는 그저 학기가 지나가기만을 기다렸다. 수업이 끝나면 가족에게 전화해서 나의 고통을 토로했고, 내가 왜 박사과정생이고 싶어 하는지에 대한 목적을 의심했다.

수업에서 경험한 낮은 자존감은 나의 자기관리 일상에도 다른 파급효과를 가져왔다. 나는 일찍 잠들었고 늦게 일어났다. 과제를 읽을 때 더 깊은 이해를 위해 내용을 철저히 분석하는 대신, 대충 훑어보기 시작했다. 또한 운동을 적게 하고 대신에 몸에 좋지 않은 음식을 먹기 시작했다. 많은 노력을 기울였음에도 불구하고 인정받지 못했던 그 수업시간을 되돌아보며, 나는 내 인생의 다른 측면에도 부정적인 영향을 미치기 전에 나의 자존감을 높여야 할 때라는 것을 깨달았다.

　나는 수업시간에 발표하는 것이 더 이상 정신건강에 좋은 선택이 아니라고 결론지었다. 나는 다른 학우들의 수준 높은 성과물에 초점을 두는 대신에 다른 사람들이 내 의견을 축소해 버리는 데 초점을 맞추고 있는 자신을 발견하였다. 과거의 그 이름이 땅에 떨어지고 아부하고 있는 것을 볼 수 있게 되었을 때, 나는 벽에 붙은 파리가 되었고, 인정받았던 그 자리에서 내 스스로에게 통찰력 있고 재치 있는 기여를 하면서 위로를 찾게 되었다.

　내 자기돌봄에는 수업시간에 참여하는 것을 줄이는 대신, 교수들과의 면담시간을 늘리는 것을 포함한다. 나는 매주 모든 교수와 모임을 가졌고, 일찍 과제를 완성해서 그들에게 보여 주었다. 교수들과의 일대일 만남을 통해 구체적인 피드백을 받음으로써 나는 자료를 더 잘 이해하게 되었고, 대부분의 과제가 반에서 가장 높은 점수를 받는 데 도움이 되었다. 그리고 교수들은 이런 나를 인정하여 수업시간에 내 생각을 묻기 시작했다. 나는 체육관에 가입했고 더 활동적이 되었다.

　자존감과 자기돌봄의 관계를 인지함으로써 나는 첫 번째 학기를 평점 4.0으로 마칠 수 있었다. 이 연결고리를 인지하게 되면서 나는 자존감을 높이기 위해 의도적인 조치를 취했다. 수업시간에 나의 자존감이 높아지면서, 학기 내내 나를 좀 더 잘 돌볼 수 있게 되었다.

박사학위논문 쓰기

　유색인종 교수과 함께 작업했던 나(Julius)의 경험은 박사과정 기간 동안 나의 자존감에 깊은 영향을 미쳤다. 나는 이 교수가 자신의 학문적 그리고 전문가로서의 경험들과 더불어 내가 박사과정을 완료하는 데 필요한 문화적 토대와 심리적 인내력에 대해 같은 유색인종으로서의 독특한 관점을 나에게 제공해 줄 것이라고 생각했다. 그러나 불행하게도 이 교수와 의사소통의 부재, 멘토십 결여, 인정받지 못한 경험들은 나로 하여금 나의 가치에 의문을 품게 했다. 나는 이 교수가 나의 교육적 가치에 영향을 줄 수 있는 힘을 가지고 있고 내 직업의 연장자라고 생각했다. 나의 문화에서는 어른들의 동의와 인정을 중요한 가치로 여긴다. 또한 나는 이런 연장자들의 지혜와 지도에 의지하기 때문에 이 사람을 중요한 구성원으로서 나의 박사논문 위원회에 모시는 것은 문화적으로 적절했다.

박사논문의 연구과정 중 중요한 시점에서 답변되지 않은 일련의 이메일, 회의 불참, 그리고 부족한 피드백들은 나의 연구 결과에 심각한 영향을 끼쳤으며, 이는 나의 대학원 교육의 최종 단계를 망치기 시작했다. 우리의 관계는 점차 악화되었다. 이 교수는 나의 프로포절 심사에 참석하지 않았고 프로포절 내용에 대해 그 어떤 피드백도 주지 않았지만, 나중에서야 나의 연구 방법과 결과가 불일치한다고 지적하였다. 나는 무력감을 느꼈고, 더 이상 내 꿈을 이룰 수 없을 것 같았다. 이 경험은 ① '내 연구가 충분하지 않은 것이라면?', ② '내가 부족한 것이라면?', ③ '내가 내 성공을 과연 통제할 수 있을까?'와 같은 여러 가지 의문을 불러일으켰다.

졸업 후 새로운 경력을 시작한 나는 이전에는 '나의 교육목표(졸업)에 영향을 줄 수 있다.'는 두려움 때문에 참아 왔던 생각들을 누그러뜨리지 않고 이 교수와 대화를 나눌 기회를 가지게 되었다. 이전 경험들에 대한 나의 생각을 들은 후, 이 교수는 나에게 진술하고 진심 어린 사과를 했다. 나는 그것에 위안을 얻었고, 이제 더 이상 문제가 되지 않았다. 박사학위논문은 정말 치열한 경험일 수 있고, 대학원생들에게는 무척 버거운 단계가 될 수 있다. 다음 이야기는 Danielle Sirles와 Gerald Pennie가 논문 과정 기간 동안 자기돌봄을 유지하는 것에 대해 논한다.

논문 과정 전반에 걸쳐서 자기돌봄을 유지하기

Danielle N. Sirles & Gerald Pennie

논문을 쓰는 과정은 박사과정 생활 중에 가장 신나고 보상받는 경험 중 하나이다. 또한 다시는 경험하고 싶지 않은 가장 고되고 잔인한 과업이기도 하다. 정신건강 전문가이자 연구자로서 우리는 내담자들과 학생들에게 자기돌봄의 중요성을 강조하지만, 우리가 논문을 쓰는 과정에도 이것을 적용하기에는 약간의 모순이 있다. 이 과정에서 자기돌봄을 유지하기 위해서 우리는 여유로워야 하고, 개인의 문제로 받아들이지 말아야 하며, 우리가 필요한 것을 지속적으로 측정해야 함과 동시에 우리의 제한점들 또한 파악해야 한다.

논문을 쓰는 것은 다른 학문적 노력들보다 더 많은 끈기와 융통성을 필요로 한다. 오랜 기간 동안 몰두해 온 고민들을 페이퍼로 끊임없이 제출하고 수정하는 작업부터 방법론과 이론적 배경 사용에 대한 끝없는 정교함까지, 유연성은 우리의 성공과 자기돌봄의 중요한 열쇠였다. 유연성은 연구가 본질적으로 불완전성을 가진다는 것을 받아들일 수 있게 했고, 그것은 우리가 다른 연구원 및 논문위원회의 구성원들과 협력할 수 있게 했으며, 우리가 도중에 예기치 못한 장애물에 직면했을 때 '힘든 상황조차도 적응할 수 있는' 것을 가능하게 했다.

그 어떤 것도 개인적인 것으로 받아들이지 않는 법을 배우는 것은 말처럼 쉬운 일이 아니다. 대신에 우리의 목숨이 여기에 달려 있는 양, 우리가 사용한 모든 단어들과 선택을 방어해야 할 필요성을 느끼기 쉽다. 그러나 이렇게 하는 것은 좌절과 원망의 감정만을 낳았을 뿐이다. 우리는 논문위원회 위원들이 우리의 논문 프로젝트에서 우리가 찾지 못한 또 다른 위대함을 추출해 주기 위해 그곳에 있었다는 것을 기억해야 했다. 그들은 때때로 마치 인신공격처럼 느껴지는 권고와 요구를 하기도 했다. 우리는 그것을 개인적으로 받아들이고 싶은 충동에 휩싸이기도 했지만 그들의 피드백은 결국 배려심에서 비롯된 것이라는 점을 스스로에게 상기시켜 주었다.

논문 과정 전반에 걸쳐서 우리를 스스로 돌보기 위해 우리는 우리 자신의 상태를 수시로 체크했고, 또한 우리가 필요로 하는 것을 정기적으로 측정했다. 균형 잡힌 식사를 하고 있는지 체크하고, 운동할 시간을 만들고, 충분한 수면을 취하고, 생산적이면서도 즐거운 활동을 하면서 균형을 맞추고, 정서적으로 힘들때 동료, 친구, 가족에게 도움을 청하는지를 끊임없이 물어보았다. 우리가 필요할 때 도움을 청하는 것이 우리 둘 모두에게 너무나도 중요했고, 또한 우리는 서로를 종종 체크하면서 학문적 그리고 정서적 지지를 나누며 의지하였다. 우리는 논문 과정 기간 동안 서로의 자기돌봄을 책임감 있게 체크해 주는 파트너를 가지는 것이 함께 일하는 파트너만큼 중요하다는 것을 알게 되었다.

우리가 무엇을 필요로 하는지를 측정하는 것은 다시 말해 우리의 한계를 배우는 것을 의미했다. 모든 사람의 개인적인 경고 표시는 각기 다르지만, 논문 쓰는 기간에 우리가 경험한 심각한 상황들은 논문 과제 이외의 것에 집중하는 데 어려움을 겪는 것, 끊임없이 피로한 것, 짜증을 쉽게 내고 사랑하는 사람들로부터 나를 격리시켜 멀어지려고 한 것, '바쁘다'는 이유로 식사를 거르는 것, 그리고 연구하는 작업 자체를 혐오하는 것 등을 포함한다. 논문을 쓰는 과정에서 나(Gerald)에게 가장 스트레스가 많았던 시기가 최종 단계였다. 그 당시 나는 논문을 수정하고 있는 중이었는데 위원회에서 다시 한번 내 논문의 방법론에 대한 정당성을 요구하였다. 이로 인해 최악의 상황이 곧 닥칠 것이라고 생각했던 시점에 내 논문의 주장을 강화하려고 안간힘을 쓰게 되었다. 나(Danielle)의 경우, 내 연구에서 사용한 데이터 분석 기법을 확실히 이해하고 있던 교수가 위원회 멤버였는데, 논문 지도가 필요한 그 시기에 다른 직업을 찾아서 다른 주로 이사를 가는 바람에 엄청난 좌절감에 거의 자포자기 상태에 이르렀었다.

우리 둘 다 좌절감을 느꼈고 때로는 상실감까지 느꼈지만, 이 순간에서 한 걸음 물러서서 우리가 얼마나 자기돌봄을 제대로 실천하고 있는지를 다시 평가할 필요가 있다는 것을 알았다. 박사과정에서 가장 많은 노력을 요구하는 이 시기에 스스로를 돌보는 것은 정말 어려운 것이었다. 유연성을 유지하고, 개인적인 문제로 결부시키지 않고, 우리가 무엇을 필요로 하는지 확인하고, 우리의 한계가 무엇인지를 아는 것은 우리가 목표에 도달하는 데 도움을 주었던 전략들이다. 우리는 서로에게 혼자가 아니라고 끊임없이 일깨워 주고 필요할 때는 서로 도움을 청하도록 격려해 주었다. 무엇보다도, 우리는 이 과정을 반드시 견뎌 낼 것이라고 믿어 의심치 않았다!

대학원에서의 성장과 변화

| Jude Austin |

대학원을 다니는 동안 나(Jude)의 자기돌봄 과정을 생각해 보면, 이 장을 통해 공유된 많은 경험을 나 또한 공감한다. 나는 대학원생으로서 피할 수 없는 스트레스와 대학원 프로그램에서의 여러 가지 요구에 적응하는 데 대부분의 시간을 보냈다. 나의 석사과정 경험을 통해 상담자가 되는 과정은 어렵다는 것과 이 과정에서 자기돌봄을 신경 쓰는 것은 더욱 어렵다는 것을 배웠다. 나에게 있어서 가장 어려웠던 측면은 치료적 관계의 맥락 안에서 내가 누구인가에 대해 인식을 해야 하고 이 관계 안에서 나 자신을 진실하고 완전하게 끌어내야 한다는 것이었다. 예를 들어, 실습을 하는 동안 어떤 내담자들은 나의 지극히 개인적인 반응을 불러일으켰고, 나는 내가 역전이를 일으키지는 않을지 조심스럽게 감시해야 했다. 그리고 나의 슈퍼바이저가 "네가 문 앞에서 스스로를 체크하는 데 시간을 허비하는 동안에 내담자는 무엇을 할 수 있다고 생각해?"라고 말할 때까지 문 앞에서 나의 개인적 반응을 체크했던 것을 기억한다. 그래서 상담 장면에 좀 더 완전하게 나를 끌어들이기 위한 과정을 시작했다. 그 과정은 힘들었고 지금도 여전히 힘들다. 나는 내가 이 피로에 대처할 수 있는 한 가지 방법은 나를 끌어들이고 치료적 관계에 대해 생각하는 것을 소리 내어 알리는 것을 배웠다.

상담 장면에서 나 자신을 좀 더 완전히 끌어들이기를 어려워했던 이유는 실패에 대한 두려움이 컸기 때문이었다. Clara Adkins나 다른 대부분의 학생들처럼 나 또한 대학원에서 성공하기 위해 노력했다. 큰 소리로 처리하고 생각함으로써 내담자와의 작업에서 좀 더 나 자신이 되기 시작하면서 나는 성공이라는 개념을 재정의하고 나 자신에게 더 많은 인내심을 가지게 되었다. 대학원에서의 성공은 마치 내담자들이 상담실로 들어가야만 했던 것처럼 상담 장면에서 용감해지도록 나 자신을 밀어붙이는 것이 되었다. 나는 학생이기 때문에 내가 모든 것을 알고 있을 것이라고 기대하지 않는다는 믿음을 가지게 되면서 나 자신에게 더 인내심을 갖게 되었다. 이러한 자세로 슈퍼비전에 임하면서 성공해야 한다는 압박감을 덜 느끼게 되고 내담자들과 더 자유롭게 만날 수 있게 되었다. 또한 상담 장면에서 잘못된 것들을 말하기보다는 진실한 것들에 더 초점을 맞추었는데, 이로 인해 내담자들은 나에게 더욱 진실하게 다가왔다. 나 자신을 비난하거나 평가하는 대신에 지지할 수 있는 방법을 찾는 것은 상담자로서의 능력과 석사과정에서의 전반적인 나의 경험들 모두에 긍정적인 영향을 미쳤다.

나는 아주 높은 수준의 자기효능감과 열정을 가진 채 박사과정에 진학했다. 박사과정생으로서 나는 나의 정체성을 유지하기 위해 몸부림쳤다. 나는 몇몇 교수에게 다가가기가 어려웠고, 또 그들 중에서도 나에게 다가오는 것을 어려워하는 사람들도 있었다. 또한 내가 필요한 지원을 받지 못한다는 느낌도 들었다. 나는 심지어 내가 누구인지 알지 못하고 나의 지난 경험들을 이해하지 못하는 개인들에게 나의 철학과 사상들을 지켜 내고 있는 것 같은 기분이 들었다. 교수와의 상호작용에서 나는 스스로에게 부정적인 감정을 가진 채 그 순간을 벗어나려고 했다. 반면, 주류문화에서 태어나고 자란 다른 동료들은 교수진과의 상호작용에 관해 나와는 아주 극명하게 다르게 묘사했다. 나는 무력감을 느꼈고, 그것은 나 스스로를 의심하게 만들었다. 이 장의 앞부분에서 Jasmine이 설명한 것처럼, 나의 자존감은 나의 자기돌봄을 유지하려는 능력에 얽매여 있었다.

나는 상담교육자들을 만나고 다른 흑인 상담교육자들과의 접촉 또한 시도하면서부터 나의 박사 경험에서 한 발짝 물러나 좀 더 객관적으로 성찰하는 시간을 가지게 되었다. 이러한 시도는 나의 박사과정 경험에 대해 또 다른 관점으로 이해하는 데 도움이 되었다. 나는 박사과정에서 겪는 경험들과 전문적 성장 그리고 내 자존감 사이의 경계를 설정할 필요성을 인식했다. 또한 교수진과의 상호작용을 할 때에 감정적으로 덜 반응하고 관찰자로서의 역할에 충실해지려고 노력했다. 이것은 내가 나의 자존감을 떨어뜨리지 않고 상담자, 교육자, 슈퍼바이저, 연구자로서의 나의 능력과 자기돌봄을 향상시켰다.

내가 졸업논문을 쓰기 시작했을 때, 이러한 경계 설정은 내가 독립적으로 일하고 같은 과 동료들이 직면하지 않은 상황에 대처하는 데 도움이 되었다. 나는 지도교수와 회의 일정을 잡는 데 어려움을 겪었고 논문위원회 교수들 또한 다른 학생들에게는 시기적절한 피드백을 제공하는 것 같은 반면에, 오직 나에게는 거의 주지 않거나 늦게 피드백을 주었다. 나의 성과물은 다른 백인 동료들과 다른 기준으로 평가되고 있다는 것을 느꼈고, 내가 다른 대우를 받고 있다는 것을 나를 지지해 주는 교수들 또한 인정하였다. 경계를 설정했던 경험이 독립적으로 일하는 데 도움이 되기는 했지만 논문을 쓰는 과정은 내 인생에서 가장 고립된 순간이었다. 그 고립의 균형을 잡기 위해서 조직의 일원이고 싶어 하고, 소속감을 느끼고 싶고, 신체적으로 건강해지고 싶은 나의 욕구를 충족시켜 주는 동네 체육관에 가입했다. 그 후로 졸업할 때까지 그 체육관에 속한 공동체의 일원으로 있었고, 내가 안전함을 느낄 수 있는 환경을 제공해 준 것에 대해 그들에게 깊은 감사를 표했다.

박사과정을 이수하면서 동시에 교수직을 찾는 일은 나의 자기돌봄 계획에 또 다른 장애물을 제공했다. 나는 단순히 흑인이라는 이유로 고용되고 싶지 않았기 때문에 많은 프로젝트에 참여하고 논문 출판을 위해 스스로를 몰아붙였다. 내 사전에 '아니요'라는 단어는 존재하지 않는 것처럼 보였다. 교수를 지원하는 과정은 그 자체로 하나의 직업을 가지는 것과 같다. 나는 웹사이트와 리스트서브(listserv)에 올라오는 구인광고들을 한순간도 놓치지 않고 체크하였다. 나는 이 과정 내내 조직화된 방법을 통해 스스로를 돌보았다. 엑셀 파일을 만들어서 각 위치마다 교수 직책, 학교와 프로그램의 미션, 직책에 관한 설명, 위치, 초봉, 현재 과에 속한 교수들, 그 외의 관련된 정보들을 세분화해서 정리하였다. 나는 지원 과정의 단계를 체크할 수 있는 시스템을 만들었고, 나를 위해 추천서를 써 줄 것 같은 다섯 명에게 부탁하였다. 이 기간 동안 나는 엄청난 불안감을 경험했다. 신청서 지원 마감일이 지나자, 기다리던 절차가 시작되었다. 그리고 가능한 모든 경우의 수를 떠올렸다. 예를 들면, '내가 인터뷰를 보지 못한다면?' '모든 학교로부터 인터뷰 요청이 들어온다면?' 혹은 '아무에게서도 연락이 오지 않는다면?'과 같은 것이다.

전화 혹은 화상 인터뷰를 준비하면서 이 대기 과정 내내 나 자신을 돌보았다. 나는 내가 질문받을 것으로 예상되는 질문들과 내가 묻고 싶은 질문들을 준비했다. 나는 인터뷰 과정을 세 가지 범주, 즉 서류, 전화 혹은 화상, 캠퍼스로 나누어 준비하였다. 각 영역별로 대답을 준비하다 보니 과정 자체가 크게 어렵지는 않았다. 나는 준비하는 과정 내내 큰 그림을 그리는 대신, 작은 세부사항에 집중하고자 하였다. 나는 인터뷰를 보는 동안 한 조각에 너무 많은 중요성을 두면서 내 방식대로 하는 대신에 각각의 단계에 개별적으로 집중해야 한다는 것을 알았다. 또한 첫 번째 단계인 서류면접에서는 내가 어떤 사람인지 심사위원회에 소개하고 나를 다음 단계인 전화/화상 인터뷰에 부를 수 있을 만큼 그들의 호기심을 높이는 것이 중요했다.

첫 전화 인터뷰 스케줄이 잡혔을 때, 나는 반드시 취업을 해야만 하는 압박감에 압도당한 것 같은 기분이 들었다. 나는 내 아내와 나, 그리고 미래의 아이들에게 어떤 일이 일어날지 생각해 보았다. 나는 성공하기 위해 나 자신에게 너무 많은 압력을 가하고 있다는 것을 알았다. 나 자신을 돌보기 위해, 조언을 해 줄 만한 멘토들에게 손을 내밀었다. 많은 멘토는 전화 인터뷰가 심사위원회에게는 나를 알아 갈 수 있는 하나의 기회라고 말했다. 나의 멘토가 말했듯이, 우리가 실패할 수 있는 유일한 길은 그들에게 우리를 알 수 있는 기회를 주지 않는 것이다. 나는 면접관들이 듣고 싶어 하는 것을 알아내기 위해 노력하는 대신, 될 수 있는 한 진실해지기로 결심했다. 나의 멘토들은 또한 내가 그 일을 통해 인터뷰 경험을 높이 평가하도록 격려했다. 나는 인터뷰 기회를 만들기 위해 내가 그동안 어떤 일을 했고 얼마나 많은 희생이 있었는지를 다시 한번 상기했다. 그리고 이러한 경험들과 나의 열정을 면접관들에게 어떻게 전달할 수 있는지를 생각해 보았다. 이 전략은 나의 새로운 동료가 될지도 모르는 사람들과 대화할 준비를 하는 데 도움이 되었다.

전화 인터뷰를 마치고 나서, 나는 캠퍼스 인터뷰에 초대받기를 기다렸다. 그리고 혹시 받을지 모르는 초대를 준비하면서 이 초조한 순간을 달랬다. 나는 다시 멘토들에게 캠퍼스 인터뷰에서 무엇을 준비해야 하는지 물어보았다. 멘토들은 나에게 티칭 혹은 연구 발표를 준비하라고 제안했다. 또한 프로그램 웹사이트에 들어가서 교수진에 익숙해질 것을 주문했다. 나는 우리 프로그램의 교수님과 동료들에게 수업시간에 내 발표를 연습할 수 있는지 물어보았다. 준비하고 연습하는 것은 나의 초조함을 덜어 주었고 내 자기돌봄을 향상시키는 데 도움을 주었다.

캠퍼스 인터뷰 일정은 회의, 프레젠테이션, 소규모 및 대규모 그룹 인터뷰, 학교 투어, 수업시연, 점심 및 저녁으로 채워졌다. 그곳 어디에도 마음을 가다듬고, 숨을 쉬거나, 내 모습을 복기할 수 있는 공간은 존재하지 않았다. 대신에 그곳에서는 나를 끊임없이 평가하고 관찰하는 것을 느꼈다. 이러한 제한된 공간 안에서, 나는 재충전도 하면서 동시에 내 최고의 모습을 보여 주기 위해 물을 많이 마시고, 충분한 수면을 취했고, 캠퍼스 투어 동안 그리고 회의 사이에 심호흡 하는 것을 연습하는 등 몇 가지 전략을 실행하였다. 또한 핸드폰 사용이 가능한 시간에는 가족들과 문자를 통해 의사소통을 했다. 캠퍼스 인터뷰 과정 동안, 나는 많은 교수들과 학생들 그리고 교직원들을 만났다. 이들을 만나면서 내가 어떤 사람인지 보여 주려고 노력하면서도 그 직장을 얻지 못할 경우를 대비해 나 스스로를 보호했다. 캠퍼스 인터뷰를 하고 나서 첫 번째 불합격 통보를 받았을 때 이 내면의 긴장을 더 많이 경험했다. 나는 이 학교가 내 경력을 시작하기에도 훌륭하고, 무엇보다 내 아내와 내가 살기에 완벽한 환경이 될 것이라는 느낌을 받았던 것을 기억한다. 나는 교수진에게 깊은 호감을 느꼈고, 교수들 또한 나와 함께 일하게 될 것에 대해 굉장한 흥미를 느끼고 있다고 생각했다. 그래서 인터뷰를 마치고 집에 돌아와서는 최종 합격을 할 것을 기대하며 구체적인 계획을 짜고 있었다. 그러는 와중에 나는 그들로부터 불합격 통보를 받았는데, 나는 매우 실망했고 실패한 것 같은 기분이 들었다. 나는 인터뷰 과정을 복기하면서 만약 그 상황으로 다시 돌아간다면 어떻게 행동해야 좋은 결과가 나왔을지를 생각했다.

이것은 나의 대학원 생활을 통틀어 경험한 최악의 결과 중 하나였다. 그 시기에 나는 내 능력, 자기돌봄, 심리적 웰빙에 대한 나의 믿음조차도 흔들렸다. 그렇게 힘들고 어려운 상황에서도 나는 박사논문을 마무리하고 논문심사 준비를 해야만 했다. 나는 외톨이였다. 나는 감정적으로 지치고 힘든 구직과정을 견뎌냈고, 인터뷰도 거쳤지만, 결국 나는 선택받지 못했다. 나 자신을 스스로 위로하기 위해, 나는 일주일 동안 직업을 가지지 못한 것에 대해 아주 깊이 슬퍼했다. 그 일주일 동안 나는 운동을 게을리하지 않았고, 정기적으로 가족과 친구들에게 연락을 했고, 나에게 생기는 감정들을 외면하지 않으려고 노력했다. 그러면서도 나에게 인터뷰 기회가 주어진다면 그 모든 과정을 버텨 낼 에너지가 있는지 걱정도 되었다.

불합격 통보를 받고 나서 얼마 지나지 않아, 나는 올드 도미니언 대학교 상담학과의 캠퍼스 인터뷰에 초대되었다. 합격을 상상하면서 설레는 마음을 가지기도 했지만, 나는 인터뷰 자체에 집중하려고 노력했다. 그곳에서 일하는 모습은 어떨지 상상하는 것을 피했고, 내가 어디서 살 것인지, 어떤 친구를 만날 것인지 등 합격통보를 받고 난 후 미래에 벌어질 어떤 측면에 대해서도 생각하지 않았다. 나는 인터뷰 과정 자체에 집중해야만 나의 진실한 모습을 더욱 많이 보여 줄 수 있을 것이라고 믿었다. 캠퍼스 인터뷰가 끝나고 며칠 후, 나는 조교수 자리를 제안받았다. 협상 과정에서 나는 내 자기돌봄을 지원하는 데 필요한 모든 것을 염두에 두었다. 그리고 구직 과정 내내 나는 여전히 졸업논문과 관련된 연구자료를 수집하고 분석하면서 전공서적을 집필하는 등 다른 학문적 작업들을 계속하고 있었다.

대학원의 경험은 전문인으로서의 오늘날 내 모습을 만드는 데 큰 영향을 끼쳤다. 나는 내 학생들이 대학원을 다니면서 무엇을 배워야 하고 어떤 것들을 경험하지 말아야 할지를 알게 되었다. 또한 어떤 교수가 되고 싶은지도 배웠다. 그리고 학생들에게 교수로서 어떤 영향을 주고 싶은지도 알게 되었다. 구직 과정을 돌이켜 보면, 준비, 조직, 겸손, 끈기가 내가 자기돌봄을 하는 데 중요한 역할을 하였다. 게다가 나를 걱정해 주고 지지해 주었던 멘토들을 만난 것도 도움이 되었다. 대학원 경험을 통해서 그리고 이제는 전문가로서, 나의 자기돌봄을 유지하기 위해 무엇을 해야 하는지 알게 되었다.

대학원에서 쌍둥이 형제의 자기돌봄 경험

우리(Julius와 Jude)는 일란성 쌍둥이이다. 우리는 대학원에서 치료적 관계를 구축하는 데 있어 우리에게 독특한 관점을 제공하는 관계로 태어났다. 비록 우리가 서로의 마음을 그대로 읽을 수는 없지만, 우리는 서로의 생각과 감정들이 연결고리를 만들어서 우리의 관계에 어떻게 영향을 미치는지 알고 있다. 대학원 기간 동안, 우리는 내담자와 학생들과의 자연스러운 관계를 사용하는 법을 배웠다. 그 시절에 우리가 경험했던 일들을 돌이켜 보면, 가장 건강하지 못한 시절이 일반적인 상황이나 특정한 경우들이 서로 연결되어 있는 우리의 능력을 방해했을 때였던 것 같다.

대학원생으로서 우리가 경험했던 일 중에 가장 힘들었던 일은 박사학위를 취득하는 동안에 있었다. 우리는 이 시기에 인종차별이 우리의 상담 프로그램에서뿐만 아니라 학교 안의 어느 곳에서나 존재하고 있다는 생각에 직면해야만 했다. 물론 우리에게는 차별이라고 해석되는 일들을 다른 누군가는 상담자 교육을 받으면서 오히려 많은 혜택을 받았다고 생각할 수 있다. 그러나 지금 이 글을 읽고 있는 사람 중에 소수인종 학생들이 대학원에서 직면하고 있는 어려움을 알지 못하고 있다면 우리의 경험을 통해서 좀 더 공감하고 인식하기를 바란다.

우리가 박사과정생 그리고 미래의 상담교육자가 되는 것에 적응해 나가는 것처럼, 우리 학과는 아프리카계 미국 남학생들을 프로그램에 받아들이는 것에 적응해야만 했다. 대학원 과정을 시작한 지 얼마 지나지 않아, 우리는 대학 역사상 이 대학원 과정을 수료한 두 번째와 세 번째 아프리카계 미국 학생이며, 1982년 이후 설립된 상담전공 박사 프로그램을 졸업한 첫 번째 아프리카계 미국인이 될 것이라는 사실을 알게 되었다. 이러한 역사적 배경은 우리에게 보다 안전하고 무난하게 학교를 다니려면 우리의 문화를 잃어버리는 것이 오히려 도움이 될 것 같은 분위기를 만들었다. 또한 우리의 성장에 방점을 두기보다는 문화적 무시에서 비롯된 피드백을 받았었다. 이러한 상황들로 인해 우리는 혼란스러웠고, 단절된 느낌을 받았으며, 저평가당하고, 우리를 원치 않는다는 느낌까지 받았다. 박사과정생으로 우리의 자기돌봄에 대한 위협들을 주류문화에 속한 다른 학생들은 완전히 다른 경험으로 해석하고 있었기 때문에 '우리가 혹시 잘못 해석하고 있나?' 하는 의문을 제기하게 만들었다. 이러한 급격한 경험의 차이로 인해 우리는 소외감을 느꼈다.

우리의 건강은 소외감, 교수와 동료와의 단절감, 혼란, 차별받는 느낌에 의해 크게 영향을 받았다. 몇몇 차별적인 행동 중에는 교수들이 우리에게 말할 때, 다른 학생들과 대화를 나눌 때와는 다른 목소리 톤으로 바꾸거나 말투를 바꾸는 등 악의가 없는 경우도 있었다. 하지만 예를 들어, 교수들이 서류에 서명하기를 거부하거나 주류문화의 학생들이 회의 일정을 잡는 것이 우리가 하는 것보다 보다 쉽게 되는 것처럼 아주 노골적인 경우도 있었다. 우리의 현실에 의문을 제기하는 것은 우리의 자아존중감과 정신건강을 해치는 일이었다.

우리는 우리의 경험들을 함께 고민하고 해결하는 공간을 만들어 주며 서로를 배려해 주었다. 또한 각자의 경험을 검증하면서 혼란스러운 감정들을 달래 주었다. 우리의 경험들이 무엇을 의미하는지 명확하게 함으로써, 우리는 교수들과 대면하고 자원을 찾는 계획을 세울 수 있었다. 우리의 자기돌봄 계획은 다음을 포함했다.

1. 우리의 경험을 더 잘 이해하는 것
2. 경험을 공유하고 조언을 얻을 수 있는 멘토들을 찾아내는 것

3. 우리가 우려하는 것들을 교수들에게 표현할 수 있는 기회를 만드는 것

4. 문화적으로 민감한 정책을 만들고 시행하기 위해 교수들과 협력하여 일하는 것

불행하게도 우리는 이해받지 못했고, 어떠한 정책적 변화도 일어나지 않았다. 우리는 이 어려운 환경 속에서 서로를 지지하기 위해서 열심히 일했다. 또한 박사과정 내내 자기돌봄 계획의 1, 2단계를 고수했다. 우리는 서로의 입장을 대변해 주는 목소리가 되어 주었고, 교수들과 동료들이 제공할 수 있는 것들을 서로에게 제공해 주었다.

우리는 현재 서로 다른 대학교에서 일하고 있고 제한된 시간을 함께 보내고 있는데, 이는 우리에게 쉽지 않은 일이었다. 우리가 경험한 어려운 상황들을 혼자서 견뎌 내야 하는 학생들을 생각하면 우리는 쌍둥이로 함께 대학원을 다닌 것에 깊은 감사를 느낀다. 지금은 교수로서 우리는 학생들이 고민하거나 주저하는 것 없이 자신의 생각과 감정을 표현하고, 동료와 교수들과 깊은 유대감을 느끼고, 강의실에서 평등함을 느낄 수 있는 공간을 제공하기 위해 노력하고 있다.

고난을 수용하고 대학원 교육을 최대한 활용하기

대학원은 개인적·전문적 성장의 기간이다. 상담 능력에 대한 의심을 하고 있는 석사과정생이든, 논문과정에 대한 불안감에 시달리거나 종합시험에 통과한 박사과정생이든 간에 대학원이 스트레스를 줄 수 있고 따라가기 어렵다고 주장하는 사람은 거의 없을 것이다. 이러한 이유만으로 자기돌봄은 필수이다! 대학원에서 제공하는 다양한 프로그램을 최대한 활용하고, 강도 높은 훈련으로 인해 발생하는 부정적인 영향으로부터 스스로를 보호하는 한

가지 방법은 멘토를 구하는 것이다. 이 장에서 등장한 몇몇 기고자도 멘토들이 그들의 대학원 교육을 탐색하고 자기효능감과 웰빙을 향상시키는 데 직접적으로 혹은 간접적으로 어떤 도움을 주었는지 기술하였다. 다음은 대학원의 교육 혜택을 최대한 활용하기 위해 고려해야 할 몇 가지 사항이다.

- 필요할 때 도움을 요청하고 교육 및 슈퍼비전이 필요한 사항을 적극적으로 요청하라.
- 당신의 두려움, 의심, 부정적인 자기 메시지를 기꺼이 인식하고 그것에 대처하기 위한 조치를 취하라.
- 편안함을 느끼는 영역 밖으로 나가서 개인적으로나 전문적으로 위험을 감수하라.
- 자신의 고유한 재능을 어디에서 가장 잘 발휘할 수 있는지, 그리고 가장 큰 기여를 할 수 있는 곳이 어디인지 스스로에게 물어보라.
- 나만의 교육 훈련법을 개발하고, 최선을 다해 일하기를 주저하지 말고, 그리고 아무리 그 길이 험하다 할지라도 절대 포기하지 말라.
- 대학원을 수료하고 새로운 전문가로서의 삶을 살기 위한 과정에는 재정적 희생을 감수해야 한다는 사실을 인지하라.
- 능동적인 학습자가 되어 슈퍼바이저로부터 최대한 많은 것을 얻을 수 있도록 늘 준비된 자세를 가지라.
- 자신의 실수에 대해 슈퍼바이저와 상의하고, 내담자를 만나는 데 있어서 가장 고민되는 것이 무엇인지를 공유하라.
- 최선을 다하되 완벽주의 함정에 빠지지 말라. 실수하는 것과 실패하는 것을 동일시하지 말라.
- 주요 전문 협회에 가입하고 학회에 참석해서 네트워크를 강화하라.
- 동료들과 교수들과 함께 학회 발표를 지원하라.
- 학술지를 읽고, 상담에 관련된 영상을 보고, 교육 프로그램에 지속적으로 참여하라.

- 특히 대학원 초기에 기회가 주어졌을 때에는 가능한 한 '예'라고 말하라. 일단 전문적으로 어느 정도 자리를 잡게 되면, 주어진 기회를 좀 더 선택적으로 고를 수 있게 된다.

성찰을 위한 질문

1. 대학원에서 공부한 기간(과거 또는 현재)이나 다른 학습 환경에서 자신의 자기돌봄 요구들을 반영해 보자. 나의 스트레스 관리에 가장 도움이 되는 전략은 무엇이었는가?
2. 대학원에서 자신을 돌볼 수 있는 방법으로 '내가 짊어져야 할 모든 책임을 완수하는 것'이라는 말에 어떻게 생각하는가?
3. 대학원에서 책임져야 할 일들이 나의 자기돌봄에 부정적인 영향을 끼치고 있는 때를 어떻게 알 수 있는가?
4. 대부분의 사람들은 대학원에 함께 다닐 쌍둥이 형제가 없다. 당신의 삶에서 자신이 스트레스를 받을 때 감정적으로 지지해 줄 사람은 누구인가?

이 장을 마치는 글

이 장에서는 대학원에서 자기돌봄에 관한 몇 가지 측면을 강조하였는데, 여기에는 상담자가 되기 위한 동기부여, 자존감과 자기돌봄의 관계, 대학원에서의 성장과 변화, 논문 과정 기간 동안 자기돌봄을 유지하는 법, 어려움을 수용하고 대학원 교육을 최대한 활용하는 방법들이 포함된다. 이 장에서 나눈 이야기들은 당신으로 하여금 새로운 인식을 불러일으키고 당신의 삶에 변화를 위한 촉매제가 되기를 바란다. 2년제 석사과정이든 5년제 박사과정이든 많은 것에 집중해야 하는 이 시기에 자기돌봄 과정은 각기 다르게 보일 것이다. 나는 어떤 자기돌봄을 원하는지 이해하고 그러한 요구를 충족시켜 주는 환경을 조성하는 것이 중요하다. 비록 논문 제출일을 맞추려고 노력하면서 자기돌봄을 위한 시간을 따로 만든다는 것은 어려울 수 있지만, 개인적인 요구와 대학원의 엄격함을 추구하는 것 사이의 균형을 찾는 것은 이 경험들이 끝난 먼 훗날 자기돌봄에 대한 당신의 생각에 계속해서 영향을 미칠 수 있다.

개인적 · 전문적 스트레스

4

왜 상담자들은 자신을 돌보기 위해 애쓰는가? 왜 우리는 우리 자신보다 내담자들을 더 잘 돌보는가? 상담교수들은 정교수가 되기 위해 개인적 생활을 희생해야 하는가? 왜 우리는 매일 과로하는 계획을 세우는가? 왜 우리는 능력이 닿는 데까지 수많은 내담자 사례를 넘치게 받게 되는가? 무슨 생각이나 감정 때문에 우리 대부분은 건강을 해쳐 가면서까지 높은 성취를 이루기 위해 애쓰는가? 이렇게 많은 질문에 대해 한마디로 답하기는 어렵고, 질문은 끝이 없어 보인다. 이 책에 등장하는 많은 상담자가 비슷한 자기돌봄의 과정을 경험하는 것으로 보인다. 이러한 과정에서 우리는 만성적인 스트레스를 경험하고 소진과 비슷한 것을 경험하다가, '아하 경험'을 통해 알아차리게 되면서 변화하기로 결심하고, 개인마다 성공 여부에는 차이가 있지만 자기돌봄을 위한 계획을 시도하게 된다. 이 장에서는 이러한 문제를 제기하고 개인적 · 전문적 스트레스가 우리에게 미치는 영향에 대해 살펴본다. 상담자로서 길을 잃고 헤매기, 자기돌봄에 차질을 경험하기, 성격 특성의 영향이나 자기돌봄에서 통제 문제와 같은 주제를 다룬다.

삶과 스트레스: 둘 중 하나만 선택할 수 없다

　삶은 원래 스트레스이며 내담자들은 스트레스와 고통을 덜기 위해 상담을 찾아온다는 사실을 직시하자. 역기능적이거나 중독적인 관계, 사랑하는 사람에 대한 상실감을 애도하기 위해 혹은 계속되는 삶의 결정을 해야만 할 때 사람들은 종종 스트레스를 경험하면서 전문적인 상담 서비스를 찾는다. 물론 스트레스를 잘 처리하고 있을 때는 찾아오지 않는다. 상담자들은 고통과 슬픔이 쌓여 있는 이야기를 몇 시간씩 공감적으로 듣는 훈련이 되어 있다. 그들은 상실과 절망, 억압과 무기력함, 거부와 분개 같은 어려운 정서적 주제에 대한 이야기를 듣는다. 또한 상담자들은 공평하게도 내담자들의 성공, 개인적 성장과 치유의 이야기와 같은 긍정적인 보고도 듣게 된다. 그러나 이러한 대단한 진보를 이루기 위한 과정은 많은 고된 업무와 심리적 · 정서적으로 고통스러운 부분을 철저히 탐색하는 과정을 통해 이루어진다. 그래서 일의 특성상 상담자들은 내담자들의 경험을 듣는 것만으로 매일매일 엄청난 스트레스를 받는다.

상담자는 내담자의 숨겨진 스트레스의 내용을 듣는 것 이외에 업무의 일부로서 다양한 종류의 스트레스를 만날 수 있다. 고위험군 내담자를 다루는 것, 서류 작업을 계속하는 것, 학교나 기관, 위원회 등의 내부 정책과 요구를 다루는 것, 재정적 압박을 받는 것, 보험회사와 연계되거나 윤리적 문제에 직면하는 것, 소외감 속에서 일하는 것, 내담자의 가치와 갈등이 발생하는 것, 사무실에 일을 남기고 퇴근하는 법을 배우는 것 등의 많은 스트레스가 있는데, 이것은 일부만 말한 것이다. 확실히 상담자의 업무는 쉽지 않다.

비록 많은 직업적 스트레스를 직면하더라도, 만약 상담자들이 개인적 삶에서 상대적으로 스트레스 없이 살 수 있다면 괜찮을 것이다. 그러나 불행히도 상담자들과 그 밖의 정신건강 전문가들은 다른 사람들과 마찬가지로 스트레스와 압력으로부터 면역이 되어 있지 않다. 상담자들도 사랑하는 사람의 죽음, 가족이나 다른 사람과의 관계적 갈등, 이혼과 양육권 분쟁, 재정적 어려움, 신체적 · 정신적 건강문제, 인종차별 및 성차별 그리고 다양한 형태의 차별, 일-삶 간의 건전한 균형 찾기 등에서 어려움을 경험한다.

게다가 세계화와 소셜미디어의 시대에 살면서 우리는 지역적, 국가적, 국제적 사건에 대한 뉴스로 인해 계속적인 스트레스 폭격을 받고 있다. 스마트폰에 달라붙어서 지역적으로 발생하거나 전 국가적으로, 전 세계적으로 실시간 펼쳐지는 위기 상황들을 접하는 데 단 몇 초도 걸리지 않는다. 상담자들도 세상에서 발생하는 스트레스 사건으로 인해 지칠 수 있다.

길을 잃고 헤매기, 그리고 다시 돌아오기

때때로 우리는 개인적 · 전문적 생활에서 요구되는 것들과 씨름하면서 길을 잃고 헤매고 있다는 것을 발견할 수 있다. 우리가 학교, 직업, 개인적/사회적 스케줄 속에서 고군분투하는 대학원생이든, 합리적으로 다룰 수 있는 분량 이상의 프로젝트를 하고 있는 숙련된 전문가이든 간에, 우리 대부분은 자기돌봄이 가장 필요한 순간조차도 이를 무시하고 있다. 비록 우리가 길을 잃었어도 계속 그 상태로 있을 필요는 없다. 상담 프로그램 전공의 학과장인 Leah Brew는 자기돌봄을 시도했으나 왜 계속 실패하게 되는지를 이야기해 준다. 그녀가 맡고 있는 다양한 전문가로서의 역할 속에서 개인적 생활과 전문적 생활 간의 균형을 찾기란 어려운 일이다. Leah Brew의 이야기를 읽으면서 그녀의 이야기에 공감할 수 있는가?

자기돌봄: 길을 잃고 다시 찾기?

Leah Brew

나는 불안하고 매우 예민하며 내향적인 부모에게 양육된, 불안하고 매우 예민하며 내향적인 성향을 지닌 외동아이이다. 스스로 진단하기에 나는 점차 불안정 회피애착 성격이 형성되었다. 어린 시절 나는 집에서 혼자 대부분의 시간을 보냈다. 아이들이 잘 지내는 것처럼 보이면 굳이 이야기를 나눌 필요는 없다고 믿는 부모님이셨고, 학교에서 돌아오면 아무도 없는 빈집에 혼자 문을 열고 들어가곤 했다. 나는 내 모든 감정을 내적으로 소화하고 높은 성취를 이루기 바라셨던 부모님의 뜻을 잘 따랐다. 돌아보면 나는 고독감의 향기와 존재적 불안을 느끼며 지하저장고 속에서 사는 것 같았다.

석사과정 중 나는 나 자신에 대해 배웠다. 나는 내 불안이 부분적으로 나의 기질과 관련되어 있음을 알게 되었다. MBTI 성격검사에서 높은 내향성 점수를 보였는데, 이는 내가 홀로 재충전하는 시간이 필요함을 의미한다. 양육과 기질의 혼합된 영향으로 나의 불안과 스트레스는 더 높아졌다. 사실 만성적인 불안 관련 긴장과 편두통은 8세부터 시작되어, 석사과정 중 자기조절 방법으로 배웠던 바이오피드백을 연구할 때까지 계속되었다. 이것이 나의 첫 자기돌봄의 시작이었다. 나는 계속적으로 삶의 원기를 찾기 위해 시간을 써야 한다는 것을 알았다. 나는 정기적인 운동과 머릿속을 비우기 위한 명상의 시간이 필요하다는 것을 알았다. 내가 이러한 자기돌봄의 행동을 하면서 두통은 잦아들었는데, 종종 두통이 생길 때는 알레르기와 관련된 것뿐이었다.

박사과정 중에 나의 고독감을 더 잘 설명할 수 있었고, 내 애착유형에 대해 배웠다. 이러한 발견을 통해 나는 안정애착유형이 되기 위해 관계적 연결감을 원했는데, 이것이 나의 고독감의 치료법이라고 믿었다. 2001년에 나는 조교수 자리를 얻기 위해 텍사스에서 캘리포니아로 이사를 왔고, 나는 언제라도 더 많은 일에 뛰어들 태세를 갖추고 있었다. 나는 자기돌봄을 계속하면서 개인적 성장에 초점을 두고 더 나은 내가 되기 위해 노력했다.

4년 뒤에 남편을 만났을 때, 나는 비로소 획득된 안정애착유형으로 향해 가는 내 목표가 달성되었다고 믿었다(그리고 지금도 믿고 있다). 나의 친구관계와 내 남편을 어떻게 건강하게 인지하고 있는지를 평가하면서 나는 그렇게 결론을 지었다. 내 이전 관계들은 항상 덜 건강했다. 내 삶 전체를 괴롭히던 고독감이 사라졌다. 그때 나와 남편은 결혼했고, 내 삶은 풍요롭고 충만했으며, 자기돌봄에 능숙해졌다. 결혼 후 1년 뒤, 나는 딸을 낳았다. 임신 기간과 딸을 출산했을 때는 기쁨으로 가득 찼다. 6개월 후 모든 것이 추락했다. 나는 딸을 낳은 해에 정년보장을 받았고 학과장으로 선발되었다. 미국 경제가 추락했던 2008년이었다. 재정지원이 중단되었고, 부교수들과 재계약하지 않고 풀타임 교수들의 강의시수를 늘리기 위해 자유시간을 줄였고, 10% 덜 받고(실제로 그랬다) 10% 더 일하는 (이건 시행되지 않았다) 우스꽝스러운 휴가 정책이 시행되면서 심각한 상황을 헤쳐 나가야만 했다. 아기와 함께 늘어나는 책임감과 새로운 재정 환경 속에서 나는 그해 자기돌봄의 치유법을 잃어버렸다.

8년 전부터 지금까지 나는 일을 잘해 왔다. 재정 감축은 누그러졌으나 나는 엄마로서, 부인으로서, 학과장으로서, 교수자로서, 개업상담실의 상담자와 슈퍼바이저로서 균형을 잃었다. 나는 혼자만의 시간을 거의 가지지 못했고, 내 역할들은 상당한 대인관계 상호작용을 요구했다. 그래서 나는 종종 불안하다.

나는 이러한 역할 간의 조화를 이루는 것을 포기해 왔다. 나는 이러한 균형이 워킹맘에게는 말도 안 되는 불가능한 생각이라는 것을 알게 되었다. 중요한 일들을 대충하게 된다. 나는 그냥 매일 우선순위를 돌려 가면서 살고 있다. 성적처리로 바빠지는 중간고사와 기말고사를 제외하고는 운동을 최우선으로 두었다. 명상은 가끔 하지만 학기 중 3분의 2 정도는 요가를 한다. 내 딸과 함께 있으려고 노력하고, '가족과의 시간'을 보낼 때는 이메일을 확인하지 않지만 중간고사나 기말고사 때는 잘 안 된다. 매달 며칠 심야 데이트를 함께해 왔던 남편은 약간의 손해를 감수했고, 주말에 몇 시간 동안 밤에 TV를 같이 보았다. 나는 가족과 함께 보내는 시간을 완전히 즐겼지만, 직장에서 자기돌봄은 망했다. 나는 계속 실패했다. 나는 어떻게든 성공해 보고자 노력했으나, 지금은 그냥 염원하는 목표로만 생각한다. 적어도 나는 내 삶을 사랑하고 자기돌봄을 하려고 시도한다. 오! 어떻게 해야 하지?

자기돌봄에 있어 차질을 경험하기

Leah Brew는 운 나쁘게도 삶이 우리에게 커브볼을 던졌던, 특히 어려운 경제적 상황에서 학과장이 되었다. 일상에서 자기돌봄을 최우선으로 실행해 왔더라도 우리가 차질이 생기지 않을 것이라고 기대하는 것은 비현실적이다. 때때로 우리 잘못이 아니지만 우리는 변화하는 환경을 받아들여야 하고 자기돌봄의 시간을 만드는 것이 더욱 어려워진다. 그래서 우리 중 몇몇은 시간이 지남에 따라 자기돌봄을 실천하는 데 있어 직선적으로 향상될 것을 기대하기보다는 삶에서 발생하는 일에 따라 자기돌봄에 있어 변동이 있을 것이라고 기대하는 것이 더 현실적이라고 생각한다. 나(Michelle)도 업무량이 너무 많아져서 자기돌봄에 투자할 시간이 제한되어 자기돌봄이 안 되는 시기를 확실히 경험하였다. 예를 들어, 밤에 직장에서 늦게 돌아왔을 때 건강식을 준비하는 대신에(물론 밤 11시 30분에 먹지 않고 아침 일찍 식사하는 것이 더 낫다는 것을 인정하지만) 건강하지 않은 간편식을 냉장고에서 꺼내 들게 된다. 나는 삶에서 균형을 찾으려고 노력하지 않고 자기돌봄을 무시하면서 일에 쉽게 흡수되어 버리곤 한다. 나는 균형 잡힌 삶을 산다는 것이 달성하기 어려운 목표라는 것을 받아들이기로 했는데, 최소한 나에게는 그렇다. 때때로 휴식시간을 충분히 가지고 운동을 하고 영양가 있는 음식을 잘 먹을 때가 있지만 여전히 개선할 여지가 많다. 한 가지는 확실하다. 일단 성취했더라도 균형은 무한히 지속될 것처럼 보이지는 않는다. 삶은 그저 예측하기 너무 힘들고 다이내믹하다. 내가 오늘 만난 균형이 내일 내가 만날 균형과 다를지 모른다. Leah Brew의 말을 빌리면, '우선순위를 돌려 가며 하기'가 내가 살아가는 방식을 더 잘 설명할 수 있는 것처럼 보인다.

개업상담실의 심리학자인 Judy Van Der Wende는 업무에 시달려 길을 잃고, 다시 더 균형 잡힌 삶의 방식을 찾아 나가는 패턴에 대해 이야기하고 있다. 그녀는 중반기에 접어든 자신의 경력에서 직면한 도전에 대해 이야기하면서 다시 제 길을 찾아 돌아오기 위한 자기돌봄의 전략을 어떻게 개발했는지 말해 준다.

장미 향기를 맡아 보기

Judy Van Der Wende

15년간 개업상담실의 풀타임 상담자로서 나는 나 스스로를 돌보는 것의 중요성을 깨닫게 되었다. 수련을 시작하면서 같은 사무실에 계신, 나이도 많고 지혜로운 상담자들이 실제로 많은 어려움을 겪으셨다는 사실에 많이 놀랐었다. 나는 그들이 하루 종일 앉아서 내담자를 쉬지 않고 보고 또 보고 하면서, 산책을 하거나 스트레칭을 하는 대신에 내담자들을 만나는 사이 시간에 전화나 서류 작업을 하면서 시간을 보내는 경향이 있다는 것을 알아챘다.

물론 나도 정확히 똑같이 했었다. 우리 모두 그렇게 한다. 내가 길을 잃었다가 되찾는 것은 더 나은 상담자가 되기 위한 과정의 일부였다. 개업상담실을 시작하면서 스트레스를 직면했을 때 내가 오래전부터 사용해 왔던 대처 행동으로 돌아가 버릴 줄은 몰랐다. 신입 상담자처럼 내담자들에 대해 혼란스럽고 걱정스러워하고 이러한 감정을 어떻게 해야 할지 모를 줄은 몰랐다. 나는 자동적으로 내 오래전 대처 행동, 예를 들어 운동보다는 커피에 의존하는 것과 같은 행동으로 돌아갔다. 오래전의 전략이 지금은 비생산적이라는 사실을 알게 되면서 혼란스러웠다.

좌절스럽고 화나는 일에 대해 다르게 대처해야 한다는 것을 알지만(운동이나 명상을 통해서) 어쨌든 맹공격을 퍼붓는 현재의 압박 때문에 꼼짝 못 하게 되었다. 내 삶을 되돌려 준 변화는 생물학적 수면에 대한 야간 평생교육 수업에 참여했던 것이다.

나는 수면에 대해서만 배운 것이 아니라 내 수면을 개선하고자 적극적으로 라이프스타일을 변화시켰다. 각각의 작은 변화는 다음 변화에 대한 동기가 되었고, 변화는 결국 즐거움이 되었다. 이론에 근거해서 조언하는 것보다 실제 배우고 느낀 관점에서 내담자에게 정보를 공유하는 것이 즐거웠다. 얼마나 대단한 대화의 시작이자 내담자와의 멋진 연결고리인가!

수면의 변화를 통해 하루에 두 번(가능하면 더 많이) 짧게 10분에서 15분 정도 산책을 하거나, 하루에 두 번 명상을 하거나(점진적 이완과 이후 15분간 시각화), 뒤뜰을 유기농 정원으로 바꿀 수 있었다. 가장 큰 변화는 투쟁-도피 반응을 감소시키기 위해 호흡하기를 배운 것이다. 남편과 나도 술과 탄산음료와 카페인을 안 먹기로 결심했다(나는 아직 카페인은 포기가 되지를 않는다!).

이러한 모든 변화는 대단히 의미 있었으나 박사학위를 가진 많은 사람처럼, 나를 몰아세우는 기저의 A유형 성격적 신념을 멈춰 주지는 못했다. 나는 만약 일이 노트북에 남아 있으면 일주일에 7일간 하루에 12시간씩 일할 것이다. 할 것이 정말 너무 많다. 나는 이제 '일을 더 하고 더 하고 더 해야지.' 하는 생각 없이 그냥 단순히 '이 정도면 충분하지.' 하는 생각으로 일하고 있다. 확실히 이것은 계속되는 과정이다. 상담자가 되는 기쁨 중 하나는 다른 사람들에게 어떻게 하면 더 기분이 좋아지는지를 알려 줄 기회가 있다는 것이다. 나는 내가 가르치는 것을 이러한 변화 속에 통합시킬 수 있었다. 나는 특히 인지행동적 도구가 내 A유형 성격적 신념의 한계를 바꾸는 데 효과적이라는 것을 알게 되었다. 예를 들어, 나는 '해야만 한다'와 '그래야만 한다'가 때때로 내 마음속에 퍼져 올 때 그것을 평가하고 문제가 있는 신념에 도전한다. 또한 경계를 잘 만드는 것도 도움이 되었다. 나는 일과 놀이를 분명히 구별하고 분리시키고 있다. 변화는 어렵지만 기분이 좋아지면서 이것이 놀라운 원동력이 된다.

나는 이것을 '장미 향기를 맡아 보는 것을 배우는 단계'라고 부르고 싶다. 나는 나 자신에게 '만약 내가 즐길 수 없다면 이 힘든 일들이 다 무슨 소용인가?'라고 묻는다. 신념을 바꾸는 것은 더 많은 일을 하게 만들지만, 매일 명상하고 걷고 건강한 음식을 먹는 것은 좋았고, 나는 정말 장미 향기를 맡을 준비가 된 것처럼 느껴졌다. 내담자에게도 효과가 있었다. 내담자의 이야기를 들으며 걷는 상담자가 있다는 것은 많은 사람에게 큰 의미를 준다. 나는 오래전의 대처 행동으로 되돌아가지 않도록 너무 몰아붙이는 대신, 깊은 숨을 쉬면서 주의 깊게 행동해야 한다는 것을 배웠다. 그리고 정말로 잘 자고 있다!

성찰을 위한 질문

1. 자기돌봄을 실천하면서 길을 잃기 시작했다고 느끼기 시작한 순간 나타나는 신호는 무엇인가? 이러한 신호를 인지했을 때 어떻게 반응하는가?

2. 만약 당신이 삶에서 요구되는 것과 과도한 스케줄을 수행해야 해서 길을 잃었다면 자기돌봄의 길을 되찾기 위해 가장 유용한 방법은 무엇이라고 생각하는가? 즐겁게 재충전할 수 있는 자기돌봄의 길로 다시 돌아가기 위해 오늘 할 수 있는 작은 첫걸음은 무엇인가?

3. Leah Brew가 말했듯이 균형 잡고 산다는 것은 말도 안 되는 생각이라는 말을 믿는가? 혹은 당신은 이를 성취하고 유지할 수 있다고 생각하는가?

4. A유형 성격으로 인해 당신을 가차 없이 한계점까지 과도하게 밀어붙이고 자기돌봄에 대한 욕구를 무시하는 행동을 하게 하는 기저의 신념과 인지적 왜곡이 있다면, 그것은 무엇인가?

5. 자기돌봄의 목표 속에서 균형을 이루기 위해 이전에 실패했던 시도들을 어떻게 통합할 것인가?

성격 특성과 개인적 스트레스

개인적 스트레스는 무수히 많은 방식으로 표현되고 그 기간이나 정도가 매우 다양하다. 몇몇 스트레스는 우리의 성격 특성이나 해결되지 않은 내적 갈등으로 나타난다. 우리는 스트레스에 대한 감정을 악화시키는, 예를 들면 완벽주의, 자기존중감 문제, 불안 혹은 우울과 같은 문제와 씨름한다. 우리는 내담자들이 자신을 어떻게 방해하는지 정기적으로 평가하도록 도움을 주면서도, 정작 우리는 우리 자신에게 방해가 되는 방식을 평가하는 데에는 무관심하다. 중독상담자이자 박사학위 지원자인 Stephanie Robinson은 행동을 통제하고 싶은 강한 욕구가 있다는 것을 받아들이는 것이 자기돌봄을 향상시키는 데 큰 도움이 되었다고 한다. Stephanie의 이야기를 읽어 보면서 당신의 삶에서 스트레스를 만드는 특성이나 기질이 무엇인지 생각해 보자.

통제하고 싶은 욕구와 타협하기

Stephanie Robinson

내가 스트레스를 다루는 방법은 항상 모든 것을 내 통제하에 두는 것이다. 나는 어려서부터 '통제자(controller)'였다. 어머니는 내가 어린 시절 여동생과 학교 놀이를 했던 이야기를 항상 해 주신다. 나는 선생님이었고, 여동생은 학생이었다. 여동생이 선생님을 시켜 달라고 해도 내가 안 된다고 하자, 여동생은 엄마에게 가서 언니한테 자기도 좀 선생님을 하게 말해 달라고 부탁하였다. 그래서 나는 교장선생님을 하기로 하였다. 나는 내가 통제할 수 없는 놀이는 하지 않았다. 자라면서 성인이 되어서도 많은 상황에서 나는 이와 같은 통제하고 싶은 욕구를 경험하였다. 나는 뉴올리언스의 로욜라 대학교 석사과정에 들어가기 전까지 자기돌봄의 개념을 알지 못했고, 나는 곧 통제에 대한 강렬한 욕구의 배출구가 결사적으로 필요하다는 것을 깨닫게 되었다. 나는 최근 자기돌봄 행동을 점검하기 시작했고, 이 문제를 해결하기 위해 나는 거의 아무것도 하지 않았다는 것을 알게 되었다. 이러한 '통제하려는' 특성에 대해 적극적으로 작업하기 시작했고, 지금도 내 성격의 이러한 특징에 대해 계속 작업하고 있다.

나는 지금 박사과정생이고 중독상담사 자격과정에 대한 박사논문과 연구에 매진하고 있다. 또한 지방대학에서 파트타임 일을 하고, 중독적 사용 문제를 가진 개인을 주로 상담하는 작은 개업상담실을 가지고 있다. 중독적 사용 문제를 가지고 있는 내담자는 자신들만의 도전적인 문제 세트를 가지고 있는데, 종종 일반적인 가족 체계 문제, 강렬한 트라우마, 극단적 경계 문제, 종종 성격장애와 같은 질환과 공병 진단을 받는다. 이러한 정신건강 문제들이 혼합되어 강렬한 상담회기를 만들어 낸다. 또한 나는 세 살짜리 딸을 둔 엄마이자 똑같이 나처럼 힘든 일을 하는 남자의 아내이다. 기본적으로 매일 뒤집어 쓰고 나가는 그 많은 역할 속에서 내가 자기돌봄을 위한 시간을 가지고 더 많이 통제하는 행동을 얼마나 계속할 수 있을까?

내가 왜 통제하고 싶어 하는지에 대한 자기성찰과 개인적 작업을 많이 한 후에 나와 나의 바쁜 생활에 효과적인 자기돌봄 방법을 발견했다. 가족과 보내는 시간은 나에게 긴장이완이 되고 즐거움을 주며 압박으로부터 벗어나게 해 준다. 나의 하루는 엄마-딸만의 시간으로 시작한다. 매일 아침 나는 딸을 학교에 태워다 주면서 우리만의 시간을 갖는다. 우리는 노래를 하고 세 살짜리들이 하는 이야기를 나누거나 때때로 그냥 함께 조용히 앉아 있는다. 오늘 아침 딸과의 시간을 통해 하루를 시작하는 데 필요한 감사와 균형을 느낄 수 있었다. 대부분 저녁 시간에 나와 딸은 남편이 오기 전까지 다시 우리만의 시간을 몇 시간 갖는다. 우리는 춤을 추거나 블록놀이를 하고 책을 읽거나(대개 같은 이야기를 반복해서 계속 읽는다) 혹은 그 시간에 아이가 보는 영화를 같이 보곤 한다. 급하지 않으면 전화를 받지 않고 일도 하지 않는다. 내담자에 대해 생각하거나 학교 일도 생각하지 않으려고 애쓴다. 남편이 일터에서 집으로 돌아오면 딸은 침대로 들어가고, 그와 나만의 시간을 갖는다. 우리는 매일 밤에 저녁을 함께 먹는다. 나의 주말도 일반적으로 가족들과 함께하는 것으로 정해져 있다. 우리 셋은 가족여행을 가기도 하고, 딸하고만 체육관에 가기도 한다.

자기돌봄이 이러한 체계 속에서 계획되고 통제되는 것처럼 보이지만, 그렇게 항상 순탄하게 지나가는 것은 아니다. 차질을 겪기도 하고, 때로는 긴급한 상황이 발생한다. 때로 남편이 더 늦게까지 일하거나 시외로 나가야 할 때도 있다. 때로 딸이 학교에 갈 때 내내 울거나 저녁에 나하고 아무것도 하고 싶어 하지 않을 때도 있다. 가끔은…… 생활을 통제할 수 있다. 나의 과도한 통제에 대한 욕구가 표면화되기 시작할 때가 바로 이러한 때이고, 나는 나를 불편하게 만들면서 억지로 앉아 있는다. 통제되지 않은 채로…… 나의 계속되는 개인적인 작업과 일과 삶의 균형을 위해 내가 세운 경계를 통해 나는 중요한 교훈을 얻었다. 즉, 내가 통제할 수 없는 것에 대해 통제하려고 하는 시도는 단지 좌절만을 안겨 주는 쓸데없는 노력이 된다.

개인 생활에서의 스트레스

성격 특성과 개인내적 문제와 더불어 스트레스는 타인과의 연계 속에서 발생할 수 있다. 개인 생활에서 배우자/파트너, 부모, 아들과 딸, 확대가족의 구성원, 친구, 이웃, 공동체 일원과 같은 우리의 역할도 때때로 스트레스를 유발한다.

상담자인 친구들과 동료들 중 많은 수가 가족 내 다양한 역할과 책임을 수행하면서 만나는 매일의 도전에 대해 이야기 나눈다. 한 친구는 사립대학에 다니는 딸의 과도한 대학 등록금 비용을 걱정하면서, 동시에 치매 징조가 보이는 나이 든 어머니의 건강을 돌보기 위한 비용에 대해서 걱정하였다. 또 다른 동료는 최근 학습장애로 진단받은 아들에 대해 지속적으로 스트레스를 받았고, 이 때문에 자기존중감과 웰빙에 부정적인 영향을 받았는데, 특히 아들이 친구들에게서 괴롭힘과 따돌림을 당할 때 더욱 그랬다. 사랑하는 사람의 말기 질환이나 죽음은 우리를 한계 상황까지 몰아붙이고, 이때 우리는 자기돌봄이 정말로 필요하게 된다. 존스홉킨스 대학교의 상담 및 인간발달 과정의 교수이자 과정의 리더인 Norma Day-Vines는 그녀와 딸의 삶에서 경험한 비극과, 생각하지도 못했던 새로운 방식인 '반려동물 보살피기'를 통해 어떻게 자기돌봄을 이루었는지에 대해 가슴에 사무치게 이야기해 준다.

웰니스와 슬픔

Norma L. Day-Vines

우리 딸이 다섯 살쯤이 되었을 때부터 강아지를 사 달라고 나와 남편에게 애원했다. 우리에게 편지를 쓰고 파워포인트로 발표를 해 가면서 지역 동물센터에 가 보자고 하였다. 딸이 강아지 산책과 먹이 주는 것은 반드시 자기가 하겠다고 약속했지만 워낙 힘든 일이기 때문에 우리는 딸아이가 강아지를 돌보지 못할 것이라고 생각하였다. 몇 년이 흘러 2012년쯤, 남편은 암이 빠르게 전이되고 있다는 진단을 받았다. 결혼 후 27년의 시간이 지나서야, 나는 검은 머리가 파뿌리가 될 때까지 같이 살 수 없다는 것을 깨닫게 되었다. 부자거나 가난하거나, 잘났거나 못났거나 부부는 서로 통한다고 믿었었다. 그러나 65세 혹은 70세 이전에 내 결혼 생활에서 병과 건강이 문제가 되리라고는 꿈에도 생각하지 못했다. 오랜 병마와의 사투 끝에 남편은 세상을 떴고, 슬픔이 이루 말할 수 없이 밀려왔다.

남편이 살아남기 어렵다는 것이 분명해졌을 때쯤, 나는 그에게 딸이 그를 기억할 만한 물품을 만들자고 제안했다. 그러나 그는 결국 강아지를 생각했다. 그는 약속을 지켰고, 우리는 딸에게 초콜릿색 래브라도 리트리버 강아지를 사 주었다. 나는 그 강아지가 나의 애도과정에 도움이 될 것이라고 생각하지 못했다.

딸과 나 둘 다에게 애도과정은 매우 힘들었지만, 실제로 여러모로 강아지가 우리 생활을 이어 나갈 수 있게 해 주었다. 상상할 수 없을 만큼 큰 나의 슬픔과의 싸움에서 강아지를 키우는 것은 도움이 되었다. 남편을 잃은 첫해에 나는 강아지와 매일 아침 5시 30분에 산책을 했다. 운동은 우울과 싸우고 분위기를 북돋아 주고 불안을 감소시키고 수면의 질을 향상시키며 기억력을 좋게 해 준다. 강아지를 키우는 것은 내가 생활을 더욱 효과적으로 관리하는 데 부가적인 혜택을 주었다.

기도 또한 나의 웰빙에 필수적인 자원이 되었다. 남편은 영적인 사람이었고,

교회 일에 매우 적극적이었고, 교회 집사부에서 봉사했으며, 신에게 봉사하는 것을 기쁨으로 여겼다. 그가 죽기 몇 달 전 그의 성화에 못 이겨 나는 여성 신도 모임에 나가게 되었고, 나는 인생에서 피할 수 없는 시련과 고난에 대해 신에게 감사하는 것이 중요하다는 것을 이해하게 되었다. 이 모임은 나를 회복시키는 데 중요한 원천이 되었다. 다시 말해서, 성경을 읽는 것은 나에게 최고의 독서치료가 되었다.

나는 내가 부모라는 것에 대해 엄청난 희열을 경험했다. 내 딸과 나는 함께 많은 시간을 보냈다. 우리는 정기적으로 체육관에 가고 영화 관람을 즐겼다. 딸은 승마팀에 있었는데, 상당한 시간을 거기서 보냈다. 최근 딸의 코치가 딸에게 마구간 일을 제안하였다. 딸은 주말마다 말들에게 먹이를 주었다. 금요일 밤에 나는 종종 딸과 함께 마구간 앞에서 딸의 일을 조금씩 도와주면서 몇 시간을 함께하곤 했다. 동물과 함께 일한다는 것은 딸에게 큰 위안을 주었다.

여유시간에 나는 독서를 즐겼다. 두말할 필요 없이 이전에 했던 만큼 여유로운 독서를 할 시간이 충분하지 않았지만 독서는 나의 자기돌봄에 중요한 부분이었다. 나는 또한 여행을 즐겼다. 일 년에 최소 두 번 정도 바다에 가서 파도 소리를 들으면서 그림을 그렸고, 크게 숨을 내쉬었다.

나는 신선한 꽃을 사랑하고 매주 꽃을 사서 집안 곳곳 꽃병에 장식해 놓았다. 봄과 여름에는 장미덩굴에서 장미를 잘라 내었다. 꽃은 내 영혼을 끌어올려 주는 오랜 향기를 남겼다. 사실 아름다움에 더해서 꽃은 행복한 기분을 만들어 준다는 내용을 읽은 적이 있다.

새로운 일상의 일들을 하면서 딸과 나는 우리의 신념과 시간의 흐름과 서로에 의해서 그리고 남편과의 아름다운 추억으로 평안을 찾았다. 나의 자기돌봄 의식은 내가 현실에 기반을 두고, 건강한 일-삶 균형을 유지하는 데 주의를 집중하도록 도와주었다.

Norma Day-Vines에게 남편의 이른 죽음과 그녀와 딸이 경험한 이해할 수 없이 큰 슬픔은, 그녀도 인정했듯이 첫 몇 년간 예상치 못한 스트레스가 되었다. 그러나 역경을 직면하면서 그녀는 자기돌봄을 시작했고, 지지를 받으며 전진할 수 있었다. Norma Day-Vines의 이야기는 가장 큰 스트레스 상황 속에서의 회복탄력성, 강인함, 우아함을 담고 있다.

성찰을 위한 질문

1. 사랑하는 가족이나 친구를 잃거나 비극적인 개인적 위기에 당면했을 때 당신은 어떻게 대처하는 경향이 있는가? 과거에 의지했던 자기돌봄 전략은 무엇이 있었는가?

2. 삶에서 회복탄력성을 강화시키기 위해 습득할 필요가 있는 자원으로는 무엇이 있을까? 시련과 고난의 시기에 어디로부터 힘을 얻을 수 있을까?

3. Norma Day-Vines는 자기돌봄의 자원으로 교회 여성 신도 모임에 참여하면서 도움을 받았다. 당신의 지지체계에 대해 어떻게 설명할 것인가? 만약 당신의 대처능력을 시험에 들게 하는(혹은 그 이상의) 개인적 스트레스를 경험한다면 누가 당신의 지지체계가 되어 주기 바라는가?

긍정적인 생활 변화와 스트레스

개인 생활에서 긍정적인 변화와 사건 역시 우리에게 스트레스와 압박을 줄 수 있다. 개인적 성장을 위해 우리는 위험을 감수하고 변화를 수용하면서 안전지대로부터 벗어날 수도 있다. 제2장에서 언급했듯이 우리(Julius와 Jude)는 최근 새로운 직업으로 전환했고, 동시에 개인적 삶에서 긍정적인 새로운 계기를 맞게 되었는데, 이러한 변화는 우리에게 새로운 스트레스가 되었다.

양손을 쓰면서 살아가기

내(Julius)가 어린아이였을 때 우리 아버지는 나에게 "양손을 써라, 아들아."라는 말을 계속 되풀이하셨다. 이 말은 내 생애 전반에 걸쳐 다양한 의미가 되었다. 초등학생일 때 집 근처에서 허드렛일을 하고 있었을 때 이 말은 '무슨 일을 하든지 몰두해서 해라.'라는 의미였다. 고등학교와 대학교 때는 '주변 환경을 조심해라.'라는 의미였다. 대학원 때는 '행동하기 전에 생각해라.'의 의미였다. 교수로서 첫해를 시작했을 때는 '결단력을 가져라.'라는 의미였다. 최근 아버지의 이 말은 '인간관계에서 책임감을 가져라.'라는 것을 의미한다. 다른 사람과 관계를 유지하는 것은 내 인생 최대의 스트레스였다. 관계를 유지하고 정의하기 위해 나 스스로 압박을 느끼거나 환경적으로 어쩔 수 없이 관계에 변화를 주어야 할 때 나는 스트레스를 느낀다.

내 개인 생활에서 박사과정에 다니고, 아내와 결혼을 하고, 아버지가 되었으며, 집을 소유하게 되면서 부모님과의 관계가 바뀌었다. 부모님은 내가 태어나면서부터 나를 키워 주시고 보호해 주셨다. 나는 빈틈없이 잘 맞춰 가면서 살아왔다. 내 가정을 이루고 기념비적 발전의 계기를 가지면서 우리 부모님의 역할은 점점 지지자로 변하셨다. 나는 이 변화를 특히 아내와 내가 첫 집을 샀을 때 느꼈다. 어머니는 내가 결혼과 직업을 유지하려고 애쓰면서 집을 소유하는 데 대한 책임까지 져야 하는 것에 대해 걱정하는 것처럼 보였다. 아버지보다 어머니는 내가 경험부족으로 인해 잘못된 결정을 하지 않도록 보호하는 것과 이러한 발달 단계에서 나를 지지하는 것 사이에서 너무 방황하셨다. 아내와 내가 관계와 경력 그리고 가정에서 균형을 성공적으로 이루어 냈을 때, 나는 어머니 얼굴에서 걱정과 긴장이 사라지는 것을 볼 수 있었다. 부모님이 이루지 못했던 것을 내가 이룰 수 있도록 기회를 만들어 주고자 부모님이 희생하셨다는 것을 알게 된 것이 나에게는 매우 중요한 일이다. 나이가 들면서 나는 부모님과의 관계가 계속 변해 가고 있다는 것을 알았고, 그 과정에서 역할이 변하면서 혼동이 생기는 것은 정상이라는 것을 알게 되었다.

역할의 변화는 교육과 경력이 올라갈 때마다 전문적 인간관계에서도 나타났다. 나에게 도전이 되고 내가 전문적으로 성장함에 따라 나를 받아들여 주는, 내가 배울 만한 사람들과 함께하는 동호회가 나에게 중요해졌다. 나는 내 인생의 이러한 도전적인 단계에 대해 개방적이고 수용적이다. 그러나 학부 시절에 나는 내 삶에서 가까운 사람들 때문에 압도되었던 것을 기억한다. 이후 대학원에 와서 나는 함께하도록 이미 짜여진 사람들과 가깝게 지냈다. 이러한 각 시기별 상황은 내가 타인과 인간관계를 어떻게 맺고 상호작용하는지에 영향을 미쳤다.

개인적·전문적 스트레스 덫에서 빠져나오기

내(Jude)가 느끼는 대부분의 스트레스는 개인적으로나 전문적으로 나를 둘러싼 사람들을 기쁘게 해 주려는 내 노력과 관련이 있다. 그게 불가능한 일이라는 것을 알지만, 그것은 내 성격이다. 상담에서 흔히 하는 말 중에 "당신이 필요한 내담자를 얻는다."라는 말이 있다. 나는 이 말이 상담자로서 삶의 모든 경험에 적용된다고 믿는다. 나에 대해 높은 기대를 가진 내담자나 슈퍼바이지를 만났을 때나 첫 직장에서 상도 받고 성과도 좋은 상담 프로그램으로 자리 잡았을 때에도, 이 말은 나에게 사실이 되었다. 관계 속에서 이것이 나의 짐이 된다는 것을 알게 되면서 나는 자기돌봄을 통해 지지를 받기 위한 투쟁을 시작했다. 나는 개인적으로나 전문적으로 맞춰 주고 싶은 내 욕구의 덫에 종종 빠진다.

전문가로서 첫해에 나는 우리 할아버지를 잃었다. 그러고 나서 나는 박사가 되고, 남편이 되고, 버지니아의 거주민이 되고, 대학교수가 되고, 학과의 일원이 되고, 상담자가 되고, 슈퍼바이저가 되고, 삼촌이 되고, 저자가 되었다. 나에게 이러한 것들은 개인적·전문적 삶의 일부로서 통합되었다. 게슈탈트의 은유법을 빌리면 내 안에 두 마리의 개(상전과 하인—역자 주)와 같다. 종종 나는 다른 것보다 어느 하나를 더 많이 키워서 두 마리 모두가 고통을 받게 된다. 제7장에 내가 어떻게 자기돌봄을 관리하는지 자세히 적어 놓았지만, 개인적·전문적 덫에 빠지지 않기 위해 내가 관리하는 방법을 여기에서 간단히 이야기해 보겠다.

첫 번째 덫: 상호의존

내 개인적 삶과 전문적 삶은 상호의존적이다. 예를 들어, 지금부터 4년 뒤에 내 업무 성적은 정년보장 및 승진 위원회 앞에 놓일 것이다. 내 업무와 그들의 결정은 내가 계속 일을 할지 말지를 결정할 것이다. 전문적 삶에서 나는 계약서에 있는 정년보장 요구조건을 충족시킬 수 있을지에 대해 회의감이 든다. 또한 나는 좋은 업적을 내고 소속기관에 봉사할 수 있는 정년보장을 받기 위해 학과장 및 동료들에 대한 책임감을 느낀다. 개인적으로 나는 정년보장을 받기 위해 집중하면서 내 아내, 형제들, 부모님, 조카들과 함께하는 좋은 시간을 놓치고 있다. 또한 2년 내에 아내와 내가 아이를 가지게 되면 계속 일이 필요하다는 것을 안다. 이러한 덫에 걸리면 나는 '미래의 안전을 위해 현재의 좋은 시간을 희생하는가?'라는 질문에 말문이 막힌다. 나는 이 질문에 정답을 갖고 있지 않다. 그러나 이러한 내 감정에 대해 아내와 솔직하게 이야기하고 균형을 잡으려고 노력했다. 아내는 이해심이 많고 지지적이다. 여러모로 내가 필요로 하는 것에 대해 더 잘 안다. 언제 어떻게 나를 동기화시키고 돌보아야 하는지 아내는 안다. 내가 마감일이 닥쳐서 오랫동안 프로젝트 일을 할 때 아내가 지지해 주면, 개인적인 시간을 함께하지 못해서 아내를 실망시킬까 봐 걱정하는 마음이 덜해진다. 우리의 관계는 특히 내가 실패했을 때 더 빛을 발한다. 예를 들어, 최근 논문을 투고하느라 가족과의 시간을 희생했는데 논문이 게재불가를 받았고 내 정년보장 심사에 미치는 잠재적 손실과 가족과 함께할 수 없었던 시간 때문에 나는 한 방 맞은 느낌이 들었다. 아내의 이해와 지지는 나의 자기돌봄 과정에서 가장 중요한 요소이다.

두 번째 덫: 문화적 책임감

나는 가슴속 깊이 투쟁이 나의 특권임을 안다. 내가 이러한 투쟁을 할수 있는 기회를 가지는 데 많은 사람의 희생이 있었다. 할아버지는 Martin Luther King Jr.와 함께 행진하셨던 민권운동가이셨고, 오늘날 내가 받고 있는 개인적·전문적 혜택을 만드셨다. 나는 그분과 성공을 이룬 다른 분들에 대해 의무감을 느낀다. 골프, 운동, 영화 보기와 같은 자기돌봄 활동을 할 때마다 나는 '써야 할 책이 있는데 여기 있으면 안 된다.' 혹은 '만약에 실패하면 그때 가서 투덜대지 마.' '이게 정말 최선인가?'와 같이 스스로 혼잣말을 하면서 죄책감을 느낀다.

이러한 덫에 사로잡히지 않기 위해 나는 우리 집 어른들과 이야기하는 시간을 갖는다. 나에 대한 그들의 기대와 어떻게 내가 그들의 자랑이 되는지에 대해 묻는다. 그들은 내 성공보다 나의 웰빙에 대해 더 많은 이야기를 해 준다. 나는 그들이 나에게 바라는 것은 안전, 행복, 건강, 목적, 용기, 야망, 이해, 유대감이라는 것을 안다. 도전에 직면했을 때 포기하는 것은 내 조상을 실망시키는 것처럼 느껴진다. 이런 것을 아는 것은 내가 포기하지 않도록 해 주고, 그들의 돌봄은 나의 자기돌봄 전략에 굳건한 정신적 지주가 된다.

문화적 스트레스의 영향

누군가는 분명히 문화적 스트레스가 개인적 스트레스라고 주장할 수 있다. 사실 계속 읽다 보면 문화적 스트레스가 정말 개인적일 수밖에 없다고 느낄 것이다. 상담자이자 학자로서 우리는 인종차별, 외국인 혐오, 동성애 혐오, 성차별, 다른 형태의 억압과 차별이 오랫동안 우리 내담자들, 나아가 우리도 포함하여 개인에게 말할 수 없는 고통과 시련을 준다는 것을 잘 알고 있다. 경력 있는 상담교육자인 Angela Coker는 자잘한 공격과 차별을 포함하여, 심지어 상담자를 수련시키는 학과에서도 유색인종 교수들이 때때로 당하는 어마어마한 도전에 대해 보여 준다. 그녀는 상담교육자로서 직면한 고통스러운 사건을 기술하면서 자기돌봄이 그녀의 정서적·개인적 웰빙을 유지하는 데 얼마나 중요한 역할을 하는지 보여 준다.

내적 아름다움과 외적 아름다움: 자기돌봄을 탐험하기

Angela D. Coker

자기돌봄은 내가 계속 같이하고 싶은 친구 같다. 이를 위해 나는 개인적 웰빙과 정서적 균형을 유지하는 것뿐만 아니라 신체적 건강도 모니터할 필요가 있다. 이 메시지는 익숙한 말인 '외적 아름다움과 내적 아름다움 모두 중요하다.'에서 강조될 수 있다. 여기에는 많은 공동체에서 표현되는 정서가 담겨 있는데, 특히 타인의 신체적 혹은 태도적 귀인에 대해 논의할 때 더 그렇다.

상담자교육 전공의 부교수로서 나는 대체로 상담교육자로서 정년보장 이전이나 이후 모두 나의 여정을 즐겼다. 나는 운 좋게도 나를 도와주는 좋은 동료집단과 함께 내내 일해 왔다. 그러나 상담자교육 프로그램의 대다수는 여전히 다양성이 부족한데, 유색인종 교수로서 나는 대다수가 백인인 학문적 공간에서 '나홀로'임을 발견하곤 했다. 대규모 연구에서 유색인종 교수들에게 주어지는 미묘한 공격과 차별이 정신적으로 유해한 영향을 미친다는 사실을 강조하고 있다. 지적 신뢰성에 대한 질문에서부터 노골적인 무례 또는 인종차별적 이름 부르기까지 다양한 예가 있다. 이러한 경험은 개인을 정서적으로 힘들게 하고 극단적으로 소외시킨다.

나의 문화적 위치, 학문을 하고 있는 미국 흑인 여성으로서 성찰해 볼 때 나는 '내적 아름다움'을 유지하기 위한 수단으로 자기돌봄을 연습하는 데 수많은 도전을 경험했다. 나는 개인적으로 여러 번 상담교육자로서 세 가지 편견을 경험하였다. 나는 나 자신의 욕구를 무시하면서 다양한 책임을 기꺼이 다하는 성격을 지닌 사람으로서의 슈퍼우먼으로, 혹은 타인을 잘 돌보고 경청하는 여성으로서의 엄마 캐릭터로, 정서적으로 전투적이고 오버하기를 잘하는 화난 여성으로 인식되었다.

다문화 수업 강의를 하면서 내가 백인 학생들의 감정에 상처를 주는 아주 나쁜 흑인 교수로 보이게 된 고통스러운 사건이 있었다. 강의 주제는 인종차별과 미묘한 차별방법이 인간 상호작용에 영향을 미친다는 것이었다. 한 백인 여학생은 이 주제에 대해 화가 난다고 말하면서 울기 시작했다. 그녀의 눈물은 다른 백인 학생들의 동정심을 불러일으켰고, 강의실에는 정치사회적 문제가 기저에 깔린 이 문제에 대해 이해한 사람들과 대화에 막 끼어든 새로운 사람들 사이에 즉각적인 균열이 발생했다. 이 사건은 나에게 아주 힘들었는데, 인종에 관한 대화를 관리하는 것 자체도 너무 어려웠고, 이 수업과정에서 다수 문화 구성원들(백인을 의미함—역자 주)이 편하게 느끼도록 하면서 동시에 자기점검을 할 수 있도록 하는 것은 10배나 더 어려운 도전이 되었다. 나는 육체적으로 지치고 감정적으로 소진되어 수업을 마쳤다. 나는 혈압이 올라가는 것을 느꼈고 감정적으로 찜찜한 상태가 되었다. 나는 화를 내야 했는지 아닌지를 나에게 질문고, 나의 주변 환경에 대해 정서적으로 적절히 반응하는 방법에 대해 다시 생각해 보아야 했다.

인종적 편견을 탐색하는 것과 더불어 나는 딸들을 키우고 남편에게 배우자로서 그리고 어머니에게 딸로서 가족에 대한 책임감을 느낀다. 나는 상당한 시간과 에너지 그리고 자원을 뺏기고 있다. 다른 여성 상담자처럼 나는 가정에서 여전히 산더미 같은 집안일을 해내고 있다. 이는 내 남편이 일을 안 해서가 아니라 내가 집안일을 해야 하는 것 같은 의무감이 들기 때문이다.

나만의 시간을 가지는 것은 어려운 일이다. 이것은 내가 매일 해야 할 것을 떠올려야 할 때마다 계속되는 싸움이다. 자기돌봄을 위해 내가 하는 개인적 활동에는 명상, 시간이 허락하면 해외여행, 자연 속에서 시간 보내기(이것은 항상 내게 영적인 기초를 제공한다), 음악 듣기와 같은 것이 포함된다. 또한 나는 내 영양 섭취에 대해 점검하고 정기적으로 운동을 한다. 몇몇 문화적 스트레스를 관리하기 위해 나는 자기대화를 연습하고 직업 생활과 개인 생활 간의 균형을 찾는 것이 중요하다는 것을 기억한다. 나는 학계에 있다는 것이 나의 직업이지 내 존재 자체가 아니라는 사실을 되뇐다. 내가 학문적으로만 내 스스로의 타당성을 구하지 않는다는 것은 중요하다. 즉, 나는 가족이나 가까운 친구들과 시간을 보내는데, 이들은 내가 'Coker 박사'가 되기 전부터 나를 잘 알았던 사람들이기 때문이다. 또한 나는 유색인종 공동체나 함께할 수 있는 다른 사람들로부터 지지 체계를 구하는데, 이는 나의 자기돌봄과 대처방법에 있어 중요한 요소가 되어 주었다(Coker & Bryant, 2016).

내적 아름다움과 외적 아름다움은 당신이 누구이든지 간에 필요한 일이다. 그러나 정년보장과 승진 결정권을 지닌 백인 동료들의 시선 하에서 잘 기능해야 하는 유색인종 교수에게는 특히 힘든 일일 수 있다. 궁극적으로 자기돌봄의 초점은 모든 사람이 단순히 살아남는 것이 아니라 다양한 사회에서 일하고 살아가는 데 있어 번창하는 것을 돕는 데 있어야 한다.

성찰을 위한 질문

1. 만약 당신이 소외집단의 일원이라면 어떤 편견을 경험하게 될 것인가? 개인 생활이나 전문적 역할을 수행하면서 미묘한 공격이나 차별을 받은 적이 있는가? 만약 있다면 무엇이 발생했었고, 이러한 부당한 처사에 어떻게 반응했었는가? 자신을 돌보기 위해 무엇을 했었는가?

2. 만약 지배문화의 일원이라면 '외적 아름다움과 내적 아름다움 둘 다' 갖추기 위해 당신이 취할 수 있는 조치는 무엇인가?

3. Angela Coker는 대다수가 백인인 학문적 공간에서 얼마나 자주 그녀가 '유일한' 유색인종 교수로 지내는지를 이야기했다. 당신은 이와 유사한 경험을 해 본 적이 있는가? 만약 그렇다면 당신은 어떤 기분이 들었고, 이러한 상황을 탐색하는 데 유용한 방법으로서 무엇을 발견하였는가?

4. 만약 지배문화의 일원이라면 소외집단에 속한 동료나 교수 혹은 학

재난 극복하기: 재난 후유증 다루기

정신건강 전문가로서 우리는 자연적이건 인위적이건 복잡한 문제가 가득한 세상에 변화를 만드는 도전들을 직면한다. 복잡한 욕구를 지닌 개인, 부부, 가족에게 서비스를 제공하는 것은 스트레스가 될 수 있으나, 거대한 지진, 강력한 허리케인, 총기 난사 혹은 테러 공격에 피해를 입은 사람들처럼 위기에 처한 공동체를 상담하는 것은 셀 수 없을 만큼 더 강렬한 스트레스가 된다. 재난 관련 정신건강이 조력 전문가들 사이에서 중요한 특수 분야로 떠오르고 있고, 관련 문헌들도 점차 증가하고 있다(Felix & Afifi, 2015; Jacobs, Gray, Erickson, Gonzalez, & Quevillon, 2016; Millegan, Delaney, & Klam, 2016; Stebnicki, 2017). 상당한 심리적 응급처치가 필요한 재난 생존자들에게 도움을 주는 정신건강 직업인들에게는 간접적 트라우마 경험, 동정 피로, 다양한 스트레스의 위험으로부터 그들 자신을 보호할 수 있는 보호 대책이 필요하다. 자기돌봄과 개인의 영성에 주의를 기울이는 것은 중요하다. 상담교수이며 국제 사회정의 사업의 장인 Fred Bemak는 다음과 같이 설명한다.

재난 후 상황에서 개인적 영성과 위엄을 유지하기

> **Fred Bemak**

나는 스트레스를 많이 받는 재난 후 상담 장면에서 자주 일했다. 누구도 경험해 본 적 없는 가장 비참하고 비극적인 상황에 처해져 깊은 고난과 고통을 받고 있는 인간을 보면서 그러한 재난 상황에서도 상담자들은 인간의 기초 생활에 필요한 기반을 마련하고 균형과 조화를 이루고자 극도의 노력을 기울여야 한다. 깊은 고통과 고난의 가운데서 상담 서비스를 제공한다는 것은 재난 속에서도 타인에게 도움이 되는 필요한 기반을 마련하고 조화와 균형을 유지하는 놀라운 노력을 상담자들에게 요구하면서 상담자를 극단으로 밀어붙인다.

재난 후 작업을 하면서도 기본적인 개인적 돌봄이라고 볼 수 있는 영적 건강을 살피고 돌보아야 한다. 어떤 사람은 최근 나에게 "재난 후 작업을 하면서 소진되지 않나요?"라고 물었다. 나는 그들과 함께하려는 나의 목적과 깊은 경험의 의미를 온전히 알아차리면서 내가 어떻게 이 상황을 헤쳐 나가는지에 대해 설명하였다. 이러한 마음챙김은 현실에 기반을 두고 활기차되 흔들리지 않는 동정심을 위한 강력한 기반을 제공한다. 재난 그 자체가 생활에서 일어날 수 있는 하나의 사건이고 사건은 일어나게 마련이라는 것을 인정하면, 재난의 매 순간에서도 영광스러움을 깨닫는 데 도움이 된다. 또한 이러한 깨달음은 내가 수련받은 상담자로서 기술을 활용할 수 있도록 도와주고 인간으로서 나의 균형을 유지하는 데 도움이 된다. 상담자로서 그리고 인간으로서 나는 깊은 유대감을 가지고 재난 희생자들이 극도의 고통과 고난을 헤쳐 나갈 수 있도록 돕는다. 이러한 실존적 관점은 나에게 확고한 정신적 지주가 되어, 내담자의 눈물, 분노, 고통, 두려움, 좌절로 가득 찬 매일의 15시간을 내가 에너지와 활력을 가지고 버틸 수 있도록 도와준다.

재난 속에서 영적이고 실존적인 자각은 내가 무술을 배울 때 알게 된 강건함과 같이 나의 중심을 잡아 주었다. 회오리바람의 움직임과 신체적 활동이 있지만, 호흡과 마음은 평온해지고 고요하게 초점을 맞추면서 순간에 대한 자각을 통해 선명해진다. 무술을 통해 배운 높은 집중력 수준은 재난 후 작업을 하는 데 잘 적용되고 내 몸과 마음과 영혼이 의식 수준에서 변화·유지될 수 있도록 돕는다. 재난 후 상황에서 일하면서 특히 혼란과 혼동, 공포와 두려움으로 둘러싸였을 때 평화로움, 영성, 인간 존엄에 대한 존경의 '상태'로 들어갈 수 있도록 돕는다.

이 영적인 기초는 재난 후 위기 상황에서 아주 중요한, 자기돌봄으로 가는 또 다른 입구가 된다. 항상 다른 내담자, 절박한 도움을 필요로 하는 사람, 또 다른 위기가 있지만, 상담자는 자신의 몸과 마음을 돌보고 균형 잡힌 영혼을 유지하기 위해 명확한 기준을 가져야 한다. 좋은 영양 섭취는 필수이다. 나는 정기적으로 어려움에 처한 수없이 많은 희생자에게서 나를 '떨어뜨려' 놓고 음식과 물을 먹을 조용한 장소를 찾는다. 영양 섭취는 나 자신을 다시 채우고 '그 상태'에 머무를 수 있도록 해 준다. 좋은 영양 섭취와 더불어 나는 조용한 순간을 찾는다. 이것은 개인적 공간이 없고 정신없이 바쁘게 돌아가며 슬픔과 혼동이 가득한 재난 후 상황에서 특히 어려운 일이다. 종종 눈앞에 일터를 떠나서 잠깐 산책을 하거나 심호흡을 하고 영적인 영역에 다시 자리를 잡아 본다. 영혼, 마음 그리고 몸의 조화는 재난 후 상황에서의 상담에서 절대적으로 필요하고 자기위엄을 함양하고, 극적인 위기 상황에서 의미 있는 상담을 하기 위해 필요한 동정심을 유지하는 데 도움을 준다.

성찰을 위한 질문

1. 재난은 예고 없이 발생한다. 만약 재난 후 지역사회에서 당신에게 정신건강 서비스를 요청하면, 당신이 처하게 될 가장 큰 도전은 무엇이 될까? 혼란과 혼동, 공포와 두려움에 휩싸이게 하는 도화선은 무엇일까?

2. Fred Bemak는 개인의 영적 건강을 함양하는 것은 재난 후 작업을 하면서 개인적 돌봄의 기초를 쌓기 위해 중요하다고 하였다. 어떻게 당신의 영적 건강을 평가할 수 있는가? 중요한 삶의 도전적인 시간 속에서 당신의 영혼에 영양을 공급할 수 있는가?

만성적 스트레스의 위험

살아 있는 한 우리는 어느 정도의 스트레스를 경험하게 마련이다. 이는 인간 경험의 일부이며, 매일의 문제를 창의적으로 해결하기 위해 우리를 도전하게 만들면서 삶을 고양시킨다. 그러나 스트레스가 만성적인 상태가 되면 삶에 심각한 타격을 줄 수 있다. 치료적 활동의 위험성에 대해 쓴 Kottler(2017)는 상담자들의 스트레스 원천을 네 가지로 범주화하였다. **내담자로 인한 스트레스**(client-induced stress)는 심각하게 불안하거나 우울한 내담자, 분노를 폭발하거나 자살을 시도하는 내담자와 관련이 있다. **업무환경 스트레스**(work environment stress)는 상담자에게 타격을 주는데, 비지지적인 동료, 직원들과 다툼, 과도한 서류 작성, 시간적 압력, 고압적인 슈퍼바이저 등과 관련 있다. **사건 관련 스트레스**(event-related stress)는 주요 건강 문제, 주요 생활 변화, 법적 조치, 가족 문제 등과 같이 우리에게 발생하는 예상치 못한 것들이다. **스스로 만든 스트레스**(self-induced stress)는 자신을 돌보지 못한 무능력과 관련되고 자기의심, 과도한 인정욕구, 완벽을 추구하는 것, 나쁜 라이프스타일의 선택이 포함될 수 있다. 고통은 심리적, 행동적, 신체적 증상을 포함하는 이러한 스트레스의 원천들에서 나온다. Kottler는 우리 마음과 신체가 고통받을 뿐만 아니라 우리의 관계도 종종 압박을 받는다고 하였다. 개인적 · 전문적 생활 모두와 관련된 스트레스는 심각한 심리적, 신체적, 행동적 질환을 야기할 수 있다.

최근 늘어나는 연구에서 정신건강 전문가들은 중등도 우울, 경미한 불안, 정서적 고갈, 왜곡된 인간관계와 같은 증상으로 부정적인 타격을 입고 있음이 밝혀지고 있다. 궤양이나 고혈압, 심장질환, 암, 내분비 대사증후군, 피부 발진, 편두통과 긴장성 두통과 같은 신체적 질환들은 만성적인 스트레스로부터 야기될 수 있다. 이러한 상태는 경미한 골칫거리부터 생명을 위협하는 수준까지 다양하다. 말하지 않고 넘어가면 만성적 스트레스는 우리의 에너지 수준을 떨어뜨리고 소진을 일으킨다. 만약 우리가 효과적인 자기돌봄 전략을 개발하고 싶다면, 스스로 위험을 알아차리는 것이 중요하다(Norcross & VandenBos, 2018). 자신의 고통에 무심한 정신건강 전문가들은 내담자의 고통을 다룰 수 없을 것이다. 많은 상담자의 주요 문제는 장애를 초래하는 이러한 증상을 부인하는 데 있다. Kottler(2017)는 동료들이 에너지를 잃고 소진의 전형적인 징후를 보일 때는 알아차릴 수 있지만 우리 대부분은 스스로 이러한 소진 증상과 징후를 알아채기 어렵다는 점을 지적한다. 상담자로서 우리는 소진의 징후에 바짝 경계해야 하고, 아픈 상담자가 되지 않기 위해 자기돌봄을 수행해야 한다.

전형적으로 만성적 스트레스를 부적절하게 다루었을 때 나타나는 스트레스와 피할 수 없는 소진은 상담자들이 직면하는 주요 윤리적 문제이다. Fried 와 Fisher(2016)는 취약한 위험군 내담자들과 작업하는 상담자들에게 나타나는 지연된 극심한 정서적 스트레스의 부정적 결과에 상담자와 연구자들이 관심을 가지기 시작했다고 보고한다. 스트레스를 다루는 비효과적인 방법을 알아차리는 순간, 스트레스를 통제할 수 있는 건설적인 방법으로 대체하라. 스트레스에 조종되기보다는 스트레스를 통제하는 것을 배울 수 있다.

만성적 스트레스에 대한 반응으로 소진을 경험하는 사람들과 반대로 몇몇 조력 전문가는 회복탄력성을 지니고 부정적 영향을 최소한으로 경험하는 것처럼 보인다. Mullenbach와 Skovholt(2016)는 상담자들의 회복탄력성을 조사하면서 연구 참여자의 자기돌봄 전략과 스트레스 간의 관계를 확인하였다.

- 유능성을 해치는 문제나 사건은 스트레스를 준다.
- 동기가 없거나 저항적인 내담자를 만나면 스트레스가 매우 높아진다.
- 직장이나 전문가 집단 모두에서 동료관계는 상담자에게 도움이 된다. 이러한 동료관계에서의 단절은 높은 수준의 스트레스를 준다.

- 개인 생활에서의 위기는 전문가로서의 역할에도 부정적인 영향을 미친다. 개인적인 문제에 대해 직접적으로 인정하고 해결하는 것은 개인적 자아와 직업적 자아 사이의 조화를 이루게 해 준다.
- 개인적 삶과 전문적 삶 간의 균형을 유지하는 것이 중요하다.
- 가족, 친구, 사회적 집단과 서로 돌보아 주는 관계를 맺는 것은 가치 있는 일이다. 직업적으로도 계속적으로 지지를 받을 필요가 있다.
- 자기탐색은 가치 있는 일이며 자신을 이해하려는 상담자의 헌신적 노력은 자기돌봄의 핵심이고 탄력성과 웰니스에 긍정적인 영향을 미친다.
- 상담자는 개인적 삶과 직장 둘 다에서 스트레스를 직면할 때를 대비하여 대책을 미리 강구할 필요가 있다.

이 연구는 상담자들에게 요구되는 특성을 강조하고 상담자의 웰니스와 전문성이 되살아날 수 있는 방법으로서 자기돌봄 전략의 가치를 시사한다. 이 연구는 우리 삶에서 스트레스의 부정적 영향을 줄일 수 있다는 희망을 준다.

회복탄력성은 심각한 스트레스 사건으로부터 부정적 영향을 적게 받고 다시 되돌아 갈 수 있는 능력이다. 회복탄력성은 개인의 성격 특성이라기보다는 우리가 스트레스 상황에 성공적으로 반응할 때 생기는 과정이다. 우리는 회복탄력성을 가지고 태어나는 것이 아니다. 오히려 우리 삶을 통해 스트레스를 다루면서 이 능력을 개발하게 된다. 탄력적인 사람은 스트레스에 면역이 되어 있는 것이 아니고 일시적으로 자기의심을 할 수 있으나 재빨리 스트레스 상황에 적응하게 된다. 회복탄력성은 대처능력에 대한 신념에 좌우되는 학습된 행동의 집합이다.

성찰을 위한 질문

1. 만성적 스트레스로 인해 심리적 혹은 신체적 증상을 경험한 적이 있

는가? 그렇다면 이러한 증상을 없애기 위해 어떤 조치를 취할 수 있는가?

2. 만약 소진되어 간다고 믿는다면 다시 에너지를 얻는 데 도움이 되는 자기돌봄 전략은 무엇이 있는가?

3. 당신은 어느 정도나 탄력적인 사람이라고 생각하는가? 어떻게 당신의 회복탄력성을 높일 수 있는가?

이 장을 마치는 글

개인적 삶이나 진로에서 그리고 계속 변화하는 세상 속에서 스트레스를 겪는 한 사람으로서 상담자가 규칙적으로 경험하는 스트레스의 양과 정도를 볼 때, 자기돌봄을 윤리적 의무로 여겨야 한다는 것은 놀랄 일이 아니다. 이 장에서 우리는 상담자들과 상담교육자들이 얼마나 스트레스에 영향을 받고 그들이 경험한 개인적·전문적 스트레스가 무엇인지 탐색해 보았다.

자신의 고통에 무심한 정신건강 전문가들은 내담자의 고통을 다루기 어려울 수 있다. 정신건강 문제로 진단받은 사람들과 상담을 하는 것은 보람 있는 일이지만 종종 상당한 스트레스가 된다. 소진으로 고통받는 상담자들은 내담자들에게 도움이 되기보다는 해를 입힐지도 모른다. 심리적·신체적으로 고갈된 상담자가 내담자를 효과적으로 조력하기는 거의 불가능하다. 활력을 유지하는 방법에 대한 정답은 없다. 우리 모두 각자의 자기돌봄을 위한 답을 찾아야 한다. 스트레스가 없는 개인적·전문적 삶을 산다는 것은 비현실적이지만, 스트레스는 관리할 수 있다. 스트레스 징조를 알아차리고 스트레스 상황에서 어떻게 생각하고 느끼고 행동하는지 점검하면서 우리는 회복탄력성을 키워 나갈 수 있다. 다음 장에서 우리는 스트레스를 관리하는 전략을 다양하게 탐색할 것이다.

스트레스 가득한
세상에서
스트레스 관리하기

5

이 장에서는 스트레스에 대처하기 위한 특별한 출구를 확인할 수 있도록 다양한 스트레스 관리 방법에 대해 심도 있게 살펴보고자 한다. 스트레스를 관리하는 방법에는 명상, 마음챙김, 이완, 요가, 필라테스, 태극권, 자연을 경험하기, 건강한 영양 섭취, 운동, 레크리에이션, 타인에게 봉사하기, 개인상담, 자기성찰 연습 등이 포함된다. 또한 인지행동치료가 상담자가 받는 스트레스의 영향을 건설적으로 다루는 데 상당히 도움이 된다는 점에 관심이 집중되고 있다. 특정 신념을 수정하면서 상담자는 스트레스에 대한 다양한 관점을 가질 수 있다. 스스로를 돌보기 위한 신체적, 정서적, 정신적, 사회적, 영적 측면을 모두 아우르는 것을 자기돌봄에 대한 총체적 접근이라고 한다. 자기돌봄을 통합하고 스트레스를 통제하는 것에 대한 핵심적인 메시지를 상담자들과 대학원생들의 목소리를 통해 제시하고자 한다. 레크리에이션과 일의 균형을 배우고 효과적으로 개인적·전문적 과업을 관리하는 것이 스트레스를 관리하는 두 가지 핵심 요소이다.

Dattilio(2015)는 정신건강 전문가들이 타인의 정신건강을 증진시키는 데 헌신하는 반면에 자신의 정신건강을 무시하고 있다고 경고한다. "불행히도 정신건강 전문가들은 전통적으로 라이프스타일의 기능적 중요성과 내담자와의 작업에 영향을 미치는 스트레스원을 경시해 왔다"(p. 393). 정신건강 전문가들이 자신과 타인을 돌보는 것 간의 균형을 유지하는 것은 중요하다. Dattilio는 전문가들에게 그들이 성취할 수 있는 현실적인 목표를 세우고 목표를 향해 가는 과정을 모니터하라고 충고한다. 그는 직업상 업무 스트레스와 요구에 대처할 수 있는 전략을 개발하거나 자기를 돌보기 위해 식단, 휴식, 이완과 운동을 강조하였다. 목표를 달성하기 위해 노력하는 만큼 우리 자신에 대해 동정 어린 태도를 갖추는 것도 중요하다. 라이프스타일을 평가하고 스트레스를 감소시키기 위한 전략들을 읽어 보면서 당신은 무엇을 변화시키고 싶은지에 대해 결정하기를 바란다.

Walsh(2011)는 내담자의 웰니스를 증진시키는 치료적인 라이프스타일의 변화(Therapeutic Lifestyle Changes: TLCs)에 대한 광범위한 문헌을 고찰하여 자기돌봄 전략이 상담자에게도 웰니스를 위한 매우 유용한 접근이 됨을 주장하였다. 운동, 영양 섭취와 식단, 자연 속에서의 시간, 인간관계, 레크리에이션, 이완, 스트레스 관리와 같은 라이프스타일의 치료적인 변화를 지지해 주는 임상적 증거와 충분한 연구 결과를 제시하였다. Walsh는 TLCs는 때때로 심리치료 혹은 약물요법만큼 효과가 있으며 건강과 웰빙을 증진시키는 것과 같은 유의한 치료적 효과를 제공한다고 주장하였다. Walsh의 모델은 신체적 및 심리적 건강을 증진시키는 방법으로서 특히 마음챙김, 영성, 긍정심리학을 통합하였다.

스트레스 가득한 세상에서 스트레스와 싸우기

당연히 우리는 스트레스로 가득 찬 세상에서 살고 있다. 세상을 바꿔 보고자 하는 노력은 벅찬 일이고, 의미 있는 체계를 변화시키고자 하는 것은 시간, 노력, 에너지, 인내심과 끈기가 요구되는 고통스러운 과정이다. 우리는 공동체와 사회 및 정치적 운동, 옹호, 그리고 자원봉사자들을 거쳐 더 넓은 사회에서 변화를 만들어 내는 적극적인 노력을 할 수도 있고 또 해야만 한다. 그러나 이러한 모든 행위는 스트레스를 증가시키기 때문에 우리가 직면하는 스트레스를 통제하고 내담자에게도 같은 도움을 줄 수 있는 건설적인 방법을 배울 필요가 있다. 스트레스의 영향을 관리하거나 스트레스가 우리를 지배할 수 있음을 직설적으로 이야기하라.

스트레스는 다양한 방식으로 우리에게 영향을 미치는데, 스트레스가 얼마나 우리에게 영향을 미치는지는 우리의 현실 지각과 사건에 대한 우리의 해석과 깊은 관련이 있다. 상담자로서 매일 살아가면서 만나는 스트레스를 효과적으로 대처하는 건설적인 방법을 배울 필요가 있다. 스트레스를 감소시키기 위해 당신의 몸과 마음 그리고 영혼에 주의를 기울이라. 여기에는 신체적 활동, 좋은 영양 섭취, 적절한 휴식과 이완, 친구와 사랑하는 사람들과의 연락, 마음챙김 연습과 같은 것을 포함한다.

스트레스 관리 방법에 대해 더 배우기 위해 이 주제에 대한 많은 좋은 책 중 하나를 읽어 보라. Jon Kabat-Zinn은 만성적 고통과 스트레스를 줄이기 위해 마음챙김 명상을 병원 환자들에게 적용한 것으로 명성을 얻었는데, 우리는 그의 고전적인 두 책 『Full Catastrophe Living』(1990)과 『Wherever You Go, There You Are: Mindfulness Meditation in Everyday Life』(1994)를 추천한다.

마음챙김

자기돌봄의 주된 형태는 일상생활에서 마음챙김을 개발하는 것이다. 마음챙김의 목적은 '만약에(what if)'보다는 '현재 무엇(what is)'에 초점을 두고 지금-여기에서 우리를 유지하는 데 있다. 마음챙김 연습은 명상과 유사하다. 마음챙김 연습은 마음을 비우고 몸을 평온하게 하여 우리가 지금-여기에 집중하여 판단하지 않고 자각할 수 있게 해 준다. 마음챙김 연습 시 개인은 의도적으로 현재 경험에 초점을 맞추고 호기심과 열정의 태도로 훈련한다. 마음챙김 연습을 통해 우리는 주의가 산만해질 때 현재 순간으로 다시 주의를 집중하고 한 번에 한 가지씩 초점을 유지하는 것을 배울 수 있다. 연습을 통해 우리는 미래에 사로잡히거나 과거에서 떠돌아다니기보다는 의도적으로 현재 경험에 초점을 맞출 수 있다. 이 연습은 매 순간 원칙에 따라 계속적으로 노력하는 것이 요구된다. 이는 무엇을 '배운다'기보다는 '알아차리는' 것이다. 마음챙김 기술을 연습할 때 우리의 생각은 더 명확해지고 우리를 둘러싼 세상에 대해 더 잘 자각할 수 있다. 마음챙김은 연습하는 형식적인 기간에만 한정되는 것이 아니라 우리 삶의 방식이 되는 것에 가깝다.

오늘날 세상에서는 주의가 산만해지기 쉽다. 조력 전문가들은 소셜미디어에 시간을 낭비하고 사이버세상과 실제 세상을 분리해서 사는 방식에 영향을 받지 않는다. 비록 나(Michelle)는 좀처럼 소셜미디어로 시간을 보내지 않지만 왜 사람들이 그렇게 끌리는지 알 수 있을 만큼 소셜미디어에 대해 충분히 탐색해 보았다. 가족 및 친구들과 함께하거나, 정치적·사회적 문제에 대해 생생히 논쟁하고, 지역사회 사람들의 관점을 이해하고, 세상을 둘러볼 수 있는 소셜미디어는 멋진 도구일 수 있다. 그러나 나는 종종 과도한 사용이 주의를 흩트리고 과업에 지속적으로 집중하는 능력, 예를 들어 타인과 대화하거나 과제로 주어진 보고서나 문서를 쓰는 것에 영향을 미치는지에 대해 궁금하였다. 많은 연구자가 유사한 질문에 의구심을 품었다. Prabu(2015)는 공부할 때 핸드폰을 사용하는 것의 영향을 연구했다. Gupta와 Irwin(2016)은 교실에서 기초 학습과제 수행 시 페이스북이 주의를 산만하게 하는지에 대해 탐구하였다. Hollis(2016)는 온라인 학습에서 소셜미디어로 주의가 산만해지는 것과 정신적 방황에 대해 연구하였다. 연구자들은 소셜미디어가 광범위하게 퍼져 있고 오랫동안 머물 수 있는 곳이기 때문에 이러한 질문의 연장선에서 계속적으로 연구하고 있다.

얼마나 자주 당신은 스마트폰에 정신을 뺏겨서 가족이나 친구, 아는 사람들, 혹은 식료품 주인과 같은 사람들에게 최소한의 관심만 보이며 생활하는가? 소셜미디어가 집중에 얼마나 방해가 되든지 간에 우리는 종종 멀티태스킹을 하면서 삶이 현재 순간에 우리에게 제공하는 것들을 놓치고 살아간다. 우리 대부분은 할 것이 너무 많기 때문에 한번에 많은 것을 해야 한다고 정당화한다. 매일의 일상에서 얼마나 자주 이러한 패턴에 빠져들어 여러 가지 일을 한꺼번에 하면서 쉽게 주의가 산만해지고 있는가? 마음챙김을 개발하면서 현재 경험에 초점을 두고 살아가는 것은 일상의 스트레스를 관리하는 데 도움을 준다. 이것은 삶을 넓게 조망하는 길이다. 마음챙김을 일상에 적용하는 법을 더 배우기 위한 좋은 자료로서 『The Mindfulness Solution: Everyday Practices for Everyday Problems』(Siegel, 2010)가 있다.

명상

명상은 중심을 잡는 방법으로서 하나의 초점에 주의를 기울이는 과정이다. 명상은 단어, 발음, 구문과 기도 등을 반복하는 것을 포함한다. 몸을 이완시키고 정신을 산만하게 하는 것을 제거하려는 생각을 통해 집중력을 선명하게 할 수 있다. 핵심적으로 명상은 그냥 소리 없이 사고에 집중하고, 마음을 명확히 하면서 안정시키는 것이다. 무슨 일이 있었고 오후, 내일, 다음 주에 무엇을 해야 하는지보다는 현재 순간에 초점을 두는 방법이다. 명상의 목적은 자각을 증진시키고 중심을 잡고 내적 초점을 성취하는 것이다. 현재 수많은 미국인과 세계인이 명상이나 요가와 같이 정신을 집중하고 숙고하는 기술을 연습하고 있다(Walsh, 2014). 사람들은 명상이 주의 산만한 마음을 정화시키고 현실을 보다 명확히 인식할 수 있도록 도와주기 때문에 가치 있다고 생각한다. 센트럴 플로리다 대학교의 상담자교육전공 교수인 Mark Young은 명상이 자기돌봄을 연습하는 데 가치 있는 방법임을 이야기해 주었다.

자기돌봄 과정으로서의 명상

Mark E. Young

나는 45년간 명상을 해 온 사람이다. 상담자로서 일하면서 치료적 작업에서 생기는 스트레스를 다루는 데 가장 효과적이고 접근 가능한 방법이 명상임을 알게 되었다. 내담자들 상담시간 사이나 점심 휴식시간에 남들 몰래 연습할 수 있고 업무상의 아수라장에서 개인적인 오아시스를 찾을 수 있다. 명상은 스트레스를 감소시키는 데 효과가 증명된 방법이다. 동료들과 나는 상담 수련생들에게 무선적으로 명상(조티 명상) 훈련이나 웰니스 수업을 받도록 하는 실험을 수행했었다. 일주일에 30분 이상의 명상을 한 상담 수련생들은 유의하게 스트레스가 감소되었고 웰니스 훈련에 참여한 다른 학생들에 비해 공감능력이 향상되었다 (Gutierrez, Conley, & Young, 2016). 다시 말해서, 규칙적으로 명상을 하는 것이 효과가 있다. 명상 수업에만 참가한다면 효과를 얻기 어렵다. 명상은 특별한 기구나 소도구가 필요하지 않고 부작용도 없으며 비용이 들지 않는다. 명상할 시간이 있는가? 만약 당신이 명상이 가치 있다고 생각한다면, '그렇다'고 답할 것이다.

스트레스에 대해 내가 처음으로 인지한 것은 신체적 이완만으로는 충분하지 않다는 것이다. 마사지를 받고 운동을 하고 뜨거운 욕조에 몸을 담가 보지만 온갖 내 고민들을 다시 떠올리면 다시 긴장이 찾아온다. 왜냐하면 파고드는 부정적인 생각들을 통제할 수 없기 때문이다. 명상을 하면서 이러한 생각들을 치워 버리고 얼마간 나를 조용히 내버려 두고 마음을 조용히 달랜다. 정신적 이완은 신체적 긴장을 완화시키지만 어떤 경우는 효과가 없을 경우도 있다. 가장 중요한 것은 명상이 나를 행복하게 해 준다는 것이다. 명상을 할 때뿐만 아니라 몇 시간이 지난 후까지도 기쁨과 평화를 경험한다. 이것이 내가 매일 명상을 하는 진짜 이유이다. 이러한 축복이 없다면 삶은 지치고 문제투성이가 될 것이다.

명상은 나에게 삶에 대한 다양한 관점을 가지게 해 준다. 명상을 할 때 나는 작은 문제의 언덕들을 쌓아 태산처럼 만들지 않는다. 명상은 작은 불행들이 연속적으로 발생할 때 내가 사로잡히지 않도록 하는 능력을 준다. 마침내 명상은 내가 더 나은 상담자가 되게 한다. Murray Bowen은 치료사가 불안에 떨지 않는 존재가 되어야 한다고 말하곤 한다. 나는 종종 내가 내담자의 '파도' 같은 문제에 부딪히지만 움직이지 않는 '바위' 같다는 생각을 했다. 명상은 외부 환경의 가시들을 제거해 주고 나에게 두터운 '부츠'를 제공해 준다. 우리가 내적으로 쿨하게 스트레스를 다룰 수 있다면, 다른 사람들에게도 그 평화가 전해질 것이다. 내가 연습하는 명상에 대해 더 알고 싶으면 Rajinder Singh의 『Inner and Outer Peace Through Meditation』(2007)을 권한다.

우리 각자는 자신을 중심에 두고 성찰하는 방법을 찾아 혜택을 누릴 수 있다. 우리 상황에 맞춰 그의 권고를 수정해 볼 수 있다. 자신을 중심에 두는 짧은 시간을 갖는 노력만으로 가치가 있다는 것을 알게 될 것이다. 명상과 마음챙김에 접근하는 또 다른 방법을 상담교육자이며 존스홉킨스 대학교의 상담전공 석사과정에서 명상 수업을 이끌고 있는 예술가인 Aparna Ramaswamy가 소개해 주었다. 춤과 같은 표현예술이 몸과 마음, 영혼을 통합하는 명상적 경험이 될 수 있다.

상담에서 명상과 마음챙김

Aparna Ramaswamy

나는 명상을 우리 몸과 마음의 통합을 이루고 자각을 일으키는 과정으로 이해한다. 인도의 고전 댄스를 하면서 움직이는 명상은 특히 마음-신체에 대한 자각과 통합을 이루는 데 도움을 준다. 나는 남부 인도에서 자라면서 인도의 고전 댄스를 다섯 살에 접했다. 나는 꾸물거리지만 꾸준한 학생이었다. 댄스와 음악은 아동·청소년기에 나에게 가장 중요한 부분이었고, 스포츠와 학업은 다른 차원의 문제였다. 관습적인 학교체계와 전통적인 예술교육, 영적 활동 간의 경계가 모호한 사회에서 자라다 보니 나의 삶은 예술, 공부, 종교, 공동체 내 상호작용이 조화를 이루었다. 이러한 복잡하지만 단순한 삶의 양식이 현재 워싱턴의 지하철 생활로 변화되는 데에는 어려움이 있었다.

몸과 마음을 자극하는 복잡한 활동은 내적 균형과 조화를 자동적으로 창조한다. 내가 음악을 들으면서 춤을 출 때는 예술의 기술적 요소가 아니라 춤의 명상적 경험이 된다. 한 걸음을 내딛고 춤이 시작되면 어느새 조화를 이루면서 내 안에 '하나 됨'을 경험하고 몸과 마음의 경계가 무너지는 것을 느낀다. 관람객도 내 춤 안에 하나 됨을 보면서 참여하여 움직이게 된다. 이와 유사하게 나는 노래를 하거나 아름다운 음악을 들으면서 멜로디와 리듬이 에워싸는 것을 느끼며 음악과 하나가 되는 느낌을 경험한다. 음악과 동작을 활용한 명상은 내 안에서 균형을 만들어 내고 외부에 존재하는 모든 것과의 조화를 이루는 감각을 경험하게 한다.

나는 프라나야마라고 불리는 요가의 호흡 조절 개념과 관련된 계획적인 방법으로 명상을 한다. 나는 방황하는 내 마음을 가라앉히기 위해 단순하고 효과적인 방법을 알아냈다. 명상 수업을 하면서 나는 더 많은 것을 배웠다. 존스홉킨스 대학교의 상담 수업에서 명상과 마음챙김을 가르치면서, 마음챙김이 현상적 경험에 대한 자각이라면 명상은 축적된 '하나 됨'의 과정임을 알게 되었다.

마음챙김 상담자 수련과정에서 학생 하나가 마음챙김의 전제조건이 명상에서 선호되는 형식의 상담자 수련과정이라는 것을 경험적으로 발견했다. 사용된 양식에 상관없이 학생들은 학기 내내 처음 명상을 할 때 느껴지는 저항을 극복해 나갔고, 그들이 명상을 편안하게 해낼 수 있다는 사실에 놀랐다(많은 학생은 마음이 멈추어 설 수 없다는 편견을 가지고 있었다!). 명상 후 그들은 곧 평안함을 느꼈고, 그들은 명상의 효과를 알게 되었다. 가장 흥미로운 사실은 명상을 하면서 그들은 가족과 친구, 내담자들을 다르게 대하기 시작했다는 것이다. 학생들은 자기의심과 상담 수련 중 부적절한 부정적 생각을 멈출 수 있었다고 말했다. 학생 명상자들은 환경적 유발요인으로부터 거리를 두기 시작했다. 즉, 처음에 그들을 짜증 나게 했던 행동들이 더 이상 같은 반응을 일으키지 않았다. 완벽주의에 덜 사로잡히고, 외적 상황에 덜 반응했으며, 타인에 대해 더 공감적이었고, 무엇보다도 다른 사람들이 상호작용 속에서 그들의 존재와 성향에 대해 변화를 느끼게 되었다.

학생들과 나는 우리의 주관적인 명상 경험의 증거를 신경과학에서 발견할 수 있는지 궁금했다. 우리는 명상을 평안함으로 경험했는데, 신경과학적 연구 결과에서도 명상적 호흡이 부교감 신경체계를 평안하게 만들고 도파민을 증가시키며 행복, 이해심, 평안함 등의 경험을 지속시키는 것으로 나타났다(Luke, 2016). 신경과학 연구는 뇌의 좌반구와 우반구를 연결 짓는 뇌량이 음악가와 창의적인 예술가들에게서 더욱 활성화되고 내적 균형과 조화를 만들어 내는 것을 발견했다. 명상은 뇌 속의 균형을 잡아 주고 신경전달물질 활동을 안정화시키며 정보처리과정을 위한 새로운 신경회로를 만들고 내적 평안과 웰니스의 감정을 만들어 준다. 신경과학은 명상과 마음챙김의 주관적 경험의 효과를 지지해 준다.

상담자로서 나는 명상을 상담 장면에서 치료적 활동으로 계속할 수 있다는 것에 감사한다. 도전적인 삶으로서 나는 춤, 음악, 앉아서 하는 명상, 음악을 들으며 포토맥 강을 따라서 자연을 거닐기, 타인과 함께하며 웃기, 학생들과 협업하면서 가르치고 배우기 등과 같은 다양한 명상적 연습을 통해 열심히 내 삶의 균형을 잡아 가고 있다. 명상은 나에게 생기를 주고 영감을 주는 '하나 됨' 그리고 '함께함'의 균형을 포함한다.

마음챙김과 명상의 정신적 · 신체적 유익성에 대한 강력한 증언들은 임상적 · 학문적 공동체 속에서 여러 사람에게 퍼져 나가고 있으며 이들은 이러한 연습의 효과에 감사하고 마음챙김을 치료적 활동의 하나로 포함시켜 나가기로 하였다. Jo Marchant(2017)는 유전학과 미생물의학에서 박사학위를 받았는데 신체적 성장에 대한 연구를 통해 학문적으로 공헌한 바 있다. Marchant는 '스트레스를 날려 버리는 마음챙김이 질병이 발생하는 것을 멈출 수 있을 것인가?'라는 질문을 제기하였다. 비록 이 영역의 연구가 초기 단계지만 Marchant는 "이러한 생각을 뒷받침하는 감질 나는 몇몇 증거가 있다."(p. 31)라고 하였다. 예컨대, 한 연구에서 몇 주간 마음챙김을 연습한 환자가 감기에 덜 걸리고, 걸려서 아프더라도 더 빠르게 회복하고 심각한 증상을 덜 경험한다고 하였다. 게다가 최근 연구에서 마음챙김 훈련이 혈압 상승을 감소시키고 말단소체복원효소(telomerase)와 세포 노화를 느리게 하는 엔자임의 활동을 증가시키는 것으로 나타났다. Marchant는 "3~4일 간 하루에 5~10분 정도의 적은 시간"의 명상으로도 고통과 우울에 단기적 효과가 있음을 증명하는 소연구에 대해 소개하였다. "마음챙김 과정의 장기적 효과는 더욱 유의하며 오래 지속되는 것으로 나타났다(p. 31)". 마음챙김이 기적의 치유법이라기보다는 삶의 양식을 변화시키는 것으로 볼 수 있음을 시사해 준다. 즉, "더 많이 할수록 더 큰 효과가 생기고 더 오래 연습할수록 효과는 더 오래 지속된다"(p. 31).

　마음챙김 명상을 계속할수록 그 효과가 계속된다는 생각은 마음챙김에 대한 나(Jude)와 동료들의 상담 인터뷰 중에도 계속되었다. 나는 일주일에 한 번 임상클리닉에 자원봉사를 나가는데, 우리는 수요일마다 사례회의를 하러 모였다. 모임에서 첫 15분간 우리는 마음챙김 활동으로 집단을 시작했다. 우리는 창의성을 격려하고 마음챙김 걷기나 먹기에 참여하고 치료적 드럼 치기와 유도된 심상을 하였다. 처음으로 나는 현 순간에 머물기 위해 노력하고 생각이 흘러가도록 하였다. 초기 마음챙김 경험은 활동을 시작하면 연구 프로젝트에 초점이 맞춰지고 일에 대한 생각으로 죄책감을 느끼면서, 내 마음을 비우려고 노력하면서도 비워지지 않아서, 비우려는 노력에 대해 스트레스를 받아 가면서 활동이 끝났다. 이러한 활동 경험을 진행하면서 동료들은 내가 과정 중에 나를 평가하지 않으려고 노력해 볼 것을 권했다. 역설적으로 내가 해야만 하는 일의 목록과 할 필요가 있는 모든 것에 의도적으로 초점을 맞추라고 제안하였다. 그녀는 내 호흡에 집중하면서 내 스스로 목록을 생각하도록 코치해 주었다. 연구실 화이트보드에 적힌 내 목록을 머리에 그리면서 내가 어떻게 목록에서 하나씩 지워 나가는지를 생각했다. 나는 목표의 우선순위를 정하고 전략을 짰다. 종종 내 호흡에 주의를 기울이고 내 목록으로 다시 돌아가곤 했다. 곧 나는 내가 해야 할 일에 대해 덜 불안해하기 시작했다. 대신에 점차 현실에 기반을 두고 목록의 항목에 대해 더 따져 보고 싶어졌다. 내 목록은 관리할 수 있어 보였고, 내 과업을 성취하는 능력에 대해 더 큰 안정감을 가지게 되었다. 나는 동료들과 마음챙김을 계속 연습해 왔고, 지금은 화이트보드를 거의 상상하지 않는다. 내 가족, 내적 감정, 꿈, 목표, 의미 있는 경험들을 생각한다. 나에게 마음챙김과 명상은 조용한 정신적 공간이라기보다는 삶을 준비하는 시끄럽게 열린 공간을 만들어 준다.

태극권

고대 중국의 태극권(Tai Chi)은 몸과 마음과 영혼을 운동하기 위해 개발되었다. 부드럽게 근육을 움직이고 집중력을 높이며 몸에 있는 스트레스의 영향을 감소시킨다(Hales, 2017). 태극권은 종종 부드럽게 흐르는 듯한 몸의 움직임과 깊고 리드미컬한 호흡이 어우러진 형식으로 특징지어진다. 많은 방송에서 이 고전적 형식의 고대 기술을 보여 주고, 오늘날 많은 집단이 태극권을 통해 건강에 유익한 도움을 받고 있다. 태극권의 혜택을 최대로 하기 위해서는 규칙적인 연습이 요구된다. 태극권을 연습하는 사람들의 가장 큰 혜택은 불안과 우울이 감소되고 스트레스 관리능력이 높아지며 호흡량이 증가되고 에너지와 스태미나가 증가되며 근육 강도가 증가된다는 점이다. 일종의 운동으로서 신체 주요 관절에 충격을 최소화하여 무리를 덜 주고 모든 연령과 체형에도 적합한 운동이다.

이 책을 쓴 우리 네 명은 샌프란시스코에서 열린 ACA 학술대회에서 이러한 아이디어를 서로 나눌 수 있는 시간을 가졌다. 학술대회가 끝나고 근처 공원으로 가서 이야기를 나누었다. 매일 아침 소집단의 사람들이 거기서 태극권을 연습하는 것을 보았는데 그 우아하고 차분한 운동의 효과에 감동받았고, 태극권이 어떻게 몸과 마음, 영혼을 차분하게 만들고 정신없이 바쁜 일상의 충격과 스트레스를 완화시켜 줄 수 있는지 이해할 수 있었다.

요가와 필라테스

인도에서 유래된 요가는 '연합'을 의미하는 산스크리트어 yoga에서 유래하여 종종 몸과 마음과 영혼의 연합이라는 뜻으로 설명된다. 호흡, 몸, 중심 잡기에 초점을 두는 것이다. 사람들은 스트레스를 감소시키고 건강과 활기를 유지하고 자각을 증진시키고 영성을 깊게 하며 유연성을 증가시키기 위해 요가를 연습한다. 요가는 건강에 수많은 도움을 주는데, 신체 질환을 예방하고 치료하며 스트레스의 영향을 훌륭하게 완충해 준다. 요가는 자세, 긍정적 사고, 호흡을 다루고 임상적으로 분자적 수준에서 스트레스의 긴장을 풀어 준다(Seppa, 2015). Sandi Fulcher는 훈련받은 요가와 필라테스 강사이며 은퇴한 상담자이다. 그녀는 요가와 필라테스가 어떻게 상담자들에게 긍정적인 혜택이 되는지 우리에게 말해 준다.

상담자 자기돌봄의 길, 요가와 필라테스

Sandi Fulcher

상담은 자기돌봄의 관점에서 보면 유순한 직업처럼 보인다. 그러나 목과 손을 앞으로 내밀고 둥글게 굽은 어깨를 앞으로 기울여 가면서 수 시간 동안 앉은 자세로 수용과 확신을 주는 비언어적인 의사소통을 위해 머리를 종종 끄덕이는 행동은 별로 괜찮아 보이지 않는다. 계속적으로 같은 자세를 유지하는 것은 엉덩이, 목, 어깨, 등 부분에 문제를 야기할 수 있고 심장과 폐, 소화 및 배설, 생식기관에 차례로 건강상의 무리를 줄 수 있으며, 원치 않는 건강 문제를 많이 일으킬 수 있다. 자세 문제와 더불어 상담자들은 내담자의 정서적 경험을 공감하면서 함께 겪게 된다.

요가는 몸과 마음을 해방시켜 준다. 스트레칭을 통해 다양한 몸의 자세를 취하면서 신체적 자세 문제에 대처할 수 있도록 해 준다. 또한 요가는 공감적 경청의 정서적 영향에도 대처할 수 있도록 해 주는데, 마음-신체 간의 연결을 연습하면서 명상을 할 수 있기 때문이다. 요가는 다양한 자세와 포즈를 통해 상담 업무를 하면서 생기는 해로운 영향으로부터 우리 몸을 자유롭게 해 주고 신체적·정서적으로 우리 몸을 풀어 준다.

나는 30대 초반에 상담자라는 직업을 시작했고, 50대 초반에 은퇴하였다. 나는 운 좋게도 다양한 경력을 쌓을 수 있었다. 학부 시절에 인간서비스 프로그램을 공부하고 석사과정에서 상담을 공부하면서 인턴십, 수업, 슈퍼비전 그룹을 통해 공인 부부 및 가족 상담사로서 경력을 쌓아 왔다. 말할 필요도 없이 이러한 경험은 앞서 기술했듯이 부정적인 신체 자세를 만들어 냈고, 또한 개인상담을 하거나 입원 및 통원 환자들의 약물 의존 프로그램에서 일하면서 나는 20년 동안이나 앉아서 생활할 수밖에 없었다.

은퇴 후 나는 신체적 고통에 시달렸는데, 특히 등과 목의 통증이 심했다. 나는 요가를 시작했고 그것이 나의 몸과 마음을 유연하게 해 준다는 것을 알게 되었다. 내 몸이 풀려 가면서 여러 해 동안 앉아서 생긴 긴장이 풀어졌고, 내담자들이 표현했던 정서적 고통도 상당 부분 해결되었다. 내 몸은 곧게 뻗고 변하기 시작했고, 내 자세는 교정되었고, 고통은 사라졌다. 지금 나는 거의 70세가 가까워지는데 내 몸은 이전보다 더 건강하다. 어깨를 뒤로 젖혀서 펴고 머리와 목은 정확한 자세로 꼿꼿이 세워서 좋은 몸의 자세로 서 있다. 나는 또 다른 마음-몸 운동으로 알려진 필라테스와 함께 요가 연습을 했는데 요가의 효과가 멋지게 완성되었다.

필라테스는 몸 전체 작은 근육에 초점을 둔 운동을 통해 신체 코어(몸의 중심)를 스트레칭시키는데 골반, 엉덩이, 어깨를 안정화시킨다. 필라테스는 사람들이 그들의 몸과 함께할 수 있도록 해 주고 몸을 어떻게 정확히 움직이고 통제할 수 있는지 알 수 있도록 도와준다. 필라테스는 몸을 정확하게 맞춰 주고 부정교합으로 생긴 스트레스를 감소시킨다. 이 운동은 근육의 불균형을 교정하고 자세와 조화, 균형, 힘과 유연성을 증진시키며 호흡량을 증가시킨다.

나는 요가와 필라테스를 열심히 하고 있고, 그 놀라운 효과를 느끼고 있다. 두 운동에 대해 가르칠 수 있는 자격을 갖추고 있고, 이 두 치료적 훈련이 상담자로서 내 경력에서도 계속 이어지고 있다고 생각한다. 나는 다른 사람들을 계속 돕고 있지만, 심리적 수준에서보다는 신체적 수준에서 돕고 있다. 최근 운동을 통해 나와 유사한 신체적 문제를 가지게 된 많은 상담자를 만났다. 등, 목, 엉덩이와 어깨에 문제가 있었다. 요가와 필라테스는 몸을 적절히 교정하고 몸에 대해 자각할 수 있도록 하고, 일하는 동안 몇 시간 내내 앉아 있어서 생기는 자세 문제를 해결할 수 있도록 돕는다.

수업 중 앉아 있을 때, 컴퓨터를 하거나 내담자와 작업할 때 당신의 몸이 어떻게 반응하는지 살펴보라. Sandi Fulcher는 요가가 몸과 마음을 부드럽게 하고 필라테스는 부정교합으로 생긴 스트레스를 감소시킨다고 주장한다. 당신은 요가와 필라테스 둘 중 어디에 더 관심이 있는가?

성찰을 위한 질문

1. 마음챙김이나 명상을 연습해 보았는가? 만약 그렇다면 신체적·정신적 웰빙에 어떤 영향을 미치는가? 얼마나 정기적으로 이 운동을 할 수 있을까? 당신이 향상시키고 싶은 것이 있는가?

2. 만약 내담자와 작업을 한다면 마음챙김 연습을 치료적 활동으로 통합시킬 수 있을까? 어떤 내담자에게 이러한 웰니스 전략이 가장 효과가 있을까?

3. 요가나 필라테스, 태극권과 같은 스트레스 관리방법에 대해 어떻게 생각하는가? 이러한 것 중 해 본 것이 있다면 어떤 경험을 했는가?

4. 다른 사람들처럼 당신이 자기돌봄을 위한 제한된 시간 속에서 마음챙김, 명상, 요가, 필라테스, 태극권 혹은 스트레스를 감소시키는 데 도움이 되는 다른 활동들을 한다면 어떻게 시간표를 수정할 것인가?

자연에서 살기

자연은 신체적·정신적 건강을 증진시키는 방법으로서 수많은 장점이 있다. 수천 년 동안 현자들은 힐링의 원천으로 자연을 경험하도록 권해 왔다. 요가수행자들은 숲으로 들어갔고, 주술사들은 야생으로 들어갔으며, 기독교 신부들은 사막으로 돌아갔다. 자연은 몸과 마음을 가라앉히고, 스트레스를 줄여 주고, 정신적으로 짜증 나는 것을 없애 주며, 삶에서 가장 중요한 것들을 마음속으로 불러온다(Walsh, 2011). Dalai Lama는 웰니스와 행복은 사람들이 하루에 최소 30분 자연과 함께할 때 고양되고 지지받는다고 하였다. 우리는 Dalai Lama의 삶의 모습과 의미 있는 삶에 대한 관점에 감사드린다. 더 공부하려면, 그의 책『An Open Heart: Practicing Compassion in Everyday Life』(Dalai Lama, 2001)를 더 읽어 보기를 권한다.

나(Jerry)는 자기돌봄의 형태로 자연에 가장 높은 가치를 두고 있다. 걷기나 하이킹과 같은 신체적 운동을 규칙적인 자기돌봄의 식단처럼 활용해 왔다. 나는 내가 수년간 살고 있는 산림 지역에 익숙한 산길을 따라 산책하면서 내 마음을 비우고 영혼에 생기를 불어넣을 수 있다. 사실 많은 저서와 수업에 대한 아이디어들이 하이킹하는 산길에서 고안된 것이다! 상쾌한 공기와 숨 막힐 듯한 광경이 나의 마음을 자유롭게 하고 창의적으로 사고할 수 있도록 돕는다. 인간서비스 전공 교수로서 초기에 큰 책임의식을 가지고 적극적으로 집필을 할 때, 나는 종종 산 속 시냇물을 볼 수 있는 특정한 장소로 들어갔다. 나는 황색의 종이패드를 가지고(아이패드가 발명되기 오래전) 몇 시간 동안 앉아 있곤 했다. 자연은 삶의 의미와 영감을 주는 주요 원천으로서 고요히 있었다. 사실 이번 여름에 독일에서 시간을 보내면서 내가 가장 좋아했던 활동은 아름다운 숲길을 따라 걷고 강을 따라 자전거를 타는 것이었다. 나는 여러분 모두 산림 지역에서 살고 있지 않다는 것을 안다. 그러나 자연과 함께 시간을 보낼 생각을 차단하지는 않기 바란다. 대부분의 도시에는 나무와 연못이 있는, 당신을 자연에 노출시켜 줄 수 있는 공원이 있다.

종교적/영적 관여와 삶의 의미

종교적이고 영적인 관심은 자기돌봄의 중요한 요소로서 삶을 조망할 수 있게 돕는다. 영성과 종교는 우리 문화 속에 있다. 상담자가 상담에서 영성을 다룬다면 논의의 화제로서 영적 관심사에 대해 편안함을 느끼고 있다는 증거이다. 내담자와 이런 문제를 잘 탐색하고 싶다면 당신의 영적 혹은 종교적 태도와 신념, 가치, 경험을 이해하는 것이 중요하다.

명상, 기도, 자연에서 지내기, 마음챙김, 타인과 연결되기, 예술을 즐기기, 요가와 같은 다양한 방법들은 영성을 가치 있게 해 주는 원천이다. 내담자와 함께 작업할 것을 발견하는 것이 핵심이다(Johnson, 2013). 많은 내담자에게 영성과 종교는 자기감, 세계관, 가치체계에 대해 핵심적인 측면이다. 종교적이고 영적인 문제는 몇몇 내담자가 상담을 찾는 이유와 관련이 있기도 하고 몇몇 내담자는 영성이 그들의 문제를 이해하고 삶의 문제를 풀어 가는 데 핵심적인 요소가 되는 것을 발견할지도 모른다. Walsh(2011)는 종교적 혹은 영적 관여를 정신건강 전문가들이 내담자의 일과 삶 모두를 위해 고려하고 다루어야 할 중요한 삶의 양식이라고 보았다. 종교적이고 영적인 관심이 상담을 찾아온 대부분의 사람들에게 매우 중요하고, 종교적이고 영적인 활동은 주요 스트레스 대처 수단이 된다. Walsh는 종교적이고 영적인 관여는 사랑, 수용과 용서와 같은 주제에 초점을 둘 때 상담에서 더욱 효과적일 수 있다고 지적했다.

종교는 종종 사람들을 적대적인 캠프로 양분하고 엄청난 해를 끼치는 힘이 되기도 했다. 불행히도 우리는 오늘날 그러한 많은 증거들을 보게 된다. Dalai Lama(2001)는 모든 종교의 궁극적 목표는 타인에 대해 수용하고 돌볼 수 있는 더 나은 인간을 만드는 데 있다고 믿었다. 차이가 있음에도 불구하고 우리는 친절함과 연민을 가지고 타인을 대하는, 더 나은 세상을 만들기 위해 노력할 수 있다. Dalai Lama는 종교적 신념도 영성의 한 수준으로서 영성적 핵심 가치가 착함, 사랑, 연민, 인내, 용서, 인간적 온정, 배려, 타인에 대한 친절과 같은 특성을 포함한다고 말했다. 어떻게 이러한 행동들을 자신과 타인을 돌보는 것과 통합할 수 있을지에 대한 아이디어를 생각해 보는 것이 좋을 것이다. 제8장에서 몇몇 상담자는 자신의 종교적/영적 관심을 삶에서 의미를 찾고 스스로를 돌보는 데 어떻게 활용했는지 이야기해 준다.

아이오와 대학교의 상담자교육 전공의 부교수인 Susannah Wood는 전문적 일에 대한 스트레스가 그녀의 건강과 웰니스에 영향을 미치는 것을 발견하고 명상과 기도, 자기돌봄을 증진시키는 데 도움이 되는 성찰에 관심을 기울였다.

자기돌봄에 대한 성찰

Susannah M. Wood

되돌아보면 자기돌봄을 수행하는 데 있어 가장 큰 장애물은 바로 나였다. 더 구체적으로 말하자면, 죄책감이나 좌절감과 같은 감정과 싸우는 것이었다. 나는 자기돌봄의 힘을 안다. 그것은 소진을 예방하고 내가 강건한 상담교육자가 되게 해 주며 신체적 질환과 정신적 고갈을 예방하고 개선해 준다. 다른 사람들과 과업을 위해 매 순간을 써 왔던 나를 다시 나에게 되돌려 준다. 나는 직업상 다른 사람들과 함께 일해야 하는데, 이는 자기성찰을 하는 데 적은 시간을 쓴다는 것을 의미한다. 아침 기도와 명상에서 어구를 읊거나 요가 연습을 위해 주마다 어구를 읊는 것, 걷거나 뛰기 등은…… 욕심 같아 보인다. 나는 지속적으로 '나는 X와 Y와 Z를 위해 시간을 할애할 수 있어. 왜냐하면 그게 항상 중요하니까. 그렇지?'라는 혼잣말을 하면서 괴로워했다. 2013년, 항상 알파벳의 끝(X, Y, Z)을 우선순위 맨 앞에 두어 왔던 나에게 내 몸은 (재미있게도) 비용을 청구했다.

두꺼운 코트 없이도 정신없이 달리던 내가 그것을 더 이상 지속할 수 없다는 사실에 충격을 받았다. 나는 자기돌봄이 이기적인 것이 아니며 나약함의 신호가 아니고 일을 방해하는 것이 아님을 깨닫게 되었다. 사실 반대되는 것이다. 마음챙김, 명상, 기도를 하지 않고 요가를 가지 않는 것이 내 성장과 정신건강, 신체건강을 저해시키고 결국 의미감과 기쁨을 방해하는 것이다. 명상을 뒤로 제쳐 두고서 내가 하고 있는 것들이 정말 어쨌든 누구에게 어떤 의미가 될 수 있는지에 대해 궁금증이 생겼다. 시간이 걸리는 일이고, 자기돌봄 연습을 하고 싶은 적절한 장소에 있지 않더라도 이 활동으로 하루를 시작하는 것은 나에게 의무사항이나 사치가 아닌, 필수조건이 되었다. 이 활동은 나의 알파벳 우선순위에서

1순위가 되었고, 내가 지속할 수 있는 무언가가 되었다.

사람마다 기도와 명상, 감사일기를 쓰는 것은 다양한 의미를 갖는다. 나에게는 다음과 같은 몇 가지 중요한 의미를 지닌다.

1. 효과가 없거나 옳지 않은 것, 내가 변화시킬 수 없는 것에 대해 곱씹기보다는 내가 가지고 있는 것을 알게 해 준다. 때로 이걸 알아차리는 데 많은 시간이 걸린다. 명상 중에 감정이 일어나고 사라진다. 내가 맞닥뜨린 불확실성과 갈등이 무엇이든지 간에 평화롭게 머무르기 어렵겠지만 내 주변에서 일어나고 있는 무엇인가를 다룰 수 있도록 도와주는, 내가 이미 가지고 있는 것에 대해 알게 된다.

2. 명상과 기도는 시야를 넓혀 준다. 앱(App)의 출현으로 나는 자신만의 고통과 갈등, 개인적인 즐거움을 지닌 세계 여러 나라의 명상가들과 연락할 수 있다. 내가 혼자가 아니라는 사실 그리고 이 모든 것이 나에 대한 것은 아니라는 사실을 깨닫게 되었다. 비록 나의 상황이 독특해 보여도 고통, 두려움, 분노, 후회, 죄책감과 슬픔은 그렇지 않고, 내가 힘을 가지고 내 삶을 다룰 수 있다는 사실을 깨닫게 해 주었다. 나는 타인을 돕기로 했고, 단지 그냥 듣기만 하는 것도 다른 사람에게 내가 줄 수 있는 가장 강력한 힘이 될 수 있다. 종종 문제와 고통이 사라지지 않더라도 그의 곁에 앉아 그의 고통을 함께할 수 있다.

3. 매 시간 모든 인생 활동에서 기쁨과 만족을 추구할 수 있다. 내가 고통을 피해야 하거나 피할 수 있다는 것을 의미하지 않는다. 나에게 명상은 그날 무엇이 일어났든 간에 나 스스로와 함께 앉아 있는 것이다. 나는 내가 가장 큰 장애물임을 떠올린다. 나는 나의 고통을 가장 잘 만들어 낸다. …… 타인에 대한 고통도 잘 만들어 낸다.

나는 자기돌봄 연습을 완벽하게 하지 못한다. 그러나 그것을 받아들이고 작업하는 것이 좋은 시작이 될 수 있다. 만약 당신이 하루에 5분이나 15분만 명상을 한다고 해도 좋다. 얼마나 걸리건 해라. 욕심과 좌절, 죄책감으로 흔들리고 잠시 허둥대도 좋다. 아침에 앉아 명상을 하면서 이런 감정들과 씨름하기 때문에 나는 더 나은 상담교육자라고 믿고 싶다. 비록 완벽하지 않지만 나는 약간씩 더 나아지고 있다.

Susannah Wood는 자신이 자기돌봄에 얼마나 큰 장애물이 되는지 보여 주고 있다. 당신의 삶의 방식은 무엇인가? 당신을 방해하는 것을 멈추게 하는 것은 무엇이 있을까? 당신에게 영성이 의미하는 것은 무엇인지 생각해 보고 개인적인 삶이나 업무에서 사람들을 만날 때 당신의 영적 신념을 어떻게 행동으로 옮길 수 있을지 생각해 보자.

성찰을 위한 질문

1. 어느 정도나 자연을 치유의 원천이라고 믿는가? 자연 속에서 시간을 보내면 웰빙감에 어떤 영향을 미치는가?

2. 자연에서 지내면 얻는 혜택은 무엇인가? 자연에서 지내는 것이 어떻게 자기돌봄의 원천이 되는가?

3. 만약 종교가 있다면, 자기돌봄을 위해 종교는 어떤 역할을 하는지 말해 보자. 스스로 얼마나 영적인 사람이라고 생각하는가? 자기돌봄을 위해 삶에서 영성을 배양하는 방법으로는 무엇이 있는가?

4. 신념에 기초한 행동을 하거나 영성으로부터 삶의 의미를 어느 정도 얻었는가?

자기돌봄에서 영양 섭취와 식이요법의 역할

불규칙적이고 비일관적인 식사습관은 대다수 우리의 영양 문제에 핵심이다. 나(Michelle)는 이러한 덫에 빠진 적이 있음을 시인한다. 내 식사습관은 그날 내가 닥친 문제에 따라 상이하게 달라진다. 저녁 늦게 강의가 있으면 나는 종종 집에 와서 건강식보다는 쉽게 먹을 수 있는 것을 찾아 먹는다. 저녁에 강의가 없으면 서두를 필요 없이 내 몸에 무엇이 필요한지에 대해 숙고하는 경향이 있다. 정말 이 부분에서 긍정적인 변화를 가질 여유가 필요하다는 것은 확실히 안다. 나는 건강해지고 더 나은 영양 섭취 습관을 갖추기 바란다. 그런데 이렇게 아는 것을 실제로 옮기는 것이 정말 어렵다.

건강한 영양 섭취 습관은 대단히 많은 시간이 드는 것도 아니고, 특히 다양한 영양소를 섭취할 수 있도록 새롭게 식단을 만들고 나면 더욱 쉬워진다. 현명하게 잘 먹는 방법, 체중 관리 방법, 체형을 만드는 방법을 배우는 것부터 웰니스로 가는 평생의 여정을 시작할 수 있다. 건강한 식습관을 형성하면서 우리는 내담자에게 양질의 서비스를 제공할 수 있도록 우리에게 필요한 생명력을 유지할 수 있는 능력을 향상시킬 수 있다.

이러한 영양 섭취가 신체 및 정신 건강에 중요한 역할을 한다는 것을 보여 주는 상당한 증거들이 있다(Walsh, 2011). 식품영양 전문가들은 우리 몸이 필요로 하는 모든 영양소를 포함한 다양한 음식을 먹도록 권하는데, 이러한 주제의 책들이 많이 나와 있다. 비록 식이요법이나 영양 섭취에 대해 알려진 최근의 많은 정보로 혼란스러울 때도 있지만, 양질의 영양분을 섭취하기 위해 우리는 잘 알고 있는 소비자가 될 필요가 있다. Scherger(2016)는 건강은 우리가 무엇을 선택하는가에 달려 있다고 주장한다. 즉, "모든 사람의 삶은 여정이고, 우리는 그 길에서 많은 선택을 하게 된다. 더 나은 건강상태와 건강하게 오래 사는 것은 우리의 손에 달려 있다"(p. 3). Joseph Scherger 박사(2016)의 짧지만 많은 정보를 담고 있는 책『Lean and Fit: A Doctor's Journey to Healthy Nutrition and Greater Wellness』를 읽어 보기를 바란다.

운동 프로그램을 계획하기

전반적인 웰니스를 향상시키기 위해서 우리가 스스로를 위해 할 수 있는 가장 중요한 것 중 하나가 바로 신체적인 활동을 하고 매일 규칙적인 운동을 하는 것이다. 규칙적인 운동은 질병을 예방하고 건강을 증진시키며 생활을 고양시키고 연장시킨다. 학생들은 요가나 필라테스 수업을 들을 여유가 없다고 말할 수도 있다. 그러나 대부분의 사람들이 규칙적으로 할 수 있는 운동인 걷기 같은 운동은 크게 시간을 들이지 않고 할 수 있다. 하루에 30분 정도 활보하면 심장, 폐와 순환계통에 도움을 준다. 걷기는 체중을 조절하고 몸과 마음에 활력을 가져다준다. 지속적인 걷기 프로그램은 스트레스를 줄이고 질병을 예방하는 훌륭한 방법이다. 나(Jerry)는 운동 프로그램에 참여하고 있다. 나는 매일 걷는데, 일반적으로 업무 프로젝트를 시작하기 전 아침에 매일 걷는다. 1시간 가량 걷고 난 후, 보통 1시간가량 자전거를 탄다. 며칠은 2~3시간 하이킹을 한다. 최근 일주일에 17시간을 다양한 형태의 신체적 운동을 하면서 보냈다. 몇몇은 내가 운동중독이라고 말하기도 했다. 그러나 나는 이것을 긍정적 중독이라고 본다. 비록 자기훈련이 필요하지만, 지속적인 운동 프로그램을 통해 체형을 유지할 수 있는 것이 노력에 대한 가치 있는 보상이 된다. 대개 에너지가 생기고 스태미나를 유지하고 움직임이 민첩해진다.

운동 프로그램을 계획하자는 우리(Jude와 Julius)의 생각은 우리가 맡고 있는 생애 역할에 대해 솔직하게 대화하면서 이루어졌다. 비록 전화나 화상통화를 하더라도 가족과 함께하는 시간이 가장 가치 있게 느껴진다. 또한 우리는 부지런하게 일하는 것에 가치를 두고 언제나 최선을 다한다. 이러한 가치 있는 것들과 운동 프로그램을 병행할 필요가 있다. 하루에 6시간 운동하는 것은 우리의 라이프스타일과 맞지 않는다. 우리는 이 프로그램에 대해 '좋다' '나쁘다'라고 판단하지 않는 자세로 열심히 실천했다. 너무 열심히 하지 않도록 "우리가 할 수 있는 모든 것은 우리가 할 수 있는 모든 것이다."라고 스스로에게 말해 주었다. 만약 1마일을 걷는 것이 우리가 지금 할 수 있는 모든 것이라면 그것으로 충분하다. 계속 더 해야 하는지 생각하는 대신에 우리는 운동하는 경험을 더 즐기도록 노력해야 한다.

나(Jude)는 하프마라톤 훈련을 계획에 포함시켰다. 내 아내는 열정적인 주자인데 나는 그렇지 않다. 수준 높은 축구경기를 하면서 나는 고통스럽게 달리는 것을 경쟁심과 동일시해 왔다. 달리기를 신체적 · 정신적 건강을 유지하는 방법으로 보기 위해서는 시간이 좀 걸렸다. 솔직한 대화를 통해 나는 운동 계획을 세우는 데 도움이 되는 동기를 찾았다. 실시간으로 걷기, 달리기, 사이클링하기, 하이킹하기를 포함하는 운동 계획을 실천할 수 있도록 해 주는 스마트폰의 앱을 사용하기 시작했다. 매일 오후 5시에 러닝앱은 나와 아내에게 다음 달리기 시작을 알리는 메시지를 보낸다. 나는 아내와 달리기 연습하는 것을 즐긴다. 우리는 도시의 코스, 시간, 우리가 전후로 먹어야 할 음식, 달릴 때 우리가 필요한 것에 대해 이야기 나눈다. 나는 달리는 동안 오디오북을 듣고 다음에 무슨 일이 벌어질지 떠올리면서 좀 더 내가 뛸 수 있도록 동기화시킨다. 달리는 동안 내 속도나 호흡, 집중하는 것에 대해 걱정하지 않으려고 한다. 달리기를 할 수 없을 때 나는 걷거나 같은 대학 교수나 연구원들과 배구 경기를 한다. 이 시간에 프로젝트나 학생 그리고 경험에 대해 이야기할 수 있다. 압박을 피할 수 있는 활동과 연결감은 운동 계획의 중요한 부분이다. 이 두 가지 요소는 내가 자라고 성공한 환경에서 발견할 수 있다. 나는 짜여진 운동 계획에 맞추어 살지 않는다. 차라리 나의 필요와 라이프스타일에 내 운동 계획을 맞추려고 한다.

대부분의 사람들은 운동의 효과를 안다. 그러나 많은 사람이 스스로와 다른 사람들에게 너무 바빠서 신체적 운동을 할 시간이 없다고 말한다. Jerry, Jude, Julius와 같이 신체적 운동을 매일/주간 일정에 통합시킨 사람들과 달리, 나(Michelle)는 이것에 반대한다. 때때로 날씨가 추워지면 종종 신체적으로 소극적이 되는 변명으로 이것을 활용한다.

운동 프로그램은 위험을 최소화하고 전반적인 웰니스를 최대한 달성하기 위해 계획될 필요가 있다. 당신의 나이와 신체적 상태, 삶의 환경에 적합한 무언가를 찾아 정기적으로 하도록 권한다. 몇몇은 서로 모여서 운동하는 것을 선호하고, 다른 사람들은 텔레비전을 보거나 음악을 듣고 실내 자전거를 타면서 운동할지 모른다. 몇몇은 조깅을 좋아하고 다른 사람들은 경쟁적인 스포츠에 참여할지도 모른다. 만약 즐기고 싶은 운동의 종류를 선택한다면 정규 기초 연습과정에 참여해 보는 것도 좋다. 무료로 피트니스 활동을 함께 모여 하는 일반인 집단이 있다. 자기돌봄을 증진시키는 유료 공동체 집단인 11월 프로젝트를 시작해 보려면 http://november-project.com/how-to-join 링크를 따라가 보라. 11월 프로젝트의 핵심 요소는 긍정성과 공동체성이다. 당신이 살고 있는 도시에 가능한 프로그램이 있는지 확인해 보라.

운동에 정답은 없다. 우리 각자 계획을 세우고 심리적 · 신체적 활동을 계속해야 한다. 운동은 신체적 체형을 유지시키는 것뿐만 아니라 일상의 스트레스를 다루는 방법이자 즐거움과 휴식의 원천이 될 수 있다.

성찰을 위한 질문

1. 당신의 식단과 영양 섭취에 대해 평가해 볼 때 얼마나 잘 먹고 있는 가? 만약 당신의 영양 섭취 식단에 등급을 준다면 몇 등급을 받을 수 있을까?

2. 현재 영양 섭취 습관에 얼마나 만족하는가? 만약 불만족한다면 당신 의 식단에서 무엇을 변화시킬 필요가 있다고 보는가? 이러한 변화를 얼마나 실천에 옮길 수 있을까? 영양 섭취의 변화가 당신의 웰빙에 어떤 변화를 일으킬까?

3. 신체적 운동을 일주일에 얼마나 하는가? 충분한가? 만약 신체적 활 동 수준에 불만족한다면 그것을 증가시키기 위해 무엇을 할 수 있는 가? 운동을 못하게 하거나 방해가 되는 것은 무엇인가?

레크리에이션을 통해 우리를 다시 만들기

일과 관련 없는 활동을 통해 즐거움을 찾는 것은 우리의 웰빙에 필수요건이며 스트레스를 감소시키고 소진을 예방하는 훌륭한 방법이다. 일에 얼마나 많이 투자했든지 간에 우리가 휴식을 취하지 않고 자신의 흥미를 개발하지 못하면 효과적인 조력자가 되기 어렵다. 일에 대한 보상이 우리에게 에너지를 줄 수 있지만 대부분은 일 이외에 삶에서 만족을 얻을 필요가 있다. 레크리에이션(recreation)을 통해 활기를 찾게 해 줄 새로운 흥미를 다시 만들 수 있다(re-creating). 우리 대부분은 일, 가정, 여가를 추구하는 데 있어 도전을 받게 된다. 활기를 되찾고 우리를 성장시키는 경험을 찾아 즐길 수 있을 만큼의 충분한 휴식이 필요하다. 몇 가지 생각해 보면, 일로부터 벗어나 다른 사람들과 관계를 향상시키는 활동을 해 볼 수 있다. 새로운 취미에 집중하거나 예전 취미에 대한 관심을 되찾아 보는 것은 스트레스 관리 전략의 중요한 부분이 될 수 있다.

수년 전 나(Michelle)는 재택근무 가족상담사로서 새를 열렬히 좋아하는 임상 슈퍼바이저와 함께 일했다. 그와 그의 아내는 종종 야외로 나가 새를 관찰할 수 있는 장소로 주말여행을 떠나곤 했다. 그는 새에 대한 전문지식을 넓혀 나가고 그것에 매료되었다. 이러한 취미는 그가 아동보호서비스에서 제외된 채 지속적으로 위험에 노출된 아이들이 독립적으로 살아갈 수 있도록 기초 생활을 지원하면서 발생하는 스트레스를 해소하기 위해 그가 찾아낸 방법이었다. 이러한 내담자들은 정신건강 전문가뿐만 아니라 다른 지역사회 자원까지 상당한 지원을 필요로 하는데 나는 필요한 모든 방법을 동원해서 그들을 돕지 못했다고 생각하였다. 그래서 나도 스트레스 출구가 필요했다. 나는 새를 열렬히 좋아하지는 않았지만 그 당시 파트너였던 John과 함께 영화를 보거나 저녁을 먹거나 친구들과 연락하기를 즐겼다. 나는 부담이 큰 스케줄을 가지고 있었지만 콘서트에 가거나 영화를 보러 갈 시간은 있었다. 나는 예술, 음악, 영화와 (수년 전에 배웠던) 춤에서 영감을 얻었다. 극장이나 뮤지컬을 통해 예술과 연결되는 것은 나의 스트레스를 감소시키고 삶의 의미를 느끼게 해 준다.

레크리에이션에 대한 나(Jude)의 요구는 박사과정생에서 교수가 되면서, 총각에서 남편이 되면서 바뀌게 되었다. 박사과정생으로서 나의 레크리에이션은 혼자만의 시간이었다. 가르치고 슈퍼비전하고 상담하는 데 바빠서 나는 항상 다른 사람들에 둘러싸여 있다고 느꼈다. 내향적 성격이라 혼자 산책하거나 독서를 하고 TV 드라마를 보는 것이 재충전의 시간이 된다. 대학 교수로서 나는 동료들과 저녁을 먹으러 나가고 학생들과 커피를 마시고 캠퍼스를 거닐곤 한다. 남편으로서 나는 영화를 보거나 음식을 함께 즐기고 테니스를 치거나 달리기를 하고 공원을 산책하고 동물원이나 아쿠아리움을 즐기거나 야간에 게임을 하러 친구집에 방문하기도 한다. 최근에는 골프를 배우고 있다. 열 번의 스윙마다 두 번 스트레이트로 볼을 치지만 전에 해 보지 않았던 것을 하면서 즐기고 있다.

나(Julius)는 새로운 가족과 함께 어울리고 일하는 것의 균형을 위해 나의 레크리에이션 욕구를 변화시켜야 한다는 사실을 받아들이려고 여전히 노력하고 있다. 아들이 태어나기 전에 아내와 나는 함께 일하고 주중에 영화를 보고 집에서 각자 직장일을 즐기곤 했다. 부모가 되고 전문적으로 가족 친화 활동을 하는 것이 새로운 레크리에이션의 원천이 되었다. 연날리기 축제나 공원에서 영화를 보고 지역 내 공룡 전시회에 참석하거나 웃긴 얼굴 모양이 그려진 아들의 방바닥에서 뒹구는 것이 나의 새로운 레크리에이션이다. 나는 긴 일주일간의 일이 끝나면 가족과 지내는 시간을 더 많이 가지기 위해 레크리에이션을 더욱 의도적으로 수정하고 있다.

나(Jerry)는 레크리에이션을 중요하게 생각한다. 그리고 많은 활동에 참여할 수 있도록 시간을 만든다. 해변을 따라 걸으면 나는 서핑보드 위에 있거나 패러세일링을 하는 젊은이들이 부럽다. 나는 캠퍼스에서 우아하게 스케이트보드를 타는 사람들의 민첩함에 감사한다. 비록 내가 이러한 귀여운 레크리에이션에 참가하고 싶지만 나는 나의 한계를 알고 다른 사람들을 관찰하고 즐거워하는 것에 만족한다. Marianne(그리고 우리 친구들)과 나는 종종 클래식이나 재즈 콘서트를 즐긴다. 나는 대학 밴드에서 테너 색소폰과 클라리넷을 연주했었다. 그러나 솔직히 연주를 잘하지 못했다. 지금은 빅밴드의 음악을 즐기고, 정교하고 우아하고 조화롭게 예술적 기교를 선보이는 색소폰 연주 파트를 듣는 것을 특히 좋아한다. 만약 내가 음악적으로 재능이 있었다면 실제 현장으로 다시 나가서 Willie Nelson처럼 전문적인 연주가를 꿈꾸었을 것이다.

몇몇은 그들의 음악적 재능과 상담을 결합시키고 다른 사람들은 자기돌봄의 방법으로써 음악을 사용한다. Brandon Wildish는 상담전공으로 석사학위를 받았지만 그의 음악적 재능을 기초로 전직하였다. 그의 이야기는 자기돌봄 활동을 통해 얼마나 우리 자신을 되살려 낼 수 있는지(re-creating) 보여 준다.

자기돌봄의 길, 음악

> **Brandon Wildish**

나는 전문 상담자로서의 특별함을 마음속 깊이 새기고 있지만 나의 첫 번째 사랑은 항상 음악이었다. 용기를 가지고 음악을 직업으로 해야겠다는 생각을 명확하게 만들어 준 것은 아이러니컬하게도 내가 상담을 통해 배운 것이다. 상담학위과정을 통해 나는 음악 사업에 대한 성공과 확신을 가지게 되었다. 효과적인 상담자가 되기 위해 필요한 자기성찰과 자기평가를 수없이 많은 시간 동안 진행하면서 나는 내 삶의 목표를 명확히 하고 공고히 할 수 있는 기회를 얻었다.

석사과정 중에 나는 음악가로서 생활비를 벌었다. 나는 공연을 잘했으나 이것이 풀타임 직업이 될 것이라고 생각하지는 않았다. 나는 자격증을 가진 상담자가 되기 위해 정신을 집중하고 졸업 필수 학점을 이수하기 위해 실습기관에서 부지런히 일하고 학교 공부에 매진했다.

나의 실습기관은 아동 및 청소년 개인상담에 주로 초점을 두는 비영리기관이었다. 나는 운 좋게도 내담자가 꾸준히 찾아오는 조직화된 기관의 팀 멤버였다. 나는 각 내담자들에게 요구되는 엄청난 서류 작업을 하느라 교착상태에 빠졌다.

나는 매 회기마다 내담자들에게 최선을 다해 임했고, 종종 집으로 일을 가져오곤 했다. 직업 생활과 경계를 만드는 것이 어려워서, 종종 이전 상담을 반성하는 데 개인적 시간을 보내고, 대화 속에 숨은 메시지나 나의 약점을 계속해서 되뇌었다. 일터에 일을 두고 나오기 위해 무단히 노력했다.

음악은 피곤함과 씨름할 때 우아함을 지켜 주었다. 나는 나의 뭉개진 경계와 싸우기보다는 그것을 끌어안았다. 학교 수업에서 내 생각을 명확히 하기 위해 저널 쓰기가 유용하다는 것을 배웠고, 이 아이디어를 음악에 적용했으며, 상담에서 나의 경험에 대해 노래를 쓰기 시작했다. 이러한 과정을 통해 그렇게 하지 않았다면 찾기 어려웠을 평안함을 찾을 수 있었다.

처음으로 마음속에 있는 나의 목표들을 노래로 만들어 실제 대중에게 호평을 받기도 했지만, 자기돌봄을 위한 음악을 위해서는 다른 규칙이 필요하다는 것을 곧 알게 되었다. 나의 생각이나 즉각적인 감정을 표현하기 위해 화음의 진행이나 음의 강약에 맞추어 음악을 만들어야 한다는 내 신념을 버렸다. 때로 나는 생각을 적을 필요도 없다고 느껴졌다. 단순히 내 감정을 기타를 통해 표현했다. 내 노래는 몇 초에서 몇 분간 계속되었다. 관습적인 관점에서 노래는 혼란스럽고 초보적인 수준으로 보였는데, 나는 이것이 놀라운 자유로움이라고 생각했다! 나는 음악을 만드는 예술성과 효과적인 자기돌봄의 방법이자 다른 누구에게도 의미가 없는 음악, 둘 다가 필요했다. 비록 마구잡이 형식이었지만 노래를 만드는 회기가 상쾌하고 성취감이 느껴졌다.

내가 음악을 만드는 과정은 자기효능감과 생각을 명확히 하는 데 큰 도움을 주었다. 음악을 통해 치료적 작업을 개념화하면서 내가 가지게 된 관점은 상담 회기에서도 드러나기 시작했다. 나는 상담자-내담자 관계를 일종의 노래라고 보기 시작했다. 각 회기 속에서 리듬을 발견할 수 있다. 내담자는 그 자신이나 화제의 선택, 몸짓언어, 상담실에서의 정서적 에너지에 기초한 '음악'의 빠르기와 양식을 결정한다. 나는 내담자가 회기 중 연주하는 것에 따라 '즉흥 재즈 연주'를 시도하고 심금을 울리는 무언가를 알게 된다. 약간 추상적이지만 이것이 나에게는 도움이 되었고 상담자가 되기 위해 내가 만들어 낸 압력과 불안을 다스리는 데 도움이 되었다.

궁극적으로 나는 상담 대신에 음악을 추구하기로 결심했다. 그렇지만 추구해야 하는 길로서 상담을 완전히 제외시키지는 않았다. 내가 상담으로 돌아간다면, 나는 분명히 음악과 함께 돌아갈 것이다.

음악을 듣고 연주하는 것은 레크리에이션과 휴식 및 취미, 스트레스 관리법의 멋진 형태이다. Brandon은 음악이 업무 스트레스를 다루고, 경계를 만들고, 자기돌봄을 하는 핵심적인 원천임을 알게 되었고, 또한 다른 사람들에게 전문 음악가로서 봉사하는 방법을 알게 되었다.

라이프스타일로서 타인에게 봉사하기

타인에게 봉사한다는 것은 우리 삶의 질을 향상시키는 치료적인 라이프스타일이다(Walsh, 2011). 아마도 당신은 상담을 통해 타인이 힘들 때 방향을 잡도록 도와준 경험에서 만족과 성취감을 느껴 보았기 때문에 상담을 제일 먼저 떠올렸을 것이다. 우리 직업은 타인에게 봉사하는 것이고, 아마 당신은 '나는 이미 타인에게 봉사하는 일을 하고 사람들을 돕는 데 시간을 쓰고 있는데, 왜 내가 자기돌봄이라는 명목으로 얼마 되지 않는 여유시간에 이런 일을 더 해야 하지?'라고 생각할지 모른다. 내담자에게 제공했던 서비스에 대해 성찰하면서 자기돌봄의 일환으로서 일상생활에서 했던 것과의 차이를 생각해 보기 바란다. 업무에서 요구하는 것을 따라가면서 우리를 촉진시킬 수 있는 긍정적인 변화에 대한 자기성찰의 시간을 가지지 못한 채 소모되어 갈 수 있다.

웰니스를 위해 타인에게 얼마나 봉사할 수 있을지에 대한 경계를 세울 필요가 있다. 그러나 몇몇은 새로운 방식으로 타인에게 봉사하는 기회를 찾는다는 생각에 에너지를 얻을 수도 있다. 최근 동료 중 하나가 거대한 지진으로 뒤집힌 나라를 방문하여 교육을 지속할 수 없는 어린 소녀들을 돌보면서 많은 어려움을 겪었다. 비록 이 여정이 여러모로 도전이었지만, 그녀는 봉사에 대한 열정을 가지고 있고, 지금은 그것을 그녀의 소명으로 생각하고 있다.

스트레스 관리법으로서 사고방식을 변화시키기

대체로 우리의 신념은 우리가 사건을 어떻게 해석할지를 결정한다. 스트레스가 우리에게 얼마나 영향을 미치는가는 사건 자체보다 사건에 부여한 우리의 의미에 달려 있다. 인지행동치료는 우리의 사고가 느끼고 행동하는 데 얼마나 큰 영향을 미치는지 알려 준다. 인지행동치료자들은 (우리 식으로 말하면) 사람들이 인지를 자각할 수 있도록 도와주고 사고가 그들의 행동과 정서에 얼마나 영향을 미치는지를 알게 해 준다. 인지적 접근은 개인이 자기패배적 인지를 수정하고 스트레스를 덜 받으면서 건전하게 사고할 수 있도록 해 주는 특별한 전략을 제시해 준다.

만약 우리가 임상가로서 수련하고 있다면 아마 이미 인지행동치료의 원리와 기법에 매우 익숙할 것이다. 그럼에도 우리는 비효과적인 자기대화나 자기패배적 사고에 어느 순간 빠져들 때가 있다. 만약 우리가 잘못된 신념의 본질을 인지하고 그것이 어떻게 문제를 만드는지 이해한다면 이러한 자기패배적 사고를 완화시킬 수 있다. 우리가 스트레스를 높일 수 있는 능력이 있다는 것은 그것을 낮출 수 있는 방법이 있음을 보여 준다. 인지적 전략에서는 개인적·전문적 수준에서 활기를 유지할 수 있는 방법들이 사용된다.

스트레스를 관리하는 유용한 방법 중 하나는 우리의 잘못된 신념을 확인하고 도전하고 궁극적으로 변화시키는 것을 배우는 것이다. 인지가 우리에게 영향을 미치는 방법을 탐색하는 것은 행복에 이르는 유용한 방법이다. 인간서비스를 제공하는 사람들은 다른 사람들이 도움을 원할 때 효과적으로 기능할 수 있는 능력을 손상시키는 다양한 역기능적 신념을 가질 수 있다. 정보처리과정을 왜곡하고 쉽게 잘못된 가정과 오해를 가질 수 있다. 상담자로서 우리는 모든 것을 알아야 하고 완벽해야만 한다고 믿으면서 삶을 복잡하게 만들 수 있다. 만약 우리가 하고 있는 일에 대해 불안을 느낀다면, 우리의 기본 가정과 신념이 어떤 영향을 미치는지 점검해 볼 순간이다. 만약 우리가 잘못된 사고를 더 잘 인식한다면, 우리는 이러한 패턴을 변화시킬 수 있는 위치에 선 것이다(Ellis & Ellis, 2011). 우리는 우리가 조절할 수 있는 현실과 변화시킬 수 없는 것 사이를 구별하는 것을 배울 수 있다. 그리고 우리 상황을 어떻게 해석하고 반응할 것인지를 선택할 수 있다. 다음과 같은 평온을 비는 기도는 삶에서 평온해지기 위해 스트레스 상황을 관리하는 유용한 관점을 제공한다.

신이시여, 내가 변화시킬 수 없는 것을 수용하는 평온과 내가 변화시킬 수 있는 것을 변화시킬 수 있는 용기와 그 둘을 구별할 수 있는 지혜를 주소서.

Debbis Joffe Ellis는 합리적 정서행동치료를 이끄는 지지자이고, 공인 자격을 갖춘 심리학자이고, 정신건강 상담자이며, 컬럼비아 대학교 심리학과 부교수로서, 불행을 만드는 일반적인 신념을 탐색하고 자기파괴적 신념을 행복을 높이는 건설적인 신념으로 변화시키는 방법을 제안하였다.

우리도 사람이라는 것을 기억하기

Debbie Joffe Ellis

　다른 많은 상담자처럼 나는 내담자를 만나고 강의하고 책을 쓰는 데 가능한한 최선을 다해서 일하고 싶다. 나는 인생에서 상실, 슬픔, 도전과 실망을 경험하면서 예민하고 상처받기 쉬운 특성을 갖고 있다. 이로 인해 나는 불필요한 짜증이나 소진을 예방하기 위해 놀라울 정도로 최선을 다하고 있다. 나에게 자기돌봄이란 나 스스로에 대해 부드럽고 동정 어린 마음을 가지고 내 이론적 입장인 합리적 정서행동치료(Rational Emotive Behavior Therapy: REBT)의 원리를 적용하는 것이다.

　나의 훌륭한 남편 Albert Ellis는 REBT를 창시했고, 심리치료에서 인지적 혁명의 시대를 열었다. 우리는 함께 살면서 엄청난 즐거움을 경험했으나, 그는 직장에서 말년에 끔찍한 사건을 겪어야 했고, 그의 건강은 쇠퇴하였다. 그는 나에게 갖가지 큰 고민 속에서도 절망과 무망감의 태도에 굴복하지 않는 강하고 확고한 모델이었다.

　나의 자기돌봄에 대해 말하자면, 잘 먹고, 운동하고, 충분히 쉬고, 영적으로 충만하고, 즐겁고, 레크리에이션할 수 있는 기초적이고 상식적인 활동을 말한다. 화내지 않고 내 스스로에게 건전한 정서 분위기를 만들고 유지하는 노력을하는 것이다. 나는 매일 명상과 요가를 하면서 잠이 부족해도 정신이 명료해진다. 매일 내 삶의 감사한 것들과 내가 속한 세상의 경이로움을 떠올리는 시간을 갖는다. 이것이 절망에 안주하기보다 행복을 찾는 방법이다.

　화내지 않기 위해서 나는 내담자가 내가 원하는 만큼 빨리 향상되지 않더라도 나 자신을 불필요하게 비난하지 않고, 상담 회기 중 열심히 탐색하려고 노력하는데, 내담자가 거부하거나 빠져나가려 할 때 나 자신이나 내담자에게 짜증을 내거나 좌절하지 않도록 조심한다. 나는 경계가 허물어지지 않도록 노력하고 내담자나 타인의 고통에 대해 너무 파헤치지 않으려고 노력한다. 나는 내담자와 그 상황을 너무 많이 생각해서 오는 고통을 피하려고 최선을 다한다.

다음은 화를 내게 만드는 비합리적인 신념의 몇몇 예시이다.

- 나는 타인과 작업하면서 항상 최고가 되어야 하고 그들이 항상 완전한 행복을 얻을 수 있도록 성공적으로 도와야 한다.
- 내담자가 충분히 빨리 향상되지 않고 그 상태로 머무르면 나는 실패자이다.
- 내담자는 항상 내 조언을 따라야만 하고 그들이 해야만 한다고 내가 생각하는 것을 해야만 한다.
- 나를 필요로 하는 사람들, 가족, 친구, 학생 그리고 내담자들과 함께 있어 주어야 한다.
- 나는 다른 사람들의 욕구를 나 자신의 욕구보다 위에 두어야 한다.

이러한 말들은 자기대화를 통해 끝없이 반복될 수 있고, 알다시피 이러한 말들의 대부분은 부적절감이나 우리가 더 무엇을 해야만 한다고 계속적으로 괴롭히는 신념, 그리고 만성적인 자기회의감과 관련된다. REBT는 우리가 이러한 신념에 활기차게 질문하고 논박하면서 효과적인 합리적 신념을 제안하고, 이러한 신념에 대해 상당한 확신이 생길 때까지 매일 반복하도록 해 준다.

새롭게 떠올리고 논쟁해야 할 효과적인 신념은 다음과 같다.

- 나는 직업상 내가 할 수 있는 일에 최선을 다한다. 그러나 나도 결점이 있는 인간으로서 실수할 수 있다. 실수했을 때 나는 교훈을 찾고 더 나아질 수 있는 방법을 찾는다.
- 서툴게 한다고 해서 내가 실패자거나 잘못된 사람은 아니다. 인간은 때때로 비효율적일 수 있고 때때로 성공적일 수 있다.
- 완벽은 자기패배적이고 도달할 수 없는 목표이다. 나는 완벽해질 필요가 없지만 가능하다면 최선을 다하려고 노력한다.
- 나는 내담자와 다른 사람들을 돕는 데 최선을 다하면서도 그들의 행복은 궁극

적으로 그들에게 책임이 있음을 나에게 되뇐다.

- 내가 내 욕구보다 타인의 욕구를 우선시하기로 결정했을 때 이것은 마음속 깊은 곳에서 우러나와서 하는 것이지, 내가 '해야만 하기' 때문에 하는 것이 아니다.
- 내가 타인에게 '아니다'라고 말하고 경계를 세울 때 나는 그들의 불쾌감이나 거부감을 견딜 수 있다.
- 나는 내가 싫어하는 것도 견딜 수 있지만 그것을 좋아하지는 않는다.
- 나는 삶에서 고통을 피할 수 없다는 것을 알지만 또한 즐거움과 멋진 일도 가득하다는 것을 떠올린다.

나의 사랑하는 Al(Albert Ellis—역자 주)이 나에게 보낸 러브레터를 이렇게 말하면서 마무리했다. "나는 타인을 돌보는 당신의 귀한 능력에 대해 계속해서 이야기하는 것이 즐거워요. 그것은 아주 특별하게 당신의 삶에 대단함을 더해 준다고 생각해요. 그것을 소중히 하세요. 그러나 때때로 그 능력과 함께 오는 고통을 줄이기 위해서 노력하세요. 대단한 효과가 있을 거예요. 몇 년 동안 기꺼이 계속 시도해 보세요!" 나는 동료 상담자들에게 온 마음을 담아 똑같이 말해 준다.

내담자에 대해 많은 책임감을 느끼는 것은 우리가 그들의 삶에 대한 책임감을 뺏고 우리 스스로에게 스트레스를 부여하는 것이다. Debbie Joffe Ellis가 말한 잘못된 신념에 대해 다시 읽어 보고 당신에게 해당하는 문장에 동그라미 쳐 보자. 이러한 말들을 하는 경향이 있다고 생각하는가? 혹은 '완벽한' 상담자가 되어야 한다는 책임감을 느끼는가? 당신 스스로 스트레스를 받게 만드는 말은 무엇이 있는가? 만약 당신이 자기비판을 덜 하게 된다면, 당신에게 어떤 변화가 있을 것이라고 생각하는가?

스트레스 상황을 줄이고 효과적으로 스트레스를 관리하기 위해 우리의 생각이나 행동 패턴을 바꿀 수 있다. 우리가 변화시킬 수 있는 상황과 우리가 할 수 없는 것 간에 차이를 알 수 있을 것이다. 그리고 우리는 그 차이를 이해하는 지혜를 가질 수 있다. 우리가 매일의 스트레스를 생각하고 해석하는 방식은 우리의 정신적 태도와 많은 관련이 있다.

자기돌봄의 형식으로서 개인상담

매우 가치 있는 자기돌봄의 형식이자 훌륭한 스트레스 대처 전략으로서 개인상담을 소개하지 않는다면, 이는 매우 태만한 처사일 것이다. 상담자 수련과정에서 개인상담의 가치를 매우 높게 평가한다. 왜냐하면 이는 자기돌봄과 경력에서 유능성을 유지하는 방법이기 때문이다. 경력 상담자들은 종종 직업상의 어려운 문제들을 다루고 유능성을 유지하는 데 도움이 되는 중요한 과정으로서 상담을 제안한다(Probst, 2015). Wise와 Barnett(2016)은 주기적으로 개인 심리상담을 받는 것이 자기돌봄의 전략이자 긍정적인 자기발달을 이룬다는 우리의 생각을 지지해 준다. 상담자는 자신의 치료적 경험을 통해 상담이 내담자에게 어떻게 보일지 알 수 있다. 또한 내담자에 대한 이해와 연민에 기초를 제공한다. 특히 상담 중 난관에 부딪쳤던 기억을 떠올리면서 더 나아가기를 희망하지만 동시에 변화에 대한 양가감정이 있을 수 있다는 것을 이해할 수 있다. 우리는 자기탐색과 자기개방을 통해 생기는 불안을 어떻게 다루는지 배우고 내담자가 자기탐색의 깊이를 창의적으로 조절할 수 있도록 하는 방법을 배운다. 우리는 내담자가 우리에게 와서 자신의 삶에 개인적인 부분을 드러낼 수 있는 용기를 낸다는 것이 얼마나 큰 도전이 되는지 이해하고 이에 대한 무한한 감사를 느낄 수 있다. 상담에 대한 우리 자신의 경험은 작업동맹을 어떻게 만들고 유지하는지와 치료적 작업에 관련된 도전과 불확실성을 다루는 방법을 배울 수 있는 기회가 된다(Ronnestad, Orlinsky, & Wiseman, 2016).

6개 영어권 국가의 3,995명의 상담자, 사회복지사, 간호사와 정신과 의사들을 대상으로 한 연구에서 약 87%가 한 번 이상 개인상담을 받아 본 적이 있다고 하였다. 즉, "만약 치료자들의 공통점을 하나 찾는다면 그것은 개인 상담에 참여해 본 경험이 될 것이다"(Orlinsky, Schofield, Schroder, & Kazantzis, 2011, p. 828). 인간으로서의 상담자를 위한 심리상담의 이점은 "일반적인 자기성장이나 향상된 관계능력 및 증상의 감소뿐만 아니라 긍정적인 자기자각, 자기지식, 자기이해, 자기돌봄, 자기수용의 증가"(Ronnestad et al., 2016, p. 230)로서도 나타난다. 개인상담은 공감의 증가, 온정과 대인기술의 향상, 전이와 역전이 과정에 대한 자각 확장, 소진과 비윤리적인 행동이 발생할 가능성을 낮춰 주는 도구가 될 수 있다(Orlinsky et al., 2011).

VanderWal(2017)은 상담 수련생의 개인상담 경험과 내담자의 상담효과 간의 관계를 연구하였다. 대학원 과정 중 개인상담 경험이 있는 수련생들의 내담자는 개인상담 경험이 없거나 훈련받기 전에만 개인상담 경험이 있는 수련생의 내담자들에 비해 더 빨리 고통이 감소되었다고 한다. 이와 유사하게 대학원 수련과정에서 개인상담을 경험한 적이 없거나 대학원 수련과정 전에만 경험이 있는 상담자들의 상담보다 대학원 수련과정에서 개인상담을 경험한 적이 있는 상담자들의 상담이 내담자의 전반적인 심리적 고통을 더 많이 감소시키는 것으로 나타났다.

아마도 최근에 개인상담을 받았거나 받아 본 경험이 있다면 그 가치를 새삼 떠올릴 필요가 없을 것이다. 그러나 모든 상담 수련생 혹은 상담자들이 이 생각에 동의하는 것은 아니다. 나(Michell)는 자기자각과 성장에 대해 한 페이지 이상을 종이에 강제로 쓰는 것에 대해 강하게 반발하고 자기탐색에 대해 거부했던 대학원생과의 대화를 기억한다. 그녀가 말하기를, 성장하기 바라는 영역에 대해 다른 수업시간에 과제를 써 보았고 과제를 잘 해냈었다고 하였다. 그 학생은 자기탐색 과제가 시간낭비라고 보았다. 우리는 스스로에게 질문해야 한다. 만약 조력 전문가들이 스트레스를 야기하는 문제를 다루거나 스트레스 관리 방법으로 상담이 효과적이라는 점을 확신하지 못한다면, 왜 내담자들은 스트레스를 다루기 위해 우리를 찾아와야 하는가?

나(Michelle)는 일은 조금 하고 수년에 걸쳐 상담에서 자기탐색을 해 왔었다는 사실을 공개하곤 한다. 현장에서 일하기 오래전부터 입양과 관련된 가족 문제를 해결하기 위해 상담을 받으면서 나는 상담이 신이 주신 뜻밖의 선물이라는 것을 알게 되었다. 내 삶의 후반부에 나의 파트너인 John과의 관계가 끝나고 애도의 과정을 겪었던 때처럼 삶의 도전적인 순간에 지지를 얻기 위해 상담으로 돌아가곤 했다. 나는 동료나 내담자 그리고 대학원생들과 함께하기도 하였다. 나를 위한 상담의 시간은 나에게 소중하다. 나는 개인적·전문적 이유에서 상담을 계속해서 이용할 것이다.

자기성찰 연습을 통해 자기돌봄을 증진시키기

자기돌봄의 방법은 많이 있다. 개인적·전문적 발전을 위해 일과 삶의 의미를 평가하고 성찰하거나 인생에서 중요한 사람들을 열린 마음으로 대하고, 다양한 문화를 경험하기 위해 여행하고 영적인 활동에 참여하는 것, 친구나 가족들과 시간을 보내는 것 등은 비공식적인 방법이다. 타인과의 상호작용 속에서의 자기성찰은 이러한 많은 활동을 통합하는 측면이 있다. 상담자들 간의 네트워크를 만드는 것은 매우 가치 있는 일이다. Johnson과 동료들(2012)은 **유능성 커뮤니티**(competent community)라는 용어를 사용하여 동료들 간에 가치 있는 피드백을 주고받고 모니터링을 하는 데 도움을 주고 자기성찰의 기회를 제공하는 네트워크를 제시하였다. 자기성찰은 자동적으로 일어나지 않는다. 즉, 시간에 걸쳐 길러지고 습득되어야만 하는 기술 및 태도와 관련된다. Knapp, Gottlieb와 Handelsman(2017)은 **자기성찰**(self-reflection)을 "가능한 한 객관성을 유지하면서 자신의 사고, 감정, 태도와 행동에 대해 자기관찰을 하는 세심한 메타인지과정"(p. 167)으로 정의하였다. 그들은 자기성찰에 대한 능력을 증진시키는 방법으로 다음과 같은 통찰을 제시하였다.

• 심리상담에서 내담자가 되어 보는 것은 상담자가 자기성찰을 경험할

수 있게 하고 자기돌봄과 동시에 내담자와 작업하는 데 도움을 준다.
- 지속적으로 교육을 받고 특히 경험을 통한 교육은 자기성찰을 함양하는 데 적격이다. 상담자들이 자기성찰적 태도로 스스로에 대해 배우는 데 열린 마음을 가지고 임한다면, 동료 감수과정은 가장 유용한 방법이 될 수 있다.
- 내담자나 동료들, 다른 상담 서비스를 받아 본 사람들에게 피드백을 받아 보는 것은 자기성찰을 연습하고 어떤 행동을 수정해야 할지를 확인하는 데 효과적인 방법이다.
- 표현적 글쓰기는 자기성찰을 위한 중요한 자료가 된다. 개인적 저널을 쓰면서 상담자들은 개인적 · 전문적 발달에 대해 성찰할 수 있다.
- 스트레스 감소에 도움이 되는 마음챙김 기술을 배우고 연습하는 것은 자기자각을 증가시키고 개인적 · 전문적 발달을 촉진시킨다.

이러한 자기성찰적 자세는 경력개발 내내 상담자들이 학업 과정이나 슈퍼비전 수련 중에 의도적으로 개발할 수 있는 행동양식이다. 도움을 주신 분들의 이야기 대부분에서 자기성찰을 높일 수 있는 특별한 방법이 등장한다. 최상의 방법이 하나만 존재하는 것이 아니다. 자기성찰과 자기돌봄에 관련된 다양한 방법을 실험해 볼 필요가 있다.

자기돌봄 과정을 성찰하기

현재 당신의 자기돌봄 수준과 당신이 원하는 변화에 대해 성찰해 보기 위해 몇 분만 시간을 내 보자. 당신의 우선순위와 그것들을 위해 당신이 하고 있는 것에 대해 스스로 질문해 보자. 다음의 간략한 자기돌봄 척도를 평정하면서 시작해 보자.

자기돌봄 자가평가

각 문항을 읽고 현재 자신의 모습과 특정 영역에서 균형을 이루기 위해 되고 싶은 모습에 대해 스스로를 10점 척도로 평가해 보자.

1 = 매우 동의 ~ 10 = 매우 동의하지 않음

1. 나는 전문가로서 내 시간을 효과적으로 관리할 수 있다.

   □ 1   □ 2   □ 3   □ 4   □ 5   □ 6   □ 7   □ 8   □ 9   □ 10

2. 나는 개인적 생활에서 내 시간을 효과적으로 관리할 수 있다.

   □ 1   □ 2   □ 3   □ 4   □ 5   □ 6   □ 7   □ 8   □ 9   □ 10

3. 나는 규칙적으로 명상하는 시간을 갖는다.

   □ 1   □ 2   □ 3   □ 4   □ 5   □ 6   □ 7   □ 8   □ 9   □ 10

4. 나는 상당 시간 마음챙김을 연습하고 매일 사람들과 관계를 유지하는 데 있어 만족한다.

   □ 1   □ 2   □ 3   □ 4   □ 5   □ 6   □ 7   □ 8   □ 9   □ 10

5. 나는 신체적 웰빙을 향상시키기 위해 규칙적으로 요가나 필라테스와 같은 운동을 하고 그 효과를 느끼고 있다.

   □ 1   □ 2   □ 3   □ 4   □ 5   □ 6   □ 7   □ 8   □ 9   □ 10

6. 영성과 종교가 나의 웰빙에 중요한 역할을 한다.

   □ 1   □ 2   □ 3   □ 4   □ 5   □ 6   □ 7   □ 8   □ 9   □ 10

7. 나는 자연을 즐길 시간을 가지고 그 치유적 가치를 중시한다.

   □ 1   □ 2   □ 3   □ 4   □ 5   □ 6   □ 7   □ 8   □ 9   □ 10

8. 나는 나에게 에너지를 충전시켜 줄 레크리에이션에 참가하고 있다.

   □ 1   □ 2   □ 3   □ 4   □ 5   □ 6   □ 7   □ 8   □ 9   □ 10

9. 직업적 일이 아닌 곳에서 타인에게 봉사하는 것이 나의 삶에 의미를 가져다 준다.

☐ 1 ☐ 2 ☐ 3 ☐ 4 ☐ 5 ☐ 6 ☐ 7 ☐ 8 ☐ 9 ☐ 10

10. 나의 자기대화는 나에게 힘을 주고 나의 웰빙에 긍정적인 영향을 미친다.

☐ 1 ☐ 2 ☐ 3 ☐ 4 ☐ 5 ☐ 6 ☐ 7 ☐ 8 ☐ 9 ☐ 10

이 장을 마치는 글

우리는 일상에서 우리의 스트레스원을 없앨 수 없다. 그러나 우리는 더 효과적인 방법으로 스트레스를 관리하고 더 많은 즐거움을 경험할 수 있다. 자기돌봄의 목표를 달성하기 위해 이 장에서 기술된 몇 가지 아이디어를 끌어다 적용해 보라. 자신만의 자기성찰 및 자기돌봄의 방법을 개발하고 당신의 삶의 다양한 상황에서 그것들을 지속적으로 적용해 보는 것이 중요하다. 당신은 총제적인 존재이고 신체적, 정서적, 사회적, 정신적, 영적 영역 모두에서 통합을 필요로 한다는 사실을 기억하라. 이 모든 영역에서 자신을 잘 돌보는 것에 관해 성찰하는 것이 효과적인 자기돌봄 프로그램에서 중요한 부분이다. 만약 이러한 측면 중 어느 하나라도 무시하게 된다면 다른 영역도 영향을 받는다는 것을 알게 될 것이다. 당신은 스스로 무엇을 원하는지 결정해야 하고 웰빙을 이루기 위해 당신의 삶이나 라이프스타일에서 변화를 필요로 한다. 자기돌봄의 식단은 유일무이한 당신만의 것이다!

개인적 · 전문적 경계 구축하기

6

효과적인 경계는 전문적인 관계를 보호하고, 우리의 개인적인 그리고 전문적인 자기를 통합할 수 있도록 돕는다. 상담자로서, 교육자로서, 슈퍼바이저로서, 상담 수련생으로서 일을 하면서 우리는 지속적으로 명확한 경계들을 정의하고 유지하기 위한 노력들을 한다. 경계 문제들은 내담자, 학생들, 슈퍼비전을 받는 수련생들에게 해를 끼칠 수 있고, 전문적인 관계 내에서 더 많은 힘을 가지고 있는 상담자, 교육자, 슈퍼바이저들에게 많은 심리적 고통을 야기할 수 있다. 경계 문제들은 전문 영역을 넘어서서 우리 개인의 삶에도 영향을 미칠 수 있다. 이 장에서 우리는 가정에서와 직장에서 경계를 세우는 데 성공했던 그리고 성공적이지 않았던 경험들에 초점을 맞추고자 한다. Kottler(2017)는 개인적·전문적 경계들을 정의하고 강화시키는 것은 우리 내담자와 우리 자신 모두를 보호하는 역할을 한다고 주장하였다. Kottler는 "우리는 때때로 벽과 경계를 혼동하곤 한다. 즉, 경계는 안전과 효율성을 위해서 고안된 관계이다. 그러나 사람들은 그와 다르게 갑옷과 같은 기능으로 인공적이고 불필요한 한계를 두는 것으로 생각하곤 한다."(p. 38)라고 하면서 경계의 목적에 대해서 생각해 보기를 권하고 있다. 이에 이 책의 저자들은 이 장에서 다룰 내용들을 통해 당신이 당신의 직업 내에서의 삶과 개인적인 삶 간의 그리고 당신과 당신이 전문가로서 같이 작업하는 사람들 간의 관계 내에서 가지고자 하는 경계들의 종류에 대해서 생각해 볼 수 있게 되기를 희망한다.

       우리의 대다수는 요즘 미칠 듯이 바쁘게 살고 있고, 해야 할 일 목록에서 일부를 지워 나가는 정도의 성취를 하기에도 하루에 시간이 충분치 않다고 느낀다. 만약 시간이 많이 필요한 요구들과 높은 압박감을 느끼는 직장의 요구들과 더불어 가족에 대한 의무감을 같이 다루느라 고군분투하고 있다면, 얼마나 삶이 스트레스로 가득하고 힘들지 잘 알 것이다. 그러나 우리는 또한 가정과 일 모두에서 이 모든 것을 잘 소화하고 다룰 것이라는 기대를 느낀다. 어떤 연구자들은 직업과 가정 내 역할들의 균형을 잡는 것이 삶에 극도의 스트레스를 가져다준다고 하였다(Kelly et al., 2014). 우리는 매일의 생생한 경험을 돌아보고, 이 균형을 맞추고자 하는 행위와 관련된 스트레스들을 이해하기 위해서, 수많은 다양한 역할 간의 균형을 맞추기 위해 고군분투하는 우리 주변의 사람들을 관찰할 필요가 있다. 삶의 요구들은 아주 힘들고 압도적일 수 있고, 건강한 관계를 만들고 유지하는 것은 더 나은 자기돌봄 연습과 스트레스를 경감시키는 연습을 향한 하나의 방안이다.

최근에 기술의 발전은 우리 모두에게 일과 개인적인 시간 간의 경계를 모호하게 만들었다. 과학기술은 부인할 수 없을 정도로 많은 측면에서 우리의 삶을 윤택하게 만들었지만, 한편으로 일을 하는 방식에 변화를 가져왔다. 재택근무와 유연한 근무시간은 꽤 매력적으로 들리지만, 이러한 변화는 개인적인 시간과 일을 하는 시간 간의 경계를 애매하게 만들었다. 낮에도 일하고, 밤새 일하고, 주말에도 일하는 사람들이 요즘 세상에서는 흔하다. 게다가 이메일과 문자 등으로 동료들과 의사소통을 할 수 있는 점은 우리의 집, 집 근처 커피숍, 실제로 어느 공간이든 오피스 공간으로 바꾸어 놓았다. "현대 과학기술 발전으로 인해 촉진된 자신의 일에 대해 직장인들이 시간과 장소 불문하고 연결 가능해진 점은 관습적으로 일과 가정을 분리시켜 온 전통적인 경계를 희미하게 만들고, 집에서 일을 하는 것의 의미를 변화시켰다"(Derks & Bakker, 2014, p. 413). 스마트폰 사용은 "일과 가정 영역 간의 부정적인 상호작용의 과정"인 일-가정 간의 간섭에 큰 기여를 하였고(p. 412) 소진을 야기하였다. 일과 가정의 요구 간의 양립 불가능한 특성은 한 영역에서 다른 영역을 구분해 내는 부담감을 야기하고, 이는 전위 스트레스를 낳았다. 예를 들어, 주말에 집에서 밀린 서류 작업을 하며 내담자에게 전화를 거는 상담자는 두 가지 측면으로 스트레스를 경험할 수 있다. 첫째, 굉장히 정신이 산만함에도 불구하고 사례노트를 쓰기 위해 생각을 정리하고 있는 엄마의 주의를 끌려고, 그녀의 아이들이 서로 언쟁을 벌이거나 다투고 있을 수 있다. 둘째, 수동 공격적인 내담자와의 힘든 전화 통화를 끝낸 후에, 내담자로 인한 불편한 감정이 배우자의 집안일을 도와 달라는 요구를 듣고 배우자에 대한 분노의 감정으로 전치될 수 있으며, 이는 잠재적으로 둘 간의 갈등가능성을 야기할 수 있다. 명확한 개인적·전문적 경계를 세우는 데 실패한 개인들이 이 문제들을 다루지 않은 채로 놔둔다면, 압도된 감정을 느끼면서소진의 경험을 할 수 있다(Carrola, Olivarez, & Karcher, 2016).

건강한 일-삶 경계

개인적 삶과 전문적 삶 간의 균형을 유지하는 능력은 효과적인 자기돌봄의 가장 첫 번째 원칙이다. 이러한 균형을 유지하는 것은 우리로 하여금 우리의 에너지를 충분히 일에 쏟을 수 있게 하고, 가정 내 삶에서도 항상 존재하고 연결될 수 있게 해 준다. 그러나 이러한 균형을 유지하는 것이 중요하다고 말하는 것은 실제로 하는 것과 비할 수 없이 쉬운 일이다! 상담교육자들중 일과 삶 간의 균형을 연구하는 연구자들은 경제 상황으로 인한 예산 삭감이 종종 더 적은 자원을 가지고 더 많은 업무량을 소화하게끔 만들었다고 하였는데, 이는 우리가 최근에 자주 목격해 온 것이다(Hermann, Ziomek-Daigle, & Dockery, 2014). 그들은 주당 40시간의 근무시간이 많은 전문가 영역에서보편적이지 않으며, 학문적인 직업들은 "많은 미국의 직업시장의 트렌드를그대로 반영한다."(p. 111)라고 주장하였다. 상담교육자이든, 슈퍼바이저이든, 상담자이든, 혹은 대학원생이든, 누구나 할 것 없이 자신의 스케줄이 여러 일로 과하게 넘쳐 나고 있다고 느낄 가능성이 높고, 이러한 과한 스케줄에는 나름 다 그럴듯한 이유들이 존재한다. 우리의 일 내의 삶과 가정 내의 삶 간의 균형을 찾는 것은 실현 가능해 보이지도, 현실적이지도 않아 보이지만, 이 목표는 계속 추구해 나갈 만한 가치가 있다. 건강한 경계를 성립하고, 일과 삶 간의 균형을 추구하는 것은 우리 자신을 돌보는 데 아주 필수적인 부분들이다.

경계 문제들은 미묘한 방식으로 진화될 수 있고, 서서히 우리의 삶의 웰빙을 잠식해 나간다. 우리는 우리의 스케줄을 고려하기 전에 프로젝트들을 하겠다고 '동의'를 하고, 밀리지 않고 끝내기 위해 사무실에서 집으로 사례 노트를 가져가며, 저녁에 가족끼리 영화 감상을 하는 시간에 보고서나 논문 작업들을 하거나, 주말에 사무실에 출근하기도 한다. 이런 행동들 하나하나가 우리의 개인과 직장 간의 균형 상태를 위협하지 않을 수는 있지만, 이것이 패턴이 되어 가면 상담자들은 균형을 잃게 되고 고립되며 만성피로를 경험한다. 소진은 타인을 돕는 전문 영역 내에서 일을 하는 사람들에게는 심각한 위험요소이고, 가끔 밤새 일을 하는 행위들이 일상화되지 않고, 그로 인해 만성 소진 상태가 되지 않도록 경계를 늦추면 안 된다.

"A counselor's Journey Back From Burnout"에서 Jessica Smith(2017)은 자격증을 소지한 전문적인 상담자로서 그리고 중독상담자로서 타인을 돕고자 하는 자신의 열정이 어떻게 소진을 야기하였는지를 기술하였다. 그녀는 종종 일찍 일을 하러 나오고, 늦게까지 내담자들을 만나며 직장에 머물렀다. 그녀는 더 이상 시간도 없고 에너지가 없음에도 불구하고, 더 많은 내담자를 만나기 위해서 스케줄을 쥐어짜고 밀어 넣는 재조정을 끊임없이 했다. 그녀는 결국 매우 심각하게 도움이 필요한 내담자들과 일을 하는 데 너무 많은 시간과 에너지를 투자함으로 인해서, 자신의 일과 삶 간의 경계가 사라졌음을 깨달았다. 내담자를 향한 매우 높은 수준의 공감과 열정은 이러한 관계 내에서 자신을 잃는 결과를 초래했다. 그녀가 제일 우선순위를 둔 것이 타인을 돕는 것이었는데, 이는 자신을 돕는 것을 희생한 결과로 인한 것이었다. 소진으로 인한 신체적 증상들이 점차 악화되면서, 그녀는 개인상담을 받기 시작했다.

자신의 일을 그만두고, 여행을 하고, 자기 자신과 다시 연결되기 위한 시간들을 보냈다. 그녀의 자기돌봄 여행의 하이라이트는 불교 사원에서 6일간 학생으로 지냈을 때였다. 그녀가 배운 가장 영향력 있는 교훈 중 하나는 타인에게 받는 것 이상으로 더 많이 그녀가 주었다는 점이었다. Smith는 도움을 제공하는 조력자들에게 다음과 같은 메시지를 남겼다. "우리는 종종 받는 것보다 주는 게 더 쉽다고 느끼지만, 우리는 살아남기 위해서가 아니라 더 발전하고 꽃피우기 위해서 알맞게 주고받아야 합니다"(p. 50).

건강한 일-삶 간의 경계를 정의할 때, 개인적으로 그리고 전문적으로 당신이 수행하고 있는 많은 역할을 고려하고, 어떤 것이 당신의 삶에서 최적의 일-가정 균형일지를 그려 보고, 어떻게 당신의 고유한 개인적 가치들이 일-가정 균형에 영향을 미치고 있는지를 돌아볼 필요가 있다. 여가 활동 혹은 즐거움을 주는 활동들을 얼마만큼 하고 있고, 이러한 활동들에 스스로 얼마나 중요성을 두고 있는가? 종교적 혹은 영적 활동이 당신의 삶에서 중요하고 당신의 핵심 가치 중 하나인가? 만약 그렇다면, 이러한 믿음에 기반한 행동들에 얼마나 많은 시간과 에너지를 의미 있는 방식들로 쏟고 있는가? 만약 당신의 자녀들의 방과 후 활동에 많은 시간과 에너지를 투자하고 있다면, 이러한 활동 내에서 자녀들을 지지해 주기 위해서 얼마나 많은 시간을 투자하고 어떤 역할들(예를 들어, 축구경기에 운전해서 데려다준다거나 아이의 팀에서 코치 역할을 한다든가)을 하고 있는가? 만약 당신의 경력을 더 향상시키는 것에 높은 가치를 두고 있다면, 당신이 갈망하는 수준의 성공을 성취하기 위해서 근무시간 외 더 많은 시간 동안 일을 할 용의가 있는가? 그 외에 당신의 직업열망과 경쟁하는 다른 우선순위들이 뭐가 있는가? 그리고 그러한 우선순위들을 주중 스케줄에 어떻게 밀어 넣을 수 있는가?

이와 관련한 사례로서, 대학상담센터의 센터장인 Adrienne Naquin-Bolton이 엄마로서 그리고 상담자로서의 역할들 간의 균형을 찾기 위해서 우선순위들을 이동시켰던 경험들에 대해서 나누어 보고자 한다.

자기돌봄의 형태로서
개인적 역할과 전문적 역할 간의 균형

Adrienne Naquin-Bolton

나는 첫째를 가지기 전 2년 동안 상담 분야에서 일을 했다. 그 이후로 나의 삶에는 많은 변화가 일어났고, 나의 우선순위 역시 변화했다. 난 내 작고 예쁜 딸과 사랑에 빠졌고, 직장에 복귀한 지 2개월 정도 지나자 아이와 더 많은 시간을 보내기 위해 집에서 함께 있고 싶은 마음이 커졌다(괴롭힘이 일상인 직장은 이 결정을 내리는 것을 더 쉽게 했다). 안타깝게도 이 사랑하는 마음은 오래가지 못했고, 내 삶의 목표와 의미를 찾기가 어려웠으며, 곧 내 전문적인 정체성을 찾고 싶은 갈망이 커져 갔다.

나는 대부분의 부모들이 삶의 매우 중요한 두 가지 영역, 일-가정 간의 균형을 이루기 위한 사투들을 공감할 것이라 생각한다. 나는 이 균형을 이루는 문제에 대해 아이의 탄생부터 지금까지 계속 배우는 과정 중에 있다. 난 나에게 여러 질문을 던졌다. 내 두 살짜리 아이가 데이케어에서 토를 해서 집에 데리고 와야 하는 상황과 내 오후 스케줄이 내담자와의 상담으로 꽉 차 있을 때 뭐가 더 중요한가? 내가 내 아이를 데리고 와서 비서에게 맡기고 난 후 50분 동안 내담자와 상담을 하면서 내 생각이 온통 아이에게 가 있지 않을 수 있을까? 내가 진로를 바꿔서 월급과 복지혜택은 적지만 가용 시간이 더 많고 스케줄 조정이 더 용이한 직장을 알아보아야 할까?

내가 불안하고 안전하지 않다고 느끼는데, 특히 내 삶을 어떻게든 다 끌어안고 정상궤도에 놓아 보려고 애쓸 때 그러하다. 나는 지속적으로 어려운 결정들을 마주했다. 내가 내 아이들을 위해서 SNS에 자랑할 만한 생일파티를 준비하는 것이 좋을까(아마 막상 생일을 맞이한 아이들은 별로 신경도 안 쓸 테고 케이크와 선물만을 원할 테지만), 아니면 파티 당일에 케이크, 아이스크림, 일반적인 생일파티 장식을 사서 준비하는 것이 좋을까? 명절 때, 내 이웃들의 아주 아름답고 인상적인 크리스마스 장식들에 버금가게 집 안팎을 장식할까, 아니면 그냥 볼품 없는 나무 하나를 장식하는 것으로 끝낼까? 난 주말 동안 더러운 집과 씨름하지 않도록 하루 청소 목록들을 작성하지만, 내가 일하러 집을 나서야 할 때면 이미 그 청소 목록은 우편물 더미, 아이들의 미술 숙제들, 혹은 다른 잡동사니 밑에 깔려 있는 것이 다반사이다. 솔직히 상담노트를 작성하는 것은 빨래하는 것과 같고, 그걸 해치웠다고 생각할 때 그만큼의 일거리가 또 쌓이고 기다리고 있다!

그러면 해결책이 뭘까? 내담자와 함께 있을 때, 나는 종종 자동차의 타이어 들을 비유로 사용하곤 한다. 나의 여러 면들, 즉 신체적, 정서적, 정신적, 영적인 자기가 각각의 타이어에 해당된다. 그리고 각 타이어의 압력을 평가해 보라고 내담자에게 묻는다. 어떤 것은 좀 많이 바람이 빠졌는지, 어떤 것은 과하다 싶게 빵빵한지, 그리고 어떤 것은 그냥 터졌는지 등에 대해 묻는다. 그 빠른 평가는 내담자들로 하여금 삶의 어떤 영역에 더 많은 주의를 기울여야 할지 그리고 어 떤 건 좀 나중에 다루어도 될지에 대해서 생각해 보는 데 도움이 된다.

오늘 나의 정서적 '타이어'는 내 아이들과 보낸 시간을 고려했을 때 약간 바 람이 빠진 상태이다. 나는 최고의 부모였다……. 아이를 가지기 전에는. 난 내 아 이들이 집에서 TV를 보거나 전자기기를 가지고 15분 이상 시간을 보내지 않 게 할 것이라고 확신했다. 하지만 내가 아이들을 키우면서 이러한 생각들은 변했다. 지금의 나는 내 일을 할 동안, 죄책감 전혀 없이, 한 명은 ⟨The Polar Express⟩를 보고(7월에!), 다른 한 명은 플레이도우 유튜브 비디오를 보게 놔둔 다! 솔직히 내 아이들과 함께 시간을 보내지 못한다는 사실에 대해서 후회하는 감정이 들기는 한다. 하지만 한편으로 이러한 나의 희생(그리고 내 아이들의 희생) 이 나로 하여금 다른 사람들의 고통에 충분히 함께하고, 그의 성장을 목격할 수 있도록 돕고, 이러한 활동들이 경제적으로 우리 가족에게 많은 혜택을 준다는 생각들을 충분히 인지하고 받아들인다. 이러한 받아들임과 조화는 내 일과 가정 간의 균형 있는 삶에 의미를 부여해 준다.

이러한 모든 일을 더불어 살펴볼 때, 개인적 삶과 전문적 삶 간의 통합은 배 워 가는 과정이다. 나는 여전히 나의 완벽주의적인 성향과 싸우며, 사소한 일들을 즐기고 감사해하고 있다. 내 삶에 대해서 한 걸음 떨어져서 살펴본다면, 난 남편과 저녁 데이트도 하고, 동료들과 소소한 대화들을 나누며, 여자친구들과 같이 시간도 보내고, 아이들과 앞마당에서 원반던지기도 하면서 지내고 있고, 그렇다면 그것으로 충분하다.

올드 도미니언 대학교에서 상담 및 인간서비스 전공 교수인 Ed Neukrug 는 어떻게 그가 그의 진로 발달 과정 속에서 많은 역할 간의 균형을 찾아 왔는지 그의 이야기를 나누어 주었다. 그는 '좋은 삶'이라고 지칭한 삶의 개념을 설명했다.

개인적 삶과 전문적 삶 간의 균형 잡기: 나의 자기돌봄 '나만의 요인들'

Ed Neukrug

내게 자기돌봄은 우리가 나이 들면서 변화되는 형태이고, 개개인에게 의미 있는 것에 대한 정의를 하면서 스스로의 존재가 의미 있다는 확신을 할 때 필수적인 요소이다. 시간이 흐르면서 나는 나만의 독특한 자기돌봄 요법을 가지게 되었는데 일반적으로는 잘 작동하지만, 항상 그런 건 아니다. 내가 성공적이지 않을 때, 난 스스로에게 '괜찮아'라고 이야기하는데, 내 개인적인 자기돌봄 요법은 목표가 아니라 과정 중이기 때문이다. 약간의 마음챙김을 사용하여, 나는 다양한 수준의 자기돌봄이 도로의 신호등이라고 생각한다. 이러한 신호들은 우리의 존재에 대한 수정을 가능케 하고, 이는 우리가 스스로와 우리의 여러 행동에 대해서 적절히 만족할 수 있게 돕는다. 앞으로의 내용들은 나의 자기돌봄 여행의 일부 기록들이다.

내가 우리 학과의 학과장이 되었을 때, 나는 여러 행정적인 역할, 논문, 강의, 그리고 배우자, 자녀, 가까운 친구들과의 관계 간의 균형을 가져야 했다. 이러한 모든 역할 및 의무와 더불어, 나는 어떻게 내가 지금 쓰고 있는 이 많은 역할의 모자들을 잘 조절하면서 써야 하는지에 대해서 배워 나갈 필요가 있었다. 나는 자기돌봄 요법이 다소 효과적임을 발견했다. 이 자기돌봄 요법이 갑자기 나타난 것은 아니었고, 일부는 항상 어디엔가 존재하기는 했다. 하지만 나는 이에 대해서 좀 더 의도적으로 마음에 담고, 의도적으로 이를 활용하기 시작했다. 그때부터 나의 자기돌봄은 잘 먹으려고 하고, 일주일에 5~7회 운동을 하며, 일을 할 때는 열심히 하고 준비를 미리 해 두고, 상담자를 만나고, 휴식도 갖고, 휴가도 가며, 좋은 남편, 아버지, 그리고 친구로서 지내는 것들이었다. 나는 함께 일하는 나와 가까운 사람들과 진솔한 관계를 맺는 것 또한 이 균형 잡는 삶에 필수적임을 깨달았다. 비밀과 속임수는 내 영혼을 태우고 잠식한다. 나는 결국 나만의 독특한 자기돌봄 요법을 개발했다. 내가 완벽하냐고? 당연히 그건 아니다. 때때로 글을 쓰러 가려고 회의를 서둘러 끝내는 나를 발견하기도 했다. 어떨 때는 스트레스가 나를 잡아먹기도 했고, 난 내가 원하는 만큼 가족들과 친구들에게 친절하게 대해 주지도 못했다. 가끔 버거킹에 가서 와퍼를 시켜 먹기도 했다. 가끔은 내 배우자와 함께 있기 위해, 의도적으로 시간을 내서 주말에 같이 여행을 가야겠다는 생각이 들기도 했다. 어떨 때는 내가 아끼는 누군가에 대해서 계속 괴롭히고 불편한 감정에 힘들어하기도 했는데, 아마도 내가 나누지 않고 같이 다루어야 할 필요성이 있는 걱정 혹은 화 때문이다. 일반적으로 나의 자기돌봄 요법은 잘 작동되는 편이고, 그게 오늘까지도 내가 이것을 사용하고 있는 이유이다.

몇 년 전에 난 치료 가능한 신장암 진단을 받았다. 지금은 괜찮지만, 그때 내 자기돌봄 요법에 한 가지 더 추가했다. 바로 남을 판단하지 않고 사랑하는 것을 기억하는 것이다. 내가 처음 진단받았을 때, 나는 내 삶에서 모든 중요한 것에 대해서 깨달았다. 주변 사람들과의 관계가 가장 중요했다. 그리고 때때로 내가 이 관계들을 내가 할 수 있는 만큼 충분히 가꾸고 돌보지 않았음을 깨달았다. 보다시피, 신장암은 내게는 선물이었다. 암은 나로 하여금 (거의 나에게 아주 강력하게 상기시켰는데) 사람들을 판단하지 않고 사랑하는 것이 얼마나 중요한지 깨달게 했다. 나는 심지어 사람들을 사랑하도록 스스로에게 상기시키기 위해 내 오른손 넷째 손가락에 맞는 반지를 구입했다. 나는 항상 착용하고 다니지는 않지만, 항상 남을 판단하지 않고 사랑하는 걸 기억하려고 한다. 물론 이에 더해서 한 가지 더 기억해야 하는 건 항상 균형을 잡도록 스스로를 돌보아야 한다는 점이다.

내 삶이 균형을 잡도록 노력하는 것은 사람들이 이야기하는 소위 '좋은 삶'의 핵심이다. 그건 잘 먹고, 운동하고, 타인을 사랑하고, 일을 열심히 하고, 휴식을 취하고, 가족과 친구들과 시간을 가지고, 개인상담을 계속 받고, 현재에 충실하는 것이다. 이러한 것들이 나에게는 잘 작용하고 효과적이었다. 난 이러한 나의 개인적인 자기돌봄을 '나만의 요인들'이라고 부른다. 왜냐하면 이 모든 요인의 조합이 한 사람에게는 잘 작용할 수 있지만 모든 사람에게 다 효과적이지는 않을 수 있기 때문이다. 나는 명상을 하지도 않고, 기도도 하지 않는다. 하지만 그게 다른 사람들에게는 효과적인 방법이라는 것을 안다. 난 채식주의자도 아니고, 스카이다이빙을 즐기지도 않는다. 내 삶의 균형은 나에게 뭐가 더 잘 먹히는지 스스로 발견한 것이다. 당신은 발견을 했는가?

좋은 삶

Ed Neukrug의 좋은 삶에 대한 생각은 잘 먹고, 운동하고, 타인을 사랑하고, 일을 열심히 하고, 휴식을 가지고, 가족과 친구들과 시간을 보내고, 지속적으로 개인상담을 하고, 현실에 충실하고 솔직한 것이다. 나(Jude)는 좋은 삶에 대한 이 생각들에 동의하며, 나에게 좋은 삶에 한 가지를 더 추가하자면, 상담 영역 내에서 시민의식을 가지게끔 도와주는 여러 전문적인 프로젝트에 참여하는 것이다. 만약 내가 이러한 프로젝트를 정년보장을 받기 위한 단계로서만 참여한다고 느낀다면, 이는 나의 자기돌봄에 도리어 위협이 될 것이다. 나는 내 일들이 상담 영역과 우리가 관여하는 여러 사람에게 의미 있는 효과를 미칠 수 있다고 느끼고자 하는 개인적인 욕구가 있고, 이에 참여할 프로젝트를 신중하고 의도적으로 선택한다. 좋은 삶은 내 연구실에 앉아서, 프로젝트를 조사하고, 완성하기까지 여러 단계에 관여하며, 내가 속한 커뮤니티의 발전에 기여할 수 있다는 것을 아는 것들이 포함된다.

나(Michelle)의 관점에서, 그리고 내 진로 발달 과정의 현재 단계에서 볼 때 좋은 삶은 나로 하여금 휴식을 취할 수 있는 시간을 좀 더 갖고, 내 스케줄에 좀 더 즐거움을 포함시키는 것이다. 사실 어떨 때는 하루 종일 어떤 스케줄도 없었으면 좋겠다고 생각할 때도 있다! 내 삶의 그릇에 한 번도 일이 부족했던 적은 없다. 내가 현재 관여하고 있는 여러 과제와 프로젝트들을 즐기기는 하지만, 난 좀 더 휴식을 취할 수 있는 시간에 대한 나의 욕구도 잘 인지하고 있다. 이 책의 공동 저자들과 같이 나는 내가 하는 일에서 많은 즐거움을 얻고 있다. 나는 영재교육센터에서 학생들에게 지도를 해 주고 그들의 성장을 목격하면서, 그리고 존스홉킨스 대학교의 상담 프로그램에서 석사과정생들을 가르치면서 에너지를 얻는다. 이 세상에서 긍정적인 변화를 만들어 내는 것은 내게 큰 의미가 된다. 나는 내 노력들이 의미가 있기를 바라고, 이 세상이 더 좋은 세상이 되도록 내 몫을 다하고 싶다.

상담 영역의 전설인 Jon Carlson은 2017년 2월에 사망했다. 그는 심리학, 상담, 교육, 아들러 이론과 실천 영역의 지도자였다. 전 생애 동안 그는 이 세상에 대한 긍정적인 영향으로서 Alfred Adler의 사회적 관심을 행동으로 옮기는 데 노력을 기울였다. 그는 놀라운 발자취를 이루었는데, 그는 64권의 책을 출판하고, 185편의 논문을 작성하였고, 300명 넘는 상담 실습 비디오를 남겼다. 그의 직업적 성취도 매우 인상적이지만, Carlson은 그의 성취를 좋은 삶과 동일시하지 않았다. Carlson은 우리가 개인으로서 누구인지에 대해서 단 하나의 사건으로 판단하는 것은 실수라고 생각했다. "나는 성공과 만족을 우리가 우리의 삶에서 중요한 사람들, 나의 배우자, 아이들, 친구들, 동료들, 상사들, 내가 가르친 학생들과 어떻게 잘 지냈는지로 측정합니다." (Englar-Carlson & Kottler, 2017, p. 42에서 Carlson의 말 인용) Carlson의 이러한 말들은 전체적인 자기돌봄과 좋은 삶이 그에게 어떤 의미가 있는지 그 실체를 잘 표현하고 있다. "나는 신체적으로 건강하고, 정신적으로 건강하고, 영적으로 건강하고, 관계적으로 건강할 수 있도록 노력했습니다. 당신이 모르는 것을 가르칠 수 없습니다. 우리의 내담자들은 우리(상담자들)가 삶을 사는 방식과 일치하지 않는 방식으로 어떤 행동을 하고 어떤 방식으로 생각하라고 제안을 하면, 우리를 믿지 않습니다."(p. 43)

나(Jerry)는 내 동료들과 어떻게 살 것인가에 대해 생각할 때, 우리의 이상을 실천하는 삶을 사는 것이라는 Carlson의 견해에 동의한다. 내게 좋은 삶의 중요한 부분은 나 자신을 돌보고 내 삶 안에서 일어난 많은 축복과 선물과 같은 모든 일에 대해서 감사하는 마음을 표현하는 것이다. 나는 보답을 하는 것이 가장 중요한 일 중 하나라고도 믿는다. 나는 좋은 삶을 물질적인 소유의 개념으로 바라보기보다, 직업적으로 어떻게 내가 기여를 할 수 있는가의 관점으로 바라본다. 나는 사회를 바꾸겠다는 웅장한 생각들을 하고 있지는 않지만 작은 변화들이 유의미할 수 있고 그것이 내가 일을 계속해 나가는 이유이다. Alfred Adler의 사회적 관심의 개념은 나에게도 핵심적인 개념이며, 타인의 삶의 긍정적인 변화에 도움이 되고자, 얼마가 되었든 나의 재능을 최선을 다해 나누고자 한다.

성찰을 위한 질문

1. 명백한 경계들을 만들고 유지함을 통해서 건강한 일-삶 균형을 이루어 내는 데 본인 스스로 얼마나 성공적이라 생각하는가?

2. 이상적인 일-삶 균형을 마음속에 그려 보고 있는가? 그것을 이루기 위해서 당신의 삶에서 어떤 변화가 필요한가? 구체적으로 어떻게 그러한 변화들을 만들어 내고자 하는가? 설명해 보자.

3. 만약 일과 관련된 책임들과 의무들로 인해서 개인적인 삶에서 압도된 감정을 느끼고 있다면, 그러한 무게를 좀 덜기 위해서 당신이 할

수 있는 것은 무엇인가?

4. Jon Carlson의 자기돌봄과 좋은 삶에 대한 관점에 대한 당신의 반응은 무엇인가?

5. 당신의 좋은 삶에 대한 정의는 무엇인가? 당신의 좋은 삶의 일부를 이루는 데 현재 얼마나 가까워져 있는가? 그 이상적인 목표에 좀 더 다가가기 위해서 당신이 할 수 있는 일은 뭐라고 생각하는가?

동료들에게서 지지 얻기

건강한 일-삶 균형을 가짐으로써 자기돌봄을 유지하는 것은 동료와의 관계 형성을 통해서 지지받을 수 있다. 명백하게, 직장에서 강한 유대관계를 구축하는 것은 그만큼 보상이 있는데, 특히 스트레스를 많이 받고 있는 상황에서 동료들의 지지가 간절히 필요한 시기일 때 그러하다. 우리는 깨어 있는 시간의 많은 부분을 우리의 일에 대해 생각하고 일을 하면서 보내기에, 우리가 높이 평가하는 의지할 수 있고 신뢰할 만한 동료들은 삶의 구세주들이나 다를 것이 없다. 스스로의 웰빙에 대한 지각은 직장에서 우리의 관계의 질에 의해 긍정적인 혹은 부정적인 영향을 받는다. 모든 관계가 우리에게 다 의미가 있는 만큼, 우리의 동료들과 적절한 경계를 형성하는 것은 매우 필수적이다.

나(Jude)의 올드 도미니언 대학교의 동료들과 나는 집단적인 건강한 일-삶 균형을 함께 지지하고 만들어 갔다. 우리는 정기적으로 서로의 안부를 확인하였고, 일과 일이 아닌 주제들 간의 토론에 균형을 가지려 했다. 나의 동생(Julius)과 나는 상담자교육 영역에서 다른 새로운 전문가들과 공식적인 집단을 조직함으로써 동료들의 지지 또한 얻을 수 있었다. 집단 문자, 이메일, 화상채팅을 통한 소통과 연결들은 우리 삶의 개인적 그리고 전문적 영역 모두에서 어떤 일이 일어나고 있는지를 이야기하고 나눌 수 있게 도왔다. 또한 우리는 논문을 작성하는 팀도 동료들과 만들면서 서로 소통하였고, 일-삶 균형에 대해 지지를 얻고 유지하기 위해서는 동료들의 시간에 대한 상호존중이 필수적이라는 사실도 배웠다. 예를 들어, 우리는 회의 시간을 잡을 때 각자의 가족과의 시간과 직업적으로 요구되는 시간들을 존중하였다. 우리는 우리의 약속이 잡힌 회의 시간 동안만 서로 과제를 나누고 서로의 안부를 확인하였고, 그 외의 시간에는 불필요한 부담감을 주지 않도록 피했다. 서로의 시간을 존중하는 것은 우리 집단 내에서 신뢰를 형성하고 지지를 받았다. 게다가 우리는 좋은 자기돌봄 계획을 세우는 것을 돕고, 경험들을 처리할 수 있는 공간을 제공하며, 서로 건강하게 지낼 수 있도록 동기를 부여하고 독려하였다.

나(Jerry)의 경우에는 동료들이 자기돌봄의 핵심적인 자원이었다. 나는 비공식적으로 공통의 관심 영역에 대해서 이야기하고, 책이나 논문 등을 같이 작업하거나, 학회에 같이 가서 발표를 하는 등 항상 많은 동료와의 관계를 잘 형성하는 데 최대한 노력을 기울인다. 나는 대체로 매 가을학기마다 강의를 할 때 매주 다른 동료들과 저녁을 먹고, 저녁을 먹으면서 일에 관한 이야기뿐 아니라 삶에서 우리가 원하는 것들에 대해서도 이야기한다. 좋은 동료를 갖는 것은 고독이 내 삶에 기어들어 오는 것을 막는 방법이다. 동료들과 만나면 우리는 우리가 일과 관련된 삶과 개인적인 삶 간의 경계를 만들고 유지하면서 경험하는 어려움들에 대해서 나눈다. 우리들은 대체로 굉장히 매력적인 제안들을 거절하는 데 어려움을 겪고 있었다. 우리는 그 프로젝트가 매우 즐거울지라도, 여전히 많은 시간과 에너지가 쓰이기 때문에 우리 스스로를 지키고 서로를 지킬 필요가 있다. 한 동료는 종종 "나는 내가 여섯 명이면, 너의 제안을 받아들일 거야. 하지만 세상에는 내가 한 명뿐이라 정중하게 그 제안을 거절해야겠어."라고 이야기하곤 한다.

비슷한 내용으로, 나(Michelle)는 새로운 프로젝트를 맡을 때 좋은 경계를 설정하기 위해서 나의 한계를 받아들이면서 내 스스로를 유지하고자 한다. 비록 적절한 일-삶 균형을 찾기 위해 항상 고군분투하지만, 나의 직속 슈퍼바이저는 항상 나에게 나를 위한 시간을 가져야 한다는 것을 상기시켜 준다. 나의 다른 공동 저자들처럼 나도 글을 쓰는 프로젝트들을 동료들과 협업하는 것을 즐기며, 동료들로부터 지지를 받는 것이 무엇보다도 중요하다. 내가 스스로를 돌보는 방법 중 하나는 영재교육센터(나의 주간 직장)의 동료들과 슈퍼바이저들, 겸임교수로서 상담 수업을 하고 있는 존스홉킨스 대학교 교육학과의 교수들 및 직원들과 긍정적인 관계를 형성하는 것이다.

깨달음의 순간 후 균형 찾기

전문가로서 새로운 출발과 동시에 아빠가 되면서, 나(Julius)는 힘든 방법을 통해 개인적인 삶과 직업인으로서의 삶 간의 경계를 세우는 방법을 배웠다. 고된 업무를 마친 어느 날 저녁, 집에서 3개월 된 아들 Cairo Anthony를 안락의자에서 딱딱한 마룻바닥으로 떨어뜨렸다. 내가 아이에게 젖병으로 먹이고 나서 트림을 시키려고 내 가슴에 아이를 기대게 한 후에 우리는 같이 안락의자에서 잠이 들었다. 내가 아이가 누워 있는 상태에서 몸을 일으켰고, 아내는 비명을 질렀다. 나는 당황하고, 겁에 질리고, 부끄러웠다. 눈물범벅이 되어 아이를 안아 들어 보니, 아이의 왼쪽 눈이 부풀기 시작하는 게 보였다. 아내는 히스테리컬해졌고, 나는 그녀가 그렇게 겁먹고 화가 난 모습을 처음 보았다. 우리는 어떤 위기 상황에서도 서로를 의지했었다. 하지만 아내가 가장 가까운 응급실에 연락하고, 우리 부모님과 형제자매들에게 전화를 하는 동안에 내게 과호흡 증세가 왔다. 말 그대로 거의 얼어붙은 상태였기 때문에 우리는 각각 차로 이동을 했다. 아내는 아이의 가방, 옷가지들, 응급실에서 머물 동안 필요할 수 있는 여러 물품을 챙겼다. 나는 내 전화가 울리는 것을 듣고 전화를 받았고, 아내가 "당신을 사랑해. 일부러 그런 게 아닌 거 알아. 우리는 지금 당신이 필요해."라고 말하는 것을 들었다.

나는 내 아들의 웃는 얼굴과 그의 부푼 왼쪽 눈을 보기 위해서 병원의 검

사실로 걸어 들어갔다. 우리 가족이 모두 방 안에 앉아 있을 때 나의 아들은 필사적으로 나와 눈 맞춤을 하려고 했다. 나는 그의 눈을 응시하며 "아빠가 미안해."라고 중얼거렸고, 아이는 웃으며 "히이이이이이이이이이" 하면서 소리 질렀다. 아들이 웃을 때 의사들이 나타났고, 그들은 아이가 완전히 건강하다고 이야기해 주었다. 아이는 하루 동안 눈이 부어 있었고, 눈 주변에 멍이 들었으며, 나중에는 통증도 사그라들었다.

나는 아들의 낙상사고가 내 개인적 삶과 전문적 삶 간의 경계가 엉망이었기 때문이라는 점을 깨달았다. 이 사건이 일어난 날은 오전 5시 45분부터 오후 6시 반까지 계속 내담자들을 만났다. 아이의 사고는 나에게 정신이 번쩍 드는 사건이었다. 상담자로서의 나는, 하루에 최소 7시간 동안 충분히 존재해야 하고, 깨어 있어야 하고, 치료적인 관계 형성에 주의를 기울여야 했다. 아버지로서의 나는, 내 아이와 충분히 함께 있어야 하고, 미소 짓고, 웃고, 트림하고, 기저귀를 가는 그 순간들을 함께해야 했다. 이러한 개인적인 그리고 직업적인 업무들을 수행하기 위해서 나는 하루에 거의 16시간 동안 깨어 있고 존재해야 했고, 그것은 비현실적이었다. 이러한 비현실적인 기대들을 맞추라는 압박감은 내 일상에서 드러났다. 예를 들어, 직장 내에서 상담노트들은 계속 밀렸고, 내담자를 보고 있지 않을 때도 혼자 고립되어서 상담실에 앉아 있었으며, 할 수 있을 때보다 더 늦게 이메일들에 답장을 보내곤 했으며, 비현실적인 논문 작업 마감기한들을 맞추겠다고 애를 썼다. 이러한 비현실적인 기대들은 내가 가족들과 있을 때 내담자나 글을 써야 하는 프로젝트들을 생각하거나, 아들과 놀면서 이메일을 확인하거나, 나의 직계가족들과 연락을 거의 하지 않는 등의 형태로 내 개인적 삶에 영향을 미쳤다. 개인적 삶 그리고 직장 내 삶의 요구들을 모두 동시에 맞춰 보려고 하면서 나는 그 둘이 모두 고통받게 했다는 사실을 깨달았다. 나는 부적절하고, 압도당해 있고, 죄책감을 느끼기 시작했고, 자기돌봄은 사라진 지 오래였다.

아들의 낙상사고 이후, 나는 삶에서 두 가지 영역을 충분히 잘 다루는 데 도움이 되는 일련의 전략들을 세우기 시작했다. 난 매일 하루의 마지막에 상담 시간을 잡기보다 상담노트나 기타 서류를 작성하고 정리하는 시간을 잡았고, 이는 하나의 역할에서 다른 역할로의 전이를 수월하게 도와주었다. 집으로 오는 시간 동안 나는 Jude(내 쌍둥이 형제)에게 전화를 걸어서 현재 맡은 사례들 관련 고민 등과 있었던 일들에 대해 이야기하면서 생각들을 정리했다. 또한 팟캐스트와 오디오북들을 들으면서 잠시 상담자로서 역할의 모자를 내려놓았다. 가능한 한 나는 다른 장학금 관련 과제들을 주일에 최대 4시간 정도 잡아 놓고 하려고 했다. 이러한 노력들은 나로 하여금 내 개인적 삶과 전문적 삶 간의 균형을 찾는 데 도움이 되었다.

Julius와 같이 아마 당신도 당신의 삶을 돌아보게 하는 결정적인 계기나 사건들을 경험했을 수 있다. 어떻게 스스로가 한계점까지 몰아넣고, 단순히 지치고 피로함을 넘어서 자신 혹은 다른 사람들의 웰빙을 희생하였는지에 대해서 생각해 보는 시간을 가져 보기를 바란다. 지쳐 가면서 경험한 위험 신호들은 무엇이었는가? 어느 정도 이러한 신호들에 대해서 스스로 주의를 기울이고 있는가? 이렇게 피로가 누적되거나 소진되는 상태에 다다르지 않기 위해서 어떤 일련의 행동들을 할 수 있을까?

자기돌봄에 대한 장벽으로서의 상호의존성

우리 대부분은 타인들이 양질의 삶을 살고 그들의 힘듦과 고통이 끝나도록 돕고 싶기 때문에 이러한 남을 돕는 직업군에서 종사하고 있다. 때때로 이러한 직업적 가치를 우선에 두고자 하는 우리의 동기들은 일부 우리의 원가족과의 미해결 과제로부터 시작되었을 수 있다. 남을 돕고자 하는 사람들이 자신의 가족들과의 관계에서 경험하고 보고하는 역기능적인 패턴 중 하나가 상호의존성이다. "상호의존성은 거의 모든 정서적 그리고 자존감 관련 요구들을 충족하기 위해서 한 사람이 타인에게 의존하는 역기능적이고 일방적인 관계에 있는 사람들에게서 나타난다. 이는 다른 사람이 그들의 책임감

없고, 중독적이거나 미성취적인 행동들을 유지하는 것을 가능하게 만드는 관계이다."(Lancer, 2016) 가족들은 정말로 다양하고, 대부분의 도움을 제공하는 상담자 등 관련 영역 종사자들이 모두 상호의존적인 가족 배경을 가졌다고 이야기하는 것이 아니다. 그럼에도 불구하고 일부는 그런 경우가 존재하며, 이러한 원가족과의 관계는 스트레스와 정서적인 소모의 원천이 된다. 이 책을 읽는 당신도 이러한 상호의존성의 문제를 가지고 있는 내담자를 상담해 본 경험이 있을 수도 있고, 이 주제에 대한 수업을 들어 본 적도 있을 것이다. 상호의존성이라는 주제는 개인에 대한 정의가 아니며, 타인과의 적절한 관계를 수립하는 것이 이러한 문제를 다루는 데 중요한 단계이다. Jennifer Kordek의 이야기는 만약 개인적 어려움을 무시하거나 그냥 내버려 두었을 때, 어떻게 상호의존성이 상담자의 적절한 수준의 자기돌봄에 장애가 되는지를 예시로 보여 준다.

자기돌봄의 형태로서 경계 만들기

Jennifer Kordek

내가 인간서비스 전공으로 대학생활을 시작했을 때, 자기돌봄이라는 단어가 내가 듣는 모든 수업 내에서 종종 등장했다. 나는 그에 대해서 충분히 잘 이해를 하고 있다고 생각했는데, 사실 내가 이해한 자기돌봄 개념은 휴가를 가거나, 내 멋대로 할 수 있는 시간을 좀 가지는 것 정도였다. 이 정도의 개인적인 전략들은 자기돌봄의 납득할 만한 측면이기는 하나, 내가 자기돌봄 연습이 정신적인 측면에 미치는 중요성에 대해서 충분히 이해하는 데는 시간이 좀 걸렸다.

내가 대학에 들어갔을 때, 주요 학업동기는 타인을 돕고 그들의 삶에서 변화를 만들고자 하는 진실한 열망이었다. 나는 내가 타인을 돕기 위해서 진지하게 대하는 의지할 수 있는 친구이자 동료이고 학우라는 점에 자부심을 가지고 있었다. 그렇게 하면서 나는 점차 정신적, 정서적, 육체적으로 소모되어 가고 있었다. 나는 나의 마음을 짓누르고 셀 수 없이 많은 상황에서 내 가치에 대해 의구심을 들게 만드는 연인관계 안에 있었다. 나는 그를 도와야 할 때 '싫다'고 이야기하면서 경계를 형성하는 데 큰 어려움을 가지고 있다는 사실을 인지하기 시작했다. 내가 지나치게 많은 일을 하고 있다는 생각과 모든 일이 잘 해결될 때까지 계속 도와야 한다는 기분 사이에서 내 머릿속은 끊임없는 전쟁터였다. 나는 계속 그의 문제를 내 것처럼 받아들이고 다루려고 하는 한 내가 충만한 삶을 살 수 없다는 사실을 깨닫지 못했다.

나는 항상 정신적으로, 육체적으로 지쳐 있었다. 솔직히 나의 연인 때문에 완전히 소진이 된 상태였으나, 나는 계속 스스로에게 그를 계속 도울 수 없다면 다른 누군가도 도울 수 없을 거라고 이야기했다. 나는 학부 프로그램의 일환으로 자기탐색집단에 들어갔고, 결국 집단 내에서 내 문제를 공개하고, 나 자신을 위한 시간을 좀 갖는 위험을 감수하였고, 그건 자유로운 기분과 치유의 감정을 들게 했다. 난 알코올 중독인 사람들을 어떻게 돌보아 왔는지, 그것이 나에게 미치는 영향이 무엇인지에 대해서 이야기를 했다. 나는 그룹 리더의 도움을 필요로 했고 원했으며, 아마도 무엇을 해야 할지에 대한 조언을 바랐던 것 같다. 집단 내에서 지속적인 탐색을 통해서 나는 타인으로부터의 조언은 한계가 있으며, 내가 내 삶의 선택에 대한 책임을 져야 한다는 사실을 지각하기 시작했다. 나는 건강하지 않은 개인적 삶이 내 삶을 지배하게 놔두어서는 안 된다는 점을 깨달았다.

나는 다양한 방향으로 나를 끌어당긴다고 느끼는 다른 관계들에 대해서도 돌아보기 시작했고, 내가 나 자신을 우선으로 놓고 챙겨야 한다고 스스로에게 이야기하기 시작했다. 이는 내가 내 삶에서 처음으로 경계를 세운 첫 번째 단계였다. 나는 여전히 타인을 도울 수 있지만, 내 스스로를 버려 가면서까지 할 필요는 없다고 스스로를 다독였다. 결국 나는 다른 사람들이 자기 삶에 대해 책임을 질 수 있고, 내가 모든 것을 다 고쳐 주고 타인을 구해 줄 필요가 없다는 사실을 깨달았다. 난 나 자신을 돌보기 위해서 건강한 경계를 가지는 것이 얼마나 중요한지에 대해서 배우기 시작했다. 내가 해야 하는 건 내 개인적인 관계들 내에서 내가 하고 싶은 것과 하면 안 되는 것 간에 분명한 선을 긋는 것이었다. 두 번째 단계는 이러한 계획들을 실행하는 것이었다. 내가 이러한 계획들을 결점 없이 다 수행했다고 이야기하면 거짓말이다. 때때로 내 연인을 위해서 내가 하던 것을 다 멈추고 동굴 속에 들어가 있었다. 하지만 점차 '싫어/안 돼'라고 이야기하는 것이 점차 쉬워졌고, 내가 정말 그를 돕고 있는 것이 아니라는 것을 깨달았을 때 내 결정에 충분히 확신을 가질 수 있었다. 나는 그가 자기 스스로를 돕기 위해 무언가 하는 걸 지켜보는 것이 그에게 더 중요하다는 사실을 받아들였다.

이러한 새로운 경계를 설정하는 기술들을 성공적으로 실행하기 위한 계획 내에서, 나는 내가 내 스스로에게 하고 있었던 것들을 힘들게 들여다보아야 했다. 나는 스스로에게 너무 가독하게 대하는 것을 중단하는 법을 배워야 했고, 더 중요한 것은, 생각하는 방식을 변화시키고 '싫다'고 이야기하는 법을 배우는 것이었다. 내 개인적인 삶에서 경계를 만들고 유지하는 것을 익히는 것은 내 전문적 영역에서의 노력으로도 이어졌다. 만약 내가 스스로를 잘 돌보지 못한다면, 어느 누구에게도 전문적 도움을 제공할 수 없고, 타인의 친구도 되어 줄 수가 없다는 사실을 알기 때문이다.

Naomi Tapia는 입양과 가정위탁 제도 내에서 영유아 및 청소년들을 돕는 비영리단체에서 일을 한다. 그녀는 타인의 요구를 자신의 것보다 더 우선시하는 경향이 있다. 이제 Naomi가 자기 스스로의 욕구를 돌보는 방법을 배우기 위한 일생의 노력 과정들에 대해서 이야기를 들려줄 것이다. '안 된다'라고 이야기하면서 타인과 한계를 긋는 것은 그 어떤 것보다도 가장 큰 도전이었다.

나 자신보다 타인을 우선시했던 나의 고군분투

Naomi Tapia

나는 맞벌이를 하시는 부모님들을 대신해서 내 동생들을 키웠고, 내가 기억하는 한 항상 돌봄제공자였다. 어린 시절부터 나는 항상 엄마가 "너는 스스로 돌볼 줄 알아야 해. 만약 다른 사람들을 계속 돌보아 주고 싶으면 말야."라고 하셨다. 항상 엄마가 그렇게 이야기하시는 것을 듣고 성장했음에도 불구하고, 나는 자기돌봄의 부족으로 인해 건강상의 이상이 올 때까지 진심으로 듣고 이해하지 못했다. 나는 14세에 불안장애 진단과 함께 위장궤양을 얻었고, 뭔가 변화가 필요한 상황이었는데, 그게 무엇인지를 몰랐다.

대학을 다니기 시작하면서 나는 자기돌봄에 대해서 배우기 시작했다. 스스로를 돌보는 것의 중요성을 알고 있음에도 불구하고, 나는 어떻게 시작을 해야 할지를 몰랐다. 내 생각에 유일하게 도움이 될 만한 행동은 개인상담을 받는 것이었다. 자기탐색 과정을 통해서 나는 무엇이 나로 하여금 스스로를 돌보지 못하게 하는지 들여다볼 수 있었고, 내 삶에서 죄책감이 계속 어떻게 역할을 해 왔는지를 깨닫기 시작했다. 나는 '안 돼'라는 말을 할 때 죄책감을 느끼고 이기적이된 듯 느낀다는 것을 알게 되었다. 내 안에서의 변화를 만들어 내기 위해서 나는 스스로를 위한 시간을 만들어야 했다. 나는 마침에 '안 돼'라는 말을 하는 것을 배울 수 있었다. 안타깝게도 이렇게 자진해서 만든 경계는 빠르게 무너졌다.

학부 생활 동안 나는 캠퍼스 내 조직의 회장으로서 일하고, 인턴십을 하고, 일을 하며, 낮에는 학교를 다니는 등의 많은 일을 다루어야 했다. 내 첫 번째 인턴십 때 나는 노숙자 가족들에게 주거공간을 제공해 주는 비영리단체 일을 도왔다. 인턴으로서 나는 주당 10~12시간을 일하면 되었는데, 나의 약한 경계는 '나로 하여금' 그보다 더 많은 시간을 일하게끔 만들었다. 내 내담자들은 차 안, 텐트, 모텔방 등에서 생활하는 등 매우 심각한 상황에 놓여 있었다. 나는 내가 할 수 있는 어떤 방법을 동원해서라도 그들을 도와야겠다는 생각에, 더 멀리 찾아가고 돌아다녔다. 어떻게 지내는지 확인해야 한다는 생각에, 사무실 밖에서도 계속 이메일에 답을 하고 음성메시지를 확인했다. 음성메시지에서 도와 달라는 절박한 메시지를 들으면 나는 밤늦게까지 그들을 위해 주거공간을 찾아 주고자 동분서주했다. 그들에 대한 과도한 걱정으로 인해서 나는 잠도 충분히 자지 못했다. 스스로를 돌보지 못한 점은 내게 정서적인 대가를 치르게 했는데, 그렇게 극복하고자 애썼던 우울이 다시 나에게 찾아왔다.

타인을 위해서 무언가를 해야 한다는 생각 속에서 길을 잃고 경계를 확립하지 못한 채로 몇 달을 보낸 후, 나는 무너졌다. 나는 다시 개인상담을 받기 시작했고, 우울증상을 잡기 위해 약을 복용하기 시작했다. 다른 사람들을 위해 충분히 같이 있지 못하고 있다는 죄책감에 나는 점점 작아지고 없어졌다. 나는 어떻게 내 개인적 삶과 일적 삶 간의 경계를 정하는지를 이해하지 못했다. 나는 '안 돼'라고 말하는 방법, 특히 내 스스로에게 그렇게 하는 방법을 다시 처음부터 배워야 했다. 내가 가족들이나 친구들과 함께 있을 때 머릿속에 일에 대한 생각들이 튀어나올 때 '안 돼'라고 말하는 연습을 계속했다.

자기돌봄을 위해서 경계를 만드는 것은 여전히 나에게는 어려운 일이다. 하지만 나는 자기돌봄의 일부로서 경계 형성에 의미 있는 단계들을 밟아 나가고 있다. 대학에서 마지막 졸업 학기 동안, 나는 나 자신을 위해서 일을 그만두고 내 삶에서 더 균형을 찾기 시작했다. 이제는 직장인으로서 나는 내가 그럴 필요가 없을 때는 전화기가 울리지 않게 하는 방법을 배웠다. 이는 내가 좀 더 내 개인적인 삶에 존재하고 그 중심에 있게끔 하는 데 도움이 된다. 나는 내 생각들을 메모에 적어 두고 한편에 밀어 둠으로써 휴식을 취할 때 이 생각들이 방해가 되지 않도록 한다. 또한 나는 심상치료와 명상을 이용하여 스스로 '재충전'이 되게 돕는다. 나의 신체적 웰빙을 위해서 나는 주중에 운동을 하는 시간을 우선적으로 따로 만들어 두고, 스스로에게 긍정적인 확신을 준다. 이러한 것들은 매우 사소한 것들이지만, 삶에서 매우 큰 변화를 만들어 낸다. 이제 내가 스스로를 너무 내몰고 있다고 느낄 때, 나는 스스로에게 내 내담자를 최상의 나로서 대해야 하고, 그러기 위해서는 스스로를 돌보는 것이 필요하다고 스스로에게 상기시킨다.

대학원생의 삶은 하고 싶은 욕구와 해야 하는 의무로 가득 차 있다. 상담자교육 박사과정생인 Justyn Smith는 학과 교수들, 멘토들, 조언자들의 욕구를 자신의 것보다 더 우선시하며 힘들어했다. 그가 압도되는 감정에 휩싸이는 것을 막고 경계들을 가질 수 있도록 도움이 되었던 몇몇 실용적인 단계에 대해 들어 보도록 하자.

경계 설정하기와 자기돌봄

Justyn Smith

나는 자기돌봄 경계를 설정하는 것이 자기보호를 하기 위해 개인적인 시간을 효과적으로 사용하는 것이라고만 생각했다. 경계를 설정하는 것은 나로 하여금 목표를 설정하는 데 초점을 맞추고 내 일과 관련된 여러 기회의 증가에 도움이 되었다. 나는 내가 중요하고 나만의 목소리를 가지고 있으며, 경계를 설정해도 된다고 스스로에게 상기시킨다.

박사과정생으로서 나는 교수와 나 사이의 권력의 차이를 빨리 인지했다. 나는 나의 교육과 진로가 때때로 모든 주요 결정을 내리는 것처럼 보이는 교수진의 손에 있다는 사실을 깨달았다. 이 힘의 차이가 잘못 작동할 때, 나는 점점 작아지고, 덜 중요한 것처럼 느끼며 궁극적으로 교수진의 욕구를 내 것보다 더 우선시하게 되었다.

박사과정 시작 때 나는 논문도, 학회 발표도 없었고, 차고 넘치는 이력서가 있지도 않았다. 경험을 쌓기 위한 기회들을 그때부터 지금까지 여전히 찾고 있기 때문에, 나는 내게 주어진 거의 모든 일에 대해서 '알겠습니다'라고 해야만 했다. 내 이력서를 채우기 위해서 미칠 듯이 애를 쓰고 있을 때, 나는 내 이력서가 나에 대해서 뭐라고 이야기하기를 원하는지에 대해서 생각할 필요성을 지각했다. 때때로 박사과정생으로서 '할 수 없다'고 거절을 하고 교수들과의 경계를 설정하는 것은 불가능해 보인다. 내가 속한 프로그램의 많은 교수는 국내에서 많이 알려진 학자들로서, 일부는 국제적으로도 명망이 있었다. 이는 나로 하여금 경계를 설정하고 내 목표 안에 머물게끔 하는 것을 더 어렵게 만들었다. 나는 두 가지 기본적인 단계로 구성되어 있는 박사과정생으로서의 경계를 세우는 전략을 고안해 냈다.

1. 목표 확인하기: 나는 나의 미래 진로가 어떤 모습이면 좋겠는지 그리고 내가 만들고 싶은 영향은 어떤 유형인지를 시각화하려고 노력했다. 나는 내 삶에서 앞으로 3~4년을 희생시킬 나의 주된 이유들에 대해서 생각했다.
2. 우선순위 정하기: 나는 나의 책임들에 대해서 조직화했다. 현재 나의 과제들은 졸업하기 전에 두 편의 논문을 출판하는 것과 가족들과 시간을 보내는 것이다.

이러한 두 단계는 나로 하여금 성공에 대해서 열망하는 만큼 내 시간을 효율적으로 쓸 수 있게 도왔다. 또한 나 자신을 먼저 우선시하고 동시에 나의 전문적 삶 내에서 자기돌봄을 할 수 있도록 도왔다. 적절한 경계를 세울 때, 나의 관심사를 염두에 두고 계신 교수진으로부터 나의 전문적·개인적 목표와 밀접한 연관이 있는 기회들이 주어졌다. 이러한 단계들을 밟아 나가면서, 점점 박사과정생으로서 나의 일은 나의 이력서를 채우는 것에 대한 문제가 아니라 내가 속한 사회와 영역에 가능한 한 큰 영향을 끼칠 수 있는가와 더 관련이 있음을 깨닫고 있다.

내담자와의 경계 설정 문제와 자기돌봄에 대한 대가

이 장을 통해 우리는 우리 자신에게 문제가 되는 경계 문제에 대해서 강조했다. 여기서 주된 관심사는 건강한 일-삶 균형을 추구하고, 정신건강을 유지하기 위해 개인적·직업적 삶 간의 한계를 설정하는 것이었다. 대학원 생활은 우리에게 우리 자신의 경계 문제를 다루는 과정에서 깊은 자기성찰을 하는 방법을 가르쳤고, 이는 이러한 경계 문제가 상담자로서, 상담교육자로서, 다른 조력 전문가로서 일을 하는 데 방해가 되지 않도록 하기 위함이었다. 만약 우리가 상담 관련 일을 하면서 스스로의 웰빙과 내담자들의 웰빙에 영향을 미칠 수 있는 다양한 유형의 경계 문제들을 설명하지 못한다면, 이는 태만한 것이다. 이에 상담 프로그램의 대학원생인 Omar De La Vega는 일부 내담자들이 아주 명확하고 분명한 경계가 얼마나 필요한지에 대해서 설명한다.

자기개방과 경계들

Omar De La Vega

그때는 상담 실습을 받는 실습생으로서 첫 달이었고, 나는 내담자와 작업을 시작한다는 사실에 흥분되어 있었다. 또한 나는 긴장되어 있었다. 윤리 강의도 들었지만, 내가 망칠 수 있는 모든 가능한 방법에 대해서 생각을 안 할 수가 없었다. 나는 내담자가 무서워서 상담실을 벗어나 말 그대로 도망가려고 하는 스스로를 잘 다잡고 있었다. 상담 동의서, 정신상태평가, 치료계획 세우기, 로봇같이 행동하지 않기 등 접수면접 동안 해야 할 많은 일을 기억해야 했다. 나는 흥분감이 공포보다 더 컸다고 이야기하고 싶지만 우려감이 머릿속을 가득 채웠다.

윤리적인 걱정을 느낀 첫 번째 경우는 실습기관에서의 두 번째 달이었다. 나는 정신적으로 그리고 육체적으로 큰 고통을 경험하고 있는 나이 든 내담자를 만났다. 내가 처음 그녀를 보았을 때가 기억난다. 그녀는 지팡이를 사용하여 매우 느린 속도로 걸었고, 매우 늦고 부드러운 목소리로 이야기를 했으며, 몸을 움직이는 것이 힘들어 보였다. 그녀의 머리는 단정하지 못하고 약간 축축했는데, 마치 샤워하고 갓 나온 것처럼 보였다. 노쇠하고 힘듦이 느껴졌는데, 그녀는 수년간 쉴 새 없이 지속되는 심각한 고통들과 싸우고 있다고 이야기했다. 나는 느리고 공감하는 접근으로 '내가 여기 당신을 위해 있다.'는 메시지를 전달하고자 했다. 내 마음은 온통 그녀에게 가 있었다.

두 번째 회기 동안 나는 무언가가 잘못되었다고 느꼈지만, 그게 정확히 뭔지 콕 집어 이야기할 수는 없었다. 나는 머릿속으로 기록을 하기 시작했다. 상담이 시작되고 나는 첫 번째 실수를 했다. 만약 적절하게 잘 쓰이고, 내담자에게 도움이 되는 방향이라면, 자기개방이 치료적일 수 있다는 것을 지금은 이해한다. 하지만 솔직히 그때 나의 자기개방은 지극히 이기적인 이유에 의한 것이었다. 그때 내가 '맙소사. 이 불쌍한 할머니는 너무 많은 고통 속에 있네. 그녀가 혼자가 아니라는 사실을 안다면, 내가 마음이 더 편할 것 같아.'라고 생각했던 게 기억이 난다. 큰 실수였다! 내가 나의 허리 통증에 대해서 자기개방을 하자마자, 그녀는 갑자기 달아나기 시작했다. "오, 세상에. 불쌍한 것. 어떻게 허리를 다쳤니?"

　　그때 아무런 경고도 없이, 그녀는 의자에서 일어나더니 허리를 구부리고 물건을 집어 드는 '올바른' 방법에 대해서 시범을 보여 주었다. 이때 갑자기 무엇이 나를 괴롭히고 있었는지를 깨달았다. 그녀의 행동은 매혹적으로 보였다. 그녀는 자신의 '시범'을 따라 하라고 하면서 문 쪽으로 가서 최대한 똑바로 서서, 나를 쳐다보면서 "허리 문제가 있을 때 이렇게 자세를 취해야 해."라고 이야기했다. 나는 '오, 맙소사.'라고 생각했다. 하지만 내가 관찰한 내용을 상담 주제로 가지고 와서 이야기하는 상담기법을 쓰기에는 나는 너무 초심상담자였다. 나는 그녀를 당혹스럽게 만들거나 부끄럽게 만들고 싶지 않았고, 지금 일어나고 있는 일들에 대해 내가 생각했던 것을 말로 집어낼 때 실수를 하고 싶지도 않았다. 내가 알아차리기도 전에, 그녀는 내 앞에 바로 위치한 자기 의자로 돌아와 앉았다. 그녀가 심한 고통에도 불구하고 민첩하다고 내가 언급을 하자마자, 나는 그녀의 발이 내 두 발 사이 공간으로 들어온 것을 눈치챘다. 그녀의 발과 내 발 사이에는 어떤 접촉도 없었으나, 경계가 무너진 것은 말할 것도 없었고, 나는 이 문제를 어떻게 다루어야 할지도 몰랐다. 운이 좋게도 상담시간이 끝났고, 그녀는 문 밖으로 나갔다. 나는 나의 경험을 슈퍼비전 시간에 적절하게 의논하고 다루었으며, 내담자는 다시 돌아오지 않았다.

　　내가 경계들을 조절할 수 있는 가장 최선의 방법은 경계를 나타내는 선들에 대해서 항상 마음에 두고, 어디에 그 선들이 위치해 있는지, 그리고 얼마나 그

선들이 유연하게 변화 및 조정될 수 있는지를 보고 조절하는 것이다. 이 회기에서 내담자가 아닌 나를 위로하는 방식의 자기개방은 내담자로 하여금 상담자인 나를 돌보아 주려는 노력과 그 이상의 선을 넘을 수도 있는 결과를 초래했다. 비록 그녀의 도와주려는 동기들은 좀 더 깊게 탐색해 보아야 하는 그녀의 내적 문제들로부터 출발한 것임을 인지하기는 하였지만, 내가 나의 고통을 자기개방함으로써 그 경계를 희미하게 만드는 태만함을 보였다. 내담자에게는 일관성과 구조가 필요하고 나는 내담자와 분명한 경계를 설정하고 그로부터 일탈하지 않아야 한다는 중요한 교훈을 얻었다. 게다가 그녀가 만약 돌아왔다면, 나는 아마도 내가 윤리적으로 적절하게 상담을 진행하고 있는지를 슈퍼바이저와 더 밀접하게 작업하면서 확인을 하였을 것이다. 마지막으로, 나는 나의 자기돌봄이 일정 수준을 유지하는지를 확인하는 편이다. 내 일상은 항상 완벽하지 않지만, 만약 내가 무엇이 필요한지에 대해서 내가 좀 더 신중하고 잘 알아차릴 때, 그 경계들을 덜 넘거나 위반하지 않을 가능성이 높다.

솔직한 자기성찰은 실수로부터 교훈들을 배우는 힘을 더 강화시킨다. 내담자들에게 우리의 개인적 경험들을 개방하였을 때, 우리는 이 자기개방이 누구의 욕구를 충족시키는 역할을 하는지 그리고 우리의 자기개방이 특정한 내담자에게 미칠 수 있는 영향 정도에 대해서 충분히 주의를 기울여야 한다. 비록 이 수련생의 자기개방은 좋은 의도에서 시작되었지만, 상담관계에서 성적인 끌림 문제에 대해 잘 구축된 경계가 모호해지는 결과를 야기하여 치료적 관계에는 문제가 되었다. Herlihy와 Corey(2015)는 성적인 끌림이 있을 때, 부적절한 경계를 넘나드는 문제를 예방하기 위한 방법으로서 자문의 중요성을 강조한다. "상담자에게 성적인 매력을 느끼는 것은 내담자들에게 드물게 일어나는 일이 아니다. 대부분의 상담자가 때에 따라서 자신의 내담자에게 성적인 끌림을 느끼게 되는 것도 필연적으로 일어나는 일들일 수 있다."(p. 49) 그럼에도 불구하고 상담자들은 무엇이 내담자에게 가장 필요한 것인지를 항상 머릿속에 두고 상담 회기에 임해야 한다.

스스로의 한계 이해하기

개개인들은 일과 가정으로부터의 요구들을 다르게 경험하고, 그들의 경험은 문화, 사회적 기대, 개인적 목표, 전문적 목표, 가족의 필요에 의해 영향을 받는다. 정신건강 분야에 종사하는 개개인들에게 언제 직장에서의 혹은 집에서의 요구들에 압도당하고 어려움을 느끼는지를 이해하는 것은 중요하다. 우리는 모든 사람에게 모든 것을 다 제공해 줄 수는 없다. 얼마나 많은 열정과 에너지를 가지고 있든 간에 우리가 할 수 있는 것들에는 한계가 존재한다. 많은 정신건강 관련 분야 종사자들은 자신들의 에너지와 시간의 한계에 대해서 알아 가는 데 어려움을 경험한다. 우리의 한계를 넘어서 스스로를 몰아붙이는 것은 우리의 웰빙에 부정적인 결과를 야기하기 때문에 우리는 어디까지 우리가 현실적으로 해낼 수 있는지를 평가해 볼 필요가 있다.

나(Julius)는 자문을 구하고, 슈퍼비전을 받고, 개인상담을 받고, 나의 영혼을 살찌워 주는 사람들과의 지속적인 관계 유지를 통해서 나의 정신상태를 건강하게 유지하려고 항상 주의를 기울였다. 하지만 내가 개인적 혹은 전문적 문제들 때문에 어쩔 줄 모르고 있을 때, 다른 어떤 것들보다도 신체적인 건강을 희생하는 경향이 있다. 내 신체건강이 악화되면서, 나는 가족들과 점점 멀어졌다. 내가 지속적으로 가족들과 시간을 보내는 것과 직업적 성취를 추구하는 것 사이의 내적 갈등에 지속적으로 에너지를 소모하고 있을 때, 내일은 순간적인 안전감을 제공했다. 우리는 완벽한 세상에서 살고 있지 않고, 때때로 나는 나의 직업상 의무들을 다하기 위해서 가족들과의 관계를 희생해야 할 때도 있다. 내 삶의 개인적 그리고 직업적 영역에서 앞으로 더 많은 요구가 존재할 것이고 이를 내가 통제할 수는 없지만, 어떻게 내 시간을 적절하게 재배치할 것인지에 대해서는 통제가 가능하다.

상담교육자로서 나(Jude)는 Julius가 가졌던 같은 질문을 나 자신에게 던졌다. 내가 균형을 잡고 있지 않다고 느낄 때, 나는 그만큼의 일을 해내는 그냥

한 사람일 뿐임을 인정한다. 내가 경험하는 여러 요구를 다 다루기에는 내가 가진 에너지가 한정적이다. 마감일들을 맞추고, 회의를 새로 잡고, 프로젝트들 간의 우선순위를 정하는 것은 나의 제한적인 에너지를 더 효율적으로 활용하는 방법들이다. 내 에너지보다 너무 야망이 컸을 때, 그리고 재충전이 필요하다는 욕구를 스스로 존중하지 않았을 때, 나의 자기돌봄은 고통을 받는다.

Julius와 Jude와 같이, 나(Michelle)도 일정이 넘쳐 나는 삶에 이끌려 가는 경향이 있고, 일이 과중되었다고 느끼기 시작할 때, 그때 오는 신호들을 알아차린다. 내가 하는 일들은 대체로 앉아서 하는 일들이 대부분이어서, 스트레스를 받거나 너무 오래 앉아 있으면, 등이나 목이 긴장이 되어 뻣뻣해짐을 느낀다. 긴 출퇴근 시간(매일 2시간 동안 왕복)도 나의 스트레스 요인 중 하나이다. 또한 신체의 긴장뿐 아니라, 평소에 잘 느끼지 않는 짜증을 경험한다. 이런 일련의 상황들이 전개되면, 나는 대체로 내게 도움이 되는 심호흡을 하려고 한다. 때때로 지금 일하고 있는 것이 무엇이든 간에 잠시 물러서서 휴식을 가지는 것도, 다시 그 과제를 붙들었을 때 새로운 시각을 가지고 접근할 수 있게 돕는다. 때때로 내 신체적 고통을 감소시키는 데 도움이 되는 등 마사지를 받기 위해 약속을 잡기도 한다. 그럼에도 불구하고 삶에서 개인적 삶과 전문적 삶 간의 경계를 잘 유지하는 것은 내게 참 어려운 과제 중 하나이다. 다른 사람들을 즐겁게 해 주고 싶고, 완벽주의적인 성향이 있는 사람으로서, 나는 제안이 오는 몇몇 프로젝트에 대해 '안 된다'고 말하는 것을 좀 더 배울 필요가 있다. 이 책을 쓰면서도, 난 여러 기회를 거절하는 것에 대해 저항하고 싶은 마음이 들지만, 동시에 때때로 '안 돼요.'라고 말하는 것이 반드시 필요하다는 것을 깨달아 가고 있다.

40년 전에 내(Jerry)가 40대일 때, 나는 일과 삶 간의 건강한 균형을 유지하는 데 커다란 어려움에 직면했다. 인간서비스 학과에서 전업으로 강의를 하면서 동시에 약 9년 동안 청소년 복지 프로그램 운영자로서 일을 했다. 여름 동안 그리고 학기 중 짧은 방학 동안 나는 책들을 새로 쓰고, 고치고, 여러 주에서 워크숍을 열고, 개인 성장 집단을 운영하고, 집단상담 분야의 학생들과 전문가들에게 실습 훈련을 제공하였다. 나는 전문가로서 다양한 역할 간의 균형을 잡고, 장기·단기 목표들을 세우며, 시간 관리 기술을 사용하는 방법들을 익혀야 했다. 또한 이 모든 나의 전문가로서의 바쁜 삶 속에 개인적 삶을 어떻게 일부 끼워 넣어 만들어 내는지에 대해서도 배워야 했다. 일에 있어서는 내가 원하는 모든 것을 하고 있었지만, 내 개인적인 생활에서 좀 더 균형감을 가지고 내 한계를 인정하고 배워야 했다. 내가 어렵게 깨달은 교훈 중 하나는 또 다른 워크숍, 발표, 학회에서 강연하기, 새로운 책 출간하기 혹은 동료들을 위해서 책 일부 장 작성하기 등과 같은 제안들이 올 때 너무 빨리 하겠다고 받지 말고 그전에 한 번 멈춰야 한다는 것이었다. 몇 년에 걸쳐 나라는 사람은 한 명밖에 없고, 한 명 분의 일밖에 못한다는 사실을 스스로에게 자꾸 상기시켰다. 나는 한번에 너무 많은 일을 진행하고 있었고, '안 된다'고 이야기하는 것을 어려워한다는 사실을 받아들였다. 나는 어떤 제안이 오든 그 제안이 아무리 매력적일지라도, 그 제안을 수락했을 때의 장단점을 심사숙고하는 것의 가치를 배울 필요가 있었다. 비록 나는 내가 하는 일들의 대부분을 매우 즐겼지만, 결국 이러한 일들은 다 시간과 에너지를 요구하고 내 에너지는 무한하지 않다는 사실을 깨달았다.

젊었을 때보다 지금은 여행을 하는 것이 더 힘들어서 나는 다른 나라에서 하는 워크숍에 대한 제안들을 더 많이 거절하고 있다. 여행과 외국에서 일하는 것은 유연성을 요구하는데, 나이가 들수록 나는 나만의 스케줄과 정해진 일상을 가지는 것을 더 선호한다는 사실을 깨닫고 있다. 56년간 강의를 하고, 자기돌봄에 대해서 무수히 많은 연습을 해 왔음에도 불구하고, 나는 여전히 일에만 온전히 몰두하지 않으려고 노력하고 있다. 프로젝트들을 하는 데 있어서 요즘은 더 많은 시간이 필요한데, 난 항상 일상을 살아가기 위해 필요한 시간들을 너무 과소평가한다. 그래서 매일 날이 저물 때마다 "아니, 오늘 시간들이 다 어디로 간 거야?"라고 말하곤 한다. 나 자신을 돌보는 것은 나이가 들어 감에 따라서 훨씬 더 중요한 것 같다.

우리는 이 책을 읽는 당신이 스스로의 독특한 상황에 대해서 점검하고, 인간으로서 자신의 한계를 인정하기를 바란다. 우리가 우리의 내담자들과 학생들에게 각자의 한계를 인정하라고 격려하는 것처럼, 우리 역시 그래야만 한다. 심지어 연륜 있는 전문가들조차도 그들의 경계들을 좀 더 향상시키는 여러 방법 혹은 전략을 사용하면서 도움을 받는다. 우리의 한계를 인지하고 받아들이는 데는 솔직함이 요구된다. 때때로 우리의 내담자들도 상담자인 우리의 한계들을 상기시키는 가치 있는 피드백들을 줄 수 있고, 그들이 우리의 선생님이 될 수도 있다. 모호한 경계들로 인해 어려움을 겪은 상담자 Jessica Smith(2017)는 "나는 내가 내 내담자들의 거울이 되는 것을 자랑스럽게 여겨요. 하지만 사실은 내 내담자들이 종종 나의 거울이자 내 선생님이 됩니다. 심지어 그들이 비춰 주는 내 모습을 내가 정말 보고 싶지 않을 때도 말이죠."(p. 49)라고 말했다.

성찰을 위한 질문

1. 당신의 동료들 혹은 지인들과의 관계를 설명하라면 어떻게 설명할 것인가? 그 관계들에서 어느 정도 만족을 하고 있는가?

2. 다른 사람들의 동료로서 자신을 설명해 보자. 관련이 있다고 생각되는 긍정적인 면과 부정적인 면을 모두 포함해서 이야기해 보자.

3. 당신의 일-삶 균형을 위해 어떻게 동료들에게 도움을 요청할 수 있는가? 그들에게 어떤 것을 부탁하고 싶은가?

4. 당신의 동료가 어떤 면에서 당신의 일-삶 균형에 부정적인 영향을 미쳤는가? 이러한 문제들을 동료들과 함께 다룰 의향이 있는가? 왜 그렇고, 아니라면 왜 그렇지 않은가?

5. 상호의존적 관계를 가져 본 적이 있는가? 그렇다면, 당신의 삶에서 그에 대한 어떤 대가들을 지불했는지 이야기해 보자. 어떻게 그러한 경험이 조력자로서 당신의 효율성에 영향을 미쳤는가? 그리고 그 경

험이 어떻게 당신의 웰빙에 영향을 미쳤는가?

6. 경계를 짓는 어려움을 경험하고 있는 내담자와 작업해 본 경험이 있
   는가? 그렇다면, 어떻게 그 상황을 다루었는가? 어떻게 스스로가 가
   지고 있는 경계가 그러한 내담자들과 치료적으로 상호작용을 하는
   데 도움이 되었는가? 혹은 도움이 되지 않았는가?

7. 어느 정도까지 당신의 한계를 이해하고 받아들일 수 있는가?

이 장을 마치는 글

자기돌봄은 어떻게 개인적 그리고 전문적 요구들의 균형을 잘 맞추고 유
지하는가에 영향을 받는다. 전문적 삶과 개인적 삶을 저울 양 옆에 달아 본
다고 생각해 보자. 항상 우리의 삶에는 개인적인 생활로부터 그리고 직업적
인 생활들로부터 오는 다양한 요구사항이 존재한다. 이 무게의 저울이 균
형 잡히지 않을 때 어떻게 다시 균형을 맞추려고 하는지 떠올려 보자. 타인
과 더 건강한 경계들을 만드는 어떤 공식들을 기술할 수 있으면 참 좋겠지만,
사실 그것은 비현실적인 기대에 가깝다. 이러한 경계 문제를 다룰 때는 모든
사람이 다 각자의 상황이 다르고 어려움이 다양해서, 단 하나의 '옳은 방법'
이 있는 것이 아니다. 그래서 우리 개개인은 모두 무엇이 우리에게 가장 잘
작용하는지를 구분해 낼 필요가 있다. 우리는 이 장에 기술된 하나 혹은 그
이상의 이야기들이 이 글을 읽는 당신으로 하여금 삶에서 더 창의적으로 경
계를 만드는 기발한 아이디어를 떠올리는 데 도움이 되었기를 바란다.

이 장에서 우리는 타인에게 도움을 요청하고, 관계들을 존중하고, 일과 가
정에서의 삶 간의 균형을 찾고, 현재의 경계들을 성찰해 보고, 인간으로서의
자기 자신의 한계를 인식하는 등의 방법을 통해서 당신의 전문 영역에서 자
기돌봄을 할 수 있는 방법들에 대해서 다루었다. 다음 장에서는 우리 자신과

의 관계와 타인과의 관계, 그리고 어떻게 이러한 관계들이 우리의 자기돌봄에 영향을 미치는지에 대해서 논의할 것이다. 이 장인 제6장과 다음 장인 제7장을 아울러서, 우리는 어떻게 개인적인 그리고 전문적인 일에서의 요구들이 당신에게 영향을 미치고, 어떻게 이러한 요구들이 다른 사람과의 관계에 영향을 미치는지에 대해서 성찰해 보는 기회를 제공하고자 한다.

자기와의
관계와
다른 사람과의
관계

7

상담이라는 것은 고립되어 혼자 애쓰는 일이 되기 쉽다. 이에 대응하기 위해 개인적이고 전문적인 삶 속에서 관계를 잘 맺어 나가려는 노력이 중요하다. 명확하고 유연한 경계를 가지는 것이 자기 자신 그리고 다른 사람과 좋은 관계를 맺어 나가는 첫 번째 단계가 될 수 있다(제6장 참고). 다음 단계에는 자기자비와 자기수용 가지기, 고독과 다른 사람과의 연결을 통해 스스로를 충만하게 하는 방법 찾기, 자기와 다른 사람을 용서하기, 의미 있는 관계와 멘토 관계를 맺기 위한 시간을 할애하기 등이 포함된다. 스스로 개인적 그리고 전문적 관계를 돌아보는 시간을 가져 보자. 관계를 맺는 데 충분한 에너지를 할애하고 있는가? 내담자와 작업할 때 스스로에 대해 어떻게 느끼고 있는가? 스스로를 더 잘 돌볼 수 있기 위해 관계 맺는 부분에 있어서 필요한 것은 무엇인가?

자기와의 관계

당신이 상담 수련을 받는 대학원 과정에 있든지, 경험이 많은 전문가이든지, 어느 정도 상담 경력을 가지고 있든지 간에, 자기 스스로와 좋은 관계를 맺는 것이 자기돌봄의 매우 중요한 요소라는 점을 알고 있을 것이다. 깊이 있게 자기를 인식하는 것은 어떤 상담 수련 프로그램에서 주요 목표이다. 그러나 높은 수준의 자기인식을 유지하고 지속적인 개인적 성장을 위해 노력하는 것은 졸업 후에 일을 시작하게 되면서 더 중요하게 요구된다. 많은 사례와 요구적인 내담자들, 수많은 전문가로서의 의무들, 그리고 삶의 무수한 의무들 속에서 너무 쉽게 전문가가 자신의 욕구는 무시하게 된다. 사실 상담 전문가들이 원가족 안에서 자신의 욕구를 무시하고 자신의 욕구보다는 다른 사람의 욕구를 먼저 고려하게 되는 일은 확실히 놀라운 일이 아니다.

우리의 영혼을 충전시켜 주고 스스로를 효과적으로 만들어 주어야 한다는 말을 지속적으로 해 주는 교수님이나 동료들이 주변에 더 이상 없게 되었을 때, 스스로의 욕구가 충족되고 있지 않다는 경고 메시지를 무시하게 되는 경우가 많다. 자기자비가 부족하고, 다른 사람에 대한 화나 용서를 표현하기 어려우며, 스스로 인지하거나 실제로 일어난 문제를 용서하지 못하면서 스스로의 욕구를 무시하게 된다. 조력자로서 에너지를 유지하기 위해서 당신의 경력과 삶에서 당신과 함께할 사람들과의 관계를 어떻게 잘 돌볼 수 있을지를 주기적으로 살펴보는 것은 매우 중요하다.

자기자비

자비는 자기와 타인을 위한 진정한 돌봄이라고 할 수 있다. 다른 사람들에게 친절해지기 위해서는 반드시 먼저 자기 자신에게 친절해져야 한다. **자기자비**(self-compassion)는 다른 사람의 고통을 깊이 인식하고 이를 완화시켜 주기 위해 스스로에게 친절해지는 것으로 정의할 수 있다(Gilbert, 2010). 당신은 과도하게 자기비판적이고 부적절감으로 괴로워하며 지금과 달라지기를 기대하고 있을 수 있다. 우리의 삶에 변화를 만들기 위해서 먼저 과거에 걸어온 길을 수용할 필요가 있다. 내가 현재 서 있는 위치를 수용하고 친절하게 내 스스로를 돌볼 때 개인적인 성장이 이루어진다. 수용은 자기비판이나 판단이 아니라 호기심과 친절함을 가지고 현재의 경험과 연결하는 과정이다(Germer, Siegel, & Fulton, 2013). 자기자비와 자기수용의 기

술을 배우는 것은 인생의 전환점을 만들어 준다(Neff, 2011). Patsiopoulos
와 Buchanan(2011)은 자기자비 연습이 상담자들로 하여금 일과 관련된 스
트레스를 완화하도록 어떻게 돕는지 연구하였다. 브리티시컬럼비아주
의 빅토리아에서 일하는 상담심리사이자 이 책의 저자 중 한 명인 Ariadne
Patsiopoulos는 자기자비 경험에 대해 이것이 일과 자기돌봄에 어떤 영향을
미쳤는지에 대해 이야기하고 있다.

자기자비에 관한 연구 흥미

Ariadne Patsiopoulos

내담자와의 힘든 상담 후에 근처 공원 벤치 옆에서 그날을 회상하며 걸었던
어떤 특별한 봄을 기억한다. 거기서 기계적으로 게를 쪼고 있던 바다갈매기를
보았다. 게 껍질 속에서 살을 찾기 위해서 계속 시도하는 새를 보고 앉아 있으면
서, 내 안에 쌓여 있던 좌절감과 꽉 틀어막고 있던 무엇인가를 느꼈다.

갑자기 이 장면과 그 어려웠던 상담 장면이 이어졌다. 이러한 불편하지만 친
숙한 감정은 내담자의 상황을 풀어 나가는 데 있어서 교착상태가 되어 있다는
자기판단과 함께 '그 상황을 해결하거나' '그 상황을 고치려고' 노력할 때 느끼
는 감정이었다. 깊이 숨을 쉬면서 내 감정에 초점을 맞추자, 부드럽고 따뜻한 어
떤 것을 느끼기 시작했다. 스스로 이런 느낌을 확장시키면서 내 몸을 통해 이런
느낌이 통과해 나가는 것을 상상했다. 내 안에 있던 부담감이 녹으면서 나를 더
넓고 더 선명한 곳으로 인도하도록 한 후에 상담센터로 돌아왔다.

나에게 이것이 자기자비의 순간이었다. 부드럽고 사랑하며 때로는 강렬한 에
너지를 통해 다양한 사람의 이야기, 주요 관계, 중심이 되는 인생 경험 등을 더
잘 이해할 수 있게 되었다. 상담 영역에서의 일을 포함한 내 삶의 모든 영역에서
이러한 강렬한 내적 자원으로 자기자비를 키워 나갈 수 있었다. 자기자비를 통
해 스스로를 깊이 수용하게 되었고, 나의 독특하고 성스러운 삶에서 내 모든 모

습을 축복하며 존재할 수 있었다.

나는 상담자 수련 기간 동안 매우 의도적으로 자기자비 연습을 했다. 더 열정적으로 현재에 존재하고 초점을 맞추며 나 자신과 내담자에게 효과적인 방법들을 탐색했다. 마음챙김 사랑 접근을 상담시간 중 내적인 영역(사고, 감정, 감각)을 들여다보며, 다른 사람들과 관계 맺고, 나 자신을 일반적으로 돌보는 데 활용했다.

나는 다른 사람들의 자기자비 경험에 대해 궁금해지고 이 주제에 대해 관심을 가지게 되었다. 자기자비에 대해 물으면 대부분의 상담자는 긴장한 듯 웃으며 "자기자비? 그게 뭐지?"라고 말하곤 했다. 그러고 나서 자기자비와 자기돌봄을 하는 데 있어서 경험하는 다양한 문제에 대해 진솔하고 아픈 대화를 해 나갔다. 사실 내가 생각했던 것은 매우 개인적인 관심이었지만, 많은 이에게 중요하고 관계가 있는 주제라는 점을 곧 깨달았다. 나는 계속 많은 상담자와 자기자비에 대한 대화를 해 나갔고, 이로 인해 그 상담자들은 자기자비를 일과 삶 가운데 중요하게 여기게 되었다. 이러한 1년 정도의 연구 과정은 나에게 다양한 수준에서 깊이 영향을 미쳤다.

내 연구 참가자들이 공유한 이야기들은 전반적인 웰빙과 자기돌봄 수용력에 대한 다양한 방법이며 자기자비에 대한 중요한 강의 자료가 되었다. 자기자비는 상담 중, 훈련 중, 그리고 직장에서 도전적인 순간에 자신을 이끌어 나갈 수 있도록 돕는 역할을 한다. 참가자들의 경험 중 어떤 것들은 나 자신의 이야기이기도 하다. 다른 이야기들은 자기자비가 나에게 어떤 의미이며 나 자신에게 어떻게 힘을 키워 줄 수 있는지를 명확히 하도록 도와주었다. 이 연구를 시작하기 몇 년 전에 나는 신뢰에 대한 고통스러운 윤리적 위반 현장을 보게 되었고, 이를 다른 사람들에게 알릴 용기조차 없었다. 비슷한 경험을 한 다른 사람들의 이야기를 들으면서 자기자비가 단지 '부드러운' 행동이 아니라 앞으로 있을 힘든 전문적 또는 개인적 경험에서 나 자신을 도와주고 존중하게 해 줄 힘을 불어넣어 줄 수 있다는 것을 인식하게 되었다.

전반적으로 자기자비에 대해서 다른 사람들과 대화하면서, 어떻게 자비와 사랑이 우리를 변화시키고 고양시키는지에 대해 확신을 갖게 되었다. 이는 자기 돌봄과 자비에 관련된 것이 나 자신과 더 나아가서는 내가 함께 일하고 살아가는 사람들에 대한 나의 의무라는 믿음을 강화시켜 주었다. 나는 내 인생과 진로를 이런 방식으로 만들어 나가기로 선택했다. 물가의 아름다운 섬에 살면서, 도움을 주는 영역에서 일을 하며, 정기적으로 내 삶을 통합시키는 활동(춤, 명상, 글쓰기, 자전거 타기 등)을 하고, 사람들과 지역사회에 연결되어 살면서 삶에 균형과 의미와 기쁨을 줄 것이다. 나는 동료들과 함께 상담자로서 우리의 인간성에 대해 이야기를 나누곤 한다. 계속해서 자기돌봄의 강력한 방법으로 나 자신과 타인에게 자비를 가지는 과정을 해 나가면서 그 가치를 배워 나갈 것이다.

다른 상담자들의 경험을 들으면 스스로의 자기자비를 이해하고 상담 회기 중에 더 효과적으로 사용하는 방법을 알게 된다. 자기와 건강한 관계를 맺는 또 다른 요소는 다음에 이야기할 타인과 자기에 대한 용서이다.

타인과 자기에 대한 용서

자기자비와 용서는 사치스러운 것이 아니며 우리가 살아가는 데 필수적인 가치이다. 날마다의 삶에 자비와 용서를 함께 가지고 가는 방법을 배우게 되면 건강한 자기돌봄 연습을 할 수 있다. 용서는 가해자에 대한 억울함, 비난, 분노를 끊어 내고 그 사람에 대한 자비, 인자함, 더 나아가 사랑까지도 일으키고자 하는 의지이다(McConnell, 2015). 타인을 용서하는 것은 어떤 면에서 상처받은 우리를 해방시키고 자유롭게 해 줄 수 있다. 속에 간직하고 있는 분노는 아드레날린을 분비하며 고혈압, 우울, 불안, 면역체계 저하와 같은 부정적인 건강상태를 만들어 준다. 용서는 우리 삶의 웰빙을 향상시켜 주는 중요한 요소이다(Weir, 2017). 용서는 정서적 웰빙뿐만 아니라 신체건강에도 좋은 영향을 준다(Johns Hopkins Medicine, 2014). 용서는 한 번의 이벤트라기보다는 치유를 성공적으로 해 나가는 단계의 과정이다. 우리에게 상처 준 사람에게 부정적인 감정을 간직하고 있게 되면 정서적인 반향을 머릿속에서 떠나보내지 못하게 된다. 우리가 겪은 일을 잊어서는 안 된다. 그러나 용서하지 않는다면 자신과 다른 관계에 부정적 영향을 미치게 된다는 사실을 알아야 한다.

때로 다른 사람들은 스스로에게 상처를 주기 때문에 우리를 용서한다. 그러나 오히려 우리는 자신의 이상적인 기준에 맞추지 못하기 때문에 스스로를 용서하지 못한다. 우리가 용서해야 할 필요가 있는 것은 다른 사람만이 아니다. 우리는 스스로를 용서할 필요가 있다. 이제 스스로를 비판하는 것을 멈추고 자비, 수용, 친절함, 존경심을 가지고 스스로를 안아 줄 시간이다. 나(Michelle)의 첫 번째 배우자와 오랜 기간의 관계를 끝낸 후에, 이 관계가 건강하지 않다는 것을 깨달았음에도 불구하고 그 사람을 여전히 사랑하고 아꼈기 때문에 죄책감으로 억눌린 감정을 가지고 매우 오랜 세월을 보냈다. 우리는 서로 다른 방향으로 나아가고 있었고, 내가 박사과정을 진학하겠다고 했을 때 그 사람은 별로 달가워하지 않았다. 그는 나의 개인적인 성장과 전문가로서의 야망에 대해 두려움을 느꼈다. 나를 그렇게 깊이 화나게 하는 배우자와 상호작용하는 것은 너무나 고통스러운 일이 되었다. 어떻게 이별하느냐가 우리 둘에게 가장 관심 있는 주제인 것을 알았지만, 나는 궁극적으로 그냥 떠나버리기로 결정했다. 내가 죄책감에 사로잡혔다는 것을 알게 되면서 이 감정과 싸우기 시작했다. 나는 왜 죄책감을 벗어던지고 나를 용서하지 못하고 있는지에 대해 큰 통찰을 얻었고, 천천히 이 감정의 짐에서 벗어나게 되었다. 많은 내적 성찰 작업을 한 후인 지금, 나는 나 자신을 용서하고 스스로에게 더 친절하게 되었다는 사실을 기쁘게 쓸 수 있다.

인식하고 있거나 실제로 저지른 죄에 대해 타인을 용서하려는 의지는 스스로를 돌보는 데 있어서 꽤 중요한 단계이다. 조력 전문가로서 수련을 받는다고 해서 타인에 대한 분노를 가지거나, 해결되지 않거나 표현되지 않은 분노를 가지는 데 면역이 생기는 것은 아니다. 감정에 민감하고 인간을 돌보고자 하는 성향을 가지고 있는 상담자들은 특히 성장해 나가면서 상처받기 쉬운 위치에 있다.

『용서하는 삶(The Forgiving Life)』이라는 책에서 Enright(2012)는 용서하는 사람이 되는 것이 우리 삶의 한 부분이고 우리 정체성의 한 부분이라는 주제를 소개했다. 용서는 정체성과 핵심 자기의 일부분이다. 용서는 불완전한 세상 속에서 평화롭게 다른 사람들과 살아갈 수 있도록 해 주며, "분노로 황폐해지는 것을 막을 수 있는 강력한 약"(p. 14)이다. 용서하는 삶은 자기와의 관계 그리고 타인과의 관계를 회복시켜 주며 이상적인 삶을 살게 해 준다.

용서와 분노를 놓아주기

제3장에서 나(Jude)는 박사과정 동안 겪은 힘든 경험에 대해 설명했고, 이런 경험을 성찰하면서 여전히 화와 분노를 느꼈다. 나는 모든 상담자와 상담교육자는 친절하고, 자기인식을 잘하며, 문화적으로 유능한 사람이라는 순진한 가정을 하기 시작했다. 이런 가정으로 인해 박사과정생으로 지내는 동안 쉽게 감정적으로 상처를 받았다. 내게 상처 주는 사람들에게서 거리를 두면서 일시적으로 살아가기에 유용한 방법을 택했다. 용서와 놓아주기를 배우면서 박사과정 동안 겪은 경험의 결과로서의 나 자신을 수용하기 시작했다. 상담교육자로서 여전히 내가 사람들과 전문적으로 연결되는 것을 주저하고 있다는 것을 깨달았다. 나는 이러한 두려움을 극복하기 위해 작업하고 있으며, 동료들이 일하고 있을 때 사무실에 가서 잠시 그들과 만나고 오는 등 내가 안전하다고 느끼는 방식으로 동료들과 관계를 맺으려고 노력하고 있다. 그리고 모임, 저녁식사, 밤에 하는 게임놀이, 포트락 파티 등을 하면서 다른 사람들과 관계 맺는 자리로 나가는 노력도 하기 시작하고 있다. 나는 더 많은 지지를 필요로 하는 학생들에게 손을 내밀고 멘토링을 필요로 하는 박사과정생들을 매주 만난다. 학생들의 박사논문 발표와 콘퍼런스 발표에 참석하는 것을 우선순위로 둔다. 학생이었을 때 이런 지지가 부족한 것이 얼마나 큰 영향을 미쳤는지 알기 때문이다. 내 주위 사람들과 더 나은 관계를 맺게 되자, 박사과정 동안 가지게 된 화와 오랜 세월의 분노가 약해지기 시작했다.

오래된 화와 분노에 접근하는 또 다른 방법은 일기를 쓰는 것인데, 이는 대학원 시절부터 쭉 해 왔던 것이다. 예전의 일기를 읽으면 대학원 시절의 경험 중 일부를 떠올리게 되고 내 안에 용서의 공간을 발견하게 된다. 일기를 쓰면서 성찰하는 과정은 개인적인 나와 전문성을 가진 나 모두를 더 지탱하게 하고 살아 나가게 해 준다. 샘 휴스턴 주립대학교에서 박사과정으로 공부하고 있는 Ashley Scott은 나와 비슷한 경험을 하면서 스스로를 어떻게 지탱해 나갔는지를 이야기해 준다.

전문적인 자기를 지탱해 나가기

Ashley Scott

박사과정을 시작하기 전에, 밤새기, 희생하기, 새로운 기대에 적응하기, 불확실한 것에 대해 글쓰기, 수면 부족, 가면 증후군, 외로움, 재정적 문제, 파워 역동 등 앞으로 겪을 수 있는 문제들에 대해 생각했었다. 그러나 흑인 여성으로서의 정체성이 문제가 될 거라고는 생각도 못했고, 이로 인해 직면하게 될 문제의 강도와 어디서 이런 문제가 생길지에 대해 생각도 할 수 없었다. 내가 흑인 여성이라는 것은 박사과정 동안 가장 힘든 부분이 되었고, 전문적으로 스스로를 어떻게 지탱해 나갈지를 배우기 위해 매우 고군분투했다.

나는 1세대 대학생이고 종종 이 과정을 통해 눈이 멀고 혼자가 되어 가는 것처럼 느꼈다. 학계에서 흑인 여성으로 살아가는 일반적인 고통에 대해서 이야기해 준 사람은 아무도 없었다. 다수문화의 일원이 아니기 때문에 소속되지 않는다고 느낀 적이 자주 있었다. 나는 그들처럼 보이지 않았고 연구 관심도 매우 달랐다. 동료들 사이에서 나는 바로 '다문화 인종'이 되었고, 상담에서의 흑인과 다문화 이슈에 대해 지속적으로 이야기했다. 그럴 때면 동료들과 교수님들의 얼굴에서 짜증과 배려 없는 표정을 볼 수 있었다. 내 의견이 중요하지 않은 것 같았고, 내가 중요하지 않은 것처럼 느꼈다.

이러한 메시지를 내면화하고 진짜로 믿게 되면서 나의 자기돌봄은 망가지기 시작했다. 공부할 것이 많아서가 아니라 정체성 문제로 경험하는 고통 때문에 심각하게 한 학기 휴학을 고민하면서, 이 문제가 심각하다는 것을 깨달았다. 이러한 고민을 멘토와 친한 친구들에게 이야기하자 그들 모두가 내 목소리에서 피로가 느껴진다고 했고, 이 프로그램을 끝내면 변화하게 될 것이라고 이야기했다.

나에게 전문적인 자기를 키워 나가는 것은 내 영혼의 양식이다. 영혼의 양식을 먹기 전에 나는 무엇이 문제인지를 정확하게 적는 시간을 가지면서 이 문제를 다루는 것을 확신할 수 있다. 이것을 적는 과정 자체만으로도 더 이상 머릿속에서 문제가 뒤섞이지 않게 해 주기 때문에 치유적일 수 있다. 전반적으로 흑인 여성이라는 정체성이 나에게 내재되어 있다는 것을 안다. 나의 전문적 삶과 개인적 삶에 있어서 의도적으로 변화를 위한 행동을 하기 시작했다. 첫 번째 작업은 학계에 있는 다른 흑인 여성 교수나 학생들과 관계를 맺는 것이었다. 이 사람들을 다양한 전문적 학술대회, 연구 심포지엄, 대학에서 찾아다녔다. 흑인 여성이 쓴 다문화 상담 논문을 읽으면 저자에게 이메일을 보내서 학계에서의 생활에 대해 구체적으로 물어보았다. 이 방법을 통해 상담교육자로 있는 첫 번째 흑인 여성 멘토를 찾았다. 그리고 이 멘토는 나를 다른 동료 및 학생들과 연결시켜 주었다. 또한 내 개인적 삶에서 당당한 흑인 여성들을 찾으려고 했다. 운 좋게 역사 깊은 흑인 여학생 클럽의 멤버가 되어 이 일은 좀 더 쉬워졌다. 그러나 정체성을 찾기는 쉽지 않았다. 내가 얼마나 노력하고 있는지, 그들에게서 무엇을 필요로 하는지 설명했고, 매주 구글 행아웃을 통해 그 사람들을 만나기로 결정했다. 이 시간 동안 우리는 모든 외적·내적 장벽을 뚫고 나가기 위해 서로서로 확신을 주고 끌어올려 주며 힘을 북돋아 주고 격려해 주었다.

또, 내 정체성을 확신시켜 줄 장소를 찾아다녔다. 흑인 여성의 경험을 이야기하는 다양한 전문 영역의 논문들을 찾았고, 흑인 여성에게 초점을 맞춘 내용으로 진행되는 학회 회기에 참가했다. 이 회기에서 다른 흑인 교수, 학생들과 함께 그들이 직면한 문제와 어떻게 스스로 이를 극복해 나갔는지에 대해 토론했다.

상담자교육과 슈퍼비전 남부 학회(Southern Association for Counselor Education and Supervision: SACES)에서 함께 이야기 나눈 흑인 여성 박사과정생들과 정보를 교류하고 온라인 그룹을 만들어서 계속 연락하고 지냈다. 학회에서 사진을 찍고 '박사 자매 네트워크(Doctoral Sistahs Network)'라는 이름으로 그룹을 만들었다. 단순히 사진을 찍고 그룹에 이름을 붙이는 것이었지만 엄청나게 힘을 주고 확신을 주었다. 이제 우리는 외롭거나 부적절감을 느끼는 어떤 날에 쉴 수 있는 안전한 공간을 가지게 되었다.

내 영혼의 양식을 먹이는 것은 진짜 나를 전문적으로 성장시켜 주었다. 나의 가장 핵심적인 정체성인 흑인 여성이 되는 것을 인정하지 않으면 내 현재의 노력을 요구하는 일들은 더 무겁게 다가온다. 자기돌봄은 창조적이고 의도적으로 해 나가는 과정이다. 의도적으로 자기를 돌볼 때 회복탄력성은 놀랍게 성장한다. 그리고 이 회복탄력성은 성공을 이루는 핵심이다.

생각을 적어 보면 직면한 문제를 명확하게 확인할 수 있다. 누군가가 당신에게 상처를 주었는데 이 행동을 용서할 수가 없다면, 보내지 않을 편지를 쓰는 시도를 해 보면 좋다. 스스로 어떤 제한 없이 편지를 쓰는 자유를 누려 보자. 이런 작업을 통해 에너지를 막고 있는 감정과 생각에 대해 명확하게 바라볼 수 있게 된다. 이 훈련을 계속하기 위해, 준비가 되면 그 사람에게 용서를 표현할 수 있는 두 번째 편지를 써 보자. 이 작업을 통해 그 사람을 용서할 수 있게 될 것이다.

성찰을 위한 질문

1. 자기자비 수준을 10점 만점으로 채점하면 스스로에게 몇 점을 줄 수 있는가(1=굉장히 낮은 수준의 자기자비, 10=굉장히 높은 수준의 자기자비)? 다른 사람들보다 더 자기자비를 가지게 되는 특정 영역이 있는가? 현재의 자기자비 수준에 만족하지 않는다면 이를 향상시키

기 위해 어떤 전략을 세울 수 있을까?

2. 당신은 삶에서 어느 정도까지 다른 사람에 대한 화를 참고 분노를 간직하는가? 스스로의 자기돌봄 과정에서 앞으로 더 나아가기 위해 용서해야 할 필요가 있는 사람과 미해결된 과제가 있는가? 만약 그렇다면 설명해 보자.

3. 잘못된 일이라고 생각하는 일을 저질렀을 때 스스로를 용서할 의지가 얼마나 있는가? 더 이상 이 문제를 끌고 가지 않는다면 당신의 삶이 어떻게 달라지거나 얼마나 스스로에 대해 다르게 느끼게 될 것이라고 생각하는가? 만약 과거의 (지각된 또는 실제의) 죄를 놓아주기 어렵다면, 어떤 방법으로 이 어려움을 풀어 주고 스스로를 용서할 수 있다고 생각하는가?

4. 어떤 면에서 스스로 정체성의 일부를 수용하려고 애쓰고 있는가? 무엇이 도움을 주는가? 자기에 대한 감각을 기르는 데 무엇이 도움을 줄 수 있다고 보는가?

다른 사람과의 관계

조력 전문가로서 우리는 다른 사람과 관계 맺는 일을 하고 있다. 우리는 적극적 경청과 언어적·비언어적 표식에 집중하는 기술을 훈련받는다. 내담자에게 '작업을 하고' 깊이 있는 고민을 탐색할 안전한 환경과 신성한 공간을 만드는 것도 우리의 일이다. 내담자의 가장 깊은 부분이 우리의 가장 깊은 부분과 만날 때 상담은 그 자체로 최고의 상태가 된다. 다른 사람과 관계 맺는 것은 단지 일이 아니라 예술적인 형태라고 이야기할 수 있다. 부부상담을 하는 상담자들은 스스로 '관계 전문가'라고 생각한다. 그러나 일하는 동안 그렇게 많은 '관계 맺기'를 하지만, 사무실을 떠나 집으로 가면 때때로 진이 빠진다. 우리에게 가장 의미 있는 사람들에게 줄 에너지가 거의 남아 있지 않을 수 있다. 일에 집중하면서 오는 엄청난 고갈상태로 인해서 중요한 개인적 관계를 무시해 버리게 될 위험에서 우리 중 누구도 안전하지 못하다. 사무실에서 겪는 괴로움이나 전문적인 관계에서 벗어나는 방법을 배우는 일은 우리에게 매우 중요할 수 있다(Kottler, 2017; Norcross & VandenBos, 2018). 이 절에서 어떻게 개인적인 관계가 일에 의해 영향을 받을 수 있는지 살펴보고, 자기돌봄을 연습하는 것이 중요할 뿐 아니라 '관계 돌봄'을 연습하려고 지속적으로 노력하는 것 또한 중요하다는 점을 강조하고자 한다. 자기와 다른 사람과의 관계에 대해 살펴보려면, 『Relationships in Counseling and the Counselor's Life』(Kottler & Balkin, 2017)라는 책을 읽어 볼 것을 제안한다.

배우자와의 친밀한 관계

Ashley Scott은 비난하는 말을 내면화하는 것이 박사과정 동안 시간을 어떻게 흘러가게 했는지를 설명했다. 그리고 다른 사람들과의 관계를 어떻게 시작하고 특히 힘든 시간 동안 전문적인 자기를 지켜 나갔는지에 대해 이야기했다. 내(Jude)가 자주 내면화해 버리는 메시지는 '나는 실패자이다.'라는 것이다. 나 또한 다른 사람들과 관계를 맺고 일을 완성해 내면서 전문적 자기를 유지해 나가는 데 꽤 많은 노력을 기울인다. 마치 내 할 일 목록에 있는 완성할 일이 양날의 검인 것 같이 보인다. 내 전문적 자기를 유지하는 것이 나 자신과 다른 이들과의 건강한 관계를 만드는 시간을 깎아내는 것 같이 보인다. 이 장을 썼던 그 주 동안, 강의, 상담, 연구, 프로젝트 제안서 등 대학에서의 업무가 과중하게 많았다. 원기왕성하게 나의 할 일 목록을 체크하며 지워 나갔다. 그러나 새벽 1시에 이 장의 내 파트를 다 쓰고 완성했을 때, 아내가 나를 바라보면서 손을 잡아 달라고 했다. 아내는 "난 당신이 바쁜 걸 알아요. 하지만 이번 주 내내 당신과 멀리 떨어져 있다고 느꼈어요."라고 말했다. 내 안에서 '너는 또 실패했어.'라고 말하는 목소리를 들었다. 내 전문적 자기를 유지해 나갈 때 내 개인적 자기 또한 균형 있게 유지해 나가는 도전에 직면한다. 내 개인적 삶에서 가장 중요한 요소는 가족과의 관계이다. 그런데 이 가족과의 관계는 때로 전문적인 일의 요구 때문에 무시되기도 한다. 시러큐스 대학교의 박사과정생 Kellin Murphy Cavanaugh는 배우자와 관계 맺는 방법에 대해 이야기하면서, 이것이 개인적 삶과 전문적 삶의 균형을 찾아 주고 다른 사람들과의 관계의 균형을 찾아 주었다는 점에 대해서 이야기한다.

자기를 돌보는 것과
다른 사람을 돌보는 것 사이의 균형

Kellin Murphy Cavanaugh

인턴십 단계에 들어서면서 나는 흥분되고, 조바심이 났으며, 마침내 인턴십을 시작한다는 것이 두렵기도 하다고 누군가에게 이야기하기에는 너무 자신감에 차 있었다. 집 옆에 있는 학교에 인터뷰를 하고 인턴십을 구했는데, 그곳은 내가 항상 매력을 느낀 사람들이었던 지옥 같아 보이는 곳에 있는 청소년들이 다니는 곳이었다. 특권, 부, 명성에 대한 편견으로 인해, 나의 첫 번째 장기 상담 내담자와 상담을 하면서 내담자가 가져온 문제보다는 완전히 다른 문제를 상담해 버렸다. 이 16세의 2학년 학생은 우연히 상담에 왔는데, 자신을 아주 잘 아는 어떤 남자에게 성폭행을 당했다고 말했다. 비록 그 순간부터 내 안전한 삶에도 문제가 닥쳤지만, 슈퍼바이저는 그 후 몇 회기 동안 이 내담자에게 한 나의 방식, 기술, 개입 등에 박수를 쳐 주었다.

이 내담자의 이야기를 들은 후 거의 2개월간 남편과 친밀한 관계를 맺을 수 없었다는 이야기를 1년 넘게 슈퍼바이저나 다른 사람들에게 하지 못했다. 남편과의 관계를 생각하면 2개월은 그리 긴 시간은 아니지만, 서로에 대해, 자존감에 대해, 효율적인 치료자가 될 수 있다는 자신감에 대해 내가 느낀 것을 생각하면 아주 힘든 시간이었다. 나는 충분히 단단해지지 않았기 때문에 더 많은 비극과 트라우마에 노출시켜 내 부드러움과 공감을 내뿜고 더 단련시켜 나갈 필요가 있다고 계속해서 나 자신에게 이야기했다.

그곳에서 몇 달 일한 어느 날, 내담자가 나에게 말한 것을 개인적인 삶에서 분리시키지 못한다면, 스스로를 미쳐 버리게 만들다가 결국 남편도 미쳐 버리게 만들 것 같다고 남편이 나에게 말했다. 나는 훌륭한 상담자가 되는 것에 너무 초점을 맞추고 있었다. 이 생각이 나를 힘들게 했고, 가장 중요한 정체성인 아내, 친구, 동생, 딸로서의 정체성에 대해 인식하지 못하게 만들었다. 효율적인 상담자가 되려고 노력하는 것도 중요했지만, 남편에게 좋은 배우자가 되는 것이 더 중요하다는 점을 깨달았다. 이것을 분명히 알았지만 내담자와의 관계를 포함해서 내 관계들에 너무 푹 빠지지 않도록 나 자신을 돌볼 필요가 있었다.

오랜 시간 동안 나는 자기돌봄의 이러한 생각으로부터 천하무적이라고 느꼈다. 하루에 10분 명상을 하거나 화가 날 때 깊이 숨을 쉬는 것이 스스로 나를 돌보는 데 도움을 줄 것이라고 믿지 않는다. 내가 하기로 결심한 것은 나에게 최고로 도움이 되는 것이었고, 이것이 여기서 조언해 줄 첫 번째 내용이다. 나는 상담을 받았다. Sara와 나는 거의 매주 1년간 만났다. 상담 회기 동안 Sara는 나를 관찰하고 나에게 질문을 했다. 또한 자신의 경험을 공유했다. 혼자서 성찰할 때는 알기 힘들었던 많은 것을 깨달았다. 스스로를 돌보는 시도보다 덜 어려운 일이었기 때문에 다른 사람들을 돌보는 사이클로 빠져들었다는 점이 가장 중요한 점이었다.

상담 과정은 나 자신과 주변 사람들을 위한 돌봄 능력에 긍정적인 영향을 미친 중요한 교훈을 주었다. 때로 적절한 자기돌봄은 당신 스스로에게 반드시 해야 한다. 새로운 상담자로서 우리는 다른 사람의 불안을 더 잘 느낄 능력을 필요로 한다. 나는 종종 사랑하는 사람들과 동료들의 불안을 내면화해 버린다. 여전히 스스로에게 그들의 불안은 내 것이 아니라고 되뇌어야 한다. 내담자의 회복탄력성을 신뢰해야 하는 것처럼, 우리에게 가장 가까운 사람들의 회복탄력성을 신뢰해야 한다. 이것이 나 자신과 다른 사람들을 돌보기 위한 대안이다. 항상 동시에 일어나는 과정은 아니고, 종종 배우자보다 더 많은 사람에게서 일어난다. 아마도 당신이 돌보아 주기를 원하는 자녀, 친한 친구들, 부모, 다른 사랑하는 사람들이 있을 것이다. 상담자로서의 새로운 정체성과 자기감과 다른 사람들과의 관계에서 서로서로 균형을 맞추기 위해 최선을 다해 노력할 것을 기억하라. 남편과 나는 집에서 황금률을 만들었다. 토요일은 나를 위한 시간이고, 일요일은 우리를 위한 시간이다.

상담자로서 우리는 자기 자신과 개인적인 생각을 상담 과정에 가지고 간다. 때로 우리는 잠재적으로 전문적인 일에 긍정적이든 부정적이든 영향을 미칠 수 있는 개인적 위기를 경험할 수 있다. 이 기간 동안 내담자와 효과적으로 작업하고 관계를 맺어 나가기 위해서는 개인적 삶에서 일어나는 사건들이 상담 작업에 어떻게 영향을 미칠 수 있는지를 숙고하는 것이 꼭 필요하다. 동시에 이런 위기는 비슷한 문제를 가지고 있는 내담자에게 더 공감적이 되고 연결되어 있다는 느낌이 들도록 해 주며 삶의 상황 전체를 이해하게 만들어 줄 수도 있다. Aponte과 Kissil(2014)은 이러한 문제가 내담자와 관계를 맺고, 평가하며 개입하는 데 사용될 수 있다고 믿는다. 임상심리사이자 이전에 주립 병원에서 임상심리사 인턴십 프로그램의 관리자였던 Robert Haynes는 자기돌봄을 어떻게 훈련했고 개인적 위기가 있을 때 내담자와 어떻게 작업했는지에 대해 이야기한다.

개인적 위기를 겪는 동안 자기돌봄 훈련하기

Robert Haynes

오래전 개인, 가족, 부부를 위한 사설 상담실을 운영할 때, 나 자신의 관계에 있어서 위기를 겪으며 헤어짐과 이혼의 큰 고통을 겪게 된 적이 있었다. 나는 결혼 문제나 관계 문제로 찾아온 내담자들에게 집중하며 객관적으로 상담을 할 수 있고 그들이 중요한 가치와 관계에서 생긴 문제를 잘 해결해 나가도록 도울 수 있을 것이라고 정말 믿었다. 그러나 내담자가 자신의 문제에 대해 이야기할 때 내 결혼 문제를 끌어내고 생각하게 되는 나 자신을 발견했다. 이것은 매우 미묘하고 은밀한 과정이어서 이게 내 일에 어떻게 영향을 미치는지 인식하지 못했다. 아이와 함께 살고자 애를 쓰고 이 문제를 해결해서 삶을 살아가고 싶은 욕구가 많아지자, 내 상황을 내담자들로부터 분리할 수 없게 되었다. 그 당시 내담자들에게 해를 끼쳤다고 생각하지는 않지만, 내담자들의 관계에 대한 고민에 온전히 주의를 집중하지 못했고 내담자에게 가능한 최선의 돌봄을 제공하지는 못했다. 당시 나의 개인적 위기 상황이 내담자와 효과적으로 작업하는 능력을 어떻게 방해했는지를 뒤돌아보면, 그때 내가 삶을 잘 성찰하면서 개인적인 문제를 해결하는 작업을 할 만큼 객관적이 될 수 없다는 것을 인식하고 아는 겸손함을 가졌더라면 좋았을 텐데 하는 생각이 든다. 뒤늦게 깨달은 것은 그때 슈퍼비전과 상담을 받았더라면 내담자들의 고민에 좀 더 초점을 맞출 수 있었을 것이라는 점이다.

『Take Control of Life's Crises Today: A Practical Guide』(Haynes, 2014)라는 내 책에서, 인생의 위기를 더 효과적으로 관리할 수 있는 방법에 대해서 이야기했다. 인생에 개인적 위기가 찾아왔을 때 무엇을 할지에 대한 일반적인 계획을 세우는 것은 내담자와의 작업에 중요한 영향을 준다. 위기가 찾아왔을 때 어떻게 할지를 적극적으로 계획해 둔다면 내담자에게 최선의 서비스를 제공할 수 있다. 이러한 계획은 다음의 요소를 포함한다.

- 상담 작업에 영향을 미칠 수 있는 개인적 전환이나 삶의 위기를 측정하고 모니터하라. 마음챙김과 자기성찰을 통해 현재 삶의 상황과 일에 주는 영향에 집중해 볼 수 있다.
- 어떤 개인적 상황이 생기면, 동료나 전문 슈퍼바이저와 슈퍼비전을 하도록 하라. 개인적 위기가 더 이상 내담자와의 작업에 영향을 미치지 않을 때까지 슈퍼비전을 지속하는 것이 좋다. 스스로 모든 것을 다룰 수 없고 도움을 필요로 한다는 것을 수용하는 것은 우리 대부분에게 힘든 단계이다.
- 개인적으로 내담자와의 작업을 할 수 없다고 느끼는 특별한 상황을 위해 사례

를 리퍼할 수 있는 시스템을 만들라. 리퍼가 내담자에게 가장 도움이 되는 상황이라면 현재의 내담자와 이를 어떻게 다룰지 생각하라. 리퍼하는 것에 대해서 내담자와 이야기 나누고 함께 결정하는 것을 생각해 보라.

- 상담을 받는 것을 고려하라.
- 위기가 어떤 내담자와 작업하는 것을 불가능하게 만든 상황에서, 언제 다시 상담 작업에 집중할 수 있을지 정확하게 결정하라.

상담자는 좋은 경청자가 되고 공감적이 되며 내담자의 요구에 반응하도록 훈련받는다. 전문적인 작업이 우리에게 가져오는 개인적인 비용은 어마어마할 수 있다. 조력 전문가로 오랜 기간 살아남은 것은 우리가 하루의 끝에 전문적인 삶의 영향으로부터 거리를 두는 능력과 함께 돌봄과 공감적인 치료 스타일의 균형을 맞추는 능력을 가지고 있다는 증명이 될 수 있다. 자기돌봄의 열쇠는 우리가 직면하는 위기로부터 배우고 성장하는 데 마음을 열고 계속해서 더 현명해지며 미래의 일에 대해 더 회복탄력적이 되는 것이다. 이것이 내담자와 우리 자신에게 개인적으로나 전문적으로 좋은 것이다.

위기를 경험하는 내담자를 만날 때, 우리는 말을 통해 그리고 진정한 돌봄과 깊은 연민의 마음을 표현하면서 함께 존재하는 선물을 줄 수 있다. 존재는 강력하고 종종 실제로 그 상황을 변화시킬 수 있는 것을 초월한다. 해결되지 않은 개인적 문제를 갖고 있으면 상담자와 내담자 사이에 균열이 생길 수 있다. 슈퍼비전과 컨설팅을 받으면 내담자를 위한 상담자 돌봄을 향상시킬 수 있고(Allan, McLuckie, & Hoffecker, 2016), 긍정적인 전문적 관계를 맺으면 또한 상담자가 자신의 건강과 효율성을 유지할 수 있게 된다(Rupert, Miller, & Dorociak, 2015). 애리조나 주립대학교의 상담자 수련 센터장이자 상담심리학과 임상 조교수인 Jamie Bludworth는 전문적 관계가 자기돌봄에 어떤 영향을 미쳤는지 이야기한다.

관계 맺는 방법을 통한 자기돌봄

$$\boxed{\text{Jamie Bludworth}}$$

상담심리학자로서 경력을 쌓아 오는 과정에서 나는 여러 번 리더와 관리자의 자리에 있었다. 이러한 자리에 있을 때 내담자의 안전에 대한 임상적 고려에서부터 인원이 부족하고 때때로 한계에 부딪힌 직원들, 그리고 내담자 수를 관리해야 하는 행정적인 고려까지 아우르는 스트레스에 직면하곤 했었다. 솔직히 자기돌봄은 내 전문적인 삶에서 가장 중요했던 적이 없고 다소 의도적으로 하려고 한 것이 아니었다. 그러나 이 주제에 대해 글을 써 달라고 요청받았을 때, 내 마음에 네 가지 태도와 활동이 떠올랐다. 이를 한번 보면 대부분이 사람들과 관계를 맺으면서 했던 것들임을 알 수 있다.

첫 번째는 전문적인 에너지와 헌신을 잘 유지하도록 해 준 태도이다. 내가 직면한 일에 팀 접근을 할 때 일과 삶의 균형을 관리하는 데 가장 성공적이었다. 나는 팀 구성원을 찾고 그들에게 나를 잘 알린다. 그들을 알아 가는 시간을 가지고 함께 점심식사를 하거나 퇴근 후 모임을 가지면서 함께 일하는 사람들과 개인적인 관계를 만들어 나간다. 일하면서 종종 고립되어 있다고 느껴질 때 사람들과 연결되어 있다는 느낌을 가지도록 도와준다.

두 번째 전략은 앞에서 이야기한 사람들과 친밀한 관계를 만드는 것이다. 직속 상사들과 더 친밀한 관계를 맺을수록 직장에서의 삶이 더 쉬워졌다. 대표와 인간적인 관계를 맺게 되면, 개인의 웰빙이 달려 있는 일을 할 때에도 상호신뢰가 높아질 수 있다. 물론 이는 직속 상사들이 이 수준까지 할 의지가 있을 때 가능하다. 그렇지만 이것이 어렵다고 느끼지 않았는데, 특히 위기 상황에서 함께 작업할 기회가 있을 때 그렇다. 인간적인 느낌을 가지게 되면 관계에서 친밀감이 생긴다. 상사들과 관계를 맺는 것의 강점은 일하면서 경험하는 스트레스 수준을 현저하게 줄여 준다는 것이다.

나는 아내에게 매일 사랑한다는 것을 표현한다. 우리의 관계와 나를 있는 그대로 받아 주는 아내에게 감사를 표현한다. 이는 꽤 힘든 하루 뒤에 집으로 돌아오도록 해 주며, 종종 업무 스트레스 요소가 집까지 나를 따라오는 것을 막아 준다. 나는 아내에게 행정적 문제들에 대해 조언을 구하고 그녀는 내 가치와 헌신을 항상 상기시켜 준다.

내가 누구인지를 알고 나에 대한 어떤 것을 알고 있는 사람이 있으면 전반적인 삶의 헌신에 좀 더 관심을 가지고 초점을 맞출 수 있게 된다. 또한 이는 시간이 가면서 적절하게 내 일과 연관 짓도록 해 주고, 재앙화하는 자동적 사고를 피하고 특정한 상황에서 내가 위치하고 싶은 바가 어느 정도 중요한지 선택하게 해 준다.

마지막 전략으로, 나는 10대 때부터 음악가였다. 대학원 시절과 그 후에도 음악에 대한 사랑을 계속 유지하고 있다. 대학원 과정을 시작했을 때, 음악가가 되는 것을 포기하고 내 삶을 오로지 학생의 역할에 헌신해야 한다고 생각했다. 운좋게도 이 걱정을 내 동기에게 이야기했고, 그 동기는 음악가인 다른 친구를 소개해 주었다. 그를 통해서 다른 음악가들을 만났고, 대학원 과정 동안 밴드에서 연주를 할 수 있었다. 이 경험은 정말로 나를 제정신으로 살아가도록 도와주었다. 밴드에서 연주하고 음악 작곡을 하면서 창조성과 연대감을 느낄 수 있었다. 이것이 최초의 의도적인 자기돌봄이었고 오랫동안 나를 잘 도와주었다.

수년간 직장에서 그리고 직장 밖에서 나 자신을 돌볼 수 있는 전략을 만들 수 있었다. 직장에서의 전략은 산책을 하거나 사무실에서 명상이나 요가를 하는 것처럼 명확한 것은 아니었지만 내게 매우 효과적이었고 매우 만족스럽고 나에게 중요한 전문적인 관계를 맺어 나가도록 도와주었다. 직장 밖에서는 재미를 느낄 수 있는 것이라면 자기돌봄에 참여할 것이고, 이는 나에게 충분히 좋다.

성찰을 위한 질문

1. 개인적 관계에 헌신하는 시간과 마음에 어느 정도 만족하는가? 만족하지 않는다면 어떻게 하면 친구, 배우자, 가족과 더 의미 있는 시간

을 보낼 수 있을까?

2. 현재 친밀한 관계가 있다면, 이 관계에 얼마나 많은 에너지를 쏟는가? 함께 의미 있는 시간을 보낼 수 있도록 하기 위해 당신과 배우자(또는 연인)가 해야 하는 다음 행동이나 단계는 무엇인가?

3. 내담자와의 작업이 어느 정도 그리고 어떤 식으로 개인적인 관계에 영향을 미치는가?

4. 삶에서의 위기를 얼마나 잘 견뎌 왔는가? 대부분의 위기를 예측하기 어렵기는 하지만, 개인적인 위기를 얼마나 잘 다루어 왔다고 생각하는가? 스스로 회복탄력성이 어떻다고 생각하는가? 만약 이 영역에 있어서 스스로 부족하다고 생각한다면, 회복탄력성을 기를 수 있는 방법에 대해서 생각해 보자.

5. Jamie Bludworth는 자기돌봄을 위해 음악을 사용하고, 밴드에서 연주를 하면서 창조성과 연대감을 느낀다. 당신의 창조성의 통로는 무엇인가? 음악, 스포츠, 연극과 같이 다른 사람들과 연대감을 느낄 수 있는 여가 활동을 하고 있는가?

커뮤니티 안에서 자기돌봄 훈련하기

상담교육자로서의 직업에서 일하면, 각각 가르치는 수업 안에서 커뮤니티를 만들게 된다. 때로 경험이 많은 상담자, 대부분 이 프로그램을 졸업한 상담자를 수업에 초청 강사로 모시기도 한다. 교실에 있는 학생들은 이 수업을 들으면서 또는 졸업을 한 후에 이러한 초청 강사와 네트워킹할 수 있는 이익을 얻기도 한다. 또한 학생들이 더 큰 전문가 커뮤니티에 소속감을 느끼도록 하기 위해 적극적으로 국가 수준 또는 지역 수준의 전문기관에 적극적으로 찾아가거나 다른 사람과 네트워킹하도록 권한다. 우리 넷 또한 정기적으로 미국상담학회(American Counseling Association: ACA)의 연차학술대회에 참여하고, 이 시간을 이전의 동료들과 관계를 맺으며 이 영역에 새로 들어오는 이들을 만나는 데 활용하면서 이러한 작업을 한다. 커뮤니티에 연결되어 있다는 느낌은 자기돌봄을 훈련하는 하나의 방식이다. 좋은 커뮤니티에 소속되는 것뿐만 아니라 개인적 또는 전문적 열정의 놀라운 통로가 되는 커뮤니티 그룹을 만들기도 하고 거기에 소속되기도 한다.

풀러턴에 있는 캘리포니아 주립대학교의 상담전공 교수이자 소년과 남성을 위한 센터(Center for Boys and Men)의 부센터장인 Matt Englar-Carlson은 자신의 커뮤니티에 남성 그룹을 어떻게 만들어 나가고 이것이 어떻게 자기돌봄에 영향을 미쳤는지에 대해 이야기한다.

남성 상담자를 위한 자기돌봄 방법으로서 남성 그룹

Matt Englar-Carlson

내 전문적 경력은 남성과 소년들의 건강을 향상시키는 데에 초점을 맞추고 있다. 남성들과 일하는 것이 편하기 때문에 매우 자연적으로 이런 초점을 가지게 되었지만, 임상적 관심은 여러 차례 걸쳐서 개발되었다. 박사과정생일 때 나에게 중심이 된 경험은 미국심리학회(American Psychological Association: APA)의 지원을 받은 연간 남성 모임에 참가한 것이었다. 이 수련회에서 이 영역의 동료 학생들과 전문가들인 동료들과 존경하던 많은 선배 전문가들이 함께 모였고, 여기서 나는 리더가 될 필요가 없었다. 나는 그저 그룹의 일원이었다. 여기서 내 욕구를 충족시키고, 다른 훈련 받은 전문가들이 작업하는 것을 관찰하고(그래서 더 많은 아이디어를 얻을 수 있었다), 돌보는 일을 하고, 민감하고, 개인적인 작업을 하는 직업을 가진 다른 남성들을 만나게 되었다. 이 길을 걷는 초기에 이러한 모임이 오랜 기간 수면 아래 있었던 기분을 끌어올려 주는 것처럼 느꼈다. 나는 다른 남성들과의 동지애와 연대감을 필요로 했고, 어떤 그룹의 일원이 되고 그룹을 책임지지 않는 상황에 속하기를 갈망했다. 남성들과의 집단상담에 대해 더 많이 알기를 원했지만, 진짜 얻은 것은 이러한 남성 집단이 내 영혼을 지탱하고 남성들의 고통에 대해 깊은 수용을 받게 해 준 것이다. 용감하고 지지적인 남자들 사이에 있으면서 더 나은 남성이 될 수 있었고, 남성성에 대해 더 깊이 이해하게 되었으며, 사회에서 부끄럽게 여기던 내 안의 부드러운 부분에 힘을 싣게 되었다. 남성 그룹은 나를 지탱하게 해 주었고, 수년간 다른 남성들과 관계를 맺기 위해 남성들이 지지받는 공간을 만들어 나갔다.

임상적 경험과 개인적 경험을 통해서 나는 남성들이 종종 밖에서 이야기하지 않은 많은 이야기를 알게 되었다. 이야기를 하는 것은 남성들이 관계를 맺는 중요한 방식이다. 성공과 수치심에 대한 이야기, 남성 건강 영역에 있는 남성들에게는 남성을 돌보는 일에 대한 이야기가 있기도 하다. 남성 그룹은 남성들이 항상 그러한 것은 아니지만 대체로 다른 남성들 앞에서 하지 않았던 이야기를 공유할 수 있는 공간이 되었다. 민감한 정보와 감정을 공유하는 것은 나에게 위험하게 느껴지고, 다른 남성이 말, 공감, 신체적 포옹을 통해 나를 돌보도록 허락하는 것은 때로 더 힘들게 느껴진다. 그러나 이는 내가 내담자에게 하는 일들이고, 남성 그룹 안에서 시간을 보내면서 내 개인적 삶에도 이러한 것들을 얻을 수 있다. 남성 그룹은 남성들의 숨겨진 삶에 대해 배우는 독특한 창을 제공해 준다. 경력이 많은 남성도 이 그룹에서 다른 남성들과 순수한 연대감을 느끼고 서로 돌봄을 주고받을 수 있다. 많은 남성은 고립되어 있다고 느끼고 있으며 완전히 자유롭게 다른 남성들에게 자신의 내적 세계를 공유할 안전한 공간을 가지기를 깊이 소망한다. 이런 그룹은 스스로 항상 경쟁적이고, 더 재밌고 열정적인 자기에 귀를 기울여야 한다는 남성로서의 역할에 책임을 느끼는 비현실적인 기대에서 벗어나도록 도와준다. 많은 남성 그룹에서 각 집단원들이 남성 대 남성 관계를 맺는 데 있어서 젠더 규범을 거의 내세우지 않기 때문에 응집력은 점차적으로 형성된다. 그러나 이러한 장애물을 가로질러 나갈 때 그룹 내 남성들 사이의 응집력은 때로 중요하고 독특하게 형성된다. 이들이 형성한 관계는 그룹 밖에서의 관계에도 전이된다. 내가 남성 그룹에서 시간을 보내는 다른 남성을 만날 때, 쉽게 안아 줄 수 있고, 초대하면서 느끼는 어려움에도 편안함을 느끼곤 한다.

남성 그룹은 남성 상담자에게 현명한 자기돌봄 전략이다. 그러나 이는 첫 번째 단계일 수 있다. 대부분의 남성 상담자는 사회 제한적인 젠더 규범을 가지고 자랐고, 개인적 삶에서 이러한 규범을 거스르는 것은 매우 도전적일 수 있다. 자기돌봄을 위해 남성 상담자들은 스스로 자신의 욕구를 따라야 하며, 그룹에서 다른 사람들과 함께해야 한다. 많은 남성에게 이러한 작업은 개인적 욕구에 쉽게 상처받으면서도 이러한 약한 모습을 인식하는 것 가운데 갈등하게 만드는 사회적 젠더 규범과 함께 이루어진다. 자기돌봄은 도움을 구하는 어떤 방식일 수 있고 종종 남성들에게 두 배로 힘든 일일 수 있다. 남성 그룹은 남성으로서 자신의 경력과 삶을 더 깊이 있게 해 주고 지탱하게 해 준다. 남성을 상담하는 것에 대해 더 읽고 싶다면 『A Counselor's Guide to Working With Men』 (Englar-Carlson, Evans, & Duffey, 2014)을 읽어 보도록 하자.

우리(Jude와 Julius)는 지지적인 커뮤니티로부터 많은 도움을 받았고, 이것이 개인의 웰빙에 강력한 영향을 미쳤다. 우리가 상담자가 되기 전, 태풍 카트리나가 뉴올리언스를 강타한 때에 태풍 카트리나에 영향을 받은 10~18세 소년을 위한 여름 캠프를 열었다. 우리는 구직, 성적 건강, 신체건강, 영양, 재정 관리, 네트워킹 기술, 기업가 기술, 소년법 체계 교육과 다른 많은 주제에 대한 정보를 얻기 위해 대학에서 이 캠프를 도와줄 수 있는 많은 커뮤니티 멤버의 도움을 구했다. 이 캠프를 '남성 도제 네트워크(Male Apprenticeship Network: M.A.N. Camp)'라고 불렀다. 커뮤니티에서 모집한 초청 강연자를 포함해서 2개월 커리큘럼을 만들어서 실행했다. 이 커리큘럼에 지역의 기업, 경찰서, 법정, 은행 등에 현장학습을 가는 것, 커뮤니티 자원봉사자들의 식사 대접, 커뮤니티 서비스 프로젝트 등이 포함되었다. 우리는 이 캠프가 캠프에 참여하는 사람들로 하여금 연대감을 느끼게 해 주고 커뮤니티에 의해 지지받는다고 느끼게 해 주었다고 믿는다. 캠프에 참여한 많은 학생이 고등학교와 대학교를 졸업하고 일을 하고 있다. 이 경험은 도움이 되기도 했고 도전적이기도 했다. 이 경험을 통해서 동료와 커뮤니티 자원봉사자들에게 배우면서 우리 자신을 돌볼 수 있었다.

　어떤 조력 전문가들은 대표가 되는 것을 즐기고 이러한 일 자체로 도움이 될지 모르지만, 동료 그룹이나 상호 도움을 주는 팀과 함께 일하는 것은 일 자체가 강도가 높을 때 특히 매우 가치 있는 지지가 될 수 있다. 특히 호스피스 일과 같은 특정 임상 장면에서 지지적인 동료와 함께 일하는 것은 개인의 웰니스에 매우 중요하며 자기돌봄에 필수적이다. 네바다주 리노의 서밋 뷰 호스피스(Summit View Hospice)에서 일하는 사회복지사 Crissa Markow는 자신의 호스피스 경험에 대해서 이야기하면서 지지적인 커뮤니티의 중요성을 강조한다.

호스피스 사회복지사로서 자기돌봄

Crissa S. Markow

　호스피스 사회복지사로서 나는 환자의 삶의 질을 높여 주고 양육자와 가족을 위한 자원을 제공해 주기 위해 통합치료팀과 긴밀하게 함께 일한다. 욕구를 측정하고, 생활 이력을 살펴보며, 상담을 제공하고, 커뮤니티 자원과 연결해 주며, 죽음의 과정에 대해 교육하고, 건강 케어 방법을 돕거나 장례식장을 선택하고, 환자가 죽은 이후에 지지를 전달하며, 동료애를 전달하기 위해 나는 환자의 집이나 돌봄시설을 방문한다. 수년간 병원을 드나들면서 백혈병으로 고생해 온 아이, 자녀를 돌보면서 일을 해야 하는 부모, 가족과 가깝지는 않지만 믿음직한 친구들이 있는 20대의 젊은 남성, 네 명의 아이를 돌보며 아이들의 법적 후견인을 찾으면서 다가올 생일과 크리스마스를 위해 카드를 쓰는 데 자신의 마지막 시간을 보내는 싱글맘, 가장 전형적으로는 치매에 걸린 노인과 노인요양기관에 사는 노인들까지 나는 모든 연령대의 환자를 위해 일한다.

호스피스로 일하고 있다고 말하면 "오, 그걸 어떻게 할 수 있죠?" "하루 종일 죽음에 둘러싸여서 일하는 것은 너무 힘들 거예요." "얼마나 우울할까요!"와 같이 전형적으로 다양한 동정적인 반응을 보인다. 실제로는 정반대이다! 강렬한 삶의 모습들이 삶의 끝에 나타난다. 과거를 성찰하고, 인생을 마무리하며, 죽음에 대해 이해해 나가고, 죽음 이후가 어떻게 될지 생각해 나가는 삶의 마지막 단계를 함께 공유하는 것은 매우 영광스럽다. 호스피스 병동에서 일하는 것은 매우 삶을 지지해 주며 긍정적이지만, 또한 슬프고 힘든 시간들도 있기 때문에 건강한 자기돌봄을 해 나가는 것이 매우 중요하다. 호스피스 일을 하는 사람들은 자기 자신, 동료, 집에 있는 양육자들을 돕기 위한 자기돌봄에 정통해야 한다.

내가 겪은 가장 슬픈 경험 중 하나는 가족이나 친구도 없이 매주 머무르는 호텔에서 홀로 죽음을 준비했던 남자를 돌본 것이었다. 그 사람은 기능장애가 너무 심해서 방문하기를 두려워하는 가족이 있었고, 나는 그들을 만났다. 그들은 지저분한 생활 환경에서 살고, 의학적인 치료를 무시했으며, 혼돈 속에 있었다. 내가 얻은 가장 강력한 교훈 중 하나는 결정을 내릴 위치에 있는 모든 사람이 '나쁜' 결정을 내릴 권리도 가지고 있다는 것이었다. 나는 이상주의자로서 사회복지로 뛰어들었지만 곧 사회복지 직업의 핵심 가치 중 하나인 자기결정이라는 환자의 권리를 존중해야 한다는 것을 알게 되었다. 매우 경험이 많은 호스피스 의료 지도자는 "우리가 거기 갔을 때 이미 침대는 불타는 듯했다."라고 말했다. 이는 당장의 문제를 무시하라는 의미가 아니라, 이성적으로 우리 역할에는 제한이 있다고 상기시켜 주는 것이다. 오랜 시간 이 단순한 문구를 기억하면서 내 전문적인 역량에 대해 온전한 정신과 평안함을 유지할 수 있었다.

매일 방문을 하는 데 있어서, 나의 역할을 효과적으로 하고 있는지 자꾸 의심하게 되어서 모든 상호작용을 오래 생각할 수가 없다. 매번 방문을 할 때 나는 환자와 함께 존재하는 데 초점을 둔다. '환자는 지금 이 순간 어디에 존재하고 있지?' '그에게 무엇이 중요하지?' '전문적인 경계의 영역 안에서 나는 환자를 어떻게 도울 수 있지?'라는 생각을 한다. 그리고 나는 개인적이고 전문적인 지지를 주고받기 위해 통합치료팀과 함께 주간 팀 미팅을 하면서 죽은 환자에 대해 보고를 듣고 함께 슬퍼할 수 있는 기회를 갖는다. 이런 회의에 갑자기 유머를 이야기하기도 한다. 이런 것이 감정이 없는 것처럼 들릴지 모르지만, 이런 안도감이 없으면 사람들은 슬픔으로만 둘러싸여서 오랜 시간 가슴 아파할 수 있다. 유머는 우리 팀에게 그냥 웃을 수 있는 공간을 준다. 이는 너무 심각하게 우리 자신이나 우리의 삶을 끔찍한 짐이 되어 버리지 않도록 해 준다.

운 좋게도 매우 지지적인 동료 사회복지사들을 만났다. 우리는 서로에게 굉장히 의지하면서 문제를 해결하고 환기구를 만들며 서로 관계를 맺어 왔다. 어떤 조력 전문가이든 간에 같은 일을 하는 사람들과 함께하고, 윤리적 이슈를 함께 공유하며, 비슷한 전문적 가치관을 가지면서 서로 소통하는 것은 매우 중요하다. 이러한 소통을 통해 무엇에 우선순위를 두고, 어떻게 문제를 해결하며, 어떻게 더 성장해 나갈지를 생각할 수 있다. 당신의 정체성을 쉽게 찾을 수 있고, 이러한 타당화는 소진을 피하도록 해 준다.

나는 또한 자기돌봄을 연습하는 개인적인 과정을 밟아 왔다(너무 쉬워서 충분히 따라 할 수 있다!). 운동하고, 잘 먹고, 자유 시간을 즐기며, 하루의 끝에 남편과 대화하며, 지지적인 가족 및 친구들과 시간을 보내고, 충분히 잘 잘 때, 나는 항상 더 잘 존재하며 스트레스 상황을 더 잘 돌볼 수 있다. 매일 하는 전문적인 일이 있지만, 자기돌봄에 좀 더 시간을 쓴다면, 고객, 동료, 가족과 친구들, 더 중요하게는 자기 자신을 위해 최선의 도움을 줄 수 있을 것이다.

같은 전문적인 관심을 가지고 있는 동료 커뮤니티와 소통하게 되면 소진을 피할 수 있다. 상담자들은 내담자에게 지지그룹에 참여하는 것이 중요한 치료적 가치를 지닌다고 강조한다. 그러나 너무 자주 자신을 위한 지지그룹을 찾는 노력을 하지는 않는다. 상담교육자뿐만 아니라 일부 상담자, 사회복지사, 민간 기관에 있는 정신건강 전문가들은 각자의 커뮤니티 멤버들로 구성된 지지그룹에 참여하는 데 가치가 있다고 발견한다. Jessica Smith(2017)는 자신의 커뮤니티에서 몇몇 치료자가 자각, 이해, 수용을 기르기 위한 목적으로 지식을 공유하고 개인적 그리고 전문적인 관심을 정기적으로 함께 나누는 '승가(sangha)'라고 불리는 지지그룹을 어떻게 시작했는지에 대해 썼다. Smith는 이러한 지지적인 커뮤니티에 참여하는 것이 "가장 보람 있고, 자양분이 되며, 개인적으로나 전문적으로 경험을 지탱해 주는 것 중 하나였다."(p. 50)라고 주장한다. Smith의 승가 그룹 만남이 있을 때마다, 참여자들은 이 그룹의 힘이 희망을 주고 힘을 북돋아 주는 자원이 된다고 이야기했다. 그녀는 상담자들이 다른 전문가들로부터 지지, 지도, 열정을 받을 수 있는 자신들의 그룹을 시작해야 한다고 이야기한다.

성찰을 위한 질문

1. 자신의 삶에 의미를 주고 자양분이 되어 주는 지지 커뮤니티 그룹에 대해 설명해 보자. 당신에게 힘이 되어 주는 이러한 커뮤니티는 무엇인가? 당신은 어떤 방법으로 이 커뮤니티 멤버들에게 지지를 제공하는가? 당신의 웰빙에 어떤 영향을 주는가?

2. 남자들의 문제에 전문성이 있는 Matt Englar-Carlson과 호스피스 사회복지사 Crissa Markow는 자신들이 열정을 가지고 있는 분야에서 일을 하고 있다. 당신의 임상적 또는 전문적 열정은 어떠한가? 당신이 이러한 열정을 나눌 다른 사람들과 커뮤니티를 만들기 위해 할 수 있는 방법은 무엇인가?

멘토링

멘토링은 일에 있어서 자기돌봄을 유지하는 통합적인 측면이 될 수 있다. 당신은 아마도 삶에 중요한 영향을 미친 사람에게 **멘토링을 받거나** 학생이나 후배를 **멘토링하면서** 굉장히 만족감을 얻은 경험을 통해 멘토링의 힘에 대해 경험해서 알고 있을 것이다. 멘토링은 멘토와 멘티 모두가 관계에 열심히 매진할 때 서로 원원이 될 수 있다는 점에는 의심할 여지가 없다. 우리 네 저자는 서로 다른 경력 단계에 있기 때문에, 멘토링의 좋은 점에 대해 각각 다른 것을 이야기할 수 있다. Jerry와 Michelle은 더 오랫동안 이 분야에서 일해 왔기 때문에 학생들의 멘토가 되는 경우가 많지만, Jude와 Julius는 이 분야 초심 전문가로서 멘토링을 받은 경험이 더 많다. 여기에서 멘토링에 대한 서로의 경험을 공유할 것이다. 그전에 먼저 멘토링의 기술에 대한 다음의 이야기를 읽어 보자. Brad Johnson은 임상심리학자이자 미국 해군사관학교의 리더십, 윤리 및 법학과 교수이며, 존스홉킨스 대학교 교육대학에서 조교수로 일하고 있다.

멘토를 위한 자기돌봄

W. Brad Johnson

25년간 나는 멘토링 관계에 대해 연구하고 글을 썼으며, 기관에서 강력한 멘토링 문화를 가지도록 이야기하고 컨설팅해 왔으며, 물론 나 자신에게도 멘토링 훈련을 해 왔다. 이런 모든 시간 가운데 발견한 변하지 않는 한 가지 사실이 있다. 조직이나 기관에 있는 모든 사람들은 누가 훌륭한 멘토인지 빨리 알아채고 그러한 사람들은 멘토가 되어 달라는 요구를 많이 받게 된다. 사실 훌륭한 멘토는 멘티에게 지나치게 깊이 관여하게 되고, 압도당하며, 피곤해지기 쉬워서, 만약 그들이 어느 정도 한계를 두고 의미 있는 자기돌봄을 하지 못한다면 결국에는 멘토 역할에서도 효과적이 되지 못할 것이다.

멘토링 관계에 대한 글들을 읽어 보자. 그러면 사람들이 멘토링에 대해 이야기하면서 거의 미친 듯한 즐거움을 표현하는 것을 알아챌 것이다. 아마도 당신은 삶, 멘티의 경력, 강력한 멘토링을 하는 기관, 사업, 대학, 더 나아가 멘토 자신을 위한 심리적·경력적 이득에 있어서 멘토링의 영향을 꽤 긍정적으로 평가할 것이다. 좋은 멘토링이 관련된 모든 사람에게 매우 긍정적인 결과를 가져온다는 것이 대부분 사실이기는 하지만, 진지하고 의미 있는 멘토링을 위해서는 그만한 비용을 지불해야 한다는 것을 기억해야 한다. 특히 멘토링은 멘토의 시간과 에너지를 필요로 하며, 여러모로 멘토 자신의 웰빙에 비용을 지불할 수 있다.

훌륭한 멘토의 특성에 대한 연구를 살펴보면, 이런 멘토들은 다른 사람에게 잘 공감하고 다른 사람들을 잘 돌본다. 돌봄과 공감이 뛰어난 멘토링 태도이기는 하지만, 이 사람들은 공감 피로와 순간적인 소진을 경험할 위험도 크다. 연민을 가진 전문가들은 고통을 겪는 멘티의 정서적 짐을 쉽게 알아차릴 수 있다. 초심 진로상담자나 신임 교수와 같은 젊은 전문가들은 멘티와의 정서적으로 얽힌 관계에 더 취약하고, 멘티가 정서적으로 많이 의존한다면 그에 따라 정서적으로 고갈되기 쉽다. 개인적으로 나는 명수를 제한해서 학생과 후배 전문가들을 멘토링해 주는 것이 만나는 내담자 명수에 제한을 두는 것만큼 중요하다는 사실을 어렵게 배웠다. 확실히 열정 넘치는 멘티들과 함께 있으면 자아에 신선한 자극을 받을 수 있다. 그러나 멘토링을 해 주는 사람들의 수에 제한을 두지 않으면 멘토링 작업의 전반적인 질이 떨어질 수밖에 없다. 멘토링은 관계이기에 지극히 내향적인 성격을 가진 이들 모두에게 더 대인관계적이기를 요구한다. 천성적으로 내향적인 나는 재충전할 시간이 필요하다. 연구실 문을 닫고 커피 한잔을 마시면서 관심 있는 것에 대해 글을 쓰며 조용히 홀로 있는 시간이 항상 필요하다 (내게 교수의 길이 잘 맞는 이유이기도 하다).

멘토링에 대한 중요한 교훈이 있다. 멘토의 가장 중요한 의무 중 하나는 의도적으로 전문가가 되는 것이 의미하는 것을 위한 역할 모델이 되는 것이다. 자기인식과 숙고를 통해 훌륭한 멘토는 멘티에게 어떻게 유능하고 윤리적이며 균형을 갖춘 전문가가 되는지를 '말해 주는 것'뿐만 아니라 이러한 것들을 '보여 주는 것'이다. 실제로 내 멘티들에게 자기돌봄의 모델이 되지 못하면 멘티들을 실망하게 할 것이다. 나에게 자기돌봄은 매일의 운동, 친구 및 가족과 시간 보내기, (주로 일과 관련 없는 소설 읽기 등) 흥미를 위한 독서, 일을 마치고 친한 동료들과 새로운 맥주 마셔 보기와 같은 많은 중요한 것을 하면서 이루어진다. 나는 멘티들과 이런 내용을 공유한다. 하루 일과 중 운동 시간을 계획하고, 내가 읽는 재미있는 소설에 대해 이야기하며, 주말에 와이프와 함께 갔던 재미있는 장소에 대해 이야기한다. 멘티들에게 내 가장 친한 동료들이 누구이고, 그들에게 내 웰빙을 위한 지지, 우정, 멘토링을 어떻게 얻고 있는지에 대해 이야기한다. 자기돌봄에 대해 지속적으로 노력하는 모습을 열린 창을 통해 멘티들에게 보여 주게 되면, 자연적으로 멘티들도 자신의 일/학교와 삶의 균형을 맞추기 위해 어떤 노력을 하고 있는지에 대해 대화의 문을 열어 나간다.

솔직히 말하면, 나도 멘토로서 자기돌봄을 항상 잘 해 오고 있지는 않다. 나는 여전히 나의 멘티가 되고 싶다고 연락하는 사람들에게 정말 '안 된다'고 말해야 할 때조차도 말하기 어려워한다. 때로 후배가 내 사무실로 와서 밤늦게 일하는 나에게 좀 만나고 싶다고 이야기할 때도 그렇다. 그런 경우에 나는 가르쳐 주려는 마음을 내려놓고, 나도 인간이고 큰 실수를 할 수 있는 사람이라는 아픈 진실을 멘티에게 알려 주려고 노력한다. 좋은 자기돌봄은 우리가 일과 생활의 균형으로부터 멀어질 때 사람들과 함께하면서 스스로를 더 잘 살펴볼 수 있도록 돕는 것이다.

Brad Johnson은 멘토링 기술의 전문적인 모습이 어떤 것인지를 보여 주면서 **의도적으로** 역할 모델이 되는 것이라고 하였다. 스스로 신체적, 정서적, 사회적, 영적으로 적절한 돌봄을 할 때, 내담자와 학생들에게뿐만 아니라 멘티들에게 가장 적합한 역할 모델이 될 것이다.

Johnson과 Smith(2016)는 훌륭한 멘토란 자기인식, 정서지능, 관계 맺는 방법, 직업 영역에서 좋은 사람들이 잘 성장해 나가는 것을 보고자 하는 순수한 열정을 가진 사람들이라고 하였다. 효과적인 멘토는 멘티들이 **가능한 자기**(possible self), 즉 삶과 전문성 영역에서 자신이 될 수 있다고 생각하는 이미지를 점점 수용해 나가도록 장려한다. 훌륭한 멘토는 멘티들이 할 수 있다고 보는 것에 대해 기대감과 자신감을 많이 표현해 준다. 효과적인 멘토들은 탁월함을 추구하기는 하나, 완벽주의 개념은 지양한다. 멘토는 멘티에게 유능한 사람이 완벽한 것은 아니라는 점을 보여 주는 중요한 역할도 한다.

멘토링을 하고 받은 경험에 대한 성찰

학생을 멘토링한 경험에 대한 Michelle의 성찰

나(Michelle)는 가르치는 학생들에게 긍정적인 역할 모델이 되는 것에 큰 기쁨을 느낀다. 적어도 내가 긍정적인 역할 모델이 되기를 희망한다! 분명 그렇게 되려고 노력할 것이다. 오래전 풀러턴에 있는 캘리포니아 주립대학교의 인간서비스 프로그램에서 학부생이었던 시절, 그리고 노스웨스턴 대학교와 아이오와 대학교에서 대학원생이던 시절 후반에, 운 좋게도 진실하고 연민 어린 상담교육자의 역할 모델이 될 훌륭한 멘토들을 만날 수 있었다. 내 전문적인 발달은 교육과정을 통해 얻은 지식에도 일부 영향을 받았지만, 나는 교수님들이 나에게 가르친 **내용**보다 나를 가르친 **방식**과 나를 멘토링한 방식에 훨씬 많은 영향을 받았다. 이 멘토들 중 몇몇은 진짜가 되고, 인간미를 가지며, 완벽하지 않아도 되는 것을 스스로에게 허락하도록 가르치셨고, 이런 행동의 역할 모델이 되면서 더 값진 교훈을 주셨다. 마찬가지로 내 박사과정 멘토였던 Nick Colangelo는 스트레스 상황에서 평정을 유지하는 방법, 메시지를 효과적으로 전달하는 방법과 같은 행동의 역할 모델이 되면서 또 다른 중요한 교훈을 가르쳐 주셨다. 박사과정생에서 초심 전문가가 되어가면서, 종종 멘토들이 상황을 다룬 방법을 기억하며 배운 교훈을 성찰했다.

이제 나는 상담 수련생들에게 멘토의 위치에 있다. 그들에게 단지 무엇인가를 알려 주는 것뿐만 아니라 이런 메시지를 전달하는 방법에 대해서도 신경 쓰고 있다. 진솔하고 연민 어린 공감적 모델이 되는 것이 나에게 가장 중요하다. 나를 멘토로 생각하는 이들이 나를 긍정적인 역할 모델로 생각했으면 좋겠다는 희망이 있다.

멘토 커뮤니티를 만든 Jude의 성찰

나(Jude)는 다양한 인종, 나이, 전문적 관심, 경험을 가진 상담교육자 혼합 그룹인 멘토 커뮤니티를 만들었고, 여기서 언제든지 지지를 받을 수 있다고 느낀다. 멘토가 되는 것은 나의 개인적 그리고 전문적 성장에 있어서 매우 중요하고, 멘토링 경험은 내가 혼자가 아니라는 것을 계속 알게 했다. 상담 분야에서 신임 상담교육자로서 나는 이미 많은 학생을 멘토링하는 과정을 시작해 왔다. 내가 멘토 커뮤니티를 구성할 때 사용했던 전략 중 몇 가지를 내 학생들도 따라 주기를 희망한다.

개인적 욕구 측정: '나는 무엇을 필요로 하는가?'라는 중심 질문을 통해 멘토 커뮤니티를 구성했다. 신임 교수로서 내 가장 중요한 욕구는 상담자교육 영역에 있어서 아프리카계 미국인 남성이 직면할 수 있는 독특한 문제들을 해결하고, 일과 개인적인 삶 가운데 균형을 찾으며, 정년보장 교수가 되는 전략을 얻는 것이었다.

멘토 모집: 멘티로서 내 욕구를 정확히 알게 되었을 때, 나의 구체적 욕구를 충족시킬 수 있는 멘토링을 제공할 사람을 적극적으로 찾을 수 있다. 나는 아프리카계 미국인 남성 교수 멤버들로 구성된 CACREP 상담 프로그램 웹사이트를 보았다. ACES와 ACA 학회 학술대회에 참여했고, 아프리카계 미국인 남성 상담교육자가 하는 프레젠테이션에 참여하고 연락처를 교환했다. 이 발표자와 이메일로 연락을 했고 계속해서 그들과 관계를 유지하려는 노력을 했다. 또한 예전의 교수님들에게 다시 연락했고 그들이 어떻게 일과 삶 간의 균형을 이루고 있는지에 대해 이야기를 나누었다. 그리고 나서 나와 비슷한 연구 관심사를 가지고 있는 정년보장 교수 멤버들을 적극적으로 찾았다.

커뮤니티 만들기: 멘토 커뮤니티를 만들 때 했던 가장 중요한 결정 중 한 가지는 내가 그들에게 도움을 요청하기를 원하는지였다. 나 자신에게 충분히 안전하다고 느껴지는 멘토를 찾았다. 나와 함께 기꺼이 상처를 나누고 실수와 성공을 모두 공유할 수 있는 멘토를 선택했다. 나의 모든 욕구를 총족시

켜 줄 수 있는 단 한 명의 멘토를 찾기를 기대하지는 않았다. 내 문화와 관련된 어떤 문제를 경험할 때는 그와 관련된 멘토에게 갔고, 균형이 깨졌다고 느낄 때는 다른 멘토에게 갔으며, 경력 계획에 대해 이야기할 필요가 있을 때는 또 다른 멘토에게 갔다.

멘토 커뮤니티 유지하기: 이러한 커뮤니티를 유지하기 위해 멘토들과 적어도 한 달에 두세 번은 대화를 나눴다. 전화를 하거나 이메일을 쓰거나 그룹 화상 회의를 한다. 다른 사람에게 멘토 그룹을 소개하면서 멘토 네트워크를 이어 나가려고 시도한다. 지역과 국가 단위 학회에서 멘토와 이야기 나누는 데 최선을 다한다.

영향력이 있는 멘토링 경험: 내 인생에서 가장 영향력이 있는 멘토링 경험은 Ty Leonard와의 관계이다. 그를 만난 순간부터 그가 내게 표현한 사랑, 인내심, 진솔성이 이 관계를 매우 영향력 있게 만들었다. 메리 하딘-베일러 대학교의 상담 대학원 프로그램에 인터뷰를 보면서 그를 처음 만났다. 이야기를 나누면서 그는 농담으로 내 형(Julius)은 상담 프로그램에 들어올 것이고 나는 아닐 것이라고 했다. 학생 시절에 마지막으로 나눈 이야기는 졸업식 날 내 박사과정 생활이 나를 변화시켰을 것이고, 내 정체성으로 공격받는다면 그에게 연락하기로 약속하라는 것이었다. 학생 시절 처음부터 마지막 대화까지 Leonard는 내 문화를 이해해 주었고, 교실과 상담실에서 내가 나 자신을 표현할 수 있도록 해 주었다. 그는 내 안에서 내가 스스로 보았던 것보다 더 큰 어떤 것을 보았고, 내 잠재성을 끌어올려 주었다. 그는 안전감을 느끼게 해 주었고, 상담자로서의 내 정체성을 탐색하도록 해 주었다. 실수로부터 배울 수 있도록 격려해 주었고, 때로 그는 자신의 실수도 보여 주었다. 나에게 상담자가 되는 방법과 전문가로서 내 목소리와 진실성을 찾는 법을 알려 주었다. 그는 내 첫 번째 상담 회기부터 내 첫 번째 기조연설까지 내가 성장해 가는 과정을 지켜보았다. 그는 동료와 친구가 되었고 여전히 함께하고 변함없이 돌봄을 주고 있다.

멘토링에 대한 Julius의 성찰

멘토링에 대한 나(Julius)의 생각은 어머니, 아버지인 Lorraine과 Jude Austin Senior가 나를 돌보아 주신 방식에 의해 매우 큰 영향을 받았다. 최근에 어머니와 대화하면서, 내 형제자매들을 키울 때 우리의 성장에 누가 그리고 무엇이 영향을 미칠지를 통제하는 것이 중요했다고 들었다. 어머니는 우리가 배우고 자라고 실수를 하고 도전받을 수 있는 충분히 안전한 환경에서 있기를 희망하면서 전략적으로 그리고 주의 깊게 학교, 과외 활동, 운동 등을 계획했다. 누가 내 성장에 영향을 미쳤는지 유념하는 것은 대학생, 대학원생이 되었을 때뿐만 아니라 개인적 · 전문적 삶에서도 계속 중요하다.

지지를 해 줄 멘토 커뮤니티를 만드는 것이 좋다는 Jude의 생각에 동의한다. 이 사람들은 내 개인적 · 전문적 성장을 맡길 사람들이다. 내 생각에 도전을 해 주고 내가 취약해지는 것을 허용해 주며 나의 잠재성을 찾지 못했을 때 나를 직면시켜 줄 멘토를 내 인생으로 초대하는 것은 중요하다. 나는 진솔하고 인간적인 전문가들을 존경하고 그들에게 끌린다. 멘토 커뮤니티를 선택하는 가장 중요한 부분 중 하나는 배경의 다양성이다. 나는 조력 전문가로 오래 활동한 사람들뿐만 아니라 다른 교육적 · 개인적 배경을 가진 지식을 제공해 줄 멘토도 필요로 한다. 이제 상담교육자로서 Jude와 나는 우리 프로그램 내부와 외부에 있는 소수민족 학생들에게 멘토가 될 수 있고, 우리 둘은 다양성에 대한 대화와 각 대학의 위원회에서 적극적인 멤버가 되었다.

멘토링은 직업, 개인적 삶, 새로운 직업이나 가족이 시작되는 것과 같은 주요 인생 전환기에 영향을 미치는 다면적인 관계이다. 이러한 삶의 전환기에 나의 성장을 지지해 줄 수 있는 멘토를 선택하는 것은 중요하다. 내가 멘토이자 친구로 생각하고 있는 Linwood Vereen과의 관계가 한 예이다. 우리는 서로 매주 이야기를 나누지는 않지만, 항상 대화 후에 활기를 되찾게 되었다고 느낀다. 최근에 나눈 대화에서 우리는 부성애, 학회 발표, 저널 논문, 결혼, 일-삶 균형, 정년보장을 받는 과정, 새로운 직업으로의 전환 등에 대해 이야기를 나누었다. 이 관계를 통해 나는 더 경험 많은 상담교육자와 함께 내 생각을 시험해 보고, 다른 동료들에게 할 수 없는 표현을 해 보며, 의미 있는 유대감을 느낀다. 우리의 관계는 서로에게 상호 이익을 주는 관계이며, 책을 쓰거나 연구 프로젝트를 함께 해 나가기에 충분히 적절한 관계이다.

학생들을 멘토링하면서 나는 이러한 관계를 반복하려고 노력했다. 나는 학생들의 전문적인 성장을 진솔하게 지지해 주며 위험을 기꺼이 감수하고 연약한 모습을 보일 수 있도록 격려한다. 내가 모든 학생에게 멘토가 되지는 않지만, 각 학생들에게 내 능력의 최선을 다해 지지하려고 노력한다. 다른 관계처럼 멘토링도 노력과 헌신과 시간이 감에 따른 변화가 필요하다. Michelle이 학생들을 멘토링했던 이야기처럼, 나는 학생들이 나를 진솔하고, 기꺼이 불완전한 모습을 보여 주며, 관계에서 현재에 함께 존재하는 모습을 보여 주는 긍정적인 역할 모델로 여겨 주기를 희망한다.

멘토링에 대한 Jerry의 성찰

나(Jerry)는 내가 전문가로서의 목표를 향해 나아가는 데 격려해 주신 멘토들의 영향력이 크다는 것을 안다. 나를 믿어 주는 사람들의 그룹을 갖고 있는 것은 내가 좌절했을 때 희망이 되었다. 멘토가 나를 믿어 주고 특히 내가 스스로 의심이 들어서 최선을 다할 수 없을 때 나를 지탱하도록 힘이 되어 주었고, 이것이 얼마나 나에게 중요한 일이었는지 기억하고 있다. 나의 많은 학생에게 이러한 믿음을 주는 일은 내가 받은 멘토링과 가르침을 가장 잘 보답하는 방법일 것이다.

수년 동안 혼자서 애쓰지 않고 공동으로 진행한 많은 프로젝트에 친구들과 동료를 포함시키는 것이 내 최우선 과제였다. 이러한 협력 작업에서 엄청난 힘을 느꼈고, 책을 쓰거나 논문을 쓸 때, 교육 비디오 프로그램을 만들 때, 다양한 교육과정을 함께 가르칠 때, 워크숍을 할 때, 전문적인 학회 학술대회에서 발표를 할 때에도 계속 동료들과 함께 작업한다. 경비도 함께 포함시키려 하면서 이러한 프로젝트는 나에게 더 의미가 있다. 멘토링은 멘티와 멘토에게 모두 이익을 줄 수 있는 집단이다. 나는 동료, 친구들과 함께 이러한 관계를 시작하면서 많은 것을 얻었다. 그리고 내가 앞으로 미래에 멘토링을 해 주게 될 사람들은 나에게 중요한 지지 자원이 되기도 한다.

멘토링은 멘티가 자기 목소리를 찾도록 도와서 힘을 불어넣어 줄 수 있도록 하는 지지하는 과정이다. 멘토링 관계에서 나는 멘티들을 더 지지를 해 주려고 노력한다. 내 목표는 그들에게 스스로 생각하고 스스로 이야기할 수 있도록 가르치는 것이다. 결국 그들 스스로 멘토가 되도록 힘을 불어넣어 주어서, 그들이 마음속에 그리는 전문적인 삶을 만들어 나갈 수 있도록 해 주기를 원한다.

성찰을 위한 질문

1. 학업과 경력에 대한 열정을 유지하도록 하는 데 어떤 종류의 시스템이 도움을 줄 수 있는가? 이러한 지지체계를 만들기 위해 어떤 단계를 밟아야 하는가?

2. 당신은 기꺼이 필요한 도움을 요청하는가?

3. 꿈을 쫓아 나가도록 영감을 주는 멘토를 찾을 수 있는가? 이 사람은 당신의 삶 가운데 어떤 영향을 주는가?

4. 스스로 자기돌봄 연습을 해 나가도록 영감을 주기 위해 도움이 되는 영향력 있는 인물들의 특별한 명언이나 원칙들이 있는가?

5. 목표를 달성하는 데 놓인 장애물을 다루는 구체적인 방법이 있는가?

6. 당신은 어떤 종류의 멘토를 가장 원하는가?

멘토에게서 도움을 얻는 방법

앞에서 이야기한 내용들을 보면서 스스로 열정을 찾고 목표를 추구해 나가기 위한 용기를 가지라. 당신의 꿈을 현실로 만들어 나가는 데 도움을 줄 수 있는 멘토를 찾으라. 멘토링 경험을 의미 있게 만들 수 있도록 다음의 몇 가지 제안을 하려고 한다.

- 다른 사람의 스타일을 그대로 따라 하려고 노력하지 말라. 당신에게 딱 맞는 도움을 줄 수 있는 자신만의 스타일을 만들라.
- 다른 사람이 당신을 위해 만든 삶을 살아가기보다는 스스로의 열정과 꿈을 따라가라.
- 멘토링이 당신의 열정을 찾는 데 도움이 될 수는 있지만, 스스로의 목표를 성취하기 위해서 이러한 열정을 갖는 단계는 스스로 해 나가야 한다.
- 멘토, 교수, 슈퍼바이저로부터 교훈을 얻을지라도, 이 교훈을 스스로의 기준으로 걸러 가면서 받아들이라.
- 공감, 연민, 진솔성과 같이 멘토로부터 모델링할 수 있는 대인관계 특성에 대해 성찰하라.
- 다른 사람에게서 오는 많은 도움에 마음을 열라. 동료, 친구, 가족 구성원을 포함해서 멘토링을 위한 다양한 자원을 찾으라. 같이 대학원에서 공부하고 있는 다른 사람으로부터 얻을 수 있는 것을 과소평가하지 말라.
- 당신이 포기하고 싶어질 때 힘을 불어넣어 줄 수 있는 지지적인 사람들 그룹을 찾으라.
- 학업이나 전문적인 직업의 길을 가고 있는 중간에도, 당신이 배운 것을 다른 사람에게 가르쳐 줄 방법을 찾으라.

- 동료들과 네트워킹하고 강사나 슈퍼바이저에게 찾아가고 인턴십과 직업으로 이끌어 줄 수 있는 연결고리를 만들라.
- 스스로 원하는 멘토링의 종류에 대해서 생각해 보고 당신이 어떤 스타일의 멘토를 원하는지 다른 사람들에게 이야기하라.
- 연구 프로젝트, 책 쓰기, 멘토와의 공동 강의를 어떻게 할 수 있을지 배우라.

이 장을 마치는 글

이 장에서 자기 그리고 다른 사람들과 관계를 맺는 것이 상담자 자기돌봄에 영향을 어떻게 미치는지에 대해 살펴보았다. 우리는 자기자비, 자기와 타인에 대한 용서, 자기를 포용하는 것에 대한 경험을 함께 나누었다. 개인적 문제와 위기가 어떻게 일에 영향을 미쳤고, 관계가 자기돌봄에 어떤 영향을 주었으며, 존경하는 커뮤니티에 있는 사람들과의 관계가 자기돌봄을 어떻게 향상시켰고, 멘토들 또한 자기돌봄을 어떻게 할 필요가 있는지에 대해 이 분야 전문가들의 경험을 나누었다.

개인적인 그리고 전문적인 목표에 이르도록 당신을 도와줄 멘토를 찾기를 바란다. 교수와 동료로부터 돌봄을 받는다고 느끼고 대학원 과정 동안 스스로를 돌보기 위해서 필요한 것을 요청하는 일은 매우 중요하다. 자신이 속한 프로그램에서 원하는 것을 얻지 못할 때 이를 깨닫는 것 또한 중요하다. 멘토와 함께 배운 개인적인 그리고 실제적인 교훈들을 성찰하라. 멘토로부터 배운 것을 자기 그리고 또 다른 사람과 더 좋은 관계를 맺어 나가는 데 어떻게 사용할 수 있을지를 생각해 보라.

우리 자신과의 관계, 지속적인 내적 대화, 스스로에 대한 믿음, 환경에 대해 반응하는 방법은 전문적인 역할에서 자기돌봄과 효율성에 영향을 미친다. 다른 사람을 돌보는 것은 상담, 슈퍼비전, 교육에서 매우 중요한 부분이지만, 만약 자기 자신을 돌보는 일을 무시한다면 다른 사람을 돌보는 능력은 제한적일 수밖에 없다. 삶 속에서 선택한 사람들은 우리의 세계관과 내담자와의 작업에 심오한 영향을 미친다. 충만하고 지지적인 관계를 만드는 것은 정신건강 전문가의 자기돌봄에 긍정적인 영향을 미친다. 이 장을 읽으면서 스스로와 다른 사람과의 관계가 자기돌봄 연습에 어떤 영향을 미치는지에 대해 알게 되었기를 희망한다.

삶의
의미
찾기

8

우리는 이 지구상에 (정해지지 않은) 일정 기간 존재한다. 그리고 주어진 그 시간 동안 하는 일들은 우리의 삶에 큰 의미를 가져다줄 수도 있고, 반대로 성취감을 느끼지 못할뿐더러 우리의 삶이 마치 무의미한 것처럼 느끼게 할 수도 있다. 삶의 의미는 여러 방식을 통해 찾을 수 있다. 어떤 이는 일을 통해서 삶의 의미를 찾고, 다른 이는 사랑을 통해서, 새로운 모험을 통해서, 자기성찰을 가지면서, 남에게 베풂을 통해서 찾기도 한다. 특히나 어려움을 겪고 있는 시기에 '의미'는 우리가 절망의 감정으로부터 벗어날 수 있도록 도와주는 나침반 역할을 한다. 삶의 다양한 측면(신체적, 감정적, 지적, 사회적, 영적 측면)을 조정하고 되돌아보는 것을 포함하여 전체적으로 사고하는 능력은 예측이 불가능한 이 세상에서 우리의 사는 목적을 뚜렷하게 해 주고 전반적인 웰니스를 향상시키는 데 도움이 될 수 있다. 무엇이 우리의 삶에 의미를 가져다주는가를 확인하는 것은 자기돌봄 계획을 발전시킬 때 유용한 자원이 될 수 있다.

　　연구자들은 그동안 삶의 의미와 심리적 웰빙 사이의 중요한 관계를 발견했다(García-Alandete, 2015). 삶의 의미는 웰빙에 도움을 주며 신체적 건강과 행복감을 증가시키는 대신 우울, 불안, 자살충동을 감소시킨다(Waytz, Hershfield, & Tamir, 2015). 의미 없이 산다는 것은 상당한 괴로움을 낳는다. 이 장에서는 삶의 의미와 상담자 자기돌봄 사이의 관계에 대해 논한다. 한 가지 주목할 만한 주제는 우리 각자의 삶에서 가장 중요한 것에 대해 더 많은 관심을 기울일 수 있는 행동을 발견하는 것이다. 저자들은 그들이 스스로 의미를 창조하는 구체적인 방법과 이것이 어떻게 자기돌봄과 연결되어 있는지를 설명한다.

자기의심의 한복판에서 의미 찾기

우리의 일을 통해 의미를 찾는 것은 우리 네 사람 모두가 공통적으로 가지고 있는 것이며, 이는 많은 상담 관련 전문가들 또한 경험하는 것이다. 정신건강 분야와 다른 상담 전문 분야에 진출하는 사람들에게 가장 큰 자극은 고통받는 사람들의 삶에 긍정적인 변화를 주는 것이다. 물론 이들에게 이 일을 통해서 괜찮은 보수를 받는 것도 중요하지만 경제적 이득이 가장 중요한 동기는 아니다. 다른 사람들이 우리에게 의미를 가져오도록 돕는 데 있어 우리 자신의 능력 수준에 대한 인식이 많이 높아지고 있다. 이것은 자신의 상담 기술에 대해 의심을 하는 초보 상담자에게 문제가 될 수 있다.

내(Jude)가 대학원생이었을 때, 나는 프로그램 내의 커뮤니티 클리닉에서 기본 상담 기술들을 배우고 있었고, 그 시기에 나는 상담 회기를 마치면 내담자에게 도움이 되지 못한 것 같다는 느낌을 받을 때가 종종 있었다. 진척이 없는 것에 대해 내담자들이 좌절하는 모습을 보는 것은 마치 상담 과정의 모습을 그대로 비추는 것 같았다. 초창기의 상담 경험은 나의 능력에 대해 스스로 의심을 하게 만들었다. 나 자신의 능력에 의심을 품고 절망스러운 기분을 느낄수록 나의 자기돌봄에도 악영향을 미쳤다. 나는 좌초된 기분이었다. 나는 상담자로서의 내 능력에 대한 믿음을 갖지 못했고, 내가 이 일을 계속할 수 있을지를 고민하기 시작했다. 그럼에도 불구하고 나는 포기하지 않았고, 삶에 의미를 창조하는 것은 용기를 필요로 한다는 것을 알게 되었다. 길은 매끄럽지 않고 끈기가 관건이다.

Kathleen Smith(2017)는 'Facing the Fear of Incompetence'라는 제목으로 쓴 칼럼에서 상담자의 자기의심은 무능에 대한 두려움과 관련이 있다고 제안한다. 그녀는 자기의심이 많은 상담자일수록 더 심각한 수준의 스트레스, 피로, 우울을 경험하고 직업 자체를 바꾼다거나 윤리적으로 위법한 행동들을 하게 된다고 보고하였다. 반면에 일부 연구에서는 상담자가 자기의심을 포용하는 것 자체에 가치가 있는 것으로 제안하기도 한다. 지나치게 자신만만하지 않고 어느 정도 자기의심이 있는 상담자들은 자신의 결점을 인식할 수 있고 자신이 수행한 일들을 반성할 줄 아는데, Smith는 이러한 자기의심의 순기능적 측면은 더 높은 수준의 치료적 관계를 확립하는 데 도움이 될 수 있음을 제시하였다. Smith는 "자기의심은 종종 상담자들의 마음속에서 잔소리 역할을 하지만, 취약성을 극복하는 과정은 비현실적인 기대를 저버리게 하는 강력한 치료제 역할을 함과 동시에 내담자들과 더 강한 유대관계를 형성하는 처방전이 될 수 있을 것"(p. 28)이라고 보았다. 내담자들을 변화의 주 원동력으로 보는 상담자들은 무엇을 성취할 수 있는지에 대해 현실적일 수 있다. 자기의심은 상담자가 치료적 과정에 대한 책임을 내담자와 나눌 수 있을 때 줄어든다. 삶의 의미를 부여하기 위해 전문적인 업무에 의존하는 상담자들은 자신이 무능하다는 생각에 지배될 때 가장 취약하다.

삶의 의미에 대한 철학적 견해

인간은 '삶의 의미란 무엇인가?'라는 질문에 대답하려고 노력해 왔다. 이 질문은 철학자들과 종교적 지도자들 모두에게 영감을 주었고 또한 수 세기 동안 논쟁의 대상이 되어 왔다. 이 질문에 대한 대답은 낙관론부터 절망론까지 다양한데, 우리는 무엇이 삶에 의미를 가져다주는가에 대하여 상반된 철학적 견해를 가지고 있던 고대 키레네 학파와 묵가 사상가들의 가르침을 주목하였다.

키레네 학파는 기원전 400년경에 Socrates의 제자 중 한 명인 Aristippus에 의해 설립되었다. 이 집단은 우선 인생에서 의미를 찾으려면 매 순간 쾌락을 추구해야 한다고 믿었다. 자신의 쾌락은 공동체의 쾌락보다 우선되어야 하며 이들에게 삶의 의미를 찾는다는 것은 사회적 관습의 구속을 무시하고 그 순간에 가장 즐거운 것을 하는 것을 의미한다(Lampe, 2014).

키레네 학파가 그리스에 정착하고 있을 무렵, 묵가 사상이 중국에 나타났다. 묵가 사상가의 가르침에 따르면, 인생의 의미는 모든 사람이 다른 모든 사람에게 동등한 관심을 보일 때에만 성취될 수 있다. 즉, 한 사람의 요구는 타인의 요구보다 중요하지 않다. 키레네 학파의 견해와 대조적으로, 묵가 사상은 공동체의 중요성을 강조했고 모든 사람이 자신의 목표를 달성할 수 있도록 도왔다(Zhang, 2016). 이러한 초기 아이디어들이 어떻게 오늘날 세상과 상담 분야에서 여전히 관련성을 가지고 있는지 생각해 보는 것은 흥미롭다. 다문화적 관점을 수용하는 상담 전문가로서, 우리는 항상 개인의 욕구와 공동체의 욕구 사이에서 균형감을 유지해야 한다. 우리는 내담자들이 자신의 삶에서 의미를 탐구하도록 도울 때에, 즉 지역사회 사람들의 요구와 기대를 고려하여 가장 중요한 것을 식별하면서 무엇이 우리에게 의미를 가져다주는지에 대해 이와 같은 유형의 자기성찰에 참여할 기회를 가지게 된다. 우리는 키레네 학파가 그랬던 것처럼 그 순간에 쾌락을 추구해야 하는가, 아니면 묵가 사상에 심취한 사람들이 그랬던 것처럼 공동체의 관점을 취함으로써 더 나은 서비스를 받을 수 있는가? 아니면 그 사이에 답이 있는 것일까?

우리는 사람들이 그들 자신, 그들 주위를 둘러싼 세계, 그리고 세계 안에서 그들의 적합성을 이해할 때 삶에서 더 큰 의미감을 느낀다는 것을 알고 있다(Steger, Kashdan, Sullivan, & Lorentz, 2008). 삶에서 의미와 목적을 찾는 것은 인간 존재의 핵심 측면이다. 그것은 능동적 사고와 선택의 결과이지, 자동적으로 주어지는 것이 아니다. 우리는 우리가 열망할 수 있는 명확한 이상향과 우리의 행동을 지시할 수 있는 지침이 필요하다. 삶에서 의미를 만드는 것은 평생의 과정이다. 상담계에서 영향력 있는 지도자들은 우리 모두가 고심하는 실존적 주제로서 삶의 의미 개념을 강조해 왔다.

실존치료의 핵심 인물

실존치료는 삶의 의미를 찾는 기반을 제공하며, 이러한 치료적 접근은 자기돌봄과 직접적으로 연결된다. 우리는 의미를 찾는 것이 어떻게 인간의 존재에 중심이 되는지를 이해하는 데 중점을 두고, 또한 실존주의 운동에서 나타난 몇몇 핵심 인물을 간략하게 다룬다. 인간이라는 것이 무엇을 의미하는지 이해하는 데 선구자적 노력을 기울인 전문가 중에는 Victor Frankl, Rollo May, Irvin Yalom, Alfred Adler, Jon Carlson 등이 있다.

Victor Frankl과 의미 찾기

정신과 의사인 Victor Frankl은 자신의 전문적 삶을 삶의 의미 연구에 바쳤다. 실존치료 분야의 핵심 선구자인 Frankl(1963, 1965, 1967, 1969)은 삶의 의미에 대해 개념적 기반을 발전시키는 데 상당한 기여를 했다. 그가 개발한 치료법은 '의미를 통한 치료' 혹은 '의미를 통한 치유'를 뜻하는 로고테라피(logotherapy)로 알려져 있다. Frankl은 우리를 인간으로 구분할 수 있는 이유는 목적을 추구하기 때문이라고 보았다. 인간의 주된 관심사는 우리의 삶의 방향을 제시해 줄 의미를 발견하는 것이기 때문에 의미를 찾는 것은 가장 주된 동기요소이다. 그의 임상 작업과 연구를 토대로 Frankl은 의미 결여가 실존적 스트레스와 불안의 주된 원인이라고 주장한다. Frankl(1963)은 "단 한 가지를 제외하고 인간으로부터 모든 것을 빼앗을 수 있다. 그 단 한 가지는 인간의 마지막 자유, 즉 주어진 상황에서 자신의 태도를 선택하고, 자신의 길을 결정하는 것"(p. 104)이라고 본다. Frankl은 고통, 죄책감, 절망, 죽음에 당당히 맞서는 사람들은 그들이 느낄 수 있는 절망감에 효과적으로 대처할 수 있고 따라서 승리할 수 있다고 믿는다. 로고테라피는 진실한 방식으로 살아가는 데 필요한 의미를 지속적으로 추구할 수 있는 영감을 제공한다. 이러한 아이디어는 하와이에 위치한 한 교회의 격언에서 비롯되었다. 그 격언은 "그대는 신이 그대에게 준 선물이다. 그대가 만든 그대의 모습은 신에게 준 선물이다."이다.

아우슈비츠 수용소에서 겪은 경험을 바탕으로 Frankl은 인생에서 어떤 목적이나 과제에 대한 비전을 가진 재소자들이 그러한 희망의식을 가지지 못한 사람들보다 생존할 가능성이 훨씬 더 크다고 믿는다. Frankl은 삶의 의미를 발견하고 상실하는 것에 관해 철학적 · 임상적 의미로 개념화하였다. 그의 글의 주제는 우리가 일을 통해서, 사랑을 통해서, 고통을 통해서, 또는 타인을 위해서 하는 것을 통해서 삶의 의미를 찾을 수 있다는 것이다. 삶의 주된 동기는 의미에 대한 의지이다. 즉, 우리는 우리가 생각하는 모든 것에서 의미를 찾을 수 있는 자유가 있고 완전한 삶을 산다는 것은 신체, 마음, 정신을 통합해야 한다. Frankl의 글은 현대인이 종종 삶의 의미를 잃은 상태로 살고 있다는 주제를 반영하고 있다. 그의 책 『Man's Search for Meaning』(1963)은 전 세계에서 베스트셀러였다.

자유, 책임, 그리고 삶의 의미에 관한 Rollo May의 관점

현대 실존심리학의 핵심 인물인 Rollo May는 상담과정에서 자유, 책임, 삶의 의미라는 중심적 역할을 강조함으로써 이 분야에 주요한 공헌을 했다(May, 1950, 1953, 1961, 1969, 1981, 1983 참조). May의 많은 저서는 실존 지향을 추구하는 상담자들에게 상당한 영향을 끼쳤으며, 미국과 유럽 등지에서 실존적 핵심 개념들을 실제로 적용하는 데 도움을 주었다. May는 심리치료가 단순히 문제를 해결하는 데 목적을 두기보다는 존재의 문제를 고려해야만 하고 사람들이 자신의 삶의 의미를 발견하도록 돕는 데 목적이 있어야 한다고 확신하였다. 이로 인해 내담자는 존재의 의미에 관심을 가지게 되고, 그들의 선택은 그들이 어떤 사람이 되는지를 결정하는 것이다. 존재에 관한 질문들은 어떤 방식으로 관계를 다루고, 늙어 가고, 죽음에 직면하고, 행동을 취해야 하는지를 포함한다. May는 만년에 죽음에 직면하는 것이 창조성과 의미를 증진시키는 데 필수적이라고 믿는다. 또한 그는 내담자가 자신이 속한 사회의 개선에 기여할 수 있는 방법을 찾는 것을 돕는 것이 상담자의 임무라고 한다.

Irvin Yalom: 현대 실존치료의 선구자

미국의 실존치료법 개발의 주역인 Irvin Yalom은 80대 중반의 나이에도 다작의 저술을 통해 이 분야에 계속 공헌하고 있다. 1980년에 기술한 그의 선구적인 작품인『실존적 심리치료(Existential Psychotherapy)』는 실존치료에 관하여 가장 대표적이고 권위 있는 교과서이다. Yalom은 네 가지 '존재의 선물' 또는 인간이 가지는 궁극적인 관심사, 즉 자유와 책임, 실존적 고립, 무의미, 그리고 죽음의 중요성을 강조하는 실존적 접근법을 개발하였다. 이러한 핵심 실존적 주제들은 우리의 존재 혹은 세상에 나타난 존재에 대해 다루고 있다. Yalom은 우리가 이러한 인간의 우려와 실존적 주제를 다루는 방법이 우리 삶의 설계와 질에 크게 영향을 미친다고 믿는다. 즉, 내담자와 함께 여행의 동반자가 되어 그들이 삶을 확인하는 선택을 할 수 있도록 실존적 관심사에 대한 탐색을 용이하게 하는 것이 상담자의 임무이다. Yalom은 학생, 슈퍼바이지, 상담자들도 개인상담을 받는 것이 매우 중요하다고 이야기한다. 그는 개인상담을 핵심 실존적 관심사를 탐구하는 기회로 보고, 우리 삶의 깊은 의미를 발견하는 통로로서 삶의 질을 탐색하는 방법으로 본다. Yalom에게 있어 개인상담은 자기돌봄을 위한 핵심 자원이 될 수 있는데, 이것은 우리의 개인적 삶과 전문적 역할을 수행하는 데 있어 우리의 효과를 향상시킬 수 있다.

Yalom(2008)의 저서『Staring at the Sun: Overcoming the Terror of Death』는 상담에 있어서 죽음과 관련된 불안의 역할에 관한 논고이다. 이 논문은 치료 과정에서 죽음과 삶의 의미가 어떻게 상호 연관되어 있는지를 심층적으로 다룬다. 죽음에 직면한다는 것은 우리를 더 부유하고 위로받는 삶으로 다시 들어갈 수 있게 한다. 죽음의 현실은 삶의 의미를 찾는 촉매제이다. 영속적일 수 없는 삶은 우리가 무엇을 하고 있는지, 어떻게 살고 있는지,

그리고 우리가 좀 더 정신적으로 성숙된 삶을 살기 위해서는 어떤 변화를 만들고 싶은지 되돌아보게 할 동기를 부여할 수 있다. 그러기 위해서는 죽음에 대한 두려움에 사로잡히기보다는 죽음에 대한 인식과 수용이 의미 있는 삶을 위한 기초를 제공할 수 있다. 만약 우리가 살 시간이 한정되어 있다는 것을 받아들인다면, 우리는 가능한 한 모든 날을 완벽하게 살기 위해 최선을 다함으로써 우리가 가진 시간을 최대한 활용할 수 있다.

Kottler와 Carlson(2016)은 상담자들이 자신의 일을 통해 무형의 유산을 남기면서 삶에서 의미를 찾는다고 보았다. 그것들은 우리에게 우리가 모두 죽어 가고 있다는 것과 우리가 살날이 정해져 있다는 것을 상기시켜 준다. "그리고 상담을 하는 우리 모두는 의미 있고 가슴 아픈 것, 기억에 남을 만한 것, 그리고 우리가 남겨 두고 떠나야 하는 사랑하는 사람들에게 의미가 될 만한 것들을 남기고 싶어 한다."(p. 195)

죽음에 직면하는 것은 우리가 현재 순간을 감사하는 삶을 살 수 있는 동기를 부여한다. Corey, Corey, Muratori(2018)는 "우리가 죽음의 현실에 직면할 수 있다면 삶의 질을 바꾸고 타인과 우리 자신의 관계에 진정한 변화를 줄 수 있다."(p. 382)라고 말한다. 우리가 죽음에 맞서려고 한다면, 삶은 무의미해진다. 이러한 현실은 '내 인생의 의미는 무엇인가?' '내가 가장 원하는 것은 무엇인가?' '어떻게 하면 내가 원하는 삶을 만들 수 있을까?'와 같은 질문에 대한 답을 찾는 자극제가 된다.

Alfred Adler: 사회적 관심과 웰니스

인생의 의미를 찾음으로써 자기돌봄에 대한 철학적 관점을 가진 또 다른 주요 인물로는 가치관, 신념, 태도, 목표, 흥미, 그리고 현실에 대한 개인의 인식과 같은 행동의 내부 결정요인에 초점을 맞춘 실존적 접근의 선구자로 여겨지고 있는 Alfred Adler가 있다. 그는 전체주의적이고, 사회적이고, 목표지향적이며, 체계적이고, 인본주의적인 접근법의 선구자였다. Adler는 모든 행동은 목적이 있고 목표지향적이며 우리가 노력하고 있는 목표와 의미를 아는 것이 우리의 삶을 가장 잘 이해할 수 있다고 강조하였다. 미래는 우리의 과거보다 더 중요하다. 또한 사람들이 어떤 지향점을 향해 나아가는지를 알면 그 사람의 삶의 의미와 목적을 알 수 있다. 사회적 관심에 대한 Adler의 개념은 전적으로 웰니스와 관련이 있다. 사회적 관심은 현재와 충분히 접촉하여 의미 있는 미래를 향해 나아가고, 기꺼이 주고받을 줄 알고, 타인의 복지에 기여하는 역량을 개발하고, 인류의 개선을 위해 노력해야 한다. Adler는 타인의 복지에 기여하는 것이 정신건강의 표시라고 믿었다.

Jon Carlson: 현대 아들러 이론과 치료의 리더

현대 아들러식 치료의 주요 인물인 Jon Carlson은 그의 내담자들과 학생들이 다른 삶들을 돕기 위해 그들이 할 수 있는 일을 함으로써 그들의 삶에서 의미를 찾도록 돕는 데 일생을 바쳤다. Carlson은 2004년 미국상담학회(American Counseling Association)에서 '상담계의 살아 있는 전설'로 선정되었다. 그는 2017년 2월 사망하기 전까지 희귀림프종을 포함한 다양한 병마와 싸웠다. Carlson은 엄격한 운동, 조깅, 하이킹, 명상 등과 같은 건강관리를 하면서 자기돌봄을 유지하려고 노력하였다. Carlson은 지구 곳곳을 여행하는 등 기억에 남을 만한 일들을 만들면서 자신만의 삶의 의미를 찾았다. 병에 걸리고 치료를 받는 중간에도 그는 내담자를 만났고, 워크숍을 하고, 가르치고, 글을 쓰고, 여행을 했다. Englar-Carlson과 Kottler(2017)는 "Carlson은 자신의 인생 여정뿐만 아니라 우리의 직업에 대한 많은 공헌에서도 확연히 드러나는 모험적인 정신을 가지고 있다."(p. 43)라고 말한다. 남을 돕는 것에 대한 그의 열정은 Carlson만의 자기돌봄의 결정체이고, 그의 삶을 의미 있게 만드는 것이었다. 상담을 하는 삶을 그만둘 때가 언제냐는 질문에 Carlson은 "난 70세이고 곧 사망할 것이라는 진단을 여러 번 받았다. 그래서 사람들은 내가 왜 아직도 일하고 있는지 계속 물어보는 것 같다. 그들의 생각대로라면 여전히 사람들을 돕고 싶어 하고, 여전히 다른 사람들을 위해 봉사하고 싶어 하는 것에 나는 용서를 구해야만 한다."(Kottler & Carlson, 2016, p. 48)라고 썼다. Carlson의 마지막 저서는 『아들러 심리치료(Adlerian Psychotherapy)』 (Carlson & Englar-Carlson, 2017)이다. 실제로 Jon Carlson은 단순히 사회적 관심사에 대해 이야기한 것이 아니며, 그의 삶은 자신의 실존적 가치를 실행에 옮긴 증거였다.

성찰을 위한 질문

1. 현재 당신의 삶에서 가장 의미 있고 중요한 것들은 무엇인가?
2. 삶과 죽음이 당신의 삶에서 의미를 찾는 것에 어떻게 영향을 주는가?
3. 자기돌봄의 한 측면으로 의미와 목적을 가지고 사는 것에 대해 어떻게 보고 있는가?
4. 남을 돕는 것에 대해 어떤 중요성을 가지는가? 자기돌봄을 실천하지 않고 있다면 타인을 돕는 것에 대해 어느 정도까지 집중할 수 있다고 생각하는가?

실존적 주제들에 대한 Gerald Corey의 견해

상담에 대한 나의 이론적 성향을 물어본다면 나는 실존적 접근법이라고 말한다. 상담을 할 때에 나는 주로 통합적 접근을 선호하지만, 내 상담적 지향의 밑바탕에는 실존적 개념들이 깔려 있다. Frankl, May, Yalom과 같은 실존주의자들은 개인적으로나 전문적으로나 나의 사고에 큰 영향을 끼쳤다. 솔직히 말해서, 나의 자기돌봄 계획 중에 삶을 만끽하기 위한 일환으로 죽음을 받아들이는 것이 포함되어 있다고 말할 수 없다. 내 삶의 시간이 제한적이라는 것을 받아들이는 것이 지금 이 순간을 최대한 활용하게끔 나를 자극한다는 것을 알면서도 나는 죽음에 대한 불안감에 압도되곤 한다. 나는 앞으로 살날이 지나온 삶의 해보다 적다는 것을 알고 있다. 나는 Jude와 Julius보다 반세기를 더 살았고 Michelle보다 30년을 더 살았다. 사람은 나이를 먹을 수록 지혜가 생기기를 바라지만, 나는 잘 모르겠다. 나는 시간이 얼마나 빨리 지나가는지 잘 알고 있고, 나이를 먹어서도 전혀 느려지지 않는 것 같다. 60세 생일 파티와 70세 생일 파티를 한 것이 엊그제처럼 생각나는데, 나는 최근에 80세가 되었다. 지난 20년의 시간들이 어떻게 흘러갔으며, 나는 과연 100세에도 등산할 수 있을까? 가족이나 친한 친구들의 죽음으로 인한 피할 수 없는 상실감은 잔인한 현실이다. 나의 어머니는 내가 60세일 때 돌아가셨고, 우리 가족 모두는 그녀를 그리워한다. 우리는 거의 매주 어머니를 만나러 방문했고 함께 있는 시간들을 소중히 여겼다. 어머니는 94세의 나이로 우리를 떠날 때까지 자신에게 주어진 삶을 즐겼다. 나를 포함한 자녀들은 그녀와 매우 가까웠고, 우리는 종종 그녀가 증손주들을 만났으면 좋았을 것이라고 이야기했다. 그녀는 나에게 인생의 많은 교훈을 가르쳐 주었고, 나는 그녀의 조언을 되새기는 데 시간을 쓰고 있다. 나는 지난 10년 동안 친한 몇몇 친구를 잃었는데, 이것은 시간이 얼마나 소중한지를 일깨워 준다. 함께 하이킹을 하던 친구들이 이제 겨우 걸을 수 있는 수준인 것을 보면서 나는 정신 차리게 된다. 나는 내 몸이 앞으로 몇 년 동안 최고 수준으로 계속 활동할 것이라고 믿고 싶고, 내가 계속 활동할 수 있도록 자기돌봄을 수행하고 있다.

나는 남은 세월이 얼마 남지 않았다는 것에 대해 두려워하며 살지는 않지만, 그것은 내가 지금 무엇을 하고 있는지 평가하도록 자극한다. 나는 아주 많은 면에서 뛰어난 건강과 좋은 삶을 살고 있는데, 이는 내가 지속적으로 의미 있는 목표를 추구할 수 있게 해 준다. 나는 매일 내가 감사하는 것들을 생각한다. Marianne과 나의 개인적 삶에서 다른 세계관을 가진 친구들이 있다는 것이 우리에게는 축복이라고 믿고 있으며, 사회 각계각층의 사람들과의 우정은 우리의 개인적·전문적 삶 모두에 활력을 불어넣어 주었다. 상담자로서 내가 이룬 것 중 많은 일은 나의 동료들과 친구들이 함께 만들어 낸 협력의 결과이며, 이러한 관계는 앞으로 몇 년 동안 계속될 것이라고 기대한다.

나는 사회 초년생일 때부터 변화를 만들고자 하는 욕망에 의해 동기부여되어 왔다. 나에게 있어서 가장 보람찬 일은 나의 학생들이 개인적·전문적 삶의 과정에서 그들의 목표를 달성하도록 돕는 것이다. 나의 학생들이 인생에 대해 의문을 제기하고 그들의 개인적 그리고 전문적 경계들을 확장시킴으로써 그들 자신에게 도전하게 만드는 것은 나에게 있어서 단지 학문적 지식을 제시하는 것보다 훨씬 더 의미 있는 것이었다. 이전에는 불가능하다고 여겨졌던 목표들을 달성하는 것처럼, 나의 일은 나로 끝나는 것이 아니라 나의 학생들이 지속해서 나아갈 것이다.

나는 언제나 Carl Rogers를 한 사람으로서 그리고 상담 전문 영역에 혁명적인 공헌을 한 것에 대해 동경하고 존경해 왔다. Rogers는 변화를 일으키려는 열정과 함께 그의 사상들이 죽은 후에도 오래도록 계속 유지될 것이라는 것을 깨달음으로써 그의 죽음의 가능성에 직면했다. 그는 다른 사람들을 돕는 자신의 일이 지속되는 한 마음속에 살아남을 것이라고 믿었다(Rogers, 1980). 나는 우리의 헌신으로 이익을 얻을 수 있는 내담자, 전문가, 학생들을 통해 살아간다는 Rogers의 신념을 높이 평가한다. 나는 내 전문적 노력이 내 생애를 넘어서 확장되기를 정말로 바란다.

교육 동영상에 '스탠'이라는 인물로 묘사된 Jamie Bludworth와 나는 매년 미국상담학회에서 대학원생들과 초보 전문가들을 위해 '전문 상담자가 되는 것'이라는 주제로 발표를 한다. Jamie와 나는 우리의 전문적 경험을 공유하고, 그들이 되고 싶어 하는 전문 상담자의 모습을 가지도록 격려한다. 우리의 발표 주제는 의미 있는 경력을 만드는 데 적극적인 역할을 할 수 있는 능력을 극대화할 수 있는 방법들을 찾는 것, 즉 어떻게 하면 의미 있는 삶을 사는 것인지 알아보는 것이다. 우리는 의미 있는 전문적 삶에 대한 진정한 보상은 우리 각자가 가지고 있는 독특한 선물을 최대한 활용하는 것이라고 강조한다. 독특한 선물이란 우리 개개인마다 가지고 있는 특별한 재능이고, 우리는 많은 사람의 삶에 영향을 끼칠 수 있다. 당신이 주어진 임무를 수행하는 데 있어서 생동감과 체력을 유지해야 한다면, 자기돌봄 계획을 세우는 것이 매우 중요하다.

의미와 상담자 자기돌봄

비록 실존주의가 상담하는 데 있어서 나의 주된 접근법은 아니지만, 내(Jude)가 수련생일 때, 상담에서 내담자의 실존적 고민들은 상담자로서의 나 자신의 고민을 반영하였다. 나는 내 인생에 대해 분명하게 정해진 계획들이 있다. 나는 상담자의 의자에 앉는 것을 좋아했다. 나는 창의성이 일어나는 순간들을 사랑했고, 모호함을 받아들이고, 치료 과정에 몰두했다. 그러나 계획을 갖는 것은 나에게 삶의 의미를 갖는 것과 동일하지 않다. 사실 나의 계획은 때로는 공허하고 의미 없는 것처럼 느껴지곤 했다. 수련생으로서 나는 상담에 대한 명확한 접근법을 가지고 있지 않았고, 나의 상담은 그다지 영향력이 없어 보였다. 내담자가 상담실에 오기까지는 많은 용기와 희생을 필요로 하는데, 나는 가능한 한 최고의 서비스를 제공함으로써 그들의 희생이 헛되지 않게 해 주어야 한다. 나의 내담자들은 내가 그들에게 줄 수 있는 것보다 더 많은 것을 필요로 했다. 나 자신에 대한 의구심을 떨치지 못해서 더욱 어려워졌고, 나는 내 계획이 어떻게 내 삶에 의미를 가져다주었는지, 그것이 내담자의 성장을 방해했는지에 대한 의문을 가지기 시작했다.

이러한 의심은 나의 자기돌봄에 부정적인 영향을 끼쳤다. 불면증에 시달렸고, 동기부여가 사라지고, 상담 회기 내외에서 끊임없이 불안했다. 이런 내 모습을 본 슈퍼바이저는 나에게 게슈탈트 관점을 시도해 볼 것을 제안했다. 나는 게슈탈트 관련 서적을 읽기 시작했고, 게슈탈트의 관점에서 나 자신을 바라보았다. 많은 기술적 실수를 하고 어마한 양의 슈퍼비전을 받은 후, 나는 타인과 깊이 연결시키는 것의 가치를 깨달았고, 이러한 통찰은 내 삶을 좀 더 의미 있게 살 수 있도록 하는 시사점을 가지고 있었다.

이전까지 내 삶의 의미는 성취와 생존이 주를 이루었다. 즉, '생존하려면, 나는 반드시 성취해야 한다.'였다. 상담자가 되는 과정을 거치고 있는 사람들 중에는 상담을 시작한 초기에 실패와 실망감에 싸이기도 하고 승리감과 성장으로 가득 차기도 한다는 것을 알 것이다. 나의 초기 상담 경험들은 그 당시 내 인생 계획에 중요한 의미를 가져다준 것의 구조 자체를 위협했다. 생존(surviving)과 성취(achieving)에 대한 나의 정의를 명확하게 하기 위해 내 개인적인 일들을 함으로써, 나는 새로운 메시지를 개발했고 그것을 내 삶의 신체적, 정서적, 사회적, 영성적 영역에 적용하였다. 즉, '살기 위해서는 반드시 연결되어야 한다.'였다. 이것은 나의 계획에 무게를 실어 주었고, 내담자들과 더 깊은 수준으로 일할 수 있게끔 해 주었다. 나는 다른 활동들에도 참여하기 시작하였는데, 이로 인해 다른 사람들과 친해지는 기회를 가지게 되었다. 난 상담센터에서 나의 동료들이 일하는 것을 관찰하는 데 더 많은 시간을 보냈다. 나는 내담자들의 문제를 해결하기 위한 목표 달성에만 집중하기보다는 내담자들과 유대감을 키우는 데 비중을 더 두었다. 다른 사람들과의 유대감과 상담자로서 나의 성공을 측정하는 다른 방법을 가지는 것은 나의 자기돌봄과 자기효능감을 획기적으로 향상시켰다.

대부분의 상담자는 자신이 사명이 타인을 돕는 것이라고 믿어서 이 분야에 들어온다. 그리고 그들의 삶의 의미는 일과 연결되어 있다. 우리는 다른 사람들을 도와주는 삶을 충분히 즐기는 동료들뿐만 아니라, 그들의 삶에 의미를 주는 것으로 생각했던 그것이 오히려 삶을 즐기지 못하게 만드는 악순환을 경험하는 동료들을 보았다. Wardle과 Mayorga(2016)는 상담자들이 직장에서 한도 이상의 일을 하기 때문에 자기돌봄에 소홀해지고 결국 공감할 여력이 사라지고 심리적 소진 상태에 이르게 된다고 보았다.

이 책의 많은 저자는 그들의 일에서 의미를 찾는 것과 목적을 가진 삶이 어떻게 자기돌봄의 중심이 되는지를 자세히 설명한다. 우리는 당신이 일을 통해 인생을 그저 소비하는 것이 아니라 의미를 찾을 수 있는 방법을 고민해 보기를 바란다. 와이오밍 대학교의 상담자교육 프로그램의 Michael Morgan 교수는 연결과 공감이 그의 삶에서 가장 중요한 것이라고 설명하지만, 내담자들을 돌보기 위해 지불해야 할 대가가 있다는 것을 자신에게 상기시킬 필요가 있다.

당신의 심장이 가고자 하는 곳에 힘을 쏟으라

Michael Morgan

지역 정신건강센터에서 인턴으로 일한 지 5주째가 되었을 때, 나는 뭔가 이상하다는 걸 알았다. 수업시간에 우리는 자기돌봄에 대해서 이야기를 했지만 사실 나는 자기돌봄이 나에게 정말 필요하다고 생각해 본 적이 없었다. 나는 활동적이었고, 가족이 있었고, 내가 하는 일을 사랑했고, 늘 기분이 좋았다. 나만의 웰니스를 기르기 위한 새로운 자기돌봄 계획은 필요가 없다고 생각했고 또 실제로 필요가 없었다. 나는 대학원에서 주어진 과제의 압박에 상당히 잘 적응해 왔었다. 실습은 끝났고, 아직 더 배우고 발전해야 된다는 것을 알면서도, 한편으로는 나의 상담 실력에 자신감이 있었다. 나는 인턴십 경험을 통해 실습에서 배운 지식들을 활용할 생각에 매우 들뜬 상태였고 더 많은 자율성을 가지고 매주 더 많은 내담자를 만날 준비가 되어 있었다.

실습 시절에 내가 돌보아야 하는 내담자 수는 대략 일주일에 두세 명 정도였는데, 인턴십은 그 이상으로 빠르게 채워졌다. 5주째가 되자, 나는 상담표지판을 보기 시작했다. 나는 더 이상 내담자들을 만나는 것에 대해 기쁘지 않았고, 가끔 내담자가 상담을 취소하면 몰래 좋아하기도 했다. 나는 내담자들의 방대하고 끝없이 깊은 고민들에 압도되었고, 내가 남을 도울 능력이 있는지에 대한 불안감을 느꼈으며, 실습 시절에 받았던 슈퍼비전에서 배운 내용들을 잊어버렸다. 설상가상으로 나는 집에서조차 이러한 고민들을 하고 있었다. 나는 가족에게 쉽게 짜증을 냈고 다른 사람들의 문제를 듣고 싶어 하지 않는다는 것을 알게 되었다. 그 당시 나는 그 어떤 동정심을 가지고 있지 않았다. 나는 인턴십을 시작한 지 5주가 지나서야 이런 문제들을 인식하기 시작했지만, 나 자신을 돌보기 위해서 내가 의도적으로 변화해야 한다는 것을 깨닫는 데는 상당히 오랜 시간이 걸렸고, 내가 무엇을 해야 하는지 아는 데는 그보다 훨씬 더 오래 걸렸다.

이러한 초반의 공감 피로로 자기의심은 나를 걱정시켰다. 내가 삶에서 의미를 찾는 주된 방법은 다른 사람들을 이해하고 공감하는 것과 연결되어 있다. 나는 이러한 연결이 다른 사람들로 하여금 도전을 뛰어넘고 성장하도록 돕는 데 중요하다고 믿는다. 이 믿음은 나의 신념과 내 개인적인 경험에서 비롯된 것이다. 그것이 내가 세상을 살고 싶은 방법이고, 상담자를 직업으로 가지게끔 끌어들인 것이다. 하지만 나는 이제 겨우 석사과정을 중간쯤 지나가고 있었고, 이미 직업적으로나 개인적으로 공감하려는 욕망을 잃어버리고 있었다.

나는 그동안 내담자들과 공감하는 데 너무 많은 에너지를 쏟은 반면에 이러한 상담 업무의 압박으로부터 충분히 벗어날 시간이 없었다고 진단을 내렸다. 나는 이해하고 공감하려는 노력을 유지하는 데 주력했다. 나는 내 삶에 더 많은 편안함, 안정감, 행복감을 가져다주기 위해 변화를 만들었고 조금 도움이 되었다. 이것들은 자기돌봄의 중요한 측면들이 될 수 있다. 그러나 여전히 나 자신이 아니었고 집에 돌아가서 많은 위안 속에 보호 받았다.

시간이 흐르면서 나는 많은 사람이 이미 보았던 것들을 깨닫게 되었다. 다시 말해, 내 삶에 깊은 의미를 가져다주는 것들로부터 멀어지는 것은 별로 도움이 되지 않았다. 나는 다른 사람들과 서로 이해하고 공감할 수 있는 기회를 상담 밖에서 많이 가질수록 내 삶의 모든 영역에서 이해와 연민이 더 많아진다는 것을 차츰 알게 되었다. 이러한 과정은 장거리 자전거를 타는 것과 비슷하다. 나는 먼 길을 가는 것을 좋아하고, 막판에는 피곤하겠지만 한편으로는 활력이 넘치고 활기차다. 그리고 몰입 상태를 경험하게 된다. 연결과 공감은 내 삶에서 가장 의미 있는 것들이다. 내가 만약 그것들로부터 벗어나면, 내가 상담할 수 있게끔 이끌어 주는 능력들이 줄어들게 되는 것이다. 반면에 내가 의도적으로 능력을 키운다면, 나는 내담자들, 가족, 다른 사람들을 더 위로해 줄 수 있다. 나는 내가 되고자 하는 사람 그 이상이 되고 싶다.

나는 인간으로서 겪는 경험들을 가지게 되고, 나 자신을 이해하고, 친절과 연민의 예를 찾아냄으로써 이러한 자질을 기르는 것을 좋아한다. 좋은 책, 영화, 예술작품들은 내가 이러한 자질들을 키우는 데 많은 도움이 되고, 나 또한 자연스럽게 즐긴다. 내가 그다지 좋아하지 않는 고독과 성찰의 시간을 가지는 것도 나를 키워 준다.

　오해 없기를 바란다. 나는 여전히 성인이 된 자녀들과 함께 아무 생각 없이 볼 수 있는 영화나 책, 비디오게임을 즐기고, 때로는 내담자나 가족에게 참을성이 없거나, 직장에서 고민하던 걱정을 집으로 가져온다. 그러나 내 자기돌봄의 일부는 나를 둘러싼 일에 주기적으로 자비를 보이는 것을 포함해야 함을 알고 있다. 그리고 내 직업적 책임 밖에서도 자비가 내 안에서 작용하도록 해야 한다. 이렇게 하면, 나는 활력을 되찾고 더 나은 사람이 된다.

　나에게 효과가 있었다고 해서 당신에게도 똑같이 적용될 것이라고 생각하지 않는다. 그러나 나는 우리에게 가장 의미 있는 것들을 적극적으로 기를 때 우리가 더 나은 상담자나 인간이 될 수 있다고 믿는다. 나는 당신 스스로가 가장 의미 있는 것이 무엇인지 찾고, 그것을 삶의 규칙적인 부분으로 만들기 위해 시간을 보내기를 바란다.

　다른 사람들을 이해하고 공감함으로써 의미를 찾는다면, 상담 작업 밖에서도 다른 사람들을 이해하고 공감할 수 있는 다양한 방법을 통합하면 자신을 돌보는 데 도움이 될 수 있다. 다음 내용으로는 시러큐스 대학교에서 상담 및 상담자교육 프로그램의 박사과정생인 Jessie Darkis가 자신의 가슴에 와닿았던 열정에 어떻게 에너지를 쏟는지, 그리고 그 경험들이 상담자로서의 자기돌봄에 어떤 영향을 끼쳤는지 논한다.

삶의 의미와 자기돌봄

Jessie Darkis

　내 삶의 의미를 만든다는 것은 나에게는 끊임없는 과정이고, 내가 계속해서 성장하고 발전하고 배우는 것처럼 세상에 대한 나의 이해도 끊임없이 진화하는 것이다. 삶의 유동적인 본성을 받아들이는 것은 나 자신을 더 이해할 수 있게끔 해 주었고, 이것은 어떻게 하면 자기돌봄에 진정으로 관여할 수 있는지에 대한 깊은 고민을 하게 하였다.

나는 상담전공 석사과정생으로서 자기돌봄의 중요성을 배웠던 것을 기억한다. 자기돌봄 활동의 목록은 복잡하고 과해 보였다. 나는 내가 과연 이 일들을 할 시간이나 있을지 궁금했다. 학업을 지속할수록, 자기돌봄을 챙기는 것은 더욱 어려워졌다. 인턴십 수료에 필요한 시간을 채우기 위해서 애썼던 석사과정 마지막 학기에, 나는 스스로를 전혀 돌보지 않고 있는 가혹한 현실을 마주했다.

인턴십을 한창 하고 있던 어느 날 저녁, 나는 집에 돌아와 나의 룸메이트에게 오늘 하루 동안 짊어져야 했던 모든 것을 쏟아냈다. 그녀는 주의 깊게 들어 주었고 나는 그녀의 지지에 매우 감사했지만 나를 스스로 돌볼 수 있는 방법을 찾을 필요가 있다고 설명하면서 사과했다. 자기돌봄에 관여하는 다른 방법들을 고려하는 것은 초반에는 매우 고통스러웠다. 나를 돌보는 방법 중에 내가 기억하고 있는 가장 의미 있고 효과적이었던 방법은 말과 함께 시간을 보내는 것인데, 이것은 현실적으로 가능하지 않았다. 그렇다면 나는 내가 말과 연결되었을 때 느꼈던 정서적·영적 깊이를 어떤 것들이 대체할 수 있을까 하는 의문을 가지게 되었다.

일주일쯤 지나, 인턴십 센터에서의 바빴던 아침을 보내고 점심을 먹으러 밖에 나왔다. 그리고 동네 정원에 위치한 카페 바깥에는 오래된 피아노가 있었다. 어렸을 때 피아노를 배웠던 적은 있지만, 성인이 되어서는 특히 공공장소와 같은 곳에서 연주를 해 보리라고 생각한 적이 없었다. 사람들은 점심시간 동안 분주하게 도시거리를 돌아다녔고, 나는 스스로에게 '그만'이라고 말하기도 전에 이미 앉아 버렸고 피아노를 치기 시작했다. 내가 얼마나 거기에 머물렀는지, 누가 보고 있었는지, 또 피아노 연주 소리는 어땠는지 알 수 없었다. 내가 알고 있는 것은 나의 가슴이 뛰었고 머리는 맑아졌다는 것이다.

1년차 박사과정생으로서 나는 아직도 나의 시간을 어떻게 관리하고 균형 있게 사용할지를 배우는 과정에 있다. 그러나 자기돌봄을 내 일상생활에 중요한 요소로 고려해야 한다는 것은 알고 있다. 나는 나의 동료들과 함께 마시기 위해

커피를 내리는 5분을 소중하게 생각하고 오후에는 나의 반려견과 함께 시러큐스 도시 거리를 거닐고, 부모님께 전화를 하고, 나의 파트너와 집에서 함께 저녁을 보내는 시간을 즐긴다. 내 마음을 세상과 내 삶에 열어 주면서, 나는 나 자신을 돌볼 준비가 되어 있고 나를 도와주기 위해 기다리고 있는 모든 것에 감사하기 시작했다.

우리 중 많은 사람이 어려운 시기를 헤쳐 나갈 수 있는 경험들을 가지고 상담 영역에 입문한다. 이러한 자원은 우리 과거의 희미한 곳에서 발견될 수 있다. 어렸을 때 행복했던 경험들을 떠올려 보고, 이러한 경험들이 상담자로서 지금 당신의 자기돌봄과 어떻게 관련되어 있는지를 생각해 보라. 위스콘신 대학교 스타우트 캠퍼스의 재활 및 상담 전공의 조교수인 Andy Felton은 자신의 삶에 의미를 부여하는 일들이 어떻게 상담자로서의 자기돌봄을 지속시키는지에 대해 설명한다.

유익한 건강

> **Andy Felton**

웰니스는 트레이닝 프로그램과 상담 분야에서 정기적으로 강화된다. 정신적, 감정적, 행동적, 신체적 웰빙의 균형은 우리가 우리 자신 안에서 노력하고 다른 사람들에게서 촉진하는 것이다. 우리의 웰빙을 유지하기 위한 알고리즘이 없으면 고난을 겪게 된다. 나만의 웰니스 경험을 통해, 나에게 도움이 되는 다섯 가지 개념을 알아냈다. 즐거움, 연결, 창의성, 성장, 조절력은 상호연결되어 나의 웰니스에 중요한 역할을 했다.

즐거움: 즐거움은 때로는 간과하기 쉬운 경향이 있는 다소 단순한 개념이다. 내가 관여하고 있는 것이 만족스러울수록 나는 과정과 최종 결과물에 걸쳐서 더 많은 만족을 느낀다. 나는 내가 가끔 지루하거나 평범해 보이는 활동에 참

여하고 있다는 것을 인지하면서 그 순간에도 즐거움을 가지려고 노력하는 것이 매우 중요하다. 어려워 보이는 것들을 해결하는 방법을 찾는 것은 더 큰 동기부여를 가지게 해 주며, 내 경험에 더 큰 연관성을 개발할 수 있도록 도와준다.

연결: 내가 연결(혹은 연관성)에 관해 이야기할 때, 연결은 나 자신과의 관계, 타인과의 관계, 나의 세계와의 관계라는 것을 의미한다. 명상을 하는 것은 우리의 생각과 경험을 완전히 통합시키는 데 도움이 되지만, 나는 우리가 한 걸음 더 나아가서 정신과 육체가 완전히 관여할 수 있도록 해야 한다고 믿는다. 나 자신을 세상과 연결되도록 이끄는 것은 인내, 취약성, 개방성이다. 하지만 그러한 연관을 위해 노력할 때에도 나는 그 경험을 즐기고 나 자신과 타인을 알아 가려고 하고, 나의 진정한 열정을 알아보려는 경향이 있다.

창의성: 창의성은 즐거움과 연결을 강화한다. 창의성은 카타르시스, 다양한 사고, 우리의 자아를 통합하게 한다. 게다가 창의성은 결과물에 집착하기보다는 순간에 발생하는 나의 경험을 인식하는 과정에 가깝다. 나는 창의성을 내 삶의 많은 측면에 포함시키기 위해 노력한다. 예를 들어, 여가 시간에 그림을 그리고 드럼을 치고 사진을 찍는 것들이 나의 흥미를 최고점에 달하게 하며, 내가 그 순간에 완전히 몰입할 수 있도록 해 준다는 것을 발견했다. 창의성은 치유 과정에서도 도움이 되는데, 특히 카타르시스를 경험하고 나에 대한 새로운 통찰을 얻는 데 도움이 된다. 상담자로서 나는 창의적인 방법을 통해 새로운 통찰과 성장을 하는 내담자들을 목격했다. 강의실에서 나는 학생들이 좀 더 적극적으로 참여하고 새로운 방식으로 접근하는 것을 돕기 위해 독특한 강의자료를 찾는 데 노력을 기울였다. 창의성은 나의 경험을 즐겁게 하고, 뇌의 여러 부분을 통합하여 발달, 문제해결능력, 정서적 해소들을 돕는다. 이러한 지식들과 함께 우리 자신을 더 발전시키고 우리의 웰니스를 유지하기 위해 노력하는 창의적인 방법을 찾는 것은 적합해 보인다.

성장: 창의성에서 확장시켜서, 성장은 더 다재다능한 사람이 되기 위해 노력하는 것이다. 내가 배울 것이 많다는 것을 인정하고, 새로운 기술을 연습하고, 내 안락함의 한계에 직면하는 것은 내 개인적인 성장에 도움이 된다. 예술과 음

악은 이러한 성장을 하는 데 도움이 되기도 하지만 나는 여행과 새로운 사람들과의 만남을 통해 가장 많은 성장을 하였다. 이야기를 주고받으면서 타인에 대한 진정한 호기심과 개방성을 가지는 것은 나의 개인적인 견해를 인식하고, 타인의 관점을 이해하며, 나의 공감능력을 향상시키는 데 도움이 된다. 그러한 수준의 성장은 자기인식과 위험을 감수하려는 의지를 필요로 한다. 나는 모든 사람들이 여행을 할 수 없을지도 모른다는 것을 알고 있다. 그러나 우리 모두는 우리 자신에게 도전을 줄 수 있는 방법들을 찾을 수 있다. 스스로에게 위험을 감수하게 함으로써, 나는 인내하고, 스스로를 위안하고, 타인을 공감하는 법을 배웠고, 사람들이 얼마나 탄력적으로 행동하는지를 알게 되었다.

조절: 웰니스는 종종 어느 정도의 균형감을 필요로 한다. 삶의 정신적, 감정적, 신체적, 행동적 측면들 모두에 노력을 기울이는 것은 때로는 버거울 수 있다. 다시 말해, 우리 자신의 한 측면에만 집중한 나머지 다른 측면들을 소홀히 하는 것은 드문 일이 아니다. 당신이 어떻게 웰니스에 접근하는지를 아는 것은 중요한 것이 아니다. 조절은 당신이 웰빙을 유지하는 것의 복잡성을 더 잘 다룰 수 있다는 것을 확실히 하는 데 도움이 될 것이다.

자기돌봄 철학을 형성하는 것은 초보 상담자들에게 특히 어려울 수 있다. 세이브룩 대학교의 사회과학대학 학장인 Kent Becker의 이야기는 그가 상담교육자라는 직업에서 다음 역할로 이행하면서 어떻게 그의 삶의 다양한 측면을 분류하고 실존적 불안을 다루었는지를 설명한다.

신뢰, 진실, 아름다움, 동정심

Kent Becker

나는 종종 아내에게 나 자신을 단순한 남자라고 말하고, 실제로 나는 그렇다. 내 주변의 세계가 점점 복잡해짐에 따라 시간을 초월한 핵심 신념들 안에 나 자신을 위치하게 해야 한다는 것을 알게 되었다.

자신에 대한 신뢰: 나는 학자로서의 삶을 시작하면서 많은 변화를 거쳤다. 그것은 캠퍼스에서 가르치는 것부터 밖에서 가르치는 것, 강의실에서 가르치는 것부터 온라인 수업을 하는 것, 학부생을 가르치는 것부터 대학원생을 가르치는 것, 석사과정 프로그램에서 일하는 것부터 박사 프로그램을 관리하는 것, 출판되지 않은 것부터 출판되는 것, 비정년 트랙부터 정년이 되는 것, 평교수로 일하는 것부터 학과장으로서 일하는 것, 학과장으로 일하는 것부터 학장이 되는 것이었다. 각각의 변화는 건강한 불안감 이상의 불안 문제를 불러일으킨다.

불안함을 느낄 때면 나는 목록을 만든다. 그리고 새로운 역할을 시작하기 전에 목록을 작성한다. 그리고 새 역할을 시작하면서도 목록을 작성한다. 나는 내가 해야 할 일의 목록을 작성한다. 또한 내가 배워야 할 것들을 목록으로 만들고 만나야 할 사람들의 목록을 만든다. 그렇게 나는 늘 목록을 작성한다. 때로는 이 목록들이 실제로 내가 성취하는 데 도움이 되지 않기도 하지만, 목록을 작성하는 것은 나의 불안감을 해소시켜 주면서 내가 모르는 것에 도전하는 데 있어서 무능감을 덜 느끼게 해 준다. 매번 다음 단계로 이동할 때마다 나는 스스로에게 '새로운 기술, 독특한 지식, 그리고 익숙지 않은 능력을 전적으로 필요로 할 것이다.'라고 설득한다. 그리고 (고맙게도) 내가 과거에 성공한 경험들은 현재와 미래에 성공하는 데에도 도움이 될 것이라는 것을 깨닫게 된다. 그 순간에 나는 숨을 쉬고, 긴장을 풀고, 창의력과 집중력을 가지고 일에 몰두하기 시작한다. 나는 여전히 목록을 만들지만 작성되는 목록들은 내가 이미 가진 것에 대한 것이 아니라 가능한 것에 대한 것이다.

진실과 아름다움: 몇 년 전 나에게 있어서 가장 중요한 것, 즉 나의 개인적 사명이 무엇인지 곰곰이 생각해 보니 진실과 아름다움이라는 두 단어로 결론을 내렸다. 나는 결정을 내리기 어려울 때나 중심을 잡으려고 할 때면 이 두 단어를 상기시키면서 스스로에게 자문한다.

• 나는 진실을 말하고 있는가?

- 나는 다른 사람들이 진실을 말하게끔 하는가?
- 나는 다른 사람들이 그들의 진실을 공유할 수 있는 공간을 만들고 있는가?
- 나는 이 세상이 더욱 아름다워지도록 기여하고 있는가?
- 나는 모든 사람 안에 각기 존재하는 아름다움을 보려고 하는가?
- 나는 다른 사람들이 그들의 아름다움을 공유할 수 있는 공간을 만들고 있는가?

이 두 단어는 간단하지만 나에게 많은 반향을 불러일으킨다. 나는 이 단어들로 나만의 가치관을 구축하였다. 당신에게 있어서 가장 중요한 단어들은 무엇인가?

동정심을 가진 존재: 타인의 삶에서 진정으로 존재하는 능력은 내가 동정심을 가진 존재를 어떻게 이해하는가 하는 것이다. 남편, 아버지, 교사, 그리고 행정가로서 역할을 충실히 하는 것은 매일의 여정이다. 나는 가끔 실패하는 것에 대해 스스로 놀라곤 한다. 인간미가 있는 삶은 바로 이런 순간들이다. 이해는 이런 순간에 펼쳐진다. 치유는 이런 순간에 두드러진다. 역할에 관계없이, 내가 인간으로서 연결되는 것은 바로 이 순간들이다. 내가 진정으로 상담하고 도와주고 있다고 느끼는 것은 바로 이런 순간들이다.

성찰을 위한 질문

1. 당신이 만약 학생이라면 상담 전문가가 되는 것이 인생에서 의미를 찾는 방법에 어떻게 기여할 것이라고 기대하는가?
2. 당신의 자기돌봄 계획은 어떤 방식으로 당신의 삶에 의미를 부여하는 활동과 궤를 같이하는가?
3. 직장생활과 개인적 삶 사이의 균형을 맞추는 데 어떤 어려움이 있는가? 당신의 일상생활에서 자기돌봄을 실천하고 유지하는 방법에 어느 정도 만족하는가?

종교/영성과 삶의 의미

어떤 형태의 종교적 신념이나 개인적 영성은 상담자들에게 의미와 자기돌봄의 강력한 원천이 될 수 있다. Johnson(2013)은 상담자들이 그들 자신의 영적 정체성과, 특히 감정적으로 거슬리는 경험과 이로 인해 촉진된 반응성에 대한 여정을 성찰하는 데 시간을 보내는 것이 좋을 것이라고 믿었다. 만약 상담자들이 자신들이 가지고 있는 감정적 응어리들을 이해하려고 노력했다면, 내담자들을 만날 때에 감정적으로 반응하거나 자신들의 주관적인 해석을 강요하지 않고 내담자들의 말을 들을 수 있다. Johnson은 내담자가 정의한 영성은 내담자와 연결하는 데 중요한 수단이 될 수 있으며, 치료적 변화 과정을 촉진시킬 수 있다고 주장한다. Leppma와 Young(2016)에 따르면, 명상 수련을 하는 상담전공 학생들은 내담자들을 향한 웰니스와 공감능력을 높일 수 있다고 한다. 명상과 마음챙김과 같은 영성 활동이나 종교기관과의 연결이 어떻게 삶의 의미와 자기돌봄을 향상시킬 수 있는지에 대한 많은 예가 있다(Coleman, Martensen, Scott, & Indelicato, 2016).

Francis(2016)에 따르면, 내담자들의 핵심 신념이나 가치는 무언가 극복하고자 할 때 대처하고 지지를 얻는 방법들로 활용된다. "이러한 믿음과 가치는 내담자 고유의 문화를 구성하는 것의 일부분이며, 유능한 상담자들은 내담자를 치유하는 과정에서 이를 활용한다."(p. 563)

물론 내담자들 중에는 영성과 관련되어 이야기를 하지 않기도 하지만, 상담에서 실존적 주제들을 다루는 일은 종종 일어난다. 따라서 상담자는 의미, 가치, 죽음, 세상에 존재하는 것과 관련된 내담자들의 실존적 고민들을 들어줄 필요가 있다. 내담자들이 그들의 핵심 가치와 내면의 지혜와 연결되도록 돕는 그 어떤 것이든 간에 어떤 방식으로 정의하고, 경험하고, 접근하는지 아는 것은 매우 중요하다. 상담자들 스스로가 자신들의 삶의 의미와 목적을 탐구한다면, 그들은 내담자들의 의미와 목적을 탐색하는 것이 더 용이해질 가능성이 높다. 만약 우리가 삶의 의미의 근원에 접근할 수 있다면, 우리는 우리의 의미 있는 삶을 만들어 가는 내담자들의 여정에 대해 그들과 연결되는 방법을 가지게 되는 것이다.

니컬스 주립대학교에 소재한 대학상담센터 소장 Adrienne Naquin-Bolton은 그녀가 어떻게 의미를 찾고 영성과 신념을 통해 자신을 돌보는지를 설명한다.

영성과 신념을 통해서 의미 찾기

Adrienne Naquin-Bolton

로마 가톨릭의 영성적 색채가 강한 바에우 라푸르슈 강변을 따라 위치한 루이지애나 남부에서 자란 나는 다양한 신앙을 접할 기회가 많지 않았다. 나는 가톨릭 신자였기 때문에 내가 영적 발전을 하는 데 있어서 가장 중요한 요소는 늘 나의 신앙뿐이라고 생각해 왔다. 하지만 이러한 나의 관습적 태도가 매우 일차원적인 생각에 비롯된 것임을 알게 되었다.

나는 나와는 다른 영적 신념과 핵심 가치를 가진 사람과의 만남을 기억한다. 그 경우, 나는 학생과 같은 자세로 내담자에게 그의 가치관들이 어떤 방식으로 삶에 영향을 끼치는지를 배우려고 했다. 이러한 경험은 서로 다른 영적 신념을 가진 내담자와 치료적 관계를 구축할 수 있을까 하는 두려움을 극복하는 데 도움이 된 뛰어난 학습경험이었다.

대학상담센터 소장으로서 현재 내가 하고 있는 일 중에는 자신들의 핵심 신념이나 가치에 의문을 던지는 젊은 친구들과 만나는 것이 있다. 우리 대학은 루이지애나주 남동부의 시골에 있지만, 나의 학생들은 밖에서 주입된 영적 신념들을 탐구하는 것에 면역되지 않는다. 종종 강요된 신념으로부터 거리를 두는 것은 학생들이 스스로에게 '나는 여기서 뭐하고 있는가?' '나의 목적은 무엇인가?' '내가 이 세상을 위해 공헌해야 할 것은 무엇인가?'와 같은 실존적 질문들을 하게 한다. 나는 이러한 질문들을 자연에서 매우 영적인 것으로 경험한다. 나는 내담자들이 상담을 찾는 이유 중 많은 문제가 영적인 것과 관련되어 있다고 믿는다. 또한 나는 내 삶의 중요한 변화가 있을 때나 내담자들의 고통을 듣고 나서 응답을 해야 할 때에 스스로에게 물어본다. 나는 동네에 있는 납골당을 지나가거나 방문할 때에 이러한 실존적 질문들을 곰곰이 생각한다. 그리고 떠난 이들이 일생 중에 어떤 고난을 겪었을지를 생각해 본다. 과연 그 고난들은 그들에게 얼마나 중요한 것들이었을까? 그 거대한 스키마 안에서 무엇이 문제였을까? 이러한 질문들은 내가 겪는 어려움들을 균형 있게 보는 데 도움이 되었다.

나의 영적 신념과 실천은 상담자로의 경험에 독특한 균형을 제공하는 데 도움이 되었다. 나는 하루하루 고통과 관련된 이야기를 듣는 것이 어렵다는 것을 안다. 나는 조절되지 않는다면, 이러한 어려움이 내가 가지고 있는 인간애적인 요소들을 잃는 것처럼 느끼게 만들 것을 알고 있다. 나의 신념이나 신앙은 결함이 가득해 보이는 세계에도 희망감을 가지게끔 해 준다. 나는 상담 작업 중에서 의미를 찾는데, 이로 하여금 나는 내담자들에게 내 신념의 가장 기초적인 요소인 사랑과 연민을 넓히도록 해 준다. 또한 나는 그들의 결정에 대해 다르게 판단하는 사람들에게까지 자비를 베푼다.

상담자로서 공감하고 비판단적이어야 하는 우리의 역할은 비난하고 수치스러움을 느끼는 실제 세계와 꽤 거리가 멀다. 한 개인으로서 나는 다른 사람에 대해 비판하기도 하고 판단하고 험담하고 싶은 고민이 있음을 솔직하게 인정한다. 그럼에도 불구하고 나는 내담자들이 극도로 심신이 불안정한 상태로 나를 만나고 또한 가까운 지인들에게도 말하지 않는 것들을 나에게 말하고 있다는 것을 알기에 나의 태도는 훨씬 더 개방적이고 자비롭다. 만약 내가 내담자들에게 그어떤 공감이나 비판단적인 수용을 하지 않는다면 건강한 치료관계를 발전시킬 수 없다는 것을 알고 있다.

나는 웅장한 느낌의 일몰이나 드넓은 벌판, 혹은 강력한 뇌우를 볼 때 영적 연관성을 통해 의미를 발견한다. 이러한 느낌은 갓난아기가 웃거나, 새끼 고양이 연극을 보거나, 사랑에 빠진 연인들을 볼 때에도 가지게 된다. 나는 이러한 영적 연관성이 상담실에서도 존재한다고 믿는다. 내담자들의 가장 깊고 있는 그대로의 감정을 경험하고 그들의 가장 아픈 부분을 들여다보는 것은 나에게 무조건적인 수용을 경험하게 한다. 인간중심적 접근법을 지향하는 상담자로서, 나는 상담을 할 때마다 지금-여기에 초점을 맞추고 내담자들이 자기실현을 향해 노력하는 것을 관찰한다. 따라서 내담자가 자신의 삶에 주도적 권한을 가지게 하는 것이 나의 상담에 가장 핵심이며, 나의 역할은 그들의 잠재력을 최대한 발휘하도록 돕는 것이다.

신념은 불공평한 세계에 희망의 감정을 가지게 한다(아마 우리 모두는 세상은 불공평하다는 것에 동의할 것이다). 우리는 삶에서 매우 어려운 도전에 직면한 내담자, 학생, 수련생들과 함께 일해 왔다. 그리고 우리는 그들이 극복하는 모습을 관찰할 때 경외심을 느낀다. 치료과정을 믿는다는 것은 내담자의, 학생의, 수련생의 의미에 대한 의지를 믿는 것이다. 시러큐스 대학교의 상담 및 상담자교육 프로그램의 박사과정생인 Shana Gelin은 자신의 자기돌봄을 위해 영성과 신앙을 사용했던 경험을 공유한다.

개인적 스트레스 가운데 평화를 찾기

> **Shana Gelin**

"모든 위대한 영성은 우리가 고통을 가지고 실행하는 것이다." 가톨릭 신부이자 영적 작가인 Richard Rohr가 말한 이 문장은 내가 믿는 영성과 신념의 본질적이고 핵심적인 것을 담아낸다. 이러한 개념들은 불편함을 다루는 도구들로 정의한다. 나는 내담자들과의 만남, 대학원 과제, 개인적 스트레스 요인의 균형을 맞추기 위해 영성과 신념을 사용한다.

나에게 있어서 영성은 더 높은 권력이나 추진력에 대한 나의 신념을 포괄한다. 신념은 내 삶의 목적을 아는 것이고 그 원동력인 생명력을 신뢰하는 것이다.

난 두 가지 개념을 모두 사용하여 삶의 의미를 찾고 깊은 자아인식을 발전시킨다. 신념과 영성은 Richard Rohr가 '고통'이라고 말하는 역경을 뚫고 싸워야 할 때 내가 힘을 내고 용기를 가지게 하는 근원이다. 상담자교육 프로그램에서 대학원생이 겪는 고통과 좌절, 소진은 늘 고되고 벅차다. 상담자, 슈퍼바이저, 연구자, 연구조교, 학생의 역할을 수행하는 것은 나에게 자기돌봄이 꼭 필요하게 한다. 상담 장면에서 나는 다른 사람을 도울 능력이 있다는 것을 이해함으로써 영성과 신념을 통해 의미를 찾는다.

대학원생으로서 나는 많은 직책을 소화해야 하는데, 영성과 신념은 각 역할마다 내가 해야 할 일을 알게 해 주는 길잡이가 된다. 나의 영성적 수행들이 공부에 뒷전으로 밀리면 스트레스 수준이 더 높아진다는 것을 깨달았다. 나는 피곤했고, 이리저리 끌려다녔고, 나만의 시간을 가지는 것에 대해 죄책감을 느꼈다. 내가 누구인지 이해하게 되면서 나와 나의 내면에 있는 평화 사이에 잃어버린 연결고리가 나의 영적인 것이라는 것을 알게 되었다. 나의 동료들과 교제를 하면 내가 필요로 하는 것들이 채워질 것이라고 기대했지만 여전히 텅 빈 느낌이었다. 어느 날 나는 기도하는 것에 집중하는 대신, 해야 할 일을 모두 중단했다. 그리고 이것은 내가 앞으로 나아가고 내가 하고 있는 일을 믿는 데 필요한 힘을 주었다.

상담자로서 나는 내가 내담자들과 만날 준비가 충분히 되어 있지 않다는 것을 깨달았다. 내 육체는 내담자와 함께 있었지만 집중하지 못하고 내담자에게 계속 반복해 달라고 부탁하는 내 모습을 발견했다. 내담자를 만날 때에 나는 다른 생각에 사로잡혔고 박사과정생으로서 해야 하는 다른 일들을 생각하곤 했다. 나는 상담을 하기 전에 나의 머릿속에 가득 찬 다른 일들을 해소할 배출구가 필요했고, 그럴 때마다 기도를 함으로써 내가 느끼고 싶은 평화감을 가지게 되었다. 기도를 하는 것은 모든 내담자에게 도움을 주고 곁에 있어 주려는 나의 목적을 상기시켜 주었다.

나 자신의 영적인 길을 찾는 것은 마음챙김이나 요가처럼 다른 방법을 통해 의미를 찾으려는 내담자들을 이해하는 데 도움이 된다. 나는 영성을 나의 내담자들의 모습을 더 잘 이해하고 그들이 살고 있는 세상을 이해하기 위한 좋은 도구로 여긴다. 영성은 내가 치료 계획, 범죄 예방 계획, 안전 계획, 다른 형태의 내담자 복지에 접근하는 방식에 영향을 미친다. 때때로 내담자들은 다른 상담자들보다 나와 영적인 것에 관해 대화를 나누는 데 안전함을 느낀다고 표현해 왔다. 내담자들에게 전체적으로 접근하는 것은 이 상담 과정을 독특하고 충분히 만족스러운 여정으로 만든다.

신념과 영성을 삶의 중요한 일부분으로 여기는 내담자들에게 나는 그들이 영적 실천을 어떻게 하는지 물어본다. 어떤 이들에게는 삶이 힘들고 스트레스가 쌓일수록 영적 혹은 신앙적 실천은 뒷전으로 밀리곤 한다. 나도 그러한 적이 많았다. 대학원생이자 상담자로서 살면서 느끼는 스트레스 가운데 평화를 찾을 필요가 있다. 그리고 나는 내 삶에 평화를 가져오는 것이 최고의 상담교육자가 될 수 있게 해 줄 것이라는 것을 알고 있다.

어떻게 하면 일상생활에 평화를 가져다줄 수 있을까?

성찰을 위한 질문

1. 종교나 영성은 당신의 삶에 어떤 역할을 하는가? 만약 역할을 한다면, 상담을 하는 데 있어서 중요하게 작용하는가?
2. 삶의 의미를 이해하는 데 있어서 종교 혹은 영성이 어느 정도까지 도움이 되는가?
3. 종교적 신념과 영성이 미래의 삶과 웰빙에 어떤 영향을 미칠 것이라고 보는가?

삶의 의미에 대한 문화적 영향

종교나 영성은 일부 상담자들이 삶에서 의미를 찾고 더 나은 삶을 사는 데 강력한 영향을 미친다. 다른 상담자들에게 문화적 영향은 종교와 영성만큼 강한 영향을 끼칠 수 있다. 자기돌봄은 우리 가족(Jude의 가족)에게만큼은 아주 중요한 요소는 아니다. 나의 부모님은 그들의 부모님이 그러하셨던 것처럼 희생하고, 노력하고, 열심히 일해서 다음 세대는 이전 세대보다 조금이라도 더 많은 기회를 가지게 해 주었다. 따라서 지금 나의 모습과 위치는 대대로 거친 희생과 노력의 결과물이다. 나는 때때로 문화적 시각을 통해 내가 지금 희생하는 것과 하는 일은 지금 내가 가진 것보다 다음 세대에서 더 많은 기회를 가지게 해 주기 위해 지불해야 하는 대가로 본다. 시간이 지날수록 그 대가는 내가 지불할 수 있는 수준보다 더 높은 것 같은 느낌이 든다.

나의 문화적 영향을 되돌아보면, 나는 나의 자기돌봄이 두 가지 경우, 즉 ① 내가 인생을 그저 즐기는 것보다 구체적인 단계를 밟을 때, ② 우리 집안에서 대대로 내려오는 문화적 원칙들을 지킬 때 작용된다는 것을 주목하게 된다. 내가 삶에서 의미를 찾고 자기돌봄의 필요성에 대해 초점을 맞출 때 가장 중요하게 생각하는 몇 가지 핵심적 세대 간 원칙들이 있다.

원칙 1: 토마토를 짜되, 즙이 떨어지지 않게 하라. 이것은 내가 어렸을 때 돌아가신 할아버지께서 내게 전해 주신 말씀이다. 내 인생의 모든 단계(고등학교, 대학교, 프로 운동 선수)에서 이 말씀은 다른 의미로 적용되었다. 그리고 직업인으로서의 초기 단계에서 나는 이 원칙으로부터 몇 가지 교훈을 얻는다. 바로 ① 토마토를 쥐어짜는 것은 내가 인생에서 최대한 많은 것을 얻는 것을 의미하고, ② 즙이 떨어지지 않게 하는 것은 내가 지금 하는 희생을 염두에 두라는 것을 의미한다는 것이다. 나는 토마토를 뭔가 섬세하고 쉽게 멍이 들거나 망가지기 쉬운 삶과 같은 것이라고 본다. 토마토를 쥐어짠다는 것은 내가 삶을 최대로 활용하려는 나의 모든 노력이라고 본다(정교수, 건강한 관계,

적당한 거리 유지, 성공, 평화, 자녀들, 그리고 영향을 주는 것). 줍이 떨어지지 않게 하는 것은 내 삶을 어지럽히거나 부정적인 결과를 낳지 않게 하려는 나의 노력들인 것이다. 이 원칙은 내 앞에 있는 것들과 내 뒤에 무슨 일이 일어났는지에 대해 생각하게끔 한다. 다시 말해, 나의 존재를 시각화하는 것이다. 그것은 또한 내가 삶에서 얻을 수 있는 것을 짜내기 위해 오늘 하고 있는 희생에 대한 내적 논쟁을 불러일으킨다. 예를 들어, 나는 정교수가 되기를 원하지만 이를 위해 내 가족과의 관계를 희생하고 싶지 않다. 정교수가 되기 위해서 나는 밤을 새고, 가족과 함께 시간을 보내야 하는 시간에도 연구 주제들을 메모하고, 사랑하는 사람들과 함께 있을 때에도 나의 연구 주제들을 이야기한다. 나는 가능한 한 이 원칙을 기억하려고 하고, 스스로 체크하고, 나의 선택지 중에 무엇이 나은지를 저울질하려고 노력한다.

원칙 2: 천천히 하고 두 손을 사용하라. 이 말은 나의 아버지께서 나에게 자주 해 주신 말씀이다. 지금 이 글을 쓰고 있는 이 순간에도 나는 "시간을 가지렴, 아들아. 천천히 가."라고 말씀하시는 아버지의 목소리가 들린다. 어렸을 때, 나의 아버지는 남동생과 나에게 무거운 물건을 들어서 1~2미터 정도 옆으로 옮기는 것과 같은 일들을 시키곤 했다. 남동생과 나는 짐을 덜기 위한 방법을 찾으려고 노력했다. 우리는 몇 시간이 걸릴 것 같은 일을 빨리 끝낼 수 있는 지름길을 찾으려고 노력했지만 결국 실패했다. 아버지께서는 몇 시간 후에 우리를 확인하러 오시고는 "시간을 가지렴, 애들아. 천천히 하고, 두 손을 사용해."라고 말씀하셨다. 그리고 지금, 내가 해야 할 일을 적은 목록을 보고 있으면 불가능할 것처럼 느껴진다. 그럴 때마다 나는 이 원칙을 기억하고 뒤로 미뤄 놓았던 것들(나, 동료, 친구, 가족)과의 시간을 가지고 난 후, 하나둘씩 '과제완료' 쪽으로 옮긴다.

원칙 3: 나는 사랑스러운 존재라는 것을 기억하라. 나의 어머니는 내가 프로축구선수로서 첫 경기에 나가고, 올림픽 상비군 테스트에 참가하고, 논문 심사 등 내 인생에서 중요한 일이 있을 때마다 나에게 "너는 사랑스러운 존재라는 것을 기억해."라고 말씀하셨다. 자기돌봄이 실패하고 있을 때면, 나는 나 자신을 가혹하게 판단하고 내가 뭔가 성취해야만 내 존재의 가치를 인정한다는 것을 알게 되었다. 몇몇 학생과는 연령대가 비슷한 신참 교수로서, 나는 가끔 사기 친 사람처럼 느껴지는 경험을 한다. 이러한 감정들은 내가 충분히 해내지 못했고, 상을 받지 못했고, 출판된 논문 수가 부족하다고 생각하게 한다. 그리고 그것들은 나의 창의성을 방해하고 최선을 다하지 못하게 한다. 때로는 나는 학과장이 그의 사무실로 나를 불러서 "우리는 마침내 네가 그것을 속이고 있다는 것을 알아차렸다. 좋은 시도야. 이제 우리가 끌어낼 거야." 라고 말해 주기를 기다리고 있는 나 자신을 발견한다. 어머니의 현명한 말씀을 명심하는 것은 나의 가치가 내가 이룬 업적들로 이루어지지 않는다는 것을 깨닫도록 도와준다. 나는 가족들을 위해 열심히 일한다. 나의 아내, 부모님, 형제들과의 연결고리는 나를 재충전시킨다.

나를 돌보기 위해 이러한 원칙들을 사용하는 것은 나의 중심을 잡아 주고 동기부여한다. 경력 초기에 나 자신을 돌보는 것은 나를 대신해서 다른 사람들이 희생한 것에 감사하고, 내가 희생한 것에 대해 의미를 부여하고, 임무를 완수하기 위해 인내하고 결정하는 것, 그리고 나에 대한 가족들의 사랑을 나의 자존감의 근원으로 보는 것을 포함한다. 자기돌봄이 나를 보호할 때, 나는 내 열정에 알맞은 기회를 찾을 자유가 있고, 새로운 것을 시도할 준비가 되어 있으며, 실패에 대한 두려움 때문에 멈추지 않을 것이고, 지나친 자기비난 없이 실수로부터 배울 수 있다. 무엇보다 나에게 가장 중요하고 내 삶의 의미에 깊은 요소인 개인적·직업적 관계를 키우는 시간을 만든다.

이 장을 마치는 글

삶에서 의미를 찾는 것은 우리 각자에게 고유한 과정이다. 우리의 삶의 경험, 문화, 정신적 또는 종교적 가치, 그리고 다른 많은 영향은 무엇이 우리에게 충만함을 가져다주는지 결정한다. 이 장에서 우리는 삶의 의미를 찾는 다양한 접근법과 우리의 철학적 관점이 상담자의 자기돌봄에 어떻게 기여하는 지를 강조하였다. 실존주의와 관련된 주요 인물들은 죽음에 대한 인식이 어떻게 우리가 보다 완전하고 의미 있게 살도록 동기를 부여할 수 있는지에 대한 이해에 기여했다. 이 장과 이전 장에서 다룬 주요 주제를 다시 한번 살펴보면서 당신의 삶에 의미와 목적을 가져다주는 것들은 무엇인지 알아보는 시간을 가져 볼 것을 권유한다. 마지막 장에서는 자기돌봄 전략과 관련된 개발에 대한 제안을 제공하고, 자기돌봄의 실천을 강화하기 위한 현실적인 실행 계획을 설계하는 것의 중요성에 대해 논의한다.

현실적인
자기돌봄 계획
만들기

9

다양한 상담 영역 종사자들과 이 책의 저자들의 자기돌봄에 대한 개인적인 성공과 어려움들에 대한 자서전적 이야기들을 읽고 난 후, 우리는 이 책을 읽는 당신이 자신만의 자기돌봄 계획을 만들어 보거나 재점검해 보고 싶은 마음이 들기를 바란다. 만약에 이미 자기돌봄 프로그램을 가지고 있다면, 시간을 가지고 그 계획들을 평가해 보고, 현재의 라이프스타일을 보완할 수 있도록 수정하는 것을 고려해 보기를 바란다. 이 장에서는 개인적인 자기돌봄 계획을 어떻게 행동으로 옮길 수 있을지에 대해서 이야기해 보려고 한다. 이 책에 등장하는 저자들 외에 상담 영역 내에서 다양한 수준의 경험들을 가진 사람들이 그들의 꿈과 개인적 목표들을 실현해 나가도록 스스로에게 동기부여를 한 방법들에 대해서 자신의 이야기들을 들려줄 것이다. 자기돌봄은 윤리적인 의무이며, 소진에 대한 방어벽이다. 우리 중 어느 누구도 자기돌봄을 가장 낮은 우선순위로 둘 만한 여유는 없다. 자기돌봄 계획을 실천으로 옮기는 데 있어서 가장 어려운 면은 당신의 삶에서 변화를 위한 첫발을 내딛으려 시도하는 것이다.

어떻게 변화가 이루어지는가

　　우리가 좋아하든 아니든, 변화는 일어나고, 때때로 매우 천천히 그리고 어떨 때는 한꺼번에 이루어진다. 우리가 내담자들, 동료들, 슈퍼바이지, 학생들이 항상 변화에 저항하는 것을 보고, 때때로 우리 자신도 변화에 저항한다. 변화는 안정적이지도 않고, 우리는 그 과정 내에서 비용을 지불하기도 한다. 변화는 우리로 하여금 안전지대를 벗어나는 모험을 하게끔 만들고, 대부분 이러한 유의미한 변화를 만드는 것에 대해서 복잡한 감정을 가지게도 한다. 한 번에 한 단계씩 변화하고자 노력하는 자신의 성공을 자축하고, 비현실적인 기대들을 잘 유념하고 지각하는 것들이 중요하다. 과정 내에서 참을성을 가지고 자기자비를 연습해 보아야 한다. 자신에게 친절하고 도움이 필요할 때 다른 사람들에게 도움을 요청하는 것도 중요하다.

　Kottler(2014)는 의미 있는 변화란 우리가 선택한 태도, 믿음, 관점에 대한 반응이라고 이야기했다. 변화는 익숙하고 편안한 무언가를 포기하는 것을 포함하기 때문에, 이는 우리가 왜 변화를 피하려고 하는지에 대한 좋은 이유가 된다. 만약에 우리가 우리의 삶과 라이프스타일 내에서 변화를 거부하면, 우리의 자기방치는 우리를 망가뜨리고, 우리의 삶의 질을 파괴할 것이다. 우리가 변화에 저항하고, 신체적, 심리적, 정서적, 영성적 필요에 귀를 기울이지 않는다면, 우리의 몸, 마음, 영혼은 그만큼 우리가 어떻게 해 볼 수 없을 정도의 큰 대가를 치르게 된다. 우리의 내담자들도 우리의 자기방치 때문에 고통을 받을 것이다!

　삶에서의 변화를 주저하는 것은 매우 흔한 일이며, Prochaska와 Norcross(2018)는 다섯 가지로 구분되는 변화 단계를 그린 변화 모델을 설명하였다. **숙고 전 단계**(precontemplation stage)에서는 개인들이 가까운 미래에 행동패턴의 변화를 가질 어떤 의도도 가지고 있지 않다. **숙고 단계**(contemplation stage)에서는 문제를 깨닫고 그것을 극복해 보려고 생각은 하나, 아직 변화를 하기 위한 행동에 전념할 준비는 안 되어 있다. **준비 단계**(preparation stage)에서는 즉각 조치를 취하면서 작은 행동적 변화들을 보고한다. **실행 단계**(action stage)에서 개인은 문제를 해결하기 위해 자신의 행동을 수정하거나 변경하는 단계를 밟는다. **유지 단계**(maintenance stage) 동안은 지금까지 얻은 것을 공고히 하고 재발을 방지하고자 노력한다.

우리는 정적인 직선 그래프처럼 이 다섯 단계를 차례차례 통과하지 않으며, 우리의 준비 정도는 이 변화의 과정을 따라서 요동칠 수 있다. 만약에 변화가 초반에 성공적이지 않다면, 우리는 초기 단계로 다시 돌아갈지도 모른다. 어떤 특정 방식들이 더 이상 효과적이지 않기 때문에 특정한 행동 패턴들을 변화시키고 싶을 수도 있지만, 익숙한 패턴들을 버리는 것이 주저될 수도 있다. 혹은 변화에 따라 지불해야 하는 대가가 너무 크다고 생각하거나 얼마가 될지 알 수가 없어 두려울 수도 있다. 삶에서 확실한 선택들을 하는 데 주저하는 마음에 도전해 볼 수 있도록 동기부여의 내적 자원들을 찾는 것은 중요하다. 변화의 과정은 우리가 우리 자신의 특정한 면을 인지하고 받아들이는 것이 가능할 때 시작된다.

성찰을 위한 질문

1. 지금 자기돌봄 활동 계획과 관련해서 당신은 이 변화 모델의 어느 단계에 있는가? 현재 계획에 스스로 어느 정도 만족하는가? 만약 만족스럽지 않다면, 어떤 것들이 자기돌봄 계획에 변화를 만들어 내기 위한 준비도를 높이는 데 도움이 되는가?

2. 삶에서 변화를 만드는 데 있어서 어떤 대가를 치러야 하고, 바라는 변화를 만드는 것을 거부할 때 치르는 대가는 무엇인가?

3. 일반적으로, 현재 살아가는 방식 내에서 변화를 만들기 위해서 얼마나 많은 조치를 취하고 있는가? 내가 바꿀 수 없는 현실의 일부 측면에 대해서 얼마나 받아들이고 있는가?

4. 스스로 통제할 수 있는 것과 내 통제 밖에 있는 것들 간의 차이에 대해서 어느 정도 이해하고 있는가?

자기돌봄을 위한 실천 계획 고안하기

국제적으로 잘 알려진 현실치료의 스승, 저자, 상담자 Robert Wubbolding은 우리가 진심으로 변화를 하고 싶을 때 실천 계획을 세우는 것이 필수적이라고 주장하였다. 자기돌봄 계획은 현재 선택들에 대한 정직한 평가로부터 시작된다. 앞으로 소개할 자서전적인 이야기들을 읽으면서, 장기 혹은 단기 목표가 포함된 자기와 타인을 돌보는 실천 계획들을 고안해 보는 것을 상상해 보도록 하자.

WDEP: 우리는 상담자의
자기돌봄 계획을 확실히 지지한다

> ### Robert E. Wubbolding

"계획 수립의 실패는 실패를 위한 계획이다." 비즈니스로 물건이나 서비스를 홍보하거나, 학위나 자격증을 취득하거나, 개인적인 건강과 자기돌봄을 유지 혹은 향상하는 것과 같은 개인적인 성공은 자동적으로 일어나지 않는다. 계획을 세우는 것은 어떤 종류의 성취에서도 가장 핵심에 위치한다. 이는 대인관계 의사소통, 자존감, 양육 기술, 또래와의 더 만족스러운 관계, 그리고 심지어 더 영적이고 종교적인 인간이 되기 위한 기술들을 습득하는 것과 같은 개인적인 웰빙에 있어서도 마찬가지이다. 이러한 성취들은 우리가 발달 단계들을 거치며 성장함에 따라 자동적으로 일어나지 않는다. 구체적인 계획을 세우고 실행하는 것이 이러한 성취들을 가능케 한다.

효과적인 계획은 SAMIC^{3}이라고 머리글자만 딴 단어로 요약해 볼 수 있는 특징들을 가지고 있다. 결과 중심적인 계획은 복잡하지 않고 매우 간단하다(Simple). 원하는 결과를 얻기 위해서 계획들은 반드시 달성할 수 있고 현실적으로 가능한 것(Attainable)이어야 한다. '정확하게 언제 내 계획들을 따라 수행할 수 있는가?'와 같은 질문을 통해서도 측정 가능하다(Measurable). '나'는 즉시성(Immediate)을 의미한다. 계획을 수립하는 사람이 지연 없이 가능한 한 빨리 그 계획을 시행한다. 가장 효과적인 계획은 한 사람에 의해서 통제되고(Controlled), 다른 사람들이나 외부 환경에 의존하지 않는 계획이다. 이상적으로, 자기돌봄 행동을 선택한 상담자는 계획을 실천하기 위해 강한 전념을 해야 한다(Committed). 규칙적으로 반복되는 꾸준한(Consistently practiced) 계획은 목표 성취에 필요하나, 한번에 수행할 수 있는 계획이 무계획보다는 더 낫다. 현재의 행동을 평가하고 변화를 위한 실천 계획을 고안하기 위한 더 깊은 논의를 위해서는 나의 최근 책인 『Reality Therapy and Self-Evaluation: The Key to Client Change』(Wubbolding, 2017)를 참고하기 바란다.

상담자 자기돌봄의 핵심은 동료, 친구, 가족들과 함께 더 효과적인 의사소통을 한다는 목표이다. 목표를 성취하는 것은 의사소통 방식에 대해 평가하고, 이 의사소통 방식이 대인관계를 촉진하는지 혹은 해치는지를 살펴보는 등 현재 대인관계들에 대한 진솔한 자기평가에서부터 시작된다. 원하는 결과는 더 심사숙고하고, 존중되며, 필요할 경우 확고한 계획된 행동들이 고안되는 것이다. 그 결과로 만들어진 계획들은 서로 함께 시간을 보낸다든가, 서로의 희망이나 꿈을 듣는다든가, 타인의 필요를 존중한다든가, 혹은 다른 사람을 의식적으로 더 염두에 두고 신경을 쓴다든가 하는 것 등이 포함된다.

나의 개인적 삶과 전문적 삶에서, 나는 SAMIC^3 모델에 내가 계속 집중하게 하고, 내가 매일 어떤 일들을 하고 있는지 지속적으로 평가하고, 내 행동들이 나의 삶과 중요한 사람들과의 관계에 어떻게 영향을 미치는지를 살펴보는 데 사용한다. 나의 전문적 영역의 업무들은 매우 즐겁고 의미 있지만, 처리하기가 만만치는 않다. 국내와 국외에서 워크숍을 열 때는 많은 에너지가 요구된다. 수년간 내가 즐겼던 활동 중 하나는 역사와 현재 일어난 사건들에 대한 책들을 읽는 것이다. 나는 심근강화운동을 꼭 하는데, 아내 Sandie와 함께 한다. 나의 사적인 관계들, 특히 Sandie와의 관계는 내 삶의 에너지의 원천이며, 효과적으로 강의하고 슈퍼비전하고 워크숍을 할 수 있는 스태미나를 가지게끔 돕는다. 나는 개인적 삶과 전문적 삶에 대한 실천 계획을 진지하게 받아들이고, 대부분의 목표들을 성취하기 위해 계획 수립의 원칙들을 적용한다. (미래에 대한) 전망을 가지는 것만으로는 내 삶의 목표들이 달성되지 않는다고 확신하며, 이는 성공으로 가는 길을 제공하는 현실적인 계획들을 만들고 그에 따라 실천하는 과정 내에 이루어진다.

강의에서 나는 학생들에게 이 분야를 공부하면서 자신의 경력을 통해 무얼 얻고 싶은지를 명확하게 하고, 각자의 열망을 이룰 수 있는 현실적인 단계들을 밟으라고 제안한다. 학생들과 상담자들에게 특히 자기보호, 소속감, 내적 통제 혹은 힘, 자유, 그리고 즐거움 등 자신들의 고유 욕구들을 신중하게 돌보라고 강조한다. 그리고 가장 중요한 것은, SAMIC³ 모델의 핵심인, 자신의 일과 삶에서 목적과 의미를 찾도록 격려한다. 그들의 마음과 정서적인 삶을 향상시킬 수 있는 활동들에 초점을 맞춰 보라고도 이야기한다. 가족들과 친구들과 양질의 시간을 보냄으로써 소속감의 욕구를 만족시키는 것은 상담자들이 소진되는 것을 예방한다. 만약 상담자들이 가족들이나 친구들과 함께 양질의 시간을 보내기를 선택했다면, 에너지가 고갈되는 것이 아니라 생명을 불어넣고, 끌어올려 주는 대화 소재/내용들이 샘솟게 될 것이다. 나는 매일 몇 분의 시간 동안 내가 경험한 즐거운 경험들을 되돌아보는데, 학생들에게도 이러한 활동들을 실천해 보기를 권한다.

Wubbolding은 자기돌봄 연습 내에서 긍정적인 변화가 자동적으로 일어나는 것이 아님을 보여 주었다. 어떻게 이러한 구체적인 단계들을 당신의 자기돌봄 계획에 적용해 볼 수 있겠는가? 자기돌봄 실천 계획의 설계와 실천은 현재 하고 있는 일들에 대한 평가부터 시작된다. 현실치료의 주춧돌인 자기평가는 변화를 위한 계획의 가장 기본이다. 다른 사람들이 당신을 위해서 이 평가를 대신 해 줄 수는 없다. 이 자기평가에 있어서 핵심 질문들은 다음과 같다.

- 현재 내가 하고 있는 것들이 나를 돕고 도움을 주는 일들인가, 아니면 해치고 있는 일들인가?
- 현재의 나의 행동이 내게 만족스러운가, 아니면 만족스럽지 않은가?
- 내가 현재 하고 있는 일들이 내 관계들을 어느 수준으로 돈독히 하고 있는가?

당신이 현재 무엇을 하고 있고, 어디에 존재하며, 어디로 가고 싶은지를 평가하는 것은 필수적이다. 이러한 평가는 어떻게 현재 행동을 하고 있는지에 대한 솔직한 자기성찰을 포함한다. 만약 현재 하고 있는 일들이 장기적으로 당신의 흥미와 관련이 없다고 판단된다면, 당신은 스스로의 욕구를 충족시키고 있는 것이 아니며, 따라서 행동적인 변화들을 통해서 구체적인 계획들을 만들고 그것들을 수행하기에 딱 알맞은 상황이다.

자기돌봄을 위한 효과적인 계획 수립

Wubbolding(2017)은 SAMIC^{3}을 사용하여 좋은 계획들의 특징들을 설명하였다. SAMIC^{3}은 Simple(단순하고), Attainable(실현 가능하고), Measurable(측정 가능하고), Immediate(즉각적이고), Controlled(계획한 사람에 의해 통제가 가능하고), Committed(전념할 수 있으며), Consistently(지속적인)의 머리글자들의 조합이다. 우리는 이러한 특징들을 가진 계획들을 통해서 각자의 삶에 대해 더 효과적인 통제감을 가질 수 있다.

- 좋은 계획은 현실적으로 할 수 있고, 부정적이기보다는 긍정적이며, 타인에 기대기보다는 자기 자신에 달려 있다. 비록 계획이 세밀하고, 구체적이며, 측정 가능해야 하나, 동시에 조정이 가능하고 여러 번 고치고 변화 가능해야 한다.

- 이 계획에는 친구에게 편지 쓰기, 요가 수업 듣기, 명상 시작하기, 정크푸드 대신 영양가 있는 음식 먹기, 일주일에 2시간은 자원봉사활동 하기, 휴가 가기 등과 같은 과정 중심 활동들도 포함된다.
- 좋은 계획이란 실천의 긍정적인 과정들 혹은 어떤 활동들을 하고 싶은지가 구체적으로 기술되어 있는 것이다. 아주 작은 계획이라도 당신이 갈망하는 변화들을 위한 중요한 단계들을 밟아 나가는 데 도움이 될 수 있다.
- 계획들은 최대한 빨리 실천되어야 한다. '삶에서 변화를 시작하기 위해 오늘 무엇을 하고 싶은가?'
- 계획들은 수정 가능해야 한다. 계획을 수립한 이후에, 그것을 평가하고, 필요하다고 생각되는 경우 일부를 수정하는 것은 매우 유용하다.

당신의 삶 속에 좋은 계획들을 어떻게 적용해 볼 수 있겠는가? 현재의 자기돌봄 수준을 평가하고 이루고 싶은 구체적인 변화들을 생각해 보라. 자기 자신에게 '더 만족스러운 삶을 살도록 돕는 어떤 계획들을 지금 만들 수 있는가?'를 물어보라. 스스로 원하는 자기돌봄 프로그램을 인식한 후에, 당신이 원하는 결과를 이루도록 돕는 계획들을 고안해 보라. 제5장 말미에 나와 있는 자기돌봄 평가를 참고해서 이 질문들에 대해 대답해 보라. '당신의 자기돌봄 계획의 여러 측면에서 당신은 현재 어디에 있는가?' '향후 어디쯤에 있고 싶은가?' '당신의 자기돌봄 실천 계획을 고안하고 수행하는 것을 더 향상시키기 위해서 어떤 것을 할 수 있겠는가?'

이후에 나올 이야기는 결혼 및 가족 상담 수련생인 Mike Aldrich의 자기돌봄 경험이다. Mike Aldrich는 자신의 건강과 행동적인 패턴들로 이루어진 현재의 모습들을 있는 그대로 살펴보면서, 과도한 음주, 약물 사용, 잘못된 식습관, 운동 부족이 그의 대학원 생활 동안 성취를 하는 데 전혀 도움이 되지 않았다는 사실을 깨달았다. 그는 이후 자신이 대학원생으로서 성공을 희망한다면, 자신의 행동 내에서 중요한 변화들을 만들 수 있다고 스스로를 설득하는 자기평가 과정에 능동적으로 참여하였다. 이후 그의 자기돌봄 계획은 그가 자기평가 과정에 절실히 참여하기를 원했기 때문에 매우 효과적이었다.

자기돌봄 내에서 인내심 연습하기

Mike Aldrich

대부분의 내 삶 동안, 나는 스스로를 적절하게 돌보는 데 어려움을 겪었다. 학부 때는 남학생 사교클럽의 아주 열정적인 일원이었고, 여기는 과도한 음주와 약물 사용이 그냥 허용되는 정도가 아니라, 아주 적극 권장되는 문화였다. 나는 일주일에 4일은 술을 과하게 마셨으며, 거의 매일 대마초를 피웠다. 아주 짧은 기간 동안 음식도 잘 가려 먹고 운동도 하기는 했지만, 나는 바로 무기력상태에 빠지고, 정크푸드를 폭식하는 데 빠져 버렸다.

대학원 생활을 시작했을 때, 나는 성공적인 삶을 살기 위해서는 이러한 버릇들의 변화가 필요하다는 사실을 잘 알고 있었다. 하지만 대학원 첫해에 나는 내가 금방 없앨 수 있다고 생각했던 많은 행동을 여전히 했다. 대학원생으로서 세 번째 학기가 되어서야, 내 자기돌봄 습관에 대해서 솔직하게 되돌아보고, 이러한 습관들이 나의 개인적인 생활뿐 아니라 진로에도 어떻게 영향을 미치는지에 대해서 생각해 보게 되었다.

나는 수강한 많은 과목 내에서 자기돌봄에 대해서 들었지만, 윤리적인 문제가 포함될 만큼 중요하다고 생각하지는 않았다. 그때 나는 나의 동료들이 자기돌봄이 윤리적으로 필수적인 요소라고 이야기하는 것을 듣기 시작했다. 이는 정말 나에게는 현실에 대한 깨달음의 결정적인 순간이었다. 그 이후 나는 내 삶에서 아주 획기적인 변화들을 만들어야겠다는 결심을 하게 되었다.

나의 첫 번째 과제는 현재의 자기돌봄 연습들에 대한 정직하고 솔직한 목록을 작성해 보고, 그게 나의 일에 어떤 영향을 미치는지를 평가하는 것이었다. 예를 들어, 나는 비디오게임을 즐기지만(나는 그것을 자기돌봄의 일환으로 생각한다)

이 활동은 균형 잡힌 식사나 운동 계획만큼 나의 자기돌봄 계획에 중요한 활동은 아니었다. 따라서 영양가 있는 식사를 하고, 운동을 하러 가는 시간을 만들기 위해 이 활동을 하는 시간을 줄이기로 했다.

자기돌봄을 더 효과적으로 수행하기 위해, 나는 내가 즐기는 모든 활동을 점검하고, 나에게 가장 유익이 되는 활동들이 무엇인지 우선순위를 정해야 했다. 내가 만든 가장 큰 변화 중 하나는 새로운 습관들을 스케줄표에 적고, 해야 할 일 목록을 만드는 것이었다. 나는 장을 보러 가고 운동을 하러 가는 스케줄을 먼저 잡았다. 이러한 활동들을 달력에 먼저 잡아 놓음으로써, 이 활동들은 내 일상에서 영구적인 부분 중 하나가 되었고, 그냥 없애 버릴 가능성이 줄어들었다. 또한 나는 나에게 도움이 될 만한 것들의 목록을 만들었다. 내가 운동하러 가기 싫어서 소파에 누워 있으면 끌어내 주는 룸메이트와 함께 운동을 하러 갔다. 나는 학과에서 개최한 체중 감소 시합 프로그램에 참여했고, 매주 체중을 재고 금전적 보상을 받는 것은 나로 하여금 운동을 더 자주 하고 오랜 기간 하게끔 했다. 나에게 할 수 있다고 동기부여를 해 주는 사람들과의 관계들은 나의 자기돌봄 실천 계획에 계속 전념할 수 있게 하는 좋은 도구가 되었다. 자기돌봄 계획의 일부로서, 나는 평소 마시는 술의 양을 확 줄였고, 그로 인해 더 효과적으로 기능할 수 있게 되었다.

자기돌봄의 신체적인 영역과 더불어, 내가 평소 무시해 왔던 자기돌봄의 영적인 부분을 더 강화하기 시작했다. 나는 오랜 시간 동안 신앙이 있는 신자이고, 명상의 장점들을 즐겨 왔다. 하지만 운동을 하는 것과 같이, 이러한 영적인 활동들은 조금 하다가 다시 안 하고 정체되는 식으로 이루어졌다. 그래서 이러한 영적인 활동들을 내 삶에 균형 잡히게 하고 통합하기 위해서는 좀 더 현실적이고 실천이 가능한 목표들을 세우는 것이 필요했다. 그래서 나는 매일 명상을 하려고 노력하는 대신, 일주일에 세 번만 명상을 하기로 결정했다. 또한 나 스스로를 돌보기 위해서 매일 밤 기도를 해야 한다고 생각하곤 했지만, 이제는 내가 도움이 되고 필요하다고 느낄 때만 기도를 한다. 특히 내가 도움을 얻기 위해 절대자의 도움이 간절히 필요하고 어려움을 느끼고 있을 때는 항상 기도를 하려고 한다.

내 삶에서의 이러한 변화들을 통합한 후에, 그 결과 거의 7개월 동안 8kg의 체중이 감소했고, 더 기쁘고 에너지가 넘쳤으며, 더 영적으로도 안정되고, 내가 아끼는 사람들과도 더 가까워지는 놀라운 결과들을 경험했다. 나는 내가 지금까지 경험해 본 적이 없는 오랜 기간 동안 이 라이프스타일을 유지하고 있다.

자기돌봄 계획 수행에 있어 내가 해 줄 수 있는 최선의 조언은 계획 내에서 가끔 '속임수'를 쓰는 것도 포용하라는 것이다. 나는 흑백사고(all or nothing)의 오류를 가지고 있기 때문에 종종 다시 이전 안 좋은 습관들로 다시 돌아가곤 한다는 사실을 깨달았다. 만약 자기돌봄을 매우 진지하게 받아들인다면, 스스로에게 친절하고 때로는 당신의 별로 도움이 안 되는 행동들도 좀 받아 줄 필요가 있다. 하루 정도는 친구들과 햄버거도 먹고 맥주 한잔할 수 있지 않은가.

자기돌봄 계획을 유지할 때 경험하는 어려움

필요한 변화의 과정 중에 머무르며 변화를 만드는 것은 여러 어려움과 힘듦을 동반하며, 아마도 이 계획들을 실천해 나가면서 여러 방해물을 만나게 될 것이다. Kottler(2014)는 "변화는 예측 가능한 방식으로, 증가하는 방식으로, 점차 발전되어 가는 방식으로 절대 나타나지 않는다. 앞으로 나아가는 단계들도 있지만, 뒤로 미끄러지고 헛딛는 순간들도 있다."(p. 307)라고 하였다. Kottler는 변화에 실패하는 여러 이유의 원인을 식별하고, 의미 있는 변화의 과정을 계속해 나가는 동안 발생할 수 있는 어려움들에 대처할 수 있는 기술들을 발달시키기를 추천했다. 이러한 어려움들은 우리로 하여금 삶에서의 변화를 만드는 것뿐 아니라, 그것을 유지하는 것도 많은 도전 중 하나임을 상기시킨다. 완벽하게 수행해 내기를 바라기보다, 자기돌봄 목표에 더 가까워지는 어떤 활동들이든 해 나가는 자신을 격려하고 인정해 주는 것이 필요하다.

Alyssa Theis는 스스로의 기대를 충족시키지 못하는 자기 자신에 대한 연민을 가지는 연습의 가치를 배웠다. 그녀는 가족들과 친구들을 포섭하여 자신의 계획에 더 책임감을 가지려고 했다. 자신의 계획을 실천함에 있어서 여러 어려움을 마주하기는 했지만, Alyssa는 계획을 고수하도록 돕는 타인들을 이 계획 실천 과정에 포함시키는 것의 중요성에 대해 지속적으로 배우고 있다.

책임을 나의 자기돌봄 실천 계획에 포함시키기

Alyssa Theis

자기돌봄 계획을 세우는 것은 나에게는 매우 도전적인 일이자 보람된 일이었다. 대학원생으로서의 삶은 너무나도 혼란스럽고 정신이 없을 수 있다. 가만히 앉아서 변화 계획을 세울 수 있는 시간을 찾는 것만으로도 충분히 어려웠다. 나의 자기돌봄은 내가 인간서비스 영역에서 공부를 해 온 몇 년간 천천히 진행되기는 했지만, 석사과정을 시작하고 나서야 자기돌봄의 구체적인 계획들을 세우기 시작했다.

대학원 생활을 시작했을 때, 나는 최대한 빨리 자기돌봄 계획을 시행하기로 의식적인 결정을 했다. 석사과정을 시작하기 전에 나는 몇 년 동안 사례관리자로서 일했는데, 그때 자기돌봄의 개념을 처음 알게 되었다. 내 직장은 자기돌봄 연습의 중요성에 대해서 알려 주었지만, 나는 한 번도 앉아서 나 자신을 위한 계획을 세워 본 적이 없다. 그 결과, 나는 빨리 소진되었고, 나의 직업이 요구하는 업무들을 조절하는 데 어려움을 겪었다. 학교로 돌아왔을 때, 나는 이제는 정말 시간을 가지고 내가 자기돌봄 계획이 어떤 모습이면 좋겠는지에 대해서 진지하게 살펴볼 시간임을 깨달았다. 매 수업마다 자기성찰의 중요성과 목표들을 행동에 옮기는 것이 강조되었기 때문에, 내가 공부하는 상담 프로그램 과정은 내가 자기돌봄 계획을 발전시키는 데 많은 도움이 되었다.

나는 나의 계획들이 나에게 매우 큰 도전일 만큼, 이 계획을 수행하기 위해서 책임감이 매우 중요한 역할을 함을 깨달았다. 나는 나의 가족들과 친구들에게 내가 이 계획들을 계속 실행할 수 있도록 도와 달라고 부탁했고, 가족들과 친구들의 적극적인 지지는 나로 하여금 이 계획들의 실행 가능성을 증가시켰다. 내 자기돌봄 계획 중 한 부분은 재미있는 방식으로 신체건강을 유지하는 것이었다. 이것을 성취하기 위해서, 나는 6개월 전에 남편과 함께 암벽등반을 할 수 있는 운동센터에 등록했다. 나와 남편은 1주일에 최소 두 번은 가기로 했고, 나는 우리가 지금까지 계속하고 있다는 사실이 매우 자랑스럽고, 남편이 내 계획에 함께하는 것은 내가 별로 할 기분이 아닐 때에도 남편이 같이 가서 하자고 격려해 주고, 암벽등반 연습이 우리 둘이 함께 하는 새롭고 즐거운 활동이 되면서, 점차 나의 책임감을 증진시켰다. 현재 너무 바쁜 일정상 시간을 내는 것이 쉽지는 않으나, 우리는 또한 시간이 날 때 최소한 한 번 정도 캠핑 여행을 가거나 주말에 여행을 가려고 노력하고 있다.

　이러한 계획들을 성공적으로 지키고 있음에도 불구하고, 유지하기 위해서는 많은 노력이 필요하다. 일, 학교, 상담실습을 하면서 동시에 건강하게 먹고, 운동 목표를 유지하는 것은 쉽지 않다. 때로는 그냥 그날 먹을 식사를 준비하고, 시간에 맞춰 일하러 나가기 충분할 만큼 일찍 일어나지 않기도 한다. 어떨 때는 내담자들과 상담, 상담 기록 정리, 공부를 하면서 긴 한 주를 보내고 나서 집에서 마음챙김하기(나의 또 다른 목표)에 집중하기 너무 지쳐 있기도 하다. 난 내 계획의 일부로서 자기자비를 포함시키는 것도 배워 나가고 있으며, 내가 할 수 있는 한 최선을 다하고 있음을 스스로 상기시키고, 동시에 때때로 지금 하고 있는 것만으로도 충분하고 괜찮다고 스스로 다독인다. 비록 내가 스스로에게 너무 가혹할 때 이러한 자기자비와 다독임이 많은 도움이 됨에도 불구하고, 난 여전히 이 부분에 있어서는 계속 연습과 노력이 필요하다.

　상담 분야의 다른 많은 사람처럼, 나도 나에게 초점을 맞추기보다 다른 사람을 돌보는 것을 더 선호한다. 지금 석사과정 내의 자기성찰 활동들과 과제들은 나로 하여금 이 자기돌봄의 구체적인 실천 계획들을 고안하고 계속 지켜 나가는 데 정말로 도움이 되었다. 나의 계획들을 계속 실행해 나가면 나갈수록, 나는 친구들, 가족들, 내담자들과 몸과 마음으로 함께 있을 수 있었다. 내가 스스로의 기대를 만족시키지 못했을 때 나 자신을 따뜻하게 대하는 방법을 연습하는 것은 나의 계획대로 생활하는 것만큼 중요하다. 대부분 우리는 내담자들이 그들의 변화 계획들의 성공과 실패를 경험할 수 있도록 격려하면서, 안전하고 따뜻하고 연민 어린 환경들을 쉽게 제공할 수 있다. 나는 나에게도 똑같은 환경을 스스로 제공하는 것이 상담자로서 윤리적인 책임감을 가지는 것이라 생각한다.

자기자비를 연습하는 것은 스스로가 더 책임감 있게 행동하게 한다. 상담 전공 대학원생인 Amanda Johnson은 자신의 자기돌봄 계획을 완벽하게 실행해 나갈 수 없을 거라는 현실을 받아들이면서 동시에 자신의 강점을 더 공고히 만드는 데 초점을 맞추어 갔다며 자신의 이야기를 나누어 주었다.

자기돌봄을 나의 일상의 일부로 만들기

Amanda Johnson

삶 속에서 규칙적으로 자기돌봄을 실행하는 것을 배워 나가는 과정은 항상 쉽지 않지만, 나는 나의 개인적인 삶과 대학원의 삶 모두에서 최적의 상태로 잘 기능하기 위해서 필수적이라고 생각한다. 나를 위한 시간을 내는 것은 어렵지만, 점점 더 스스로를 돌보는 데 시간을 내려고 노력을 기울이는 데 점차 더 성공하고 있다고 믿고 있다. 나의 자기돌봄 계획은 나의 모든 라이프스타일 내에서의 웰니스를 위한 전략들로 구성되어 있다. 내가 자기돌봄을 나의 일과의 일부로 만들면 만들수록, 나는 삶의 다른 의무들이나 해야 하는 일들에 더 충분히 몰두하고 해낼 수 있다는 것을 깨달았다.

자기돌봄은 인지적이자 행동적인 과정이며, 나는 스트레스로 인해 제대로 일들을 해내지 못하거나 너무 힘들어 어쩔 줄 모를 때, 나 자신을 돌볼 수 있는 다른 길들을 발견해 나가고 있다. 내가 사용하는 간단한 접근 중 하나는 마음챙김을 하며 의식적으로 생활하는 것이다. 나의 숨소리 그리고 몸의 움직임들에 주의를 기울이는 단순한 행동들은 나로 하여금 스트레스를 받을 때 좀 진정되게끔 돕는다. 내 주변의 빛들 그리고 소리들을 잘 흡수하면서 잠시 머물러 보는 것도 정신없는 상황에서 차분해지고 진정할 수 있는 순간을 만들어 준다. 하지만 마음챙김은 그냥 시작에 불과하다.

올해 나는 좋은 영양분을 섭취하고, 운동을 하고, 요가를 하는 등 나 자신을 더 잘 돌보기 위한 방법들을 삶에 더 많이 적용해 보려고 노력하고 있다. 새 학기 시작할 때, 아침에 다른 엄마들과 함께 걷기 시작했다. 함께 운동할 수 있는 사람이 있는 것이 내가 좀 더 책임감 있게 행동하는 데 도움이 되는지를 금방 깨달았다. 이건 두 가지 측면에서 효과적이다. 우리는 서로에게 운동을 안 한다고 이야기하는 것을 아주 싫어하는데, 그 결과 우리는 딸들을 학교에 데려다주고 나서 오전에 최소 일주일에 3일은 같이 운동을 한다. 매일의 해야 할 일에 규칙적인 운동을 포함시킨 이유는 무엇을 먹어서 내 몸에 넣으려고 하는지에 대해서 좀 더 많이 의식하고 신경을 쓰기 위함이다. 한번 내가 소소한 몇 가지의 자기돌봄 전략을 수행하기 시작하자, 다른 것들은 자동으로 따라오는 것처럼 보였다. 일주일에 한 번 하는 요가 수업은 내 몸의 소리를 듣고, 나의 코어를 강화시켜 주며, 몸과 마음을 산뜻하게 만들어 준다. 가족들과 친구들과 시간을 보내는 것도 즐기며, 예산이 허락하는 한 내가 원하는 약간의 보상도 스스로 해 주기도 한다. 자기돌봄 계획은 나로 하여금 두 아이에게 헌신적인 엄마로서, 열심히 공부하는 대학원생으로서, 부모님께 좋은 딸로서, 사려 깊은 친구로서, 윤리적인 상담자로서 잘 기능할 수 있게 도와준다.

연구자들은 일상에 새로운 무언가를 더해야 할 때, 일상을 유지하고 싶은 욕구와 변화의 단계들에 대해서 이야기한 바 있다. 나는 이전의 상태로 돌아가는 재발이 일어날 수 있음을 충분히 인식하고 있고, 아마 때때로 예전의 행동으로 돌아가게 될지도 모른다. 내 계획이 잘 이루어지지 않았을 때 나는 스스로를 너무 비판하지 않으려고 한다. 자기돌봄을 수행하는 데 있어서 나에게 가장 중요한 측면 중 하나는 스스로를 용서하는 것이다. 나의 불완전함을 받아들이고 이를 내 강점들을 더 공고히 하는 데 사용하는 것이 반드시 필요하다. 어떤 주는 세상의 최고봉에 서 있는 것 같고, 시간 내에 모든 일을 다 끝내고 내 얼굴에 웃음이 가득하다. 반면, 어떨 때는 내가 마치 로봇처럼 느껴지고 그냥 하루를 겨우 동작에 다른 동작이 연결되는 느낌으로 버틴다. 나는 이러한 힘든 시간에 건강한 행동들을 유지하려고 하는데, 이럴 때 더 스스로가 즐기는 긍정적인 삶을 사는 나를 발견한다.

　　나 스스로를 잘 유지시키는 데 도움이 되는 활동들을 일상생활 속에 일정으로 잡아 두었을 때, 그것은 나의 일상의 일부가 된다. 다른 일정들이 너무 바쁘든 아니든 나는 나의 웰니스에 도움이 되는 목표들에 계속 초점을 맞춰야 한다고 확신한다. 삶이 엉망진창이고 너무 지치고 힘들며 사지가 찢어지는 느낌일 때, 나는 내가 다른 사람들을 돕고 싶다면 스스로를 돌보는 것이 정말 절대적으로 필수적이라고 계속 되뇐다.

　　앞선 세 대학원생의 이야기는 타인을 돌보기 전 전제조건으로서 스스로를 돌보는 것이 윤리적으로 필수적인 일임을 보여 준다. 이들은 모두 일상의 여러 측면에서 사용할 수 있는 개별화된 자기돌봄 계획을 갖는 것의 중요성을 강조하고 있다. 하지 않고 있는 것에 빠져 허우적거리기보다 본인들이 하고 있는 것에 대해서 자랑스러워함으로써 스스로가 숨을 쉴 수 있는 공간을 확보하는 모습들을 보여 주고 있다. 최근 인간서비스 전공으로 학부를 마친 Dana Blake는 타인에게 양질의 서비스를 제공하기 위해서 자기 자신을 돌보는 것을 우선시해야 할 필요성에 대해서 깨달았는데, 그녀의 이야기를 들어 보도록 하자.

실천하는 자기돌봄

Dana Blake

　　나는 어린 나이에 결혼해 세 아이를 키우고 24세가 되던 해에 감정적으로 학대하는 결혼 생활에 지쳐 이혼하였다. 이혼을 하면서 나는 학교로 돌아와 특수

교육 전공의 조교로 일을 시작했다. 나는 현재 특수교육 티칭 자격증을 위해 일하고 있다. 나는 또한 작은 그룹의 리더로서 인턴생활을 하고 있다. 내 목표는 상담전공 석사학위를 따서 부부 및 가족 상담가로 일하는 것이다.

나는 자기돌봄에 열정을 느낀다. 약한 수준부터 중간 수준 정도의 장애 아동을 대상으로 하는 일, 소그룹 촉진자 역할, 미래에 내담자들을 만나는 일에서 인내하고, 함께 있어 주고, 진실한 마음을 가진 나의 능력은 나를 더욱 효과적인 전문인으로 만들어 준다. 나는 일을 할 때 내 모든 최선을 다해서 일해야 한다. 나의 학생들, 그룹 멤버들, 미래의 내담자들은 나에게 그것을 요구하고 받을 자격이 있다. 내 일에 최선을 다하기 위해서는 일을 하지 않을 때에 나를 돌보는 것이 중요하다. 46세의 나이에 나는 오랫동안 계속 하고 싶은 진로를 이제 막 시작했다. 나의 전반적인 건강을 돌보는 것이 무엇보다 내가 전문성을 유지하는 데 매우 중요한 요인이다.

자기돌봄을 수행하는 데 있어서 동기부여만으로는 충분하지 않다. 자기돌봄을 위한 나의 구체적인 계획은 지난 몇 년 동안 신체적, 영성적, 정신적, 정서적으로 발전해 왔다. 신체적인 건강을 위해서 나는 청결한 음식을 먹고, 요가를 하고, 달리고, 충분한 수면을 취했다. 나는 모닝커피를 마시면서 조용히 독서를 하고 기도하는 시간을 가지는 등 나 자신을 영적으로 돌보았다. 또한 정신적 · 정서적 건강을 위한 케어로 12단계 그룹에 참가하고 있는데, 이를 통해 이전의 정서적 학대 경험에 의해 생긴 상처를 회복하는 중이다. 그리고 매주 가족과 친구들과 시간을 보낸다. 나는 내 일과 학교, 맡은 업무들을 계획하는 것과 같은 방법으로 자기돌봄 계획에 포함된 것들을 달력에 표시한다. 현재 나의 스케줄은 꽉 차 있다. 풀타임으로 일을 하고, 네다섯 과목을 수강하고, 인턴십을 하고, 개인적인 관계를 유지한다. 얼핏 보면, 자기돌봄을 할 시간이 없어 보인다. 하지만 나의 자기돌봄 계획에 포함된 것들을 위한 시간을 우선순위로 먼저 만듦으로써, 나는 훨씬 더 효율적이고 효과적인 삶을 살게 된다. 결국 자기돌봄을 실천하는 것은 내가 이루는 모든 것의 중요한 열쇠가 되는 것이다.

자기돌봄을 위한 계획을 실천하고 유지하는 것은 어려울 수 있다. 그리고 나는 이 계획들을 지키기 위한 전략을 개발했다. 그러나 자기돌봄 계획을 유지하는 데 가장 중요한 부분은 내가 자기돌봄을 실천하지 않거나 오히려 망치려고 할 때 자기비난 대신에 여유로워지는 것이다. 자기돌봄 계획을 유지하는 것은 나 자신과 타인과의 적절한 거리를 가지는 것과 융통성 사이의 균형이다. 타인과 거리를 유지하는 것은 나에게 쉬운 일은 아니다. 나는 요가를 연습하고 숙면을 취하기 위해서는 나에게 중요한 사람이라 할지라도 그들과 시간을 보내는 것을 '아니요'라고 말하는 법을 배워야 했다. 그리고 나는 그(들)이 부정적인 반응을 할 수 있는 위험을 감수해야 했다. 나는 나 자신을 먼저 돌보고, 이에 대해 누군가가 잠시 속상해하더라도 감내하는 것이 나의 선택임을 배웠다. 이러한 개인 성장은 내 자기돌봄 계획을 실행하고 싶은 욕구의 부산물이 되어 왔다.

자기돌봄을 실천함으로써 나는 나의 불안감을 줄일 수 있고, 나의 학생들, 그룹 멤버들, 미래의 내담자들과의 만남의 순간들을 온전히 즐길 수 있다. 나는 내가 되고자 하는 사람이 되기 위한 나만의 길을 따를 때 더 진실해진다. 또한 나에게 주어진 도전들이나 방해물들은 내가 생각하고 사는 방식들을 더욱 건강한 변화로 이끈 것으로 이해한다. 그것은 내 평생 계속될 변화무쌍한 과정이다. 궁극적으로 내가 일을 하면서 얻게 될 가장 중요한 것은 바로 나 자신이다! 나의 존재, 정신, 내담자와의 관계는 내가 이루고 싶은 일의 토대가 된다. 그리고 다른 사람들에게 최고의 서비스를 제공하려면, 나는 나 자신과 나의 건강을 최우선으로 생각해야 한다.

성찰을 위한 질문

1. 자기돌봄 계획이 잘되지 않을 때에, 행동 계획을 고수하려는 노력을 하고 있는가? 이전의 안 좋은 상태로 돌아가는 것은 당신에게 어떤 의미인가? 그리고 그것을 어떻게 극복할 것인가?

2. 생활에 적용할 수 있는 자기돌봄을 방해하는 것들은 어떻게 해결할 것인가?

3. 혼자 변화하려는 동기만으로는 자기돌봄에 이상적인 변화를 가져오기에 충분하지 않다. 당신의 자기돌봄 계획과 함께 성공을 경험하려면 동기 이외에 무엇이 더 필요한가?

4. 자기돌봄 계획을 설계하고 유지하는 데 어떤 어려움들을 만날 것으로 예상하는가? 그리고 이러한 어려움들을 어떻게 해결할 것인가?

5. 남을 돌보기 위한 필수전제조건으로 자기돌봄을 실천하는 것은 필수적인가? 남을 효과적으로 돕는 데 관심이 있다면 자신을 돌보는 데 소홀하면 안 된다는 것에 얼마만큼 확신하는가?

6. 자기돌봄 프로그램을 실행하는 데 있어서 가족들과 친구 등과의 관계의 중요성은 이 책의 기고자들의 주요한 주제였다. 자기돌봄 실행계획을 수행하기 위한 자원으로서 사용할 수 있는 개인적 관계는 무엇인가?

자기돌봄 계획 실행의 일관성

말하는 것은 쉽다. 그러나 말을 행동으로 옮기는 것은 어려운 일이다. 자신의 성향을 이해하고 자기돌봄 계획이 성공하기 위해서는 무엇이 필요한지 고려해 보라. 물론 **성공**을 구성하는 것에는 해석의 여지가 있다. 어떤 이는 긍정적인 방향으로 최소 또는 중간 정도의 성장을 한 것에 만족하는 반면에, 다른 이는 계획들을 완벽하게 따르지 않았다면 무조건 실패로 보는 경우도 있다. 당신이 자기돌봄을 실천하는 데 있어서 만족감을 느끼기 위해 어느 정도의 개선이 필요한가? 자기돌봄 계획을 실행하는 작업을 일관되게 하기 위해서는 무엇이 필요한가?

우리는 사람들이 그들의 계획을 일관성 있게 실행하도록 돕는 다섯 가지 요소(자기훈련, 동기부여, 책임감, 좌절을 대처하는 능력, 강력한 지지체계의 존재)

를 살펴보았다. 자신의 자기돌봄 계획을 일관되게 실행할 수 있는지의 가능성을 측정하는 이러한 요인들에 대해 스스로 평가해 보라. 1(매우 낮음)부터 10(매우 높음)까지의 척도로 다음과 같은 요인에 대해 자신을 평가한다.

1 = 매우 낮음 ~ 10 = 매우 높음

1. 자기돌봄 계획을 실행하는 데 있어서 자신의 **자기훈련** 수준

☐ 1　☐ 2　☐ 3　☐ 4　☐ 5　☐ 6　☐ 7　☐ 8　☐ 9　☐ 10

2. 자기돌봄을 실천하고자 하는 **동기** 수준

☐ 1　☐ 2　☐ 3　☐ 4　☐ 5　☐ 6　☐ 7　☐ 8　☐ 9　☐ 10

3. 자신이 설정한 자기돌봄 목표에 대해 스스로 **책임**을 질 수 있는 능력

☐ 1　☐ 2　☐ 3　☐ 4　☐ 5　☐ 6　☐ 7　☐ 8　☐ 9　☐ 10

4. 자기돌봄 요법에 차질이 발생할 경우 **대처**하는 능력과 다시 회복하여 원래대로 돌아올 수 있는 능력

☐ 1　☐ 2　☐ 3　☐ 4　☐ 5　☐ 6　☐ 7　☐ 8　☐ 9　☐ 10

5. 좋은 자기돌봄 방식을 유지하는 것에 대한 주위(가족, 친구, 동료)의 **지지 수준**

☐ 1　☐ 2　☐ 3　☐ 4　☐ 5　☐ 6　☐ 7　☐ 8　☐ 9　☐ 10

이러한 요인들에 대해 자기 자신을 측정한 후, 그중 어느 요인이 가장 걱정되는가? 예를 들어, 만약 여러분이 세운 운동 프로그램을 유지하는 것에 대한 책임을 지는 것에 어려움을 겪고 있고 책임감 척도에 낮은 점수를 매겼다면, 점수를 높이기 위해 무엇을 할 수 있는가? 당신의 프로그램에 인센티브를 제공하거나 친구에게 도움을 청할 것인가? 우리가 세운 목표들 중에 일부를 달성하는 데 있어서 꽤 진전될 수 있을지라도, 완벽하게 수행하기는 어렵다.

실제로 우리가 단순하게 우리의 자기돌봄 요법을 완벽하게 해냈다고 생각할 때, 사실 그 어떤 것도 완벽하지 않거나 무한히 지속되는 것은 없다는 것을 우리에게 상기시키는 일이 일어나기 쉽다. 우리는 당신이 완벽한 수행을 할 수 없을 때에도 자신의 자기돌봄 프로그램을 꾸준히 실행하기를 바란다.

상담자 자기돌봄에 대한 저자들의 고찰

이 책을 쓰는 과정은 우리에게는 아주 행복한 여정과 같았다. 우리는 각 장에서 소개된 주요 주제들을 살펴보고 많은 기고자가 서술한 내용들을 살펴보면서 우리 자신에 대해서, 서로에 대해서, 자기돌봄과 관련된 주제에 대해서 많은 것을 배웠다. 그리고 우리는 이 프로젝트를 수행하면서 어떤 영향을 받았는지 성찰하는 시간을 가지면서 이 책을 마무리하려고 한다.

Jude의 개인적 고찰

책을 쓰는 초반에 나는 "당신에게 필요한 내담자를 만난다."라는 상담의 격언을 참고했다. 이 격언을 내 경험에 비추어 적용하면, "당신에게 필요한 프로젝트를 하게 될 것이다."라고 말할 수 있겠다. 이 책을 집필하는 동안, 나는 자기돌봄에 대한 나의 관계를 직면할 필요가 있었다. 기고자들이 쓴 이야기들을 읽고, 나의 동료 저자들과 이 프로젝트에 관해 논의하고, 그리고 나의 경험들을 솔직하게 공유하는 이 일련의 과정들이 나에게 필요한 자기돌봄이었다. 다른 사람들을 이 책에 기고하도록 초대하고 그들이 서술한 내용과 경험들을 논의하기 위해서 나의 동료들과 지속적으로 만남을 가졌다. 나는 기고자들의 이야기를 읽으면서 나 자신의 자기돌봄 과정에서 덜 외로움을 느꼈다. 나는 개인적으로나 직업적으로 존경하는 사람들의 이야기를 공유하면서 더욱 겸손해졌다. 표면적으로, 그들은 모든 것을 다 가지고 있는 것처럼 보인다. 그러나 그들 또한 자기돌봄을 실천하는 것의 어려움을 이야기하는 것을 보면서 나의 학생들은 나를 어떻게 인식하고 있는지를 생각해 보았다. 나는 내 자기돌봄 과정에 대해 좀 더 투명해지도록 노력하고 있고, 특히 나의 박사과정생들의 자기돌봄 과정은 어떠한지 알아보려고 노력한다. 학생들이 나에게 어떻게 지내는지 물어보면, 나는 주어진 과제들을 처리하는 과정에서 생기는 피곤함이나 불안을 공유한다. 그리고 이러한 부정적인 감정들을 해소하기 위해 나 자신을 어떻게 돌보는지도 설명한다. 본질적으로, 이 책을 집필하면서 나 자신과 다른 사람들의 자기돌봄에 관해 훨씬 더 자세히 들여다볼 수 있었다.

이 책을 쓰는 것은 또한 나뿐만 아니라 Michelle, Jerry, Julius에게도 직업적 경계 유지, 삶에서 의미 찾기, 관계 증진과 같은 어려운 주제들을 논의할 수 있는 기회를 주었다. 나는 이들과 더 자주 이야기하고 그들로부터 배우는 것을 즐겼다. 박사과정생으로서 이런 대화를 했다면 교수가 되는 것을 준비하는 데 있어서 더 많은 도움이 되었을 것 같다. 책을 집필하는 과정을 통해, 나는 자기돌봄 실천에 있어서 계획을 덜 세우는 대신 적응하려는 데 더 힘썼다. "모든 선수는 얼굴에 주먹을 맞을 때까지 계획을 가지고 있다."라는 옛날 권투 격언처럼, 집필하는 경험은 내 얼굴을 여러 차례 때렸다. 연구 프로젝트를 진행하고, 새로운 집에 정착하고, 나의 개인적·직업적 책임감들과 씨름하는 것은 나로 하여금 내 자기돌봄의 한계에 도달하게 하였다. 그리고 내 자기돌봄 계획은 상황에 맞게 조정되어야 했고, 나는 그 변화에 맞추어 움직였다.

각 장을 다루면서 나는 이 직업에서 살아남기 위해 무엇이 중요한지를 배웠다. 제2장을 공부하면서 나는 나의 경력을 단거리가 아닌 마라톤처럼 보아야 한다는 것을 알았다. 제3장은 이제 더 이상 학생이 아니라 교수가 되었으니 자기돌봄이 얼마나 중요한지를 이해하는 데 도움이 되었다. 제4장은 나의 개인적·전문적 삶 사이의 관계, 그리고 이런 부분들이 어떻게 상호작용을 하는지를 생각하는 데 도움이 되었다. 제5장은 내가 생각해 보지 않았던 자기돌봄에 대한 몇 가지 독특한 접근법을 제공했다. 제6장은 내 삶의 경계와 그것이 내 자기돌봄에 어떻게 영향을 미치는지 생각하게끔 하였다. 제7장은 내가 책임져야 할 것들과 프로젝트들이 나 자신, 친구, 가족, 동료들과의 관계에 어떤 영향을 미치는지 이해하는 데 도움을 주었다. 제8장은 이전 장들에서 다룬 주제들을 모아 내가 어떻게 자기돌봄을 통해 인생의 의미를 얻을 수 있는지 볼 수 있도록 도와주었다.

수업에서의 적용

이 책을 집필하면서 나는 상담을 가르치는 교수로서의 가치관에 직면하게 되었다. 박사과정 시절, 학생들을 지지하고 자신을 돌보기 위해 교수로서 무엇을 할 것인가에 대한 생각은 다소 순진했다. 교수가 되는 것은 재정적인 스트레스에서 약간 벗어나게 해 주었고 그것은 나의 웰빙을 크게 향상시켰지만 이 직책은 나에게 또 다른 도전 과제를 안겨 준다. 한 가지 도전은 내 학생들을 지원하는 더 나은 방법을 찾기 위해 나 자신의 창의력을 활용하는 방법을 배우는 것이다.

다른 교수들의 기고문을 읽으면서, 나는 상담전공 교수가 학생, 지역사회, 대학에 대한 많은 책임을 짊어져야 한다는 것을 상기했다. 연구에 대한 압박과 그 외의 다른 요인들은 교수들이 학생들과 함께 보내는 시간을 줄어들게 한다. 우리에게 필요한 모든 것을 성취하기 위해 애쓰는 동안, 우리는 수업에서 자기돌봄의 중요성을 어필하지 않음으로써 학생들이 소진의 위험으로부터 스스로를 보호할 수 있도록 돕는 역할을 제대로 하지 못할 수 있다.

매 학기 상담 프로그램을 졸업하는 학생들의 수를 되돌아볼 때, 나와 내 동료들은 그 학생들 중 몇 퍼센트가 건강한지 혹은 건강하지 못한지 궁금하다. 그 학생들 중 얼마나 많은 학생이 그들의 내담자에게 해를 끼칠 것인가? 그 학생들 중 얼마나 많은 학생이 그들의 내담자들과 깊고 의미 있는 일을 할 수 있는 능력을 가지고 있는가? 그 학생들 중 얼마나 많은 학생이 우리가 하는 일에 내재된 스트레스로 인해 자신에게 해를 끼칠까? 이러한 질문에 대한 우리의 대답은, 학생들이 이 책에서 공유한 경험들과 함께 자기돌봄이 나의 삶에서 더 중요한 것으로 만들도록 영감을 주었다.

Julius의 개인적 고찰

나의 경력에서 지금 이 시점에 자기돌봄이라는 주제를 가지고 집필하는 것을 행운이라고 느낀다. 그리고 무엇보다 친절하고, 사려 깊고, 진실하고, 유머러스한 공동 저자들과 함께 이 책을 쓰고 있는 것이 더 행운이라고 생각한다. Michelle, Jerry, Jude는 책의 다른 단계에서 스스로 취약성을 가지고 있다는 점을 훨씬 더 견딜 수 있게 만들었다. 우리는 개인적인 변화를 함께 겪었고, 나는 집필하는 과정 내내 나를 받아들이고 인내해 준 나의 공동 저자들에게 감사하다.

이 협업의 가장 어려운 부분은 우리의 개인적 삶과 전문적 삶 사이의 균형을 잡는 것과 서로 다른 스케줄과 각자 살고 있는 지역의 시간대를 조정하는 것이었다. 나의 경우 매일 많은 내담자를 만나야 해서 주로 주말에 대부분의 글을 썼다. 나는 우리 가족이 내가 집필을 완성하는 데 시간을 할애할 수 있도록 허락해 준 것에 감사한다. 특히 나의 집필팀은 내가 많은 감투를 짊어져야 하는 상황을 인정해 주었고, 내가 결국 집필을 마칠 것이라는 것을 믿어 주어서 감사하다.

수업에서의 적용

이 책의 가장 흥미로운 점은 다양한 교육 환경에서 공부하고 있는 학생들이 기고자로 참여했다는 점이다. 그중에서 통일된 주제로는 스트레스, 좌절, 완벽주의, 희망, 불안, 자긍심, 수용 등이 있는데, 이는 나의 현재 학생들도 경험하고 있다. 나는 여러 요인으로 인해 엄청난 압박감과 책임을 느끼는 초보 상담자들을 가르친다. 특히 내 존재가 어떻게 내 학생들의 자기돌봄에 기여할 수 있는지 점점 더 깊이 고민하고 싶다. 이 책을 쓰면서 나는 두 가지 중요한 질문, 즉 '어떤 면에서 내가 학생들이 스스로 자신들을 돌보도록 영향을 미치는가?' '어떻게 하면 교실에서 자기돌봄의 중요성을 강조할 수 있을까?'를 스스로에게 던질 수밖에 없었다. 고심한 끝에, 나는 내 학생들 사이에서 더 나은 자기돌봄을 촉진할 수 있는 한 가지 방법은 이 질문들을 내 수업의

한 주제로 다루는 것이라는 결론에 도달했다.

　대학원생들은 대개 자신에 대한 기대가 높고, 동기수준이 높으며, 때로는 그들 자신에게 스스로 가장 가혹한 비평가가 되기도 한다. 강의실은 외부 세계의 축소판이다. 나의 강의실을 학생들이 서로 체크인하고, 약한 모습을 보일 수 있고, 서로와 자신을 평가하는 데 안전한 장소인 환경으로 제공함으로써, 나는 자기돌봄을 적용하고 모든 사람이 환영받고 서로 연결되었다고 느낄 수 있도록 할 수 있다. 내 학생들 중 많은 수가 대학원을 다니기 위해서 다니던 직장을 그만두고 학생으로서의 삶을 사는 변화에 놓여 있다. 나는 학습환경으로 전환할 때, 의도적으로 자기를 돌보는 방식을 실시한다. 매 수업의 처음 10분에서 20분 동안 서로 체크하는 것이 중요하다. 나는 또한 수업계획표를 짤 때에 하루나 이틀 정도 '근무일(work days)'이라고 지정해서 학생들이 강의실에 와서 주요 과목 과제를 하게 하는 것이 중요하다고 생각한다. 이러한 '근무일'은 강의자료에서 좀 벗어나서 강의실에서 과제를 할 수 있고, 필요한 경우 교수자의 설명을 들을 수 있다. 나는 내 과목의 구조에 이러한 추가적 혜택으로 인해 학생들이 받고 있는 학업에 대한 압박감을 해소하고 더 나은 자기돌봄을 촉진하는 데 도움이 될 것이라고 생각한다.

Michelle의 개인적 고찰

　Jerry가 이 책의 공동 저자로 함께 일하자고 제안했을 때, 나는 내가 그 일에 적임자인지 궁금했다. 비록 나는 좋은 자기돌봄을 실천하는 것이 중요하다는 것을 오래전부터 알고 있었지만, 그것을 이행하는 것이 얼마나 어려운 것인지를 알기 때문이다. Jerry를 다년간 알고 지내면서 그의 체력에 경외심을 느끼고 Jude와 Jullius가 전직 프로 축구선수라는 것을 알았을 때, 내가 과연 기여할 만한 실체가 있을까 하는 의문을 품었다. 무엇보다 내가 실행한 가장 육체적인 활동은 주차장에서 직장 사무실까지 걷는 것이 전부였거나 아주 가끔씩 사무실 건물 5층 주변을 왔다 갔다 하는 것이었다. 물론 육체적인 활동은 자기돌봄을 이루는 여러 요인 중 하나일 뿐이라는 것을 알지만, 그렇다고 다른 어떤 놀라운 방식으로 자기돌봄을 다루지도 않는다. 어떤 방식으로 이 책을 집필하는 데 도움이 될 수 있는지를 고민한 끝에 나는 우리 주위를 둘러싼 자기돌봄을 방해하는 장애물들에는 어떤 것들이 있는지 알아보고 자기돌봄을 실천하는 과정에서 직면하는 나의 개인적인 어려움을 공유하는 것이 좋겠다는 결론을 내렸다. 집필하는 과정은 매우 보람찬 경험이었기에 나는 나 자신에 대한 의심에 맞서고 이 프로젝트를 착수하게 되어 매우 기쁘다. 자기돌봄에 관한 기고자들의 독특한 개인적인 경험들을 검토하고 편집한 결과, 나는 Irvin Yalom이 치료요소로 말하는 '범용성'을 느꼈다. 공동저자들을 포함해서 많은 기고자 또한 자기돌봄을 실천하는 것의 어려움을 읽으면서 아마도 이것이 어렵지 않다고 생각하는 것이 오히려 흔치 않은 일이라는 나의 의심이 확신으로 바뀌었다. 자기돌봄을 완벽하게 수행하지 못하는 사람이 나 혼자만이 아니라는 것을 알게 되어 나의 한계를 있는 그대로 받아들이는 데 도움이 되었다. 사실 나는 변화의 역설적인 이론에 따라 나 자신을 있는 그대로 받아들임으로써—내가 아닌 다른 누군가가 되려고 하는, 즉 자기돌봄에 능한 사람이 되려고 하기보다—현재 나의 자기관리 요법 내에서 약간의 변화를 가져 보려고 할 가능성이 더 크다. 사실대로 말하자면, 나는 이미 그렇게 하기 시작했다.

우리가 당신에게 긍정적이든 부정적이든 자기돌봄 습관에 대해 정직하게 목록을 작성하라고 촉구했듯이, 나 또한 이 책을 작업하면서 나 자신의 자기관리 단점과 성공 사례를 검토하였다. 예를 들어, 나는 규칙적으로 운동을 하고 더 나은 식습관을 채택하면 기분이 나아질 것이라는 것을 알고 있다. 그리고 나는 밤에 충분한 잠을 자도록 하는 것과 같은 내 자기돌봄의 일부분에 만족한다. 나는 마사지나 매니큐어/페디큐어를 하는 데 시간을 가지거나 영화나 TV 프로그램을 보고 친구들과 콘서트에 참석하는 등 현재 내가 즐기고 있는 몇 가지 활동을 더 늘리고 싶다. 나는 또한 내 삶에 '재미있는' 것을 포함시키기 위해 더 많은 노력을 해야 한다는 것을 인정한다. 아버지의 죽음과 그의 죽음으로 인해 고통받던 지옥 같았던 한 달 동안 나는 이 책을 작업하면서 아름다운 꽃다발이나 일몰을 보는 것(하지만 일출은 아니다. 왜냐하면 나는 일찍 일어나는 사람이 아니기 때문이다!) 등 아주 사소한 것에서 즐거움을 찾는 것이 중요하다는 것을 다시 한번 일깨워 주었다. 주로 그 시련과 이 책을 쓰는 데 참여했던 결과로서, 나는 내 인생에서 내가 감사하고 있는 것에 대해 좀 더 자주 생각하고 자긍심을 실천하기 위해 일치된 노력을 해 왔다.

수업에서의 적용

나는 항상 학생들에게 '자신에게 친절하고 휴식을 주는 것의 중요성'에 대해 이야기해 왔지만, 이 프로젝트는 내 수업에 자기돌봄을 포함시킬 수 있는 다른 방법들에 대해 좀 더 진지하게 생각하게 했다. 나는 그룹 작업의 열렬한 팬이고 종종 체크인이나 소그룹 활동을 수업에 포함시킨다. 나는 학생들이 무엇을 잘하고 있는지와 오늘날 무엇을 가지고 고생하는지에 대해 말할 수 있는 기회를 쉽게 줄 수 있었다. 나는 그들에게 그들만의 자기돌봄 계획을 세우고 수업시간 중에 그것을 개발하도록 장려할 수 있다. 자기돌봄을 실천하는 것은 그들의 윤리적 의무 중 하나이며, 심리적 소진을 경험하는 것을 막는 완충제이기 때문에, 나는 자기돌봄을 개발하는 시간이 필요하다고 생각한다.

나는 Jude, Julius, Jerry와 함께 대화하면서 이 책을 정리하는 것이 정말 즐거웠다. 사람들은 이런 대화가 그 자체로 일종의 자기돌봄이라고 말할지도 모른다. 이 책을 쓰는 동안 나는 개인적으로 스트레스를 많이 받는 일들이 있었는데, 이 시기에 자기돌봄에 관한 글을 쓰는 일은 나에게는 아주 필요한 시기에 받는 선물과도 같은 것이었다. Jude가 자신의 개인적인 성찰에서 언급했듯이, 아마도 이 프로젝트는 우리에게 필요한 것일지도 모른다. 그래서 나는 더욱 감사하다.

Jerry의 개인적 고찰

비록 이번 집필이 처음은 아니지만, 세 명의 공동 저자와 함께 새로운 책을 쓰는 것은 또 다른 느낌이었다. 우리는 협력하여 제안서의 초안을 작성하고, 초안을 완성하고, '상담자들이여, 자기 자신을 돌보아야 한다!'라는 메시지를 청중들에게 어떻게 전달할 수 있는지에 대한 아이디어를 교환했다. 우리는 학생, 상담자, 상담교육자(교수) 등을 초대해 자기돌봄에 관한 이야기를 나누게 했고, 나는 그들의 정직함과 그동안 겪었던 시행착오들을 솔직하게 드러낸 용기에 감명받았다. 그리고 그들 스스로를 위로하고 아껴 주기 위해 고안한 계획들을 공유한 것에 대해 깊은 감사를 느낀다. 비록 그들이 마주친 장애물에도 불구하고, 그들의 이야기는 미래에 대한 희망과 비전으로 가득 차 있다. 자신을 돌보는 데 있어서 완벽함을 요구하지 않고, 때때로 좌절에도 불구하고 더 잘하기 위해 계속 노력하며, 그들이 필요로 하는 도움을 요청하며, 또한 우리가 상담을 잘하려면 자기돌봄을 일관되게 실천하는 것이 필수적이라는 것을 인식하는 등 많은 주제가 탐구되었다.

물론 52명의 기고자와 함께 일하는 것은 나 자신의 자기돌봄 프로그램을 재평가하는 촉매제가 되었다. 나는 확실히 지금보다 더 많은 운동을 할 필요는 없지만, 다른 측면들은 개선의 여지가 있다. 산길을 걷는 동안 자연과의 교감에 몰두하는 대신, 나는 종종 나의 오래된 휴대폰으로 친구나 가족, 동료, 또는 나의 공동 저자들과 이야기를 나눈다. 이 대화는 생산적일 수 있지만, 정확히 말하면 이런 행동들은 마음챙김을 하면서 자연 속을 걷고 있지는 않은 것이다! 어느 날 이야기를 나누며 오솔길을 걷다가 방울뱀과 마주쳤고, 나는 곧장 펄쩍 뛰어올랐다! 그 후에는 좀 더 마음챙김 명상에 집중을 해야겠다고 다짐했지만, 내 의도대로 잘되지는 않았다. 내가 해야 할 과업과 집중적인 활동에 휩쓸리지 않는 것은 참 어려운 일이다. 내가 매일 자기돌봄의 일환으로 실천하고 싶은 것 중 하나로 짧은 시간 동안 명상을 하면서 자기성찰을 가지고 싶지만, 나는 너무 바빠서 '그냥 하지 않는다.'고 나 자신에게 말한다. 그렇다면 운동할 시간이 없어서 '그냥 하지 않는다.'라고 말하는 사람에게 나는 뭐라고 말할까?

수업에서의 적용

이 과정을 통해 배운 것을 내 교수 생활에 적용하기 위해, 내가 가르치는 수업에서 자기돌봄에 관한 논의를 하는 시간을 계속 만들려고 한다. 수업시간에 자기돌봄의 일부 측면에 초점을 맞춰 보는 것은 실제로 다른 수업에서 수업 시작하는 시점에 약간 조용한 순간을 가지는 것이나 몇 분간 제공한 내용을 보는 것처럼 간단한 작업일 수 있다. 나는 이 책에도 기고자로 참여한 몇몇 졸업생을 강의실에 초대해서 그들의 독특한 자기돌봄 여정을 공유하도록 할 것이다. 아마도 나는 학생들에게 학기 중에 개인적인 자기돌봄 실천 계획을 설계하도록 하고, 학생들이 그들의 계획의 어떤 측면을 실행하는 데 있어서 서로를 지원하도록 격려할 것이다. 요컨대, 나는 이 책에서 다룬 많은 메시지를 내가 가르치는 수업에서 활용할 생각이다. 왜냐하면 자기돌봄은 모든 상담자의 전문적이고 개인적인 삶의 필수적인 부분이기 때문이다.

이 책의 주요 메시지

『상담자 자기돌봄』의 집필을 마무리하면서, 우리는 당신에게 이 책의 주요 메시지는 무엇인지 생각해 볼 것을 권유한다. 우리는 이 책이 당신 자신의 자기돌봄 계획을 추진하도록 영감을 주고 당신이 원하는 것과 필요한 것을 위해 끊임없이 노력하기를 바란다. 이 프로젝트에서 얻은 몇 가지 핵심 메시지는 다음과 같다.

- 최선을 다하기 위해 노력하되, 완벽주의가 당신의 삶을 지배하고 움직이지 않게 하라. 자기돌봄을 불완전하게 실천하는 것은 문제가 되지 않는다! 자기돌봄을 아예 하지 않는 것보다 자기돌봄을 하는 것이 낫다.
- 두려움, 의심, 부정적인 자기대화를 인식하고 여러분의 자기돌봄 목표를 달성하는 데 방해하는 요소에 기꺼이 도전하라.

- 비록 당신의 대학원 프로그램이 자기돌봄을 실천하는 분위기를 제공하지 않더라도, 스스로의 삶에 자기돌봄 원칙과 실천을 통합하는 데 적극적으로 행동하라.
- 학생뿐만 아니라 전문가가 된 후에도 필요할 때는 도움을 요청할 수 있는 열린 자세를 유지하라. 우리는 내담자들에게도 이렇게 하도록 장려하고, 우리가 주장하는 것들을 우리들도 실천해서 모범이 되어야 하고, 도움이 필요할 때 기꺼이 다른 사람들에게 손을 내밀어야 한다.
- 내담자 및 다른 사람들과 적절한 경계를 만들고 유지하라. 명확한 경계를 설정하는 것은 자기돌봄을 실천하는 데 매우 중요하다.
- 모두에게 통하는 완벽한 자기돌봄 계획이라는 것은 존재하지 않는다는 것을 알라. 즉, 자신에게 맞는 계획을 세우고 모든 단계에서 자신을 돌볼 수 있는 동기를 부여하라.
- 자기훈련을 하고, 열심히 일하며, 길이 험할 때 포기하지 말라. 최선을 다하되, 낙담하지 말라.
- 계획을 실행할 때 자신에게 책임을 질 수 있는 방법을 생각해 보라. 그리고 자기돌봄 실천을 어떻게 모니터할 수 있는지 고민해 보라.
- 실수하는 것과 실패하는 것을 동일시하지 말라. 실수에서 배우는 것에 개방적이어야 한다.
- 학업 초기나 경력 초기에는 기회가 주어졌을 때에 가능한 한 '예'라고 말하되 주눅 들지 말라. 일단 당신의 직업에서 자리를 잡게 되면, 당신은 스스로 택할 기회에 대해 좀 더 선택적일 필요가 있을 것이다.
- 자기돌봄을 향한 여정에서 길을 잃더라도 다시 길을 찾을 수 있다는 희망을 잃지 말라.

경력 초기부터 자기돌봄 프로그램을 충실히 실행한다면 나이가 들어서도 자기관리 프로그램을 유지하고 좀 더 나은 은퇴를 준비할 수 있을 것이다.

자기돌봄을 일찍 시작할수록 라이프스타일의 일부가 되기 쉽다. 그러나 만약 당신이 당신의 삶과 직업에서 더 발전된 순간에 도달하기를 기다려 오고 있다면 절망하지 말라. 당신의 삶에 긍정적인 변화를 만드는 것은 결코 늦지 않았다. 결국 우리는 상담자로서, 전문가로서, 모든 연령과 다양한 환경의 사람들이 그들의 삶을 향상시키는 것을 돕는 일을 전문적으로 하고 있다. 우리(Michelle, Jude, Julius, Jerry)도 우리 삶을 최대한 향상시킬 수 있는 기회를 가질 자격이 있다. 그리고 그것은 당신도 마찬가지이다!

참고문헌

Allan, R., McLuckie, A., & Hoffecker, L. (2016). *Clinical supervision of psychotherapists: A systematic review.* Retrieved from https://www. campbellcollaboration.org/media/k2/attachments/Allan_Clinical_Supervision_ Title.pdf

Aponte, H. J., & Kissil, K. (2014). "If I can grapple with this I can truly be of use in the therapy room": Using the therapist's own emotional struggles to facilitate effective therapy. *Journal of Marital and Family Therapy, 40*(2), 152-164.

Austin, J. T. (2016). *Helping counseling students develop therapeutic presence: A modified Delphi study* (Unpublished doctoral dissertation). University of Wyoming, Laramie, Wyoming.

Bamonti, P. M., Keelan, C. M., Larson, N., Mentrikoski, J. M., Randall, C. L., Sly, S. K., . . . McNeil, D. W. (2014). Promoting ethical behavior by cultivating a culture of self-care during graduate training: A call to action. *Training and Education in Professional Psychology, 8*(4), 253-260. doi:10.1037/tep0000056

Barnett, J. E., Baker, E. K., Elman, N. S., & Schoener, G. R. (2007). In pursuit of wellness: The self-care imperative. *Professional Psychology: Research and Practice, 38*(6), 603-612.

Barnett, J. E. (2017). An introduction to boundaries and multiple relationships for psychotherapists: Issue, challenges, and recommendations. In O. Zur (Ed.),

Multiple relationships in psychotherapy and counseling: Unavoidable, common, and mandatory dual relations in therapy (pp. 17-29). New York, NY: Routledge.

Carlson, J., & Englar-Carlson, M. (2017). *Adlerian psychotherapy*. Washington, DC: American Psychological Association.

Carrola, P. A., Olivarez, A., & Karcher, M. J. (2016). Correctional counselor burnout: Examining burnout rates using the Counselor Burnout Inventory. *Journal of Offender Rehabilitation, 55*(3), 195-212.

Coker, A. D., & Bryant, R. (2016, April). *Courageous conversations with women of color in counselor education*. Association of Multicultural Counseling and Development [Webinar series]. Retrieved from https://youtu.be/MqlRt-ETGYE

Coleman, C., Martensen, C., Scott, R., & Indelicato, N. A. (2016). Unpacking self-care: The connection between mindfulness, self-compassion, and self-care for counselors. *Counseling & Wellness: A Professional Counseling Journal, 5.*

Corey, G., Corey, M. S., & Muratori, M. (2018). *I never knew I had a choice* (11th ed.). Boston, MA: Cengage Learning.

Dalai Lama. (2001). *An open heart: Practicing compassion in everyday life*. Boston, MA: Little Brown.

Dattilio, F. M. (2015). The self-care of psychologists and mental health professionals: A review and practitioner guide. *The Australian Psychologist, 50*, 393-399.

Derks, D., & Bakker, A. B. (2014). Smartphone use, work-home interference, and burnout: A diary study on role recovery. *Applied Psychology, 63*, 411-440.

El-Ghoroury, N., Galper, D. I., Sawaqdeh, A., & Bufka, L. F. (2012). Stress, coping, and barriers to wellness among psychology graduate students. *Training and Education in Professional Psychology, 6*, 122-134. doi:10.1037/a0028768

Ellis, A., & Ellis, D. J. (2011). *Rational emotive behavior therapy*. Washington, DC: American Psychological Association.

Englar-Carlson, M., Evans, M. P., & Duffey, T. (2014). *A counselor's guide to working with men*. Alexandria, VA: American Counseling Association.

Englar-Carlson, M., & Kottler, J. (2017). In Memoriam—Jon Carlson: A positive force in counseling, psychology and the world. *Counseling Today, 59*(10), 42-43.

Enright, R. D. (2012). *The forgiving life*. Washington, DC: American Psychological Association.

Felix, E. D., & Afifi, W. (2015). The role of social support on mental health after multiple wildfire disasters. *Journal of Community Psychology, 43*(2), 156-170.

Francis, P. C. (2016). Religion and spirituality in counseling. In I. Marini & M. A. Stebnicki (Eds.), *The professional counselor's desk reference* (2nd ed., pp. 559-564). New York, NY: Springer.

Frankl, V. (1963). *Man's search for meaning.* New York, NY: Washington Square Press.

Frankl, V. (1965). *The doctor and the soul.* New York, NY: Bantam.

Frankl, V. (1967). *Psychotherapy and existentialism.* New York, NY: Simon & Schuster.

Frankl, V. (1969). *The will to meaning: Foundation and applications of logotherapy.* New York, NY: New American Library.

Fried, A. L., & Fisher, C. B. (2016). Moral stress and job burnout among frontline staff conducting clinical research on affective and anxiety disorders. *Professional Psychology: Research and Practice, 47*(3), 171-180.

García-Alandete, J. (2015). Does meaning in life predict psychological well-being? *European Journal of Counselling Psychology, 3*(2), 89-98.

Geller, S. M. (2017). *A practical guide for cultivating therapeutic presence.* Washington, DC: American Psychological Association.

Geller, S. M., & Greenberg, L. S. (2012). *Therapeutic presence: A mindful approach to effective therapy.* Washington, DC: American Psychological Association.

Germer, C. K., Siegel, R. D., & Fulton, P. R. (Eds.). (2013). *Mindfulness and psychotherapy* (2nd ed.). New York, NY: Guilford Press.

Gilbert, P. (2010). *The compassionate mind: A new approach to life's challenges.* Oakland, CA: New Harbinger Publications.

Gutierrez, D., Conley, A. H., & Young, M. (2016). Examining the effects of Jyoti meditation on stress and the moderating role of emotional intelligence. *Counselor Education and Supervision, 55,* 109-122. doi:10.1002/ceas.12036

Gupta, N., & Irwin, J. D. (2016). In-class distractions: The role of Facebook and the primary learning task. *Computers in Human Behavior, 55,* 1165-1178. doi:10.1016/j.chb.2014.10.022

Hales, D. (2017). *An invitation to health: Build your future* (17th ed.). Boston, MA: Cengage Learning.

Haynes, R. L. (2014). *Take control of life's crises today: A practical guide.* Chula Vista,

CA: Aventine Press.

Herlihy, B., & Corey, G. (2015). *Boundary issues in counseling: Multiple roles and responsibilities* (3rd ed.). Alexandria, VA: American Counseling Association.

Hermann, M. A., Ziomek-Daigle, J., & Dockery, D. J. (2014). Motherhood and counselor education: Experiences with work-life balance. *Adultspan Journal, 13,* 109-119.

Hollis, R. B. (2016). Mind wandering, control failures, and social media distractions in online learning. *Learning and Instruction, 42,* 104-112.

Jacobs, G. A., Gray, B. L., Erickson, S. E., Gonzalez, E. D., & Quevillon, R. P. (2016). Disaster mental health and community-based psychological first aid: Concepts and education/training. *Journal of Clinical Psychology, 72*(12), 1307-1317.

Johns Hopkins Medicine. (2014, Summer). The healing power of forgiveness. *Health,* 6-9.

Johnson, R. (2013). *Spirituality in counseling and psychotherapy: An integrative approach that empowers clients.* Hoboken, NJ: Wiley.

Johnson, W. B., Barnett, J. E., Elman, N. S., Forrest, L., & Kaslow, N. J. (2012). The competent community: Toward a vital reformulation of professional ethics. *American Psychologist, 67*(7), 557-569.

Johnson, W. B., & Smith, D. (2016). *Athena rising: How and why men should mentor women.* Brookline, MA: Bibliomotion.

Kabat-Zinn, J. (1990). *Full catastrophe living.* New York, NY: Delacorte.

Kabat-Zinn, J. (1994). *Wherever you go, there you are: Mindfulness meditation in everyday life.* New York, NY: Hyperion.

Kampfe, C. M. (2015). *Counseling older people: Opportunities and challenges.* Alexandria, VA: American Counseling Association.

Kelly, E. L., Moen, P., Oakes, J. M., Fan, W., Okechukwu, C., Davis, K. D., . . . Casper, L. M. (2014). Changing work and work-family conflict: Evidence from the work, family, and health network. *American Sociological Review, 79*(3), 485-516.

Killen, A., & Macaskill, A. (2015). Using a gratitude intervention to enhance well-being in older adults. *Journal of Happiness Studies, 16,* 947-964.

Kottler, J. A. (2014). *Change: What really leads to lasting personal transformation.* Oxford, NY: Oxford University Press.

Kottler, J. A. (2017). *On being a therapist* (5th ed.). Oxford, NY: Oxford University Press.

Kottler, J. A., & Balkin, R. (2017). *Relationships in counseling and the counselor's life.* Alexandria, VA: American Counseling Association.

Kottler, J. A., & Carlson, J. (2016). *Therapy over 50: Aging issues in psychotherapy and the therapist's life.* New York, NY: Oxford University Press.

Knapp, S., Gottlieb, M. C., & Handelsman, M. M. (2017). Enhancing professionalism through self-reflection. *Professional Psychology: Research and Practice, 48*(3), 167-174.

Lampe, K. (2014). *The birth of hedonism: The Cyrenaic philosophers and pleasure as a way of life.* Princeton, NJ: Princeton University Press.

Lancer, D. (2016). *Symptoms of codependency.* Retrieved from https://psychcentral.com/lib/symptoms-of-codependency/

Leppma, M., & Young, M. E. (2016). Loving-kindness meditation and empathy: A wellness group intervention for counseling students. *Journal of Counseling & Development, 94*, 297-305.

Luke, C. (2016). *Neuroscience for counselors and therapists: Integrating the sciences of mind and brain.* Thousand Oaks, CA: Sage.

Lyubomirsky, S. (2013). *The myths of happiness.* New York, NY: Penguin Press.

Marchant, J. (2017). Think yourself healthy. *Prevention, 69*(1), 28-31.

May, R. (1950). *The meaning of anxiety.* New York, NY: Ronald Press.

May, R. (1953). *Man's search for himself.* New York, NY: Dell.

May, R. (Ed.). (1961). *Existential psychology.* New York, NY: Random House.

May, R. (1969). *Love and will.* New York, NY: Norton.

May, R. (1981). *Freedom and destiny.* New York, NY: Norton.

May, R. (1983). *The discovery of being: Writings in existential psychology.* New York: Norton.

McConnell, J. M. (2015). A conceptual-theoretical-empirical framework for self-forgiveness: Implications for research and practice. *Basic and Applied Social Psychology, 37*(3), 143-164.

Millegan, J., Delaney, E. M., & Klam, W. (2016). Responding to trauma at sea: A case study in psychological first aid, unique occupational stressors, and resiliency self-care. *Military Medicine, 181*(11), 1692-1695.

Moate, R. M., Gnilka, P. B., West, E. M., & Bruns, K. L. (2016). Stress and burnout among counselor educators: Differences between adaptive perfectionists, maladaptive perfectionists, and nonperfectionists. *Journal of Counseling & Development, 94*, 161-171.

Mullenbach, M., & Skovholt, T. M. (2016). Burnout prevention and self-care strategies of expert practitioners. In T. M. Skovholt & M. Trotter-Mathison, *The resilient practitioner: Burnout and compassion fatigue prevention and self-care strategies for the helping professions* (3rd ed., pp. 231-254). New York, NY: Routledge.

Myers, S. B., Sweeney, A. C., Popick, V., Wesley, K., Bordfeld, A., & Fingerhut, R. (2012). Self-care practices and perceived stress levels among psychology graduate students. *Training and Education in Professional Psychology, 6*(1), 55-66.

Neff, K. (2011). *Self-compassion: Stop beating up on yourself and leave insecurity behind.* New York, NY: HarperCollins.

Norcross, J. C., & VandenBos, G. R. (2018). *Leaving it at the office: A guide to psychotherapist self-care* (2nd ed.). New York, NY: Guilford.

Orlinsky, D. F., & Ronnestad, M. H. (2005). *How psychotherapists develop: A study of therapeutic work and professional growth.* Washington, DC: American Psychological Association.

Orlinsky, D. E., Schofield, M. J., Schroder, T., & Kazantzis, N. (2011). Utilization of personal therapy by psychotherapists: A practice-friendly review and a new study. *Journal of Clinical Psychology, 67*(8), 828-842.

Passmore, J., & Oades, L. G. (2015). Positive psychology techniques — Random acts of kindness and consistent acts of kindness and empathy. *The Coaching Psychologist, 11*(2), 90-92.

Patsiopoulos, A. T., & Buchanan, M. J. (2011). The practice of self-compassion in counseling: A narrative inquiry. *Professional Psychology: Research and Practice, 42*, 301-307.

Prabu, D. (2015). Mobile phone distraction while studying. *New Media, 17*(10), 1661-1679.

Probst, B. (2015). The other chair: Portability and translation from personal therapy to clinical practice. *Clinical Social Work, 43,* 50-61.

Prochaska, J. O., & Norcross, J. C. (2018). *Systems of psychotherapy: A transtheoretical analysis* (9th ed.). New York, NY: Oxford University Press.

Rogers, C. R. (1980). *A way of being.* Boston, MA: Houghton Mifflin.

Ronnestad, M. H., Orlinsky, D. E., & Wiseman, H. (2016). Professional development and personal therapy. In J. Norcross, G. R. VandenBos, & D. K. Freedheim (Eds.), *APA handbook of clinical psychology* (Vol. 5, pp. 223-235). Washington, DC: American Psychological Association.

Rupert, P. A., Miller, A. O., & Dorociak, K. E. (2015). Preventing burnout: What does the research tell us? *Professional Psychology: Research and Practice, 46*(3), 168-174.

Scherger, J. E. (2016). *Lean and fit: A doctor's journey to healthy nutrition and greater wellness.* Author.

Schueller, S. M., & Parks, A. C. (2014). The science of self-help: Translating positive psychology research into increased individual happiness. *European Psychologist, 19*(2), 145-155. doi:10.1027/1016-9040/a000181

Seppa, N. (2015, March). The mess that is stress: Chronic angst triggers a slew of changes that harm long-term health. *Science News Magazine, 187*(5), 18-23.

Siegel, R. D. (2010). *The mindfulness solution: Everyday practices for everyday problems.* New York, NY: Guilford Press.

Silva, A. E., Newman, D. S., Guiney, M. C., Valley-Gray, S., & Barrett, C. A. (2016). Supervision and mentoring for early career school psychologists: Availability, access, structure, and implications. *Psychology in the Schools, 53*(5), 502-516.

Singh, R. (2007). *Inner and outer peace through meditation.* Lisle, IL: Radiance.

Skovholt, T. M., & Trotter-Mathison, M. (2016). *The resilient practitioner: Burnout and compassion fatigue prevention and selfcare strategies for the helping professionals* (3rd ed.). New York, NY: Routledge.

Smith, J. (2017). A counselor's journey back from burnout. *Counseling Today, 59*(10), 48-51.

Smith, K. (2017). Facing the fear of incompetence. *Counseling Today, 59*(10), 28-32.

Stebnicki, M. A. (2008). *Empathy fatigue: Healing the mind, body, and spirit of professional counselors.* New York, NY: Springer.

Stebnicki, M. A. (2016). Military counseling. In I. Marini & M. A. Stebnicki (Eds.), *The professional counselor's desk reference* (2nd ed., pp. 499-506). New York, NY: Springer.

Stebnicki, M. A. (2017). *Disaster mental health response: Responding to trauma in a multicultural context.* New York, NY: Springer.

Steger, M. F., Kashdan, T. B., Sullivan, B. A., & Lorentz, D. (2008). Understanding the search for meaning in life: Personality, cognitive style, and the dynamic between seeking and experiencing meaning. *Journal of Personality, 76*(2), 199-228.

Troisi, J. D., Leder, S., Steigler-Balfour, J. J., Fleck, B. K. B, & Good, J. J. (2015). Effective teaching outcomes associated with the mentorship of early career psychologists. *Teaching of Psychology, 42*(3), 242-247.

VanderWal, B. L. (2015). *The relationship between counselor trainees' personal therapy experiences and client outcome* (Doctoral dissertation). Retrieved from http://scholarworks.wmich.edu/dissertations/

Walsh, R. (2011). Lifestyle and mental health. *American Psychologist, 66*, 579-592.

Walsh, R. (2014). Contemplative psychotherapies. In D. Wedding & R. J. Corsini (Eds.), *Current psychotherapies* (10th ed., pp. 411-460). Belmont, CA: Brooks/Cole, Cengage Learning.

Wardle, E. A., & Mayorga, M. G. (2016). Burnout among the counseling profession: A survey of future professional counselors. *i-Manager's Journal on Educational Psychology, 10*(1), 9.

Watkins, P. C., Grimm, D. L., & Kolts, R. (2004). Counting your blessings: Positive memories among grateful persons. *Current Psychology, 23*(1), 52-67.

Waytz, A., Hershfield, H. E., & Tamir, D. I. (2015). Mental simulation and meaning in life. *Journal of Personality & Social Psychology, 108*(2), 336-355.

Weir, K. (2017). Forgiveness can improve mental and physical health. Research shows how to get there. *Monitor on Psychology, 48*(1), 31-33.

Wise, E. H., & Barnett, J. E. (2016). Self-care for psychologists. In J. Norcross, G. R. VandenBos, & D. K. Freedheim (Eds.), *APA handbook of clinical psychology* (Vol. 5, pp. 209-222). Washington, DC: American Psychological Association.

Wise, E. H., Hersh, M. A., & Gibson, C. M. (2011). Ethics and self-care: A developmental lifespan perspective. *Register Report, 37*, 20-29.

Wise, E. H., Hersh, M. A., & Gibson, C. M. (2012). Ethics, self-care and well-being for psychologists: Re-envisioning the stress-distress continuum. *Professional Psychology: Research and Practice, 43*(5), 487-494.

Wubbolding, R. E. (2017). *Reality therapy and self-evaluation: The key to client change.* Alexandria, VA: American Counseling Association.

Yalom, I. D. (1980). *Existential psychotherapy.* New York, NY: Basic Books.

Yalom, I. D. (2008). *Staring at the sun: Overcoming the terror of death.* San Francisco, CA: Jossey-Bass.

Zhang, Q. (2016). Equality and universal love: Human dignity in Mohism. In *Human dignity in classical Chinese philosophy* (pp. 143-172). New York, NY: Palgrave Macmillan.

찾아보기

인명

내용

저자 소개

Gerald Corey(EdD, ABPP)

미국 풀러턴에 있는 캘리포니아 주립대학교의 인간서비스 및 상담 전공의 명예교수이다. 그는 서던캘리포니아 대학교에서 상담학으로 박사학위를 받았다. 그는 미국심리전문가위원회(American Board of Professional Psychology)에서 상담심리학자 자격을 취득하였고, 캘리포니아에서 면허를 소지한 심리학자이자 국가공인상담사이다. 그는 미국심리학회 회원(제17분과 상담심리학/제49분과 집단심리치료), 미국상담학회 회원, 집단치료전문가학회(Association for Specialists in Group Work)의 회원이다. 그는 2011년 American Mental Health Counselors Association의 공로상과 Association for Specialists로부터 집단치료공로상을 수상하였고, 1991년에는 캘리포니아 주립대학교의 우수 교수상을 수상하였다. 그는 학부와 대학원의 교육과정에서 집단상담과 상담윤리학을 꾸준히 가르치고 있다. 그는 현재 출판된 16권의 상담 관련 서적과 60권 이상의 학술논문과 책의 장(chapter)의 저자이자 공동 저자이다. 그의 책 『Theory and Practice of Counseling and Psychotherapy』는 아랍어, 인도네시아어, 포르투갈어, 터키어, 한국어, 중국어로, 『Theory and Practice of Group Counseling』은 한국어, 중국어, 스페인어, 러시아어로, 『Issues and Ethics in the Helping Professions』는 한국어, 일본어, 중국어로 번역되었다. 그는 동료들과 함께 미국, 독일, 아일랜드, 벨기에, 스코틀랜드, 멕시코, 캐나다, 중국, 한국에서 집단상담 훈련 워크숍을 진행하고 있다.

다음은 그가 집필 또는 공동 집필하여 Cengage Learning에서 출판한 최근 책의 목록이다.

- 『Issues and Ethics in the Helping Professions』(Tenth Edition, 2019, Marianne Schneider Corey, Cindy Corey와 공동 집필)
- 『Groups: Process and Practice』(Tenth Edition, 2018, Marianne Schneider Corey, Cindy Corey와 공동 집필)
- 『I Never Knew I Had a Choice』(Eleventh Edition, 2018, Marianne Schneider Corey, Michelle Muratori와 공동 집필)
- 『Theory and Practice of Counseling and Psychotherapy』(Tenth Edition, and Manual, 2017)

그가 집필 또는 공동 집필한 다음 네 권의 책은 American Counseling Association에서 출판되었다.

- 『ACA Ethical Standards Casebook』(Seventh Edition, 2015, Barbara Herlihy와 공동 집필)
- 『Boundary Issues in Counseling Multiple Roles and Relationships』(Third Edition, 2015, Barbara Herlihy와 공동 집필)
- 『Clinical Supervision in the Helping Professions: A Practical Guide』(Second Edition, 2010, Robert Haynes, Patrice Moulton, Michelle Muratori와 공동 집필)
- 『Creating Your Professional Path: Lessons From My Journey』(2010)

Michelle Muratori(PhD)

미국 메릴랜드주 볼티모어에 있는 존스홉킨스 대학교의 영재교육센터의 수석 상담자로 영재아 연구에 참여한 영재 중·고등학생 및 그들의 가족들과 일한다. 그녀는 일리노이주 에번스턴에 있는 노스웨스턴 대학교에서 상담심리학 석사학위를 받았고, 아이오와 대학교에서 상담자교육 박사학위를 받았으며, 영재교육에 대한 연구와 임상적 관심을 발전시켰다. 대학신입생의 학문적, 사회적, 정서적 적응에 관한 그녀의 대학원 논문은 Iowa Talented and Gifted Association, National Association for Gifted Children, Mensa Education and Research Foundation, Mensa International, Ltd.로부터 인정받았다. 또한 그녀는 아이오와 대학교에서 Howard R. Jones Achievement Award, Albert Hood Promising Scholar Award, First in the Nation in Education(FINE) Scholar Award를 수상하였다. 2005년부터 그녀는 존스홉킨스 교육대학에서 교수로 근무했으며 상담학 전공의 석사과정을 가르친다. 2014년, 그녀는 존스홉킨스 대학교 동문회에서 시상하는 우수 강의상 수상의 영예를 안았다. 그녀는 정기적으로 상담과 영재교육 관련 국내학술대회에 참석하고 있고, 미국상담학회를 비롯한 다양한 전문기관의 회원이다. 일로 바쁘지 않을 때 그녀는 글을 쓰고, 콘서트를 관람하고, 가족 및 친구들과 시간을 보내며 즐긴다.

그녀는 Gerald Corey, Marianne Schneider Corey와 함께 Cengage Learning에서 출판된 『I Never Knew I Had a Choice』(Eleventh Edition, 2018)를 공동 집필하였고, Gerald Corey, Robert Haynes, Patrice Moulton과 함께 American Counseling Association에서 출판된 『Clinical Supervision in the Helping Professions』(Second Edition, 2010)를 공동 집필하였다. 2007년, 그녀는 Prufrock Press에서 출판된 『Early Entrance to College: A Guide to Success』를 저술하였다. 그녀는 상담과 영재교육 분야의 다양한 출판물을 저술하였다.

Jude T. Austin II[PhD, LPCR (Va), NCC]

미국 올드 도미니언 대학교 인간서비스 및 상담 전공의 조교수이다. 그는 메리 하딘-베일러 대학교에서 임상상담심리학 석사학위를 취득하였고, 와이오밍 대학교에서 상담자교육 및 슈퍼비전 박사학위를 취득하였다. 그는 현재 상담회기에서 상담 학습자의 치료적 현존의 발달에 대한 탐색, 상담자교육 교육학, 상담의 정치적 가치관, 상담자교육 교수진의 관계 역학을 연구한다. 그는 대학원 과정으로 전문 상담 및 윤리, 고급 상담 기술, 상담 이론을 가르친다. 그는 주, 지역 및 국내 학술대회에 참석하였고, 많은 대학에서 초청강연을 하였으며, 메리 하딘-베일러 대학교의 학술의 날 심포지엄에서 기조연설을 하였다. 또한 그는 Cengage Learning의 온라인 교과서와 Gerald Corey와 Marianne Corey의 다양한 내용의 교재 개발에 기여하고 있다. 그는 상담교육자이기 이전에 대학 체육 및 프로 축구 선수이다.

Julius A. Austin(PhD, PLPC)

메리 하딘-베일러 대학교에서 임상상담심리학 석사학위를 받았고, 와이오밍 대학교에서 상담자교육 및 슈퍼비전 박사학위를 취득한 전직 대학 체육 및 프로 축구 선수이다. 그는 현재 미국 먼로에 있는 루이지애나 대학교의 결혼과 가족 치료 및 상담 연구 프로그램의 조교수이다. 이 책에서 그는 대학상담센터의 임상 조교, 니컬스 주립대학교에서 심리학, 상담학, 가족학과 부교수로 근무했던 이전 경험들을 공유한다. 그는 상담자로서 대학생들과 교수진, 교직원들에게 개인, 커플 및 집단 치료를 실시하고 있다. 그는 다문화 상담, 전 생애적 발달 및 기본 촉진적 기술을 대학원 과정에서 가르치고 있다. 그는 현재 대학원 상담 프로그램과 대학 체육 선수 프로그램에서 협력적 관계 구축과 치료적 관계의 정신생리학적 측면에 대해 연구한다. 그는 주, 지역 및 국내 학술대회에 참석하였고, 많은 대학에서 초청강연을 하였으며, 메리 하딘-베일러 대학교의 학술의 날 심포지엄에서 기조연설을 하였다. 그는 Gerald Corey와 Marianne Corey의 다양한 내용의 상담학 교재 개발에 기여하고 있다. 그는 Cengage Learning과 이 교재의 온라인 플랫폼을 개발하는 데 참여하고 있다.

도움을 주신 분들

　많은 분이 다양한 생각, 경험, 견해를 제공함으로써 이 책에 엄청난 활력과 의미를 더하여 도움을 주셨다. 상담전공 대학원생(석사 및 박사 과정)과 상담 교사, 면허를 소지한 전문 상담자, 사회복지사, 임상 및 상담 심리학자, 결혼 및 가족 치료사, 정신과 의사, 재활상담사, 정신건강 전문가들이 참여하였다. 이분들이 경험을 나눌 때 보여 준 솔직함, 용기, 지혜에 매우 감사드린다.

Clara Adkins(BA)는 올드 도미니언 대학교 2년차 대학원생이다. 그녀는 연구 조교이며, 지역사회의 정신건강 클리닉에서 임상 인턴십을 막 시작했다.

Mike Aldrich(BA)는 풀러턴에 있는 캘리포니아 주립대학교에서 석사과정을 마치는 동안 지역사회에서 MFT 연수생으로 일하고 있다.

Randall Alle-Corliss(MSW, LCSW)는 카이저 퍼머넌트에서 26년 동안 임상 사회복지사로 일하다가 최근 은퇴하였다. 그는 현재 풀러턴에 있는 캘리포니아 주립대학교 인간서비스 전공에서 시간제 교수로 재직 중이며, 임상가로서 개업상담실을 운영하고 있다.

Jasmine T. Austin(MA)은 오클라호마 대학교 커뮤니케이션 연구 프로그램의 박사과정생이다. 그녀는 이 전공의 대학원 조교이고, 오클라호마 대학교 인간관계 및 아프리칸-아메리칸 연구 전공의 부교수이다.

Kent Becker(EdD, LMFT, LPC)는 세이브룩 대학교 사회과학대학의 학장으로 재직 중이다.

Fred Bemak(EdD)는 버지니아주 페어팩스에 있는 조지메이슨 대학교에서 상담 및 프로그램 개발의 교수이자 다양성 연구 및 실행 컨소시엄의 임원이다.

Dana Blake(BS)는 풀러턴에 있는 캘리포니아 주립대학교 인간서비스 전공에서 학위를 취득했다.

Jamie Bludworth(PhD)는 면허를 소지한 심리학자이며 상담자 수련 센터의 임원이자 애리조나 주립대학교 상담 및 상담심리전공 임상 조교수이다.

Leah Brew(PhD, LPCC)는 풀러턴에 있는 캘리포니아 주립대학교 상담전공 교수이자 학과장이다.

Kellin Murphy Cavanaugh(MA)는 시러큐스 대학교 상담 및 상담자교육 전공 1년차 박사과정생이다.

Nancy Chae(MS)는 버지니아주 윌리엄스버그에 있는 윌리엄·메리 대학 상담자교육 박사 과정생이고, 이전에 메릴랜드주 볼티모어에 있는 공립 국제 바칼로레아 학교에서 고등학교 전문상담교사로 재직하였다.

Angela D. Coker(PhD, LPC)는 존스홉킨스 대학교 교육대학 상담 및 인간발달 전공의 객원 부교수이다.

Amanda Connell(MS)은 풀러턴에 있는 캘리포니아 주립대학교를 졸업했고 두 개의 지역 정신건강기관의 결혼 및 가족 치료사 인턴이자 전문 상담심리사 인턴이다.

Rhea Cooper(BS)는 라피엣에 있는 루이지애나 대학교에서 상담자교육 프로그램을 이수하는 2년차 대학원생이다.

Jessie Darkis(MA)는 시러큐스 대학교 상담 및 인간서비스 프로그램을 이수하는 1년차 박사과정생이다.

Norma L. Day-Vines(PhD)는 존스홉킨스 대학교 상담 및 인간발달 프로그램의 교수이자 프로그램 리더이다.

Omar De La Vega(BA)는 풀러턴에 있는 캘리포니아 주립대학교 상담전공 대학원생이다.

Debbie Joffe Ellis(MDAM)는 면허를 소지한 심리학자이며 컬럼비아 대학교 임상 및 상담 심리학과의 부교수이자 정신건강 상담자이다.

Matt Englar-Carlson(PhD)은 풀러턴에 있는 캘리포니아 주립대학교 남성전문센터의 임원이자 상담전공 교수이다.

Andy Felton(PhD, LPC)은 위스콘신-스타우트 대학교의 조교수이다.

Sandi Fulcher(MS, MFT)는 캘리포니아 아이딜와일드에서 활동하는 요가와 필라테스 공인 전문가이다.

Shana Gelin(MA)은 시러큐스 대학교 상담 및 상담자교육 전공의 박사과정생이다.

Aaron Hatcher(BS)는 풀러턴에 있는 캘리포니아 주립대학교 상담 프로그램의 결혼 및 가족 치료사 수련생이다.

Robert Haynes(PhD)는 캘리포니아에 있는 아테스카데로 주립병원에서 25년 동안 임상심리 인턴십 프로그램의 수련감독으로 일하다가 은퇴한 임상심리사이다.

Marja Humphrey(PhD)는 존스홉킨스 대학교 교육대학 상담 및 인간발달 프로그램 강사이다.

Thomas Jackson(MD)은 캘리포니아주 애플밸리에 있는 데저트 행동건강센터에서 다양한 문제가 있는 환자들과 작업하는 정신건강의학과 의사이다.

Amanda Johnson(BS)은 풀러턴에 있는 캘리포니아 주립대학교 상담 프로그램의 대학원생이다.

W. Brad Johnson(PhD)은 임상심리사이자 미국 해군사관학교의 리더십, 윤리 및 법학과 교수이고, 존스홉킨스 대학교 교육대학원의 조교수이다.

Jennifer Kordek(BS)는 풀러턴에 있는 캘리포니아 주립대학교 인간서비스 프로그램의 대학원생이다.

Nicholas Lazzareschi(BA)는 풀러턴에 있는 캘리포니아 주립대학교 상담전공 1년차 석사과정생이다.

Crissa S. Markow(MSW, LSW)는 네바다주 레노에 있는 데이비슨 영재연구소와 서밋뷰 호스피스에서 일한다.

Michael Morgan(PhD, LMFT)은 와이오밍 대학교 상담자교육 및 슈퍼비전의 조교수이다.

Adrienne Naquin-Bolton(MA, LPC-S)은 니컬스 주립대학교 대학상담센터와 대학 보건서비스의 임원이다.

Ed Neukrug(EdD)는 올드 도미니언 대학교 상담 및 인간서비스 교수이다.

Ariadne Patsiopoulos(MA)는 브리티시컬럼비아주 빅토리아에 등록된 상담심리사이며, 의뢰인에게 개인 회기와 다양한 워크숍 및 집단상담을 진행한다.

Gerald Pennie(PhD, LPC)는 사우스 플레인스 대학의 심리학 강사이고, 임팩트커뮤니케이션의 최고 전략책임자이다.

Aparna Ramaswamy(PhD, EdD)는 존스홉킨스 대학교 객원부교수이고, 공연예술가이자 임상가이다.

Sonia H. Ramrakhiani(PhD)는 캘리포니아 폴리텍 주립대학교 상담 및 가이던스 학과의 조교수이다.

Stephanie Robinson(MS, LPC)은 홀리크로스 대학교 상담전공 박사과정생이다.

Petra Schoning(MA)은 공인 결혼 및 가족 치료사이자 개인 및 이그제큐티브 마스터 코치 자격을 갖추고 있다.

Ashley Scott(LPC)은 샘휴스턴 주립대학교 상담자교육 박사과정생이다.

Danielle N. Sirles(PhD)는 샘휴스턴 주립대학교 상담센터의 상담심리학자이다.

Justyn Smith(MA)는 샘휴스턴 주립대학교 상담자교육 박사과정생이다.

Mark A. Stebnicki(PhD, LPC)는 이스트캐롤라이나 대학교 중독 및 재활학과에서 군상담과 트라우마 상담 자격 과정 코디네이터이자 교수이다.

Naomi Tapia(BS)는 풀러턴에 있는 캘리포니아 주립대학교 상담전공 석사과정생이다.

Alyssa Theis(BA)는 풀러턴에 있는 캘리포니아 주립대학교 상담전공 석사과정생이다.

Patricia A. Thomas(PhD, LPC-S)는 뉴올리언스에 있는 홀리크로스 대학교 상담 프로그램 조교수이다.

Judy Van Der Wende(PhD)는 캘리포니아에 있는 시미밸리에서 개업상담실을 운영하는 면허를 소지한 심리학자이다.

Brandon Wildish(MS)는 풀러턴에 있는 캘리포니아 주립대학교 상담전공 석사학위를 받은 전문음악가이다.

Susannah M. Wood(PhD)는 아이오와 대학교 재활 및 상담자교육 학과의 부교수이다.

Robert E. Wubbolding(EdD)은 신시내티에 있는 현실치료센터의 소장이고, 자비에 대학교 상담전공 명예교수이다.

Mark E. Young(PhD)은 센트럴 플로리다 대학교 상담자교육전공 교수이고, 미국상담학회 회원이다.

역자 소개

정여주(Chung, Yeoju)

서울대학교 교육학과 상담전공 박사

현 한국교원대학교 교육학과 상담심리전공 교수

　　수련감독전문가(한국상담학회)

　　상담심리전문가(한국상담심리학회)

전 경일대학교 심리치료학과 조교수

　　Visiting Research Associate, Florida State University

〈대표 저서〉

청소년 사이버폭력 문제와 상담(학지사, 2021)

청소년 상담학 개론(2판, 공저, 학지사, 2020)

학교폭력 예방 및 학생의 이해(공저, 학지사, 2018)

선혜연(Seon, Hyeyon)

서울대학교 교육학과 상담전공 박사

현 한국교원대학교 교육학과 상담심리전공 교수

　　상담심리전문가(한국상담심리학회)

　　영상영화치료사1급

전 건양대학교 심리상담치료학과 조교수

　　서울대학교 대학생활문화원 학생상담센터 상담연구원

〈대표 저서 및 역서〉

진로진학지도 프로그램의 기획 및 운영(공저, 사회평론, 2017)

상담과 심리검사(2판, 공저, 학지사, 2012)

상담이론과 실제: 다문화 관점의 통합적 접근(공역, 학지사, 2015)

신윤정(Shin, Yun-Jeong)

퍼듀대학교 교육대학 상담심리전공 박사

현 서울대학교 교육학과 교육상담전공 부교수

　　수련감독전문가(한국상담학회)

　　상담심리전문가(한국상담심리학회)

전 서울시립대학교 교육대학원 교수학습 · 심리상담전공 교수

　　아칸소 주립대학교 심리상담학과 조교수

〈대표 저서〉

학교폭력 예방 및 학생의 이해(공저, 학지사, 2018)

청소년 진로특성 진단 및 활용(공저, 사회평론, 2017)

장한소리(Jang, Hansori)

아이오와 대학교 상담자 교육 및 수퍼비전 박사

현 한국외국어대학교 교육대학원 상담심리전공 조교수

　　미국 공인 상담사(National Certified Counselor)

　　상담심리사 2급(한국상담심리학회)

전 톨레도 대학교 상담자교육전공 조교수

상담자 자기돌봄
Counselor Self-Care

2020년 9월 30일 1판 1쇄 발행
2023년 9월 20일 1판 3쇄 발행

지은이 • Gerald Corey · Michelle Muratori · Jude T. Austin II · Julius A. Austin
옮긴이 • 정여주 · 선혜연 · 신윤정 · 장한소리
펴낸이 • 김 진 환
펴낸곳 • ㈜ **학지사**
　　　　　04031 서울특별시 마포구 양화로 15길 20 마인드월드빌딩 5층
대표전화 • 02) 330-5114　　　팩스 • 02) 324-2345
등록번호 • 제313-2006-000265호

홈페이지 • http://www.hakjisa.co.kr
인스타그램 • https://www.instagram.com/hakjisabook

ISBN 978-89-997-2197-7 93180

정가 **22,000원**

출판미디어기업 학지사

간호보건의학출판 **학지사메디컬** www.hakjisamd.co.kr
심리검사연구소 **인싸이트** www.inpsyt.co.kr
학술논문서비스 **뉴논문** www.newnonmun.com
원격교육연수원 **카운피아** www.counpia.com